LES CHAMBRES AFRICAINES EXTRAORDINAIRES ET LA REPRESSION DES CRIMES INTERNATIONAUX EN AFRIQUE

Souleymane Téliko

LES CHAMBRES AFRICAINES EXTRAORDINAIRES ET LA REPRESSION DES CRIMES INTERNATIONAUX EN AFRIQUE

L'Harmattan
Sénégal

10 VDN, Sicap Amitié 3, Lotissement Cité Police, DAKAR

http://www.harmattansenegal.com
diffusion.harmattan@wanadoo.fr
senharmattan@gmail.com

ISBN : 978-2-343-20162-7
EAN : 9782343201627

Je dédie cet ouvrage

À mes père et mère, pour leur affection sans limite

À mes épouses et enfants, pour leur présence apaisante

À mes frères, sœurs et amis dont les encouragements et prières m'ont permis de tenir bon

REMERCIEMENTS

Il n'est pas d'œuvre utile qui ne soit le fruit de la synthèse de plusieurs volontés.

Cet ouvrage ne fait pas exception à la règle.

C'est donc pour moi, pour une obligation que de remercier tous ceux qui ont contribué par leur soutien, leurs conseils et leurs encouragements, à la réalisation de cet ouvrage.

Je remercie particulièrement les professeurs Babacar Guèye et Yaya Bodian qui m'ont encouragé à faire cette publication.

Mes remerciements vont, également, à l'endroit de messieurs Demba Kandji et Ndiaw Diouf, respectivement Premier président de la Cour d'appel de Dakar et vice-président du Conseil constitutionnel qui m'ont fait l'honneur et le plaisir de rédiger la préface et la postface de cet ouvrage.

Je remercie également Abdoul Aziz Diallo, Jean Kandé, Khaoussou Diop, Cheikh Tidiane Youm et Ismaël Mayela pour leurs conseils avisés et le soin particulier qu'ils ont apporté à la relecture de cette œuvre.

Mes remerciements s'adressent, enfin, à mon frère Amadou Mouctar Téliko dont la disponibilité, tout au long de l'élaboration de ce travail, m'a été d'un très grand apport.

À tous, je formule le vœu qu'Allah (SWT) les assiste et les couvre de ses immenses bénédictions.

PRÉFACE

Le 30 mai 2016, la Cour d'appel d'assises des Chambres Africaines (CAE) a condamné l'ex-président tchadien Hissène Habré à la perpétuité pour crimes contre l'humanité, crimes de guerre et crimes de tortures commis entre 1982 et 1990. Cette décision historique intervenue vingt-cinq ans après les faits consacre la fin du premier procès pénal de cette envergure intenté contre un ancien chef d'État africain, par des Africains sur la terre d'Afrique, conformément à un mandat de l'Union africaine (UA).

Au-delà du sentiment jubilatoire qui doit animer tout Africain préoccupé par la lutte contre l'impunité des crimes graves, il nous faut, en héritiers légitimes, accepter le legs des CAE même sous bénéfice d'inventaire.

Cet inventaire me paraît d'autant plus approprié que l'ouvrage « Les chambres africaines extraordinaires et la répression des crimes internationaux en Afrique » *préjuge déjà des multiples difficultés que cache l'exercice.*

En effet, engager la responsabilité individuelle d'un ancien chef d'État et de ses principaux collaborateurs pour des crimes de masse commis sous son règne n'a, en plus de la volonté politique de l'État du Sénégal, été rendu possible que grâce à la persévérance des victimes idéalistes et des associations qui les ont soutenues.

En effet, de la longue marche vers le procès, entamée le 26 janvier 2000, date du dépôt de la plainte avec constitution de partie civile devant le doyen des juges d'instruction près le tribunal régional hors classe de Dakar à l'arrêt de la Cour Internationale de Justice (CIJ) rendu le 20 juillet 2012[1] *il n'y a eu que des écueils. L'arrêt de la Cour de Justice de la CEDEAO du 18 novembre 2010*[2] *intervenu auparavant avait ajouté aux difficultés en imposant la création* d'une juridiction spéciale ou ad hoc à caractère international *qui deviendra les CAE à l'issue d'une concertation entre les Sénégal et l'UA.*

---

1 CIJ, *Questions concernant l'obligation de poursuivre ou d'extrader* (Belgique c/ Sénégal), arrêt du 20 juil. 2012, § 122.

2 Cour de Justice de la CEDEAO, *Affaire Hissène Habré c. République du Sénégal*, arrêt du 18 nov. 2010, § 61.

L'histoire nous enseigne que l'institution de la justice internationale pénale s'est effectuée dans la douleur. En effet en 1872 déjà, Gustave Moynier, l'un des fondateurs de l'actuelle Croix-Rouge, évoquait pour la première fois l'idée de création d'une juridiction universelle pour réprimer les crimes graves commis pendant le conflit franco-prussien.

L'idée sera reprise dans l'article 227 du Traité de Versailles du 28 juin 1919 au lendemain de la Grande Guerre, par les États vainqueurs pour faire comparaître Guillaume II devant un Tribunal spécial pour « offense suprême contre la morale internationale et l'autorité sacrée des Traités ». Finalement, le procès n'eut jamais lieu à cause du refus des Pays-Bas de l'extrader.

C'est pour toutes ces raisons que le procès de Nuremberg doit être salué comme une réussite même si toutes les exigences d'un procès juste et équitable n'y ont pas été respectées. Nuremberg a consacré le progrès indéniable du droit pénal en le faisant passer du normatif à l'institutionnel, à travers l'attraction par le droit international de compétences pénales considérées jusque-là comme l'apanage des seuls États souverains. L'autre avantage indéniable du procès de Nuremberg est d'avoir consacré un progrès sur le plan éthique avec la criminalisation de comportements individuels ou collectifs trop souvent ignorés par les droits internes ou échappant à toute répression organisée, tandis que le droit international classique restait impuissant à leur égard. Le procès de Nuremberg aura surtout eu le mérite, non seulement d'avoir posé la première empreinte de l'institutionnalisation de la justice internationale pénale mais également d'avoir donné corps à une autre humanité, dotée d'un patrimoine et de la mission herculéenne de combattre les crimes graves commis contre elle.

À travers la répression de ces infractions d'un autre ordre, le droit et la justice ont contracté une obligation impossible : poursuivre et juger les crimes graves. C'est là que réside la contradiction fondatrice du projet de juger ces violations graves de l'ordre public international qui ont jusqu'ici relevé de la juridiction de l'histoire.

Très vite, les limites évidentes de la justice pénale à juger de tels crimes nous ont fait imaginer de nouvelles formes de procès à travers la justice transitionnelle.

En effet, face aux crimes graves, la forme classique du procès pénal s'est révélée inadaptée et la justice transitionnelle qui engendre des formes multiples par lesquelles les réponses appropriées peuvent être apportées à la hauteur des crimes graves a été le recours salutaire.

La justice transitionnelle pense en effet la justice hors de ses formes procédurales en mettant en avant son seul souci de se hisser à la hauteur des crimes qui défient tout ordre juridique.

Ces formes diverses et variées de procès sont également la preuve que le modèle de la Cour Pénale Internationale n'est pas le seul moyen par lequel la justice internationale pénale peut être rendue dans le cadre de cette œuvre commune de lutte contre l'impunité des crimes internationaux.

Elles sont surtout la preuve qu'en s'appuyant sur la compétence universelle chaque État peut mettre en œuvre, dans le cadre de sa législation propre, les poursuites contre ceux qui enfreignent l'ordre public international.

Au Sénégal, l'exercice des poursuites des crimes graves dénoncés contre H. Habré et autres, chapeauté par la procédure inquisitoire, a révélé toute l'effectivité de la compétence universelle qui permet de réduire la distance de temps et d'espace intrinsèquement induite par ces procès.

Il faudra s'appuyer sur des exemples de ce genre pour apaiser les peurs que les États africains nourrissent à l'endroit de la justice pénale internationale incarnée par le modèle de la Cour Pénale Internationale.

La mise en œuvre la compétence universelle n'est qu'un pas à accomplir dans la poursuite des crimes internationaux. Un autre pas déterminant dans ce domaine est la coopération indispensable dans la conduite à terme de la procédure.

Le droit pénal, expression de la souveraineté des États, est encore fortement caractérisé par la territorialité.

La recherche de preuve ou l'accomplissement de certains actes passe encore par la collaboration des États sur le territoire desquels ils doivent s'accomplir.

Le refus de l'État tchadien sollicité par la Chambre d'instruction aux fins d'exécuter les mandats d'arrêt internationaux décernés contre Saleh Younouss, Mahamat Djibrine, Guihini Korei, Abakar Torbo Rahma et Zakaria Torbo a failli compromettre la dynamique prometteuse de la procédure déclenchée dès le 2 juillet 2013 suite au réquisitoire du procureur général près les CAE.

Il est surtout la preuve que même si le principe de la compétence universelle permet de juger un étranger pour des faits commis à l'étranger, sur des étrangers comme c'est le cas au Sénégal, il ne permet pas de s'affranchir des frontières des États qui gardent jalousement leur souveraineté et coopèrent suivant leur bon vouloir.

C'est ce que le Tchad a démontré en refusant de livrer ses ressortissants dont la responsabilité était mise en cause en même temps que celle de Hissène Habré. La position du Tchad a été sans doute facilitée par les limites évidentes du mécanisme mis en mis en place par l'Union africaine et le Sénégal qui aurait dû davantage s'inspirer des tribunaux ad hoc des Nations Unies mis en place en ex-Yougoslavie et au Rwanda pour obliger les États sollicités à coopérer.

Ces limites des CAE et d'autres que l'auteur aborde avec pertinence ne devraient pas être un prétexte pour les États africains pour se désengager des mécanismes de répression des crimes internationaux. Car malgré tout, les CAE ont démontré que c'est en mutualisant leurs efforts que les pays africains pourront véritablement réussir dans la lutte contre l'impunité.

Les multiples difficultés relevées dans la mise en place et le fonctionnement des CAE ne doivent pas nous empêcher de constater et de conserver ensuite le relief certain du procès intenté par l'Afrique contre Hissène Habré. En effet, ce procès qui a incontestablement enrichi le système pénal sénégalais tant au plan normatif qu'institutionnel est la preuve qu'il y a une alternative au modèle de la CPI et des tribunaux ad hoc qui l'ont précédé.

Il a permis de rendre palpable l'horreur du règne de Hissène Habré à travers une procédure qui comportait plusieurs milliers de victimes dont 90 survivants et témoins. Il a mis en présence des victimes elles-mêmes parties civiles, en confrontation directe avec leur bourreau, à la différence de la CPI et des tribunaux ad hoc, révélant ainsi toute l'humanité du procès.

L'avantage majeur des CAE aura été sans conteste le respect des délais raisonnables à la base de tout procès équitable. En effet, les CAE ont envoyé pas moins de sept commissions rogatoires avec des déplacements au Tchad, émis une dizaine d'ordonnances à des fins expertales, conduit des auditions au Sénégal et au Tchad dans un délai de dix-huit mois.

Cette célérité tranche d'avec la lenteur reprochée à la CPI et aux tribunaux des Nations Unies de l'ex-Yougoslavie et du Rwanda connus pour leur extrême lenteur dans l'instruction et le jugement de faits criminels moins complexes.

Le travail accompli par les CAE l'a surtout été avec des moyens modestes comparés à ceux des autres juridictions internationales notamment ad hoc des Nations Unies. En effet, le budget global mis à la disposition des CAE a été de 7,4 millions d'euros alors que celui du Tribunal Pénal International sur le Rwanda était de 47 millions de dollars.

L'autre avantage des CAE, disions-nous plus haut, est d'avoir tenu le procès en Afrique, en permettant aux victimes et parties civiles d'y prendre une part active dans une collaboration sans connivence avec le parquet en charge des poursuites. En effet, l'une des difficultés de la répression des crimes internationaux tient à l'éloignement temporel et spatial du théâtre des faits ce qui oblige les juges à se contenter des témoignages des organisations non gouvernementales et des historiens à la place de vraies victimes. En faisant comparaître des victimes-parties civiles et en associant directement les publics tchadiens et sénégalais au déroulement du procès, les CAE ont prouvé que la justice internationale pénale, pour être acceptée par les populations africaines, doit être rendue à domicile, à proximité des populations qui peuvent adhérer à l'œuvre de réconciliation.

C'est le message d'espoir que le juge Souleymane Téliko adresse aux Africains, à la communauté des juristes et chercheurs du monde entier.

Demba Kandji
Premier président de la Cour d'appel de Dakar

LISTE DE SIGLES ET ABRÉVIATIONS

AFDI : *Annuaire français de droit international*

APE : *Accord de partenariat économique*

Art. : *Article*

ATNUTO : *Administration transitoire des Nations unies au Timor Oriental*

ATPDH : *Association tchadienne pour la promotion et la défense des droits de l'Homme*

AVCRHH : *Association des victimes de crimes du Régime de Hissène Habré*

BSIR : *Brigade spéciale d'intervention rapide*

CA : *Cour d'appel*

CAE : *Chambres africaines extraordinaires*

CAJDH : *Cour africaine de Justice et des droits de l'Homme*

CDI : *Commission du droit international*

CEDEAO : *Communauté économique des États de l'Afrique de l'Ouest*

CEDH : *Cour européenne des droits de l'Homme*

CEMAC : *Communauté économique monétaire de l'Afrique centrale*

CETC : *Chambres extraordinaires au sien des Tribunaux cambodgiens*

CIJ : *Cour internationale de Justice*

CP : *Code pénal*

CS : *Conseil de Sécurité des Nations-Unies*

CPA : *Cour pénale africaine*

CPI : *Cour pénale internationale*

CPP : *Code de procédure pénale*

CRI : *Commission rogatoire internationale*

CTNO : *Criminalité transnationale organisée*

DDS : *Direction de la documentation et de la sécurité*

EAAF : *Equipo Argentina de Anthropologia Forense [Equipe argentine d'anthropologie légale]*

ECC : *Entreprise criminelle commune*

GUNT : *Gouvernement d'union nationale de transition*

ICC : *International Criminal Court*

JRR : *Justice Rapid Response*

MINUK : *Mission des Nations Unies au Kosovo*

NU : *Nations unies*

OHADA : *Organisation pour l'harmonisation en Afrique du droit des affaires*

ONU : *Organisation des Nations unies*

OUA : *Organisation de l'Unité africaine*

PV : *Procès-verbal*

RGDIP : *Revue générale de droit international public*

RPP : *Règlement de procédure et de preuve*

SDS : *Services de la documentation et de la sécurité*

TGI : *Tribunal de grande instance*

TMIEO : *Tribunal militaire international pour l'Extrême-Orient*

TPI : *Tribunal pénal international*

TPIR : *Tribunal pénal international pour le Rwanda*

TPIY : *Tribunal pénal international pour l'ex-Yougoslavie*

TRHC : *Tribunal régional hors classe de Dakar*

TSL : *Tribunal spécial pour le Liban*

TSSL : *Tribunal spécial pour la Sierra Leone*

UA : *Union africaine*

UCAD : *Université Cheikh Anta Diop de Dakar*

UEMOA : *Union économique et monétaire ouest-africaine*

SOMMAIRE

INTRODUCTION

> « **N'aspire pas à la vie éternelle mais épuise le champ du possible** » Pindare

1. L'œuvre de justice a ceci de passionnant et de séduisant qu'elle n'est jamais totalement réalisée. En effet, la justice ne se réduit pas uniquement aux institutions qui l'incarnent. Elle est aussi un sentiment, un idéal que les hommes ont, de tout temps, cherché à atteindre. Et comme tout idéal, il n'y a, ici, ni réussite complète ni échec définitif.

Cette caractéristique se vérifie davantage dans le domaine de la justice pénale internationale où les considérations juridiques cèdent souvent le pas à la raison d'État ou à la *realpolitik.*

Comme le disait un auteur, « Les idéaux de la justice internationale, et en particulier de la justice pénale internationale, ne peuvent, en aucun cas, être réalisés là où les intérêts politiques [...] peuvent s'ingérer dans le processus judiciaire » [3].

Malgré tout, c'est la vocation de la justice pénale internationale que d'entretenir l'espoir de voir, un jour, les idéaux de paix et de justice s'imposer sur la force et la raison d'État. C'est tout le sens de cet appel de Blaise Pascal lorsqu'il disait : « Il est juste que ce qui est juste soit fort ; il est nécessaire que ce qui est fort soit juste. La justice sans la force est impuissante. La force sans la justice est tyrannique. Il faut donc mettre ensemble la justice et la force et, pour cela, faire que ce qui est juste soit fort et que ce qui est fort soit juste » [4].

On est d'autant plus fondé à parier sur la réalisation de ce noble idéal que la justice pénale internationale a connu, ces dernières années, des progrès inespérés avec la mise en place de la première juridiction pénale internationale permanente.

Toutefois, si l'avènement de la Cour pénale internationale, que d'aucuns considèrent comme la « pierre angulaire du dispositif pénal

---

[3] Hans Köchler, Président de l'International Progress Organisation, Professeur à l'Université d'Innsbruck,
In http://www.idc-europe.org/fr/-L'instrumentalisation-du-droit-international-et-la-crise-libyenne- Date de publication 26 /12/ 2011. Consulté le 13 juin 2018.

[4] B. Pascal, *Pensées*, *Œuvres complètes*, édition 1963, n° 103-298, p. 512.

international » [5], consacre incontestablement une nouvelle étape du développement de la justice pénale internationale, il ne résout pas, pour autant, tous les défis liés au traitement judiciaire des crimes internationaux.

Mais, au juste, de quoi parle-t-on quand on évoque la notion de crime international ?

I. Notion de crime international

2. L'expression « crimes internationaux » renvoie à deux régimes juridiques fort différents que l'on a souvent tendance à confondre.

Depuis la Seconde Guerre mondiale, la matière pénale connaît, en effet, une évolution qui se caractérise par deux phénomènes que sont :

- l'internationalisation du droit pénal interne ;
- la pénalisation du droit international.

Ces processus ont donné naissance à deux corpus de droit relevant d'ordres juridiques distincts :

– le droit pénal international, une branche du droit privé qui vise l'incrimination et la répression des infractions transnationales, c'est-à-dire celles qui comportent un élément d'extranéité [6]. On consacre, par-là, le prolongement international de la compétence répressive des juridictions pénales des États au nom de la nécessité de réprimer des infractions dirigées contre l'ordre interne [7] ;

– le droit international pénal, une branche du droit international public dont les règles visent tant à proscrire certains comportements considérés comme internationalement criminels [8] qu'à imposer aux

---

[5] Julian Fernandez, professeur à l'Université Lille Nord de France (Lille II), en collaboration avec Anne-Laure Chaumette - pour le II.B, « Droit international pénal matériel » – et Muriel Ubeda-Saillard - pour le II.A, « Droit international pénal procédural », maîtres de conférences à l'Université Paris Ouest Nanterre La Défense (Paris X). AFDI, 2011, p. 235. Voir., comme témoignage, l'évolution du titre même de ces chroniques, initialement « L'activité des TPIY et TPIR », puis « L'activité des juridictions pénales internationales », en attendant « L'activité de la CPI » ?

[6] Cet élément d'extranéité peut être soit la nationalité de l'auteur ou celle de la victime, soit le lieu de commission du crime.

[7] Il s'agit, par exemple, des actes liés à la piraterie maritime, au détournement d'avion, au financement du terrorisme, ou encore, à la corruption internationale.

[8] Par exemple les crimes contre l'humanité.

États l'obligation d'en poursuivre et d'en punir les auteurs [9]. Cette branche du droit qui réprime les crimes supranationaux, c'est-à-dire les crimes considérés comme les plus graves parce qu'affectant la communauté internationale,[10] se forme à la jonction de deux branches différentes que sont le droit international des droits de l'Homme et le droit pénal. Il s'agit donc, en réalité, d'une branche hybride qui, selon la formule du professeur Antonio Cassesse, allie les règles et principes des systèmes pénaux à ceux des droits de l'Homme [11].

3. Suivant une acception générale, le crime international désigne une infraction qui fait l'objet d'une définition par le droit international. Ainsi conçue, l'infraction internationale renvoie à toutes celles qui sont consacrées dans des instruments juridiques internationaux à l'image de la piraterie [12], de la pollution [13], du blanchiment [14] ou de la corruption[15]. Cette définition englobe toutes les infractions ayant fait l'objet d'une consécration dans une convention internationale. Mais ce critère de source formelle ne rend donc pas compte de la nécessaire distinction entre crimes transnationaux et crimes internationaux.

---

9 Voir Sandra Szurek, « Historique : La formation du Droit international pénal », in Ascensio, Decaux, Pellet, Droit international pénal, RIDC, 2001, p. 10.

10 Crime d'agression, crime de génocide, crime contre l'humanité et crimes de guerre les plus graves.

11 « Is public international law impregnated with notions, principles and legal constructs derived from national criminal law and human rights law? » in Antonio Cassesse, *international Criminal Law*, Oxford, Oxford University Press, 2003, (réédité en 2008 et en 2013 : avec P. Gaeta, *Cassese's International Criminal Law*), p. 19.

12 L'ONU a initié des travaux sur le droit de la mer en 1973. Ils se sont achevés le 10 décembre 1982 par la signature de la Convention des Nations unies sur le droit de la mer à Montego Bay (Jamaïque). Les pays industrialisés, en désaccord sur certaines dispositions importantes, ne parviendront à un accord modificatif qu'en novembre 1994, date à laquelle la Convention est entrée en vigueur.

13 Convention internationale pour la prévention de la pollution des eaux de la mer par les hydrocarbures 1 conclue à Londres le 12 mai 1954.

14 Convention des Nations unies sur la criminalité transnationale organisée : Le 14 décembre 2000, les NU ont adopté la Convention contre la CTNO qui prévoit l'incrimination de capitaux et des mesures visant à prévoir l'utilisation de certains secteurs à des fins de blanchiment.

15 Adoptée par l'assemblée générale des Nations unies le 31 octobre 2003, après sept sessions de négociations débutées en janvier 2002, la Convention des Nations unies contre la corruption ouverte à la signature le 9 décembre 2003 à Mérida (Mexique), se présente comme le premier instrument à la fois universel et global de lutte contre la corruption.

4. Les premiers, qui sont dits transnationaux, car dépassant les frontières étatiques, ont fait l'objet de conventions internationales de coopération pénale visant à renforcer l'efficacité de leur prévention et de leur répression. Ils demeurent, néanmoins, des infractions de droit commun prévues par les droits pénaux internes et réprimées par les seules juridictions nationales. Ils sont internationalisés conventionnellement le plus souvent parce qu'ils présentent un élément d'extranéité qui implique une coopération interétatique renforcée en matière de prévention et de répression.

Les seconds, qualifiés de supranationaux, peuvent ne présenter aucun élément d'extranéité mais ont la caractéristique de porter atteinte aux fondements de l'ordre international. Ils constituent des violations graves de normes fondamentales du droit international et sont directement réprimés par le droit international pénal, indépendamment des droits pénaux nationaux[16].

5. Selon une autre conception, qui fait appel à un critère matériel, le crime international est défini comme étant celui qui porte atteinte à l'ordre public universel. Un auteur l'a ainsi défini comme étant « un fait contraire au droit international et, de plus, tellement nuisible aux intérêts protégés par ce droit qu'il s'établit dans les rapports entre États une règle lui attribuant un caractère criminel, c'est-à-dire exigeant ou justifiant qu'on le réprime » [17].

6. C'est, précisément, à cette conception étroite du crime international, fondée sur le degré de gravité de l'acte, que renvoie le Statut de la CPI quand il précise que : « la compétence de la CPI est limitée aux crimes les plus graves qui touchent l'ensemble de la communauté internationale »[18].

7. Cette conception du crime international a été consacrée par la doctrine et la jurisprudence qui s'accordent toutes à reconnaître un caractère international à certaines infractions comme les crimes contre l'Humanité, les crimes de guerre, le crime de génocide et le crime d'agression. Il faut, toutefois, préciser que la liste des infractions inter-

---

[16] De l'utilité de la distinction entre les crimes supranationaux et transnationaux : traduire les processus d'incrimination complexes alliant droit international et droits pénaux internes. Isabelle Fouchard dans « Revue interdisciplinaire d'études juridiques », 2013/2 (Volume 71), pages 49 à 81.

[17] S. Glaser, « Introduction au droit international pénal », Editions Bruyant 2002, Librairie du Recueil, Sirey, Paris 1954, p. 11.

[18] Article 5 du Statut de la CPI.

nationales reste extensible en raison du fait que le droit international pénal, qui puise sa source dans la coutume internationale et les principes généraux de droit, n'est pas figé.

8. Les crimes internationaux se caractérisent par leurs conséquences particulièrement désastreuses sur la vie des individus et des nations. Car, en plus de constituer des atteintes graves à l'intégrité physique et morale des individus, ils ont la particularité de saper les fondements de la nation. À savoir le commun vouloir de vie commune. Le crime de génocide, les crimes contre l'humanité, tout comme certains crimes de guerre, ont pour dénominateur commun de dénier aux victimes le droit d'exister comme individu ou comme groupe. C'est, en substance, la négation de l'identité et de l'humanité des victimes qui fait leur spécificité [19]. Sous ce rapport, ces actes constituent non seulement des atteintes contre des personnes, mais également, des menaces contre la paix et la sécurité. Partout où ils ont été commis en masse, la situation a fini par dégénérer et par installer le chaos [20].

C'est, précisément, en raison de leur extrême gravité que les crimes internationaux ont fait l'objet d'une interdiction non équivoque dans l'ordre juridique international. La doctrine et la jurisprudence internationales ont, ainsi, reconnu le caractère de jus cogens à l'interdiction des crimes d'agression, de génocide, de crimes contre l'humanité et de torture [21]. De même, plusieurs Conventions internationales ont reconnu leur caractère de crimes internationaux [22]. Les crimes internationaux sont ainsi considérés tout à la fois comme des actes qui entrent « en contradiction avec l'esprit et les fins des Nations unies [23] et qui font peser une menace sur la paix et la sécurité internationale » [24].

---

19 TPIY, Jugement Erdemovic, 1996 ; cité par M. Delmas Marty, « Introduction », *in* Delmas Marty, I. Fouchard, E. Fronza, L. Neyret, le crime contre l'humanité, Paris, PUF, (Que sais-je) 2009, p 4.

20 Génocide contre les Juifs lors de la Seconde Guerre mondiale, guerres civiles au Rwanda et dans les Balkans.

21 Cherif Bassiouni, « Introduction au droit pénal international », Bruxelles, Brulant, 2002, p. 77.

22 La Convention sur la prévention et la répression du crime de génocide du 9 décembre 1948, les quatre Conventions de Genève du 12 août 1949, la Convention contre la torture et autres peines ou traitements cruels, inhumains ou dégradants du 10 décembre 1984.

23 Convention pour la prévention et la répression du crime de génocide du 9 décembre 1948, préambule, paragraphe 1.

24 Résolution 955 du Conseil de Sécurité des Nations unies du 8 novembre 1994 portant création du tribunal pénal international pour le Rwanda (TPIR), préambule,

Cette unanimité faite autour du caractère répréhensible de ces infractions a, d'ailleurs, été l'une des justifications de leur répression.

II. Le principe de répression des crimes internationaux

9. La répression se définit comme l'incrimination des faits délictueux, la poursuite de leurs auteurs et le prononcé des peines [25].

En d'autres termes, la répression désigne l'ensemble des mécanismes destinés à assurer la poursuite et la condamnation des auteurs d'infractions. Ainsi, elle renvoie principalement, aux institutions officielles chargées de poursuivre et de réprimer les auteurs de crimes internationaux. Bien entendu, il existe d'autres moyens permettant de faire face à la commission des crimes, en général, et des crimes internationaux, en particulier. Il s'agit, par exemple, des structures traditionnelles qui ont été mises sur pied dans certains pays et dont la finalité est de concilier le souci de punition et celui de réconciliation [26]. Cette forme de justice, tournée essentiellement vers des objectifs de réconciliation, comporte des avantages évidents mais aussi des limites [27].

Aussi, quoiqu'étant d'un intérêt pratique certain, surtout en Afrique où elle a été beaucoup expérimentée, la justice dite transitionnelle ne sera abordée dans cette étude que de façon incidente. L'accent sera donc

---

parag. 5. Voir aussi Résolution 827 du Conseil de Sécurité des Nations unies du 25 mai 1993 portant création du tribunal pénal international pour l'ex-Yougoslavie (TPIY), préambule, al.4.

25 « Vocabulaire juridique », sous la direction du Doyen Cornu (G.), 9e éd. PUF, Quadrige, août 2011.

26 C'est le cas des tribunaux *Gacaca* ayant fonctionné au Rwanda.

27 Selon Luc Huyse, « Bien souvent, les victimes recherchent l'une ou l'autre forme de rétorsion. Leur sens de la justice peut subir un grave dommage, si ce soulagement leur est refusé. Le juge pénal est également nécessaire pour rétablir la confiance en soi de ceux qui ont été préjudiciés. Mais une condamnation est également une reconnaissance publique de la douleur subie. Et, plus encore, un tel verdict trace une ligne nette entre le bien et le mal. Le juge pénal libère la victime de l'animosité. Tout cela pour dire qu'aux yeux de bon nombre de personnes, la condamnation des coupables constitue un devoir moral. La population espère trouver une réponse à ses griefs, également par la voie de la justice pénale. Mais l'argument le plus connu consiste en ce que le châtiment est nécessaire comme dissuasion, comme une garantie d'un avenir avec moins de violence et moins de répression. Cet argument se situe au cœur de l'appel à la poursuite et à la condamnation émanant d'innombrables documents des Nations unies, d'Amnesty international et de Human Rights Watch ». in Luc Huyse, « Tout passe sauf le passé », publié par AWEPA, 2009, p. 76.

mis sur les mécanismes judiciaires classiques que sont les juridictions nationales ou internationales.

- **Admission de la nécessité de réprimer les auteurs de crimes internationaux**

10. La possibilité de réprimer les auteurs de crimes internationaux est demeurée, pendant longtemps, incertaine. En effet, jusqu'à la Seconde Guerre mondiale, la responsabilité pénale individuelle n'avait encore été engagée ni pour le déclenchement de la guerre, considéré, jusqu'alors, comme un acte de souveraineté, ni pour les atrocités commises au cours des conflits armés, assimilées à des actes collectifs ne relevant que de la responsabilité des États belligérants. C'est, d'ailleurs, ce qui explique que les Conventions de La Haye de 1899 et de 1907, qui ont codifié les lois et coutumes de guerre, n'aient prévu aucune sanction pénale individuelle.

Une certaine doctrine trouvait normal que l'on ne puisse consacrer la responsabilité de l'État, personne morale. Selon la thèse de l'irresponsabilité de la personne morale, il ne suffit pas de pouvoir imputer un acte illicite à une personne pour en déduire sa responsabilité. Encore faudrait-il qu'une peine puisse lui être infligée. Ce qui n'est pas le cas pour l'État.[28]

Ainsi, jusqu'à l'avènement de la Seconde Guerre mondiale, le droit international public était encore marqué par l'esprit « westphalien »[29] qui faisait de l'État le créateur et le destinataire exclusif des normes applicables et le seul susceptible d'être sanctionné.

Cependant, une évolution se fit sentir dès la fin de la Première Guerre mondiale. En effet, la décision consistant à détenir Guillaume II, accusé d'avoir engagé des guerres qui brisèrent la paix mondiale, fut une des premières tentatives de réprimer des individus coupables d'avoir commis des actes contraires aux lois de la guerre [30].

---

28 « […], on ne voit pas comment la sanction pénale pourrait frapper cet être fictif, partout présent mais partout insaisissable », M. Sibert, « Traité de droit international public, le droit de la paix », Paris, 1951, II, p. 598.

29 La Westphalie (en allemand : *Westfalen*) est une région historique d'Allemagne, comprise entre la Weser et le Rhin inférieur. Les traités dits de Westphalie avaient été signés le 24 octobre 1648 entre les États européens au lendemain de la Guerre des trente ans. L'un des principes retenus dans ces traités fut de consacrer l'État comme sujet unique du Droit international.

30 C'est en fait, à Naples, en 1268, qu'eut lieu le premier procès pour déclenchement d'une guerre injuste, qui aboutit à la condamnation à mort de Conradin Von

11. C'est Vespasien V. Pella, pénaliste, professeur à l'université de Bucarest, qui fut l'un des tout premiers à théoriser la consécration de la responsabilité pénale individuelle à travers ce qu'il appela « le droit pénal de l'avenir ». Ce droit, selon lui, « aura pour objet principal la règlementation de l'exercice de la répression des actions illicites qui peuvent être commises par les États dans leurs rapports réciproques » [31]. Cette conception qui prônait la nécessité de réprimer non seulement les actes commis par l'État, mais, également, ceux relevant de la responsabilité des particuliers se heurta à l'opposition de Henri Donnedieu de Vabres qui exprima les plus vives réserves sur la doctrine du droit des gens [32].

La possibilité de sanctionner des individus pour des faits qui, jusque-là, ne pouvaient engager que la responsabilité des États, fut définitivement reconnue à la suite des nombreuses exactions commises lors de la Seconde Guerre mondiale.

Ce second conflit mondial fut, à cet égard, un tournant décisif dans la naissance de la justice pénale internationale. Les atrocités, à nulles autres pareilles, commises au cours de cette guerre avaient, en effet, à ce point choqué la communauté internationale qu'il n'y eut aucune difficulté à trouver un consensus autour de la possibilité de traduire en justice les individus présumés responsables de ces crimes.

- **Premières expériences de répression des crimes internationaux : Les procès de Nuremberg et de Tokyo**

12. C'est à la suite de la mise en place des tribunaux militaires internationaux de Nuremberg [33] et de Tokyo [34] que des dirigeants étatiques

---

Hohenstaufen. Il faut aussi citer le cas de Guillaume II, dont le *Traité de Versailles* exigea le jugement international qui ne vit jamais le jour.

31 Vespasien V. Pella, Pella (V.) : « La Criminalité collective des États et le droit pénal de l'avenir », Bucarest, 1926, p. 168.

32 Voir Henri Donnedieu de Vabres : « Le système de la répression universelle. Ses origines historiques », RDilp & DPI, 1922, vol XXVIII : 533-564.

33 Ce tribunal résultait d'un accord intervenu à Londres, le 8 août 1945, entre la Grande-Bretagne, les États-Unis, la France et l'URSS. Un Statut annexé à l'Accord, organisait le tribunal militaire, fixait sa compétence et déterminait les personnes susceptibles d'être poursuivies, ainsi que les infractions retenues (complot, crimes de guerre, crimes contre la paix, crimes contre l'humanité) et les règles de procédure applicables. Il rendit son jugement le 1er octobre 1946 à l'encontre de 22 accusés (dont Herman Goering, Wilhelm Keitel, Joachim Von Ribbentrop et Rudolph Hess).

34 Sa dénomination officielle est « le Tribunal militaire international de l'Extrême-Orient ». Il fut institué par une déclaration du commandant suprême des forces

furent, pour la première fois, reconnus personnellement coupables de crimes internationaux.

13. Cependant, cette reconnaissance de la responsabilité individuelle en droit international ne s'est pas réalisée de manière spontanée. En effet, pendant longtemps, il a été considéré que les individus n'étaient pas des sujets de droit dans l'ordre juridique international. Dès lors, les violations du droit international n'étaient censées pouvoir engager que la responsabilité des États. Mais avec le développement de la délinquance internationale et, en particulier, de certaines atrocités de masse, et aussi face à l'impossibilité matérielle de condamner pénalement les États, il s'est posé très vite la problématique de la nécessité de garantir l'effectivité de la protection des droits de l'Homme. Il faut d'ailleurs relever que, pendant le procès de Nuremberg, la question de l'imputabilité à l'État allemand de la responsabilité pénale des actes commis par les nazis a été soulevée par les parties, accusation et défense, pour diverses raisons [35].

En définitive, le Tribunal de Nuremberg a saisi cette opportunité pour consacrer, pour la première fois, le principe de la responsabilité individuelle en ces termes : « On a fait valoir que le Droit international ne vise que les actes des États souverains et ne prévoit pas de sanctions à l'égard des délinquants individuels. Ce sont des hommes et non des entités abstraites qui commettent les crimes dont la répression s'impose, comme sanction du droit international (...) »[36].

Depuis lors, la responsabilité individuelle pour crime international s'est imposée comme un acquis irréversible de la justice pénale internationale.

---

alliées, le général MacArthur, le 19 janvier 1946. Une charte prévoyait les règles de fonctionnement et de compétence applicables. Il rendit sa décision le 12 novembre 1948 à l'encontre de 25 accusés.

[35] En soutenant la thèse de la responsabilité de l'État allemand, l'Accusation ne faisait qu'exprimer l'indignation partagée par de nombreuses personnes à l'égard de « l'État nazi » pour les atrocités des soldats, V. A. Rey, « Violation du droit international commise par les Allemands en France pendant la guerre de 1939-1945 », RGDIP, vol. II, 1941-1945, p. 91. En revanche, en soulignant que seul l'État allemand est responsable, la Défense semblait vouloir dédouaner les criminels nazis, qui ne pouvaient, dès lors, être jugés que par la justice allemande. Le Tribunal de Nuremberg ne s'était pas inscrit dans cette vision, V. H. Donnedieu de Vabres, « Le procès de Nuremberg », RCADI, tome 70, 1947, p. 562.

[36] Jugement de Nuremberg, 14 nov 1945-1er octobre 1946, édité à Nuremberg en 1947, p.235. https://www.legal-tools.org/doc/512713/pdf/ consulté le 30/11/2019.

Par la même occasion, le Tribunal de Nuremberg définissait certains principes qui allaient consacrer définitivement l'irruption de l'individu dans les relations internationales.

- **Les principes de Nuremberg et leur consécration internationale**

14. La possibilité de traduire des individus devant les juridictions pénales pour des actes commis dans le cadre d'un conflit armé a été énoncée à travers les principes dits de Nuremberg qui ont été, par la suite, consacrés par l'Assemblée générale des Nations unies [37].

Ces principes ont été ainsi formulés :

– **premier principe** : Tout auteur d'un acte qui constitue un crime de droit international est responsable de ce chef et passible de châtiment ;

– **deuxième principe** : Le fait que le droit interne ne punisse pas un acte qui constitue un crime de droit international ne dégage pas la responsabilité en droit international de celui qui l'a commis ;

– **troisième principe** : Le fait que l'auteur d'un acte qui constitue un crime de droit international ait agi en qualité de chef d'État ou de gouvernement ne dégage pas sa responsabilité en droit international ;

– **quatrième principe** : Le fait d'avoir agi sur ordre de son gouvernement ou de celui d'un supérieur hiérarchique ne dégage pas la responsabilité de l'auteur en droit international, s'il a eu moralement la faculté de choisir ;

– **cinquième principe** : Toute personne accusée d'un crime en droit international a droit à un procès équitable, tant en ce qui concerne les faits qu'en ce qui concerne le droit.

15. Les principes ainsi consacrés par le Tribunal de Nuremberg [38] ont été, par la suite, codifiés à travers plusieurs textes internationaux tels que la Convention du 9 décembre 1948 pour la prévention et la répression du crime de génocide [39], les Conventions de Genève de 1949,

---

[37] À travers les Résolutions 3(I) et 95 (I) des 13 février et 11 décembre 1946.

[38] Il faut aussi signaler l'existence du Lieber Codem également connu sous le nom de « Instructions for the government of the United States in the field » ou l'Ordre général n° 100, qui est un acte signé par le président Lincoln en 1863 et qui codifie l'attitude à adopter de la part des forces de l'Union. Ce code énonce, à plusieurs reprises, le principe de la responsabilité individuelle.

[39] Art. 2 et suivants.

les Résolutions du Conseil de Sécurité relatives à la création du TPIY [40] et du TPIR [41], le Statut de Rome sur la CPI [42].

Les Conventions de Genève invitaient, en particulier, les États-parties à sévir pénalement contre les responsables et auteurs d'infractions graves à leurs dispositions [43].

16. Néanmoins, il faut reconnaître que le fonctionnement de ces deux tribunaux n'a pas été exempt de critiques [44]. C'est d'ailleurs l'une des raisons qui ont déterminé la Communauté internationale à s'atteler à la mise sur pied d'une juridiction chargée de réprimer les crimes internationaux. Mais jusqu'au milieu des années 1980, l'idée resta au stade de projet. Les massacres commis au Rwanda et en ex-Yougoslavie vont contribuer à accélérer la réalisation du projet. Ainsi, après la création des tribunaux pénaux internationaux ad hoc que sont le TPIY [45] et le TPIR [46], les travaux de la Commission internationale vont finalement aboutir à la ratification du Statut de Rome instituant la Cour pénale internationale [47]. C'est ainsi que l'Assemblée générale des Nations

---

[40] Art. 7 du Statut du TPIY.

[41] Art. 6 du Statut du TPIR.

[42] Art. 25 et suivants du Statut de la CPI.

[43] Article 49, chapitre X de la Convention I de Genève et article 50, chapitre VII de la Convention II de Genève.

[44] Les Tribunaux de Nuremberg et de Tokyo furent critiqués sur plusieurs aspects, notamment, parce qu'ils ont été considérés comme le jugement des vainqueurs sur les vaincus : voir « Répression des crimes de guerre : espoir ou utopie ? », GRIP, Bruxelles, 1995, p.37.

[45] Tribunal pénal international pour l'ex-Yougoslavie : cette juridiction, qui a son siège à la Haye, a été créée par la Résolution 827 du Conseil de Sécurité des Nations unies du 25 mai 1993 avec pour objectif de « Juger les personnes présumées responsables de violations graves du droit international humanitaire commises sur le territoire de l'ex-Yougoslavie » : www.icty.org/fr/le-tribunal-en bref-le tribunal/la création-du-tribunal, consulté le 03 juin 2018.

[46] TPIR : le Tribunal pénal international pour le Rwanda, qui avait son siège à Arusha (Tanzanie), a été créé par la Résolution 955 du Conseil de Sécurité des Nations unies du 8 novembre 1994. www. unisty.unmity.org/fr/trib, consulté le 03 juin 2018.

[47] La Cour pénale internationale (CPI) (en anglais : *International Criminal Court (ICC))* est une juridiction pénale universelle permanente chargée de juger les personnes accusées de génocide, de crime contre l'humanité, de crime d'agression et de crime de guerre.
Le Statut de Rome est le traité international qui a créé la CPI. Il a été adopté lors d'une Conférence diplomatique des plénipotentiaires des Nations unies, dite Conférence de Rome, qui s'est déroulée du 15 juin au 17 juillet 1998 à Rome, en Italie. Il est entré en vigueur le 1er juillet 2002 après sa ratification par 60 États : la

unies a confié à la Commission du droit international précitée la charge d'élaborer deux projets de codes, l'un portant sur les crimes internationaux et l'autre sur le Statut de la Cour pénale internationale.

17. Mais avant même l'avènement de la CPI, les impairs notés dans le fonctionnement des tribunaux pénaux internationaux (TPI) ont conduit à la création d'autres types de juridictions dites internationalisées. Qualifiés tantôt de juridictions de « troisième génération » [48], tantôt de « modèles *sui generis* » [49], ces tribunaux se caractérisent par une mixité dans le personnel et le droit applicable. C'est le cas du Tribunal spécial pour la Sierra Leone (TSSL) [50], du Tribunal spécial pour le Liban (TSL) [51],

---

CPI est alors officiellement créée. Cependant, la compétence de la Cour n'étant pas rétroactive, elle traite des crimes commis à compter de cette date.
Le siège officiel de la Cour est situé à La Haye, aux Pays-Bas, mais les procès peuvent se dérouler en tous lieux.

48 Cyril Laucci, « Projet de tribunal spécial pour la Sierra Leone : vers une troisième génération de juridictions internationales ? », *L'observateur des Nations unies*, n° 9, 2000, p. 195

49 ONU, Rapport du Secrétaire général des Nations unies sur l'établissement d'un Tribunal spécial pour la Sierra Leone, doc. S/2000/915 du 4 octobre 2000, paragr. 9.

50 TSSL : Le 14 août 2000, le Conseil de Sécurité des Nations unies vote la résolution 1315 qui donne un mandat au Secrétaire général de l'ONU pour créer un tribunal mixte, le TSSL. L'accord est signé en janvier 2002 entre les Nations unies et le gouvernement sierra-léonais, puis ratifié par le Parlement de la Sierra Leone en mars de la même année. Le tribunal est officiellement créé en juillet 2002. Les juges prêtent serment le 2 décembre et les premiers actes d'accusation sont confirmés en mars 2003.
Le TSSL avait pour but de juger « les principaux responsables de crimes contre l'humanité, de crimes de guerre et de certains crimes prévus par le droit sierra-léonais commis depuis le 30 novembre 1996 », date des Accords d'Abidjan, qui ont tenté, sans succès, d'enrayer la crise : https ://fr.wikipedia.org/wiki/ Tribunal_special_pour_la_Sierra_Leone, consulté le 03 juin 2018.

51 TSL : Le Tribunal spécial des Nations unies pour le Liban (TSL) est un tribunal pénal international dont le mandat est de poursuivre, en vertu du droit international, les auteurs d'actes criminels liés à l'assassinat de Rafiq Hariri, (ex-premier ministre libanais) perpétrés le 14 février 2005 à Beyrouth au Liban. Le tribunal est basé à Leidschendam-Voorburg, près de La Haye aux Pays-Bas.
Le tribunal a officiellement ouvert le 1er mars 2009 en affichant sa volonté de rendre justice aux victimes des crimes et des attaques terroristes au Liban. En mars 2010, le juge Antonio Cassese, présidant le Tribunal, a publié son premier rapport annuel sur le fonctionnement et les activités du tribunal. Le TSL a rendu ses premières inculpations à la justice libanaise le 30 juin 2011. www.//fr.wikipedia.org/wiki/Tribunal_spécial_des_Nations_unies_pour_le_Liban, consulté le 03 juin 2018.

et des Chambres extraordinaires pour les tribunaux du Cambodge (CETC) [52].

À l'instar du TPIY et du TPIR [53], ces juridictions sont destinées à juger des faits commis dans une zone précise et durant une période bien indiquée. Mais elles s'en distinguent par une intégration plus ou moins importante dans les différents systèmes judiciaires nationaux. Le TSSL, le TSL, les CETC font partie de cette nouvelle catégorie de juridictions à caractère international. Ces juridictions ont également joué leur partition dans la répression des crimes internationaux.

18. En résumé, on peut considérer que la stratégie globale de répression des crimes internationaux a connu deux phases.

La première, qui a duré de 1945 aux années 1990, se caractérise par une internationalisation de la répression symbolisée par le rôle prépondérant des tribunaux pénaux internationaux [54]. Durant toute cette période, l'implication des juridictions nationales dans la répression fut, pour ainsi dire, marginale. Comme le soulignait un auteur, « Face à l'incapacité des tribunaux nationaux de poursuivre les crimes commis sur leurs territoires et à l'impossibilité de laisser impunies ces violations des droits de l'homme et du droit humanitaire, la communauté internationale

---

52 En 1997, le gouvernement du Cambodge a demandé l'aide des Nations unies (ONU) afin de mettre en place un procès pour traduire en justice les hauts dirigeants Khmers rouges. En 2001, l'Assemblée nationale cambodgienne a adopté une loi portant création d'un tribunal compétent pour traduire en justice les auteurs des crimes commis sous le régime Khmer rouge, de 1975 à 1979. Ce tribunal s'appelle, officiellement, les Chambres extraordinaires au sein des tribunaux cambodgiens (CETC) pour la poursuite des crimes commis pendant la période du Kampuchéa démocratique.
La participation internationale a été sollicitée en raison de la faiblesse de l'appareil judiciaire cambodgien et de la nature internationale des crimes perpétrés.
Un accord entre le Cambodge et l'ONU a été conclu en juin 2003 sur les détails de l'assistance et de la participation internationales. Bien que créé par le Gouvernement cambodgien et l'ONU, ce tribunal spécial est indépendant de ces derniers. Il s'agit d'un tribunal cambodgien avec une participation internationale, qui applique des normes internationales. Le tribunal ne peut poursuivre que deux catégories de suspects pour les crimes présumés avoir été commis entre le 17 avril 1975 et le 6 janvier 1979 : Les hauts dirigeants du Kampuchéa démocratique et les principaux responsables de violations graves du droit national et international.
https ://www.eccc.gov.kh/fr/introduction-aux-cetc, consulté le 03 juin 2018.

53 Mutoy Mubiala, « le tribunal international pour le Rwanda. Vraie ou fausse copie du tribunal international pour l'ex-Yougoslavie », RGIDP, 1995, p. 947.

54 Aussi bien les tribunaux de Nuremberg et de Tokyo que les tribunaux internationaux ad hoc que sont le TPIY et le TPIR.

a pris le parti de faire de la répression de ces crimes une affaire “internationale” et créé des juridictions héritières des tribunaux de Nuremberg et de Tokyo » [55].

La seconde, quant à elle, est caractérisée par une plus grande implication des États dans la répression des crimes internationaux. Ce dynamisme des États s'est d'abord manifesté à travers la participation à la création des juridictions internationales chargées de réprimer les crimes internationaux. Ainsi, la création des tribunaux mixtes comme le tribunal spécial de la Sierra Leone [56] ou les chambres extraordinaires des tribunaux cambodgiens[57] a permis de faire jouer aux États un rôle plus visible dans la répression des crimes internationaux. Dans une certaine mesure, la création de la Cour pénale internationale participe de la même logique de responsabilisation des États. Car, s'il est vrai que la juridiction créée par le Statut de Rome est une juridiction internationale, son mode de fonctionnement fondé sur le principe de complémentarité consacre la primauté des juridictions nationales dans la répression des crimes internationaux.

19. Par ailleurs, l'implication des États dans la répression s'est aussi traduite par un nombre croissant de poursuites d'auteurs de crimes internationaux devant les juridictions nationales. C'est ainsi que, par le biais de la compétence universelle [58], de nombreux États comme la France [59],

---

[55] Claire Fourçans in « Le réinvestissement de l'État dans la répression des crimes internationaux », Presses universitaires de Paris Nanterre, 2007, pp 87-100.

[56] Le Tribunal spécial de la Sierra Léone (TSSL) est compétent, en vertu de son Statut, en matière de crime de guerre et de crime contre l'humanité. Le crime de génocide n'est pas inclus dans ce statut. Cependant, des crimes issus du droit sierra-léonais y apparaissent (viol de mineures, destruction d'édifices). Ce Statut a été établi en vertu de la Résolution 1315 du Conseil de Sécurité du 14 août 2000.

[57] L'Assemblée générale des Nations Unies a adopté le 13 mai 2003 une résolution approuvant une proposition d'accord entre l'ONU et le Cambodge sur la poursuite des principaux responsables des crimes commis entre 1975 et 1979 (A/RES/57/228 B).

[58] Ce principe permet aux États de poursuivre devant leurs juridictions des auteurs de crimes et ce, même si l'auteur ou la victime ne sont pas leurs nationaux ou si les crimes n'ont pas été commis sur leur territoire.

[59] Voir http://www.trial-ch.org/fr/justice/justice_competence2.html (consulté le 24 juin 2005) : « En France, le 26 juillet 1995, un juge d'instruction déposa un mandat d'arrêt à l'encontre du prêtre rwandais Wenceslas Munyeshyaka, pour des crimes commis au Rwanda en 1994. Le 6 janvier 1998, la Cour de cassation française confirma le mandat d'arrêt déposé par le juge d'instruction. L'affaire est actuellement en cours d'instruction ».

les USA [60] et les Pays-Bas [61] ont initié des poursuites contre des auteurs présumés de crimes internationaux [62].

Toutefois, cette nouvelle dynamique de responsabilisation des États dans la répression des crimes internationaux ne s'est pas manifestée dans tous les continents. En effet, l'Afrique ne semble pas s'être engagée avec la même détermination dans la lutte contre l'impunité.

III. La répression des crimes internationaux en Afrique

20. Une simple analyse de l'actualité révèle que l'Afrique est l'une des parties du monde où se commettent le plus des atrocités de masse et autres exactions contre les droits humains.

- **La récurrence des violations de droits de l'Homme en Afrique**

21. En dépit de l'adoption d'engagements historiques à l'échelle régionale et mondiale [63] et de l'existence, dans le continent, de plusieurs instruments juridiques de protection des droits de l'Homme [64], les violations graves du droit humanitaire et du droit international relatif aux droits humains demeurent le lot quotidien de milliers d'Africains. Comme le fait remarquer un auteur « S'il y a une constance en Afrique à retenir depuis la période de décolonisation, ce sont les conflits soit d'indépendance, soit interétatiques, soit internes aux États. Toutes choses faisant de ce continent un terreau favorable aux crimes internationaux ou à la violation du droit de gens » [65].

---

[60] Voir : *Kadic v. Karadzic* 70 F3d 232 (2nd Cir. 1995), New York. Dès 1995, un tribunal de New York eut à statuer sur une plainte déposée contre R. Karadzic, alors de passage aux États-Unis, pour génocide, viol, prostitution forcée, grossesse forcée, torture et traitement cruel, inhumain et dégradant, coups et blessures, discrimination sexuelle et ethnique, exécution sommaire et meurtre.

[61] Voir http://www.trial-ch.org/fr/justice/justice_competence.html (consulté le 24 juin 2005) : « Aux Pays-Bas, le 11 novembre 1997, la Cour suprême des Pays-Bas confirma la compétence des juges du fond pour juger Darko Knezevic. »

[62] D. Échéraoui, « L'Exercice des compétences de la Cour pénale internationale », *Revue internationale de droit pénal*, 2005 (Vol. 76) : 341-373.

[63] Voir Agenda 2063 de l'Union africaine et Objectifs de développement durable des Nations unies.

[64] C'est le cas, par exemple, de la Charte africaine des droits de l'Homme et des peuples.

[65] Jérôme Francis Wandjick, in « l'Afrique dans la lutte contre l'impunité des crimes internationaux », publié dans « le principe d'humanité et la sauvegarde de la personne humaine », Fortaleza, 2016, page 61.

Les causes de ces exactions tiennent, pour l'essentiel, à trois facteurs : les conflits armés, les crises électorales et la lutte contre le terrorisme.

Ainsi, dans son rapport 2015-2016, Amnesty International a souligné que : « De nombreux États ont été en proie à de violents conflits et à l'insécurité. Cette insécurité s'est accompagnée d'atteintes aux droits humains de grande ampleur, atrocités généralement impunies. Les conflits qui sévissaient en République centrafricaine, au Nigéria, en RDC, en Somalie, au Soudan et au Soudan du Sud ont été marqués par des crimes de droit international et des violations persistantes du droit humanitaire et du droit international relatif aux droits humains imputables aux forces régulières comme aux groupes armés.

De nombreuses informations font état de violences fondées sur le genre et de crimes de sévices sexuels… » [66].

22. Les exactions commises à l'occasion des crises électorales ont été également pointées du doigt par Amnesty International qui a relevé que : « Quinze élections présidentielles ou législatives, dont beaucoup ont donné lieu à des atteintes aux droits fondamentaux et à des restrictions, se sont déroulées sur le continent africain »[67].

Dans le même rapport, il est indiqué que : « En 2015, les manifestations organisées au Burundi ont été réprimées brutalement par les forces de sécurité et les actes de torture et autres mauvais traitements inhumains infligés à ceux qui s'opposaient à la réélection du président Pierre Nkurunziza se sont multipliés. À partir de septembre, la situation s'est dégradée : des homicides, dont des exécutions extrajudiciaires, ont eu lieu presque quotidiennement ; les arrestations arbitraires et les disparitions sont devenues monnaie courante. Plus de quatre cents (400) personnes ont été tuées entre les mois d'avril et de décembre »[68].

23. Cette situation qui prévaut en Afrique s'explique en partie, par le manque de bonne volonté perceptible à travers la timidité de l'engagement des États dans la lutte contre l'impunité.

---

[66] Amnesty international, *Rapport annuel 2015-2016*, pp. 19-21, consultable sur le site : www/ amnesty.org/rf/latesrt/research/2016, consulté le 25 juin 2018.

[67] Amnesty international, *Rapport annuel 2015-2016*, p. 22.

[68] Amnesty international, *Rapport annuel 2015-2016*, p. 23.

- **Timidité de l'engagement des États africains dans la lutte contre l'impunité des crimes internationaux**

24. Cette timidité se manifeste à travers le défaut de ratification des Conventions portant sur les crimes internationaux.

Depuis la Seconde Guerre mondiale, la Communauté internationale a adopté plusieurs Conventions interdisant les violations graves des droits humains. Il s'agit, entre autres, de la Convention sur la prévention et la répression du crime de génocide du 9 décembre 1948, des Conventions de Genève du 12 août 1949 [69], de la Convention sur l'imprescriptibilité des crimes de guerre et des crimes contre l'humanité du 26 novembre 1968 [70] et de la Convention contre la torture et autres peines ou traitements cruels inhumains ou dégradants du 10 décembre 1984. En dépit du caractère coutumier de ces Conventions, on n'en voit pas encore les effets en Afrique parce que précisément, la plupart des États se sont abstenus de ratifier lesdits instruments ou n'ont pas pris les mesures nécessaires à la mise en œuvre des Conventions sur leurs territoires. Ainsi, 44 pays n'ont toujours pas manifesté leur intention de voir prendre effet la Convention sur l'imprescriptibilité des crimes de guerre et des crimes contre l'humanité [71].

Quant à la Convention contre la torture, certains États comme l'Érythrée et l'Angola, ne l'ont toujours pas ratifiée. Pour ces deux pays, le refus de ratification peut s'expliquer par la longue série de guerres avec leur cortège d'horreurs et de violations des droits humains qui ont jalonné leur histoire.

De même, plus de 40 pays n'ont toujours pas exprimé leur volonté d'être liés par la clause de compétence de la Commission internationale humanitaire d'établissement des faits prévue à l'article 90 du Protocole additionnel I aux Conventions de Genève de 1949 adopté en 1977 [72].

On pourrait en dire de même de la Convention contre la torture. Cette Convention a certes prévu un organe chargé de veiller à son application, le

---

[69] Réglementant les conflits armés ainsi que les méthodes de guerre.

[70] Qui apparaît comme une tentative de lever les obstacles à la coopération et à l'entraide judiciaire internationale s'appliquant à la répression desdits crimes.

[71] Parmi les pays ayant fait la déclaration, on peut citer : le Cameroun, la Gambie, le Ghana, la Guinée, le Kenya, la Libye, le Nigeria, le Rwanda, la Tunisie et le Libéria : voir Nations unies, Recueil des traités, vol. 754, p 73.

[72] La Commission est un organe d'enquête indépendant chargé de vérifier sur le terrain, la réalité des allégations de violations graves du droit humanitaire. Il s'agit du seul organe d'enquête prévu par les Conventions de 1949.

Comité contre la torture [73]. Ce Comité peut recevoir la plainte émanant des États [74] ou des individus,[75] à condition que l'État mis en cause ait fait, au préalable, une déclaration d'acceptation de sa compétence. Or, à ce jour, seulement sept (7) États africains ont approuvé la Convention dans toutes ses dispositions [76].

Le défaut de ratification et son corollaire, la rareté des poursuites, alimentent un sentiment d'impunité dont l'Afrique a du mal, jusqu'ici, à se départir.

- **Le sentiment d'impunité**

25. L'impunité se définit précisément comme une « absence, en droit ou en fait, de la mise en cause de la responsabilité pénale des auteurs de violations, ainsi que leur responsabilité civile, administrative ou disciplinaire, en ce sens qu'ils échappent à toute enquête tendant à permettre leur mise en accusation, leur arrestation et leur condamnation à réparer le préjudice subi par leurs victimes »[77]. Elle est également définie comme « l'omission d'enquêter, de poursuivre et de juger les personnes physiques ou morales responsables de graves violations des droits humains et du droit international humanitaire » [78]. Selon Olivier de Frouville « le thème de la lutte contre l'impunité s'est développé de manière autonome ; essentiellement à l'initiative des ONG de défense des droits de l'Homme et des associations de victimes. Il part d'un constat sur lequel les associations et les ONG n'ont cessé d'attirer l'attention dans le courant des années 70 et 80 à savoir que l'impunité est un facteur très important de perpétuation des violations des droits de l'Homme. Le fait, pour un agent des forces de sécurité, de ne pas être

---

[73] Article 17 de la Convention.

[74] Article 21 de la Convention.

[75] Article 22 de la Convention.

[76] À la date du 03 juin 2018, ce sont : Afrique du Sud, Algérie, Cameroun, Ghana, Sénégal, Togo et la Tunisie. https://treaties.un.org/pages/View, consulté le 3 juin 2018.

[77] Rapport de Mme Diane Orentlicher, experte indépendante chargée de mettre à jour l'ensemble des principes pour lutter contre l'impunité, « Ensemble de principes actualisé pour la protection et la promotion des droits de l'Homme par la lutte contre l'impunité », E/CN.4/2005/102/Add. du 8 février 2005, p. 6.

[78] Principes de Bruxelles contre l'impunité et pour la justice internationale, adoptés par le « Groupe de Bruxelles pour la justice internationale », à la suite du Colloque « Lutter contre l'impunité : Enjeux et perspectives », *in Lutter contre l'impunité, Actes du Colloque tenu à Bruxelles du 11 au 13 mars 2002*. Principe 1er, p. 117.http://iccnow.org/documents/BrusselsPrinciples6Nov02fr.pdf (consulté le 22 novembre 2017).

poursuivi lorsqu'il commet la torture ou exécute sommairement des opposants politiques peut être perçu comme un signe d'approbation tacite de la part du pouvoir politique et un encouragement à récidiver, voire à généraliser ses pratiques ».[79]

Dans son rapport précité, Amnesty International relevait que : « L'impunité, qui restait de mise pour les graves violations de droits humains, en particulier celles commises dans le contexte des conflits armés, a cette année encore, empêché les victimes de connaître la vérité et d'obtenir justice et a favorisé l'instabilité et les violences. La plupart des États africains (dont le Cameroun, la République centrafricaine, la Somalie, le Soudan et le Soudan du Sud) n'ont fait que peu d'efforts pour s'attaquer à ce problème bien ancré, les auteurs présumés de crimes de droit international étant rarement amenés à rendre compte » [80].

26. Si l'impunité est, en tout état de cause, condamnable, elle est encore moins concevable lorsqu'il s'agit de crimes internationaux. Car compte tenu de leur extrême gravité et de leurs répercussions sur la vie des nations, l'impunité des crimes est considérée comme « un mal pire que le crime lui-même » [81].

27. Cependant, même si, au sein des États, les poursuites sont effectivement rares, on ne peut affirmer, pour autant, que l'Afrique soit un espace d'impunité totale.

La Cour pénale internationale s'est, en effet, signalée par des ouvertures d'enquêtes et des poursuites à l'égard de plusieurs Africains présumés auteurs de crimes internationaux commis en Afrique.

C'est, d'ailleurs, cette réticence des États à poursuivre les auteurs de crimes internationaux qui explique, en partie, l'enthousiasme provoqué en Afrique, par la naissance de la CPI. Déjà dignement représentés dans les travaux de la Commission du Droit international par Doudou Thiam [82], les Africains se sont également signalés par leur dynamisme dans la mise en place de la CPI.

---

79 Droit international pénal, sources, incrimination, responsabilités, Olivier de Frouvielle, Éditions A. Pedone, 2012, page 9 à 10.

80 Amnesty international, *Rapport annuel 2015-2016*, p. 21.

81 G.P. Fletcher, "Against universal jurisdiction", Journal of International Criminal Justice, vol I, n° 3, 2003, pp. 580-584, cité par I. Blanco Cordero, « Compétence universelle. Rapport général », Revue internationale de droit pénal, vol. 79, 2008, p. 13.

82 Internationaliste de renom et ancien ministre sénégalais des Affaires étrangères, c'est à lui qu'il revenait la mission de coordonner, en qualité de rapporteur, les

28. En effet, sur les cent premières ratifications du Statut de Rome, les trente provenaient de pays africains. Avec plus de la moitié des membres, l'Afrique devenait ainsi le groupe le mieux représenté à l'Assemblée des États-parties.

29. Par ailleurs, ce sont les États africains qui ont, les premiers, procédé au renvoi à la CPI de crimes internationaux commis sur leurs territoires : il s'agit de :

– l'Ouganda, en décembre 2003 ;

– la République démocratique du Congo, le 19 avril 2004 ;

– la République centrafricaine, le 7 janvier 2005.

30. De même, les États africains ont été les premiers à procéder à l'exécution des demandes de coopération formulées par la CPI. Celles-ci concernaient l'exécution par la République démocratique du Congo, des demandes d'arrestation et de remise de trois de ses ressortissants que sont Thomas Lubanga, Germain Katanga et Mathieu Ngujolo.

31. Cependant, en raison du nombre important d'affaires « africaines » ouvertes devant la CPI, conjugué au défaut d'arrestations de dirigeants d'autres continents, l'enthousiasme soulevé en Afrique dès 1998 par la naissance de la CPI a, très vite, cédé la place à la suspicion et à la défiance, la Cour étant de plus en plus accusée d'acharnement vis-à-vis de l'Afrique.

C'est dans ce contexte, marqué par un scepticisme à l'égard de la juridiction pénale internationale permanente, que les Chambres africaines extraordinaires (CAE) ont vu le jour.

IV. Création des CAE : processus, fondement et enjeux

Un rappel du processus de création des CAE nous semble utile pour une meilleure compréhension des enjeux attachés à l'institution de cette juridiction.

- **Étapes-clés de la création des CAE**

32. Le processus de création des CAE a connu plusieurs étapes : du mandat que l'Union africaine a donné au Sénégal à l'Accord du

---

travaux relatifs à l'élaboration du projet de code sur les crimes internationaux. À cet effet, de 1983 à 1995, il a soumis plusieurs rapports à l'appréciation de la Commission.

22 août 2012, en passant par l'arrêt de la Cour de justice de la CEDEAO du 18 novembre 2010.

– Le mandat de l'Union africaine au Sénégal

33. Si la possibilité de tenir un procès sur les crimes commis au Tchad a, sans nul doute, germé dans les esprits des victimes dès le début des années 2000, les bases de la création des CAE ont été jetées par l'Union africaine à travers le mandat donné au Sénégal.

À la suite de la procédure initiée par des victimes au Sénégal le 25 janvier 2000 contre Hissène Habré [83], d'autres victimes tchadiennes vivant en Belgique ont, à leur tour, déposé, à Bruxelles, une plainte contre la même personne pour torture et crimes contre l'humanité. Le choix du lieu n'était pas fortuit puisque la Belgique, pionnière dans l'application de la règle de la compétence universelle, avait adopté une loi dans ce sens depuis le 16 juin 1993. Les victimes ne couraient donc pas le risque d'être déboutées comme cela avait été le cas au Sénégal. C'est ainsi qu'une procédure d'instruction fut ouverte, sous la direction du juge Daniel Fransen. Pendant les quatre années que dura l'instruction, de nombreux actes furent posés, dont des commissions rogatoires internationales exécutées au Tchad ainsi que des mandats d'arrêt internationaux.

34. Toutefois, l'exécution de ces mandats se heurta aux décisions de la Chambre d'accusation de la Cour d'appel de Dakar qui rejeta toutes les demandes d'extradition de Hissène Habré.

Pour fonder ces décisions de rejet, la Chambre d'accusation avait estimé que Hissène Habré jouissait d'une immunité incompatible avec toute poursuite devant des juridictions étrangères.[84]

---

[83] Hissène Habré fut inculpé pour complicité de crimes contre l'humanité, actes de torture et de barbarie, et placé en résidence surveillée. Cette décision fut annulée par la Chambre d'accusation de la Cour d'appel de Dakar au motif que la justice sénégalaise était incompétente, le Sénégal n'ayant pas, notamment, incorporé dans sa législation nationale les dispositions de la Convention contre la torture. La Cour de cassation confirma cette décision par son arrêt du 20 mars 2001 : voir Arrêt n° 144, Cour suprême du Sénégal, 20 mars 2001, Souleymane Guengueng et autres c. Hissène Habré.

[84] Cette position de la Chambre d'accusation de la Cour d'appel de Dakar procède, à notre avis, d'une mauvaise application des règles relatives à l'immunité des chefs d'État. En effet, les chefs d'État ne peuvent bénéficier que de deux formes d'immunité : une immunité personnelle, valable au cours de l'exercice des fonctions, et une immunité matérielle qui couvre les actes accomplis dans l'exercice desdites

Pour vaincre la réticence des autorités sénégalaises, la Belgique saisit le Comité des Nations unies contre la torture qui, dans sa délibération du 17 mai 2006, considéra que le Sénégal avait violé les dispositions de la Convention contre la torture qui lui faisaient obligation de juger ou d'extrader Hissène Habré.

35. Face à l'insistance de la Belgique, les autorités sénégalaises, qui n'entendaient pas non plus procéder à l'extradition, décidèrent de s'en remettre à l'Union africaine. C'est ainsi que par un communiqué daté du 27 novembre 2005, le ministère des Affaires étrangères annonça que « Suite à un entretien entre Son Excellence Maître Abdoulaye Wade, président de la République du Sénégal et Son Excellence Olusegun Obasanjo, président de la République fédérale du Nigéria et, par ailleurs, président de l'Union africaine, il avait été convenu de porter devant le prochain sommet des chefs d'État de l'Union africaine prévu à Khartoum (Soudan) du 23 au 24 janvier 2006 cette affaire qui n'était pas une simple affaire sénégalaise, mais bien une affaire africaine » [85].

36. En 2006, lors du 6e sommet de l'Assemblée de l'Union africaine tenu du 23 au 24 janvier 2006 à Khartoum (Soudan) un Comité d'éminents experts fut mis en place par le président de la Commission de l'UA avec pour mission de faire des recommandations sur la meilleure voie à suivre pour aboutir au règlement définitif de l'affaire Hissène Habré.

---

fonctions et qui continue à bénéficier au titulaire après la cessation des fonctions. S'agissant de Hissène Habré qui, au moment de la saisine de la chambre, avait déjà quitté le pouvoir, il ne pouvait naturellement s'agir que d'une immunité matérielle. Or, cette immunité, qui est aménagée pour protéger la souveraineté de l'État, ne peut être invoquée par l'accusé ni devant les juridictions nationales de l'État qu'il dirigeait, ni lorsque celui-ci a levé l'immunité ; ce qui était précisément le cas puisque l'État du Tchad avait levé l'immunité de Hissène Habré dès l'ouverture des poursuites initiées devant les juridictions belges. La Chambre d'accusation ne pouvait donc se fonder sur une immunité levée pour justifier une décision de rejet de la demande d'extradition.

85 Communiqué du ministère sénégalais des Affaires étrangères du 27 novembre 2005, accessible sur le site de « Human Rights Watch », www.hrw/org/news/fr/2005/11/26, consulté le 03 juin 2018. Ce communiqué conclut par ceci : « S'agissant d'une personne accusée de crimes odieux, voire de crimes contre l'Humanité, l'État du Sénégal, sensible aux plaintes des victimes qui demandent justice, s'abstiendra de tout acte qui pourrait permettre à M. Hissène Habré de ne pas comparaître devant la justice. Il considère, en conséquence, qu'il appartient au sommet de l'Union africaine d'indiquer la juridiction compétente pour juger cette affaire ». Fait à Dakar, le 27 novembre 2005. Cheikh Tidiane Gadjo.

Le 2 juillet 2006, les chefs d'État et de gouvernement de l'Union africaine, réunis à Banjul, déclarèrent qu'ils avaient « donné mandat à la République du Sénégal de poursuivre et de faire juger en Afrique, Hissène Habré, par des juridictions sénégalaises compétentes » [86].

37. Dès lors, les autorités sénégalaises entreprirent des réformes législatives et réglementaires. C'est ainsi qu'en 2007, furent adoptées la loi n° 2007-02 du 12 février 2007 modifiant le Code pénal ainsi que la loi n° 2007-05 du 12 février 2007 modifiant le Code de procédure pénale relative à la mise en œuvre du Traité de Rome instituant la Cour pénale internationale. En vertu de ces dispositions, le Sénégal a incorporé dans son droit positif les infractions comme le crime de génocide [87], les crimes de guerre [88] et les crimes contre l'humanité [89].

De même, la règle dite de la compétence universelle fut adoptée par la loi n° 2007-5 du 12 février 2007 à travers l'article 669 du code de procédure pénale qui prévoit désormais que tout étranger ayant commis un des crimes internationaux ci-dessus visés peut être poursuivi et jugé devant les juridictions sénégalaises « s'il est arrêté au Sénégal ou si une victime réside au Sénégal ou si le Gouvernement obtient son extradition ».

38. En plus de ces modifications législatives, des informations émanant régulièrement de la presse faisaient état de négociations entre le Sénégal et des bailleurs de fonds sur le financement d'un éventuel procès. Tout semblait indiquer qu'on allait vers la tenue imminente du procès tant attendu devant les juridictions sénégalaises. Mais c'était sans compter avec la Cour de justice de la CEDEAO [90].

---

[86] Union africaine, Décision sur le procès d'Hissène Habré et l'Union africaine, doc. Assembly/AU/3 (VII), 2 juillet 2006, para. 5-ii. Cette décision a été confirmée par une autre, Décision sur l'affaire Hissène Habré, 1er février 2009, Assembly /AU/ Dec. 240 (XII).

[87] Article 431-1 du Code pénal.

[88] Article 431-3 du Code pénal.

[89] Article 431-2 du Code pénal.

[90] La Cour de Justice de la Communauté économique des États de l'Afrique de l'Ouest (CEDEAO) a été créée suite à l'adoption du Traité révisé de la CEDEAO le 24 juillet 1993. Cette Cour a pour mission de garantir le respect des règles de droit et des principes d'équité, ainsi que l'interprétation et l'application des dispositions du Traité révisé de la CEDEAO et de tout autre instrument juridique adopté par la Communauté. Elle peut donc rendre à la fois des avis et des décisions tranchant notamment des contentieux mettant en cause la responsabilité d'États membres de la Communauté. Elle peut être saisie par un État membre ou un individu victime d'une violation de ses droits sur le territoire d'un État membre.

– L'arrêt rendu par la Cour de justice de la CEDEAO le 18 novembre 2010

39. En octobre 2008, les conseils de Hissène Habré, jugeant que les réformes adoptées en 2007 étaient destinées à préparer l'arrestation de leur client, saisirent la Cour de justice de la CEDEAO. Ils estimaient que les mesures prises par le Sénégal constituaient une atteinte aux droits fondamentaux de leur client ainsi qu'une violation des principes de non-rétroactivité de la loi, d'autorité de la chose jugée et, plus généralement, une atteinte au droit à un procès juste et équitable.

Dans son arrêt rendu sur le fond le 18 novembre 2010, la Cour leur donna en partie raison en ces termes :

« La Cour, Statuant publiquement contradictoirement, au fond en matière des Droits de L'Homme et en dernier ressort, et après en avoir délibéré.

• Constate l'existence d'indices concordants de probabilité de nature à porter atteinte aux Droits de l'Homme de Monsieur Hissène Habré sur la base des réformes constitutionnelles et législatives opérées par L'État du Sénégal.

• Dit qu'à cet égard, l'État du Sénégal doit se conformer au respect des décisions rendues par ses juridictions nationales, **notamment au respect de l'autorité de la chose jugée** ;

• En conséquence, la Cour ordonne au Sénégal le respect du principe absolu de non-rétroactivité ;

• *Dit que le mandat reçu par lui de l'Union africaine lui confère plutôt une mission de conception et de suggestion de toutes modalités propres à poursuivre et faire juger dans le cadre strict d'une procédure spéciale ad hoc à caractère international telle que pratiquée en Droit international par toutes les nations civilisées* ;

• Rejette toutes autres demandes de Monsieur Hissène Habré comme étant inopérantes »[91].

---

[91] Cour de Justice de la CEDEAO, « Affaire Hissène Habré c. République du Sénégal », 18 novembre 2010, en ligne : Human Rights Watch, <http ://ww.hrw.org/fr/news/2010/11/18/arr-t-cedeaoecowas-ruling-hissein-habr-c-république-du-s-n-gal>, consulté le 03 juin 2018.

40. Cette décision a été diversement appréciée par les juristes. En effet, certains n'ont pas manqué de remettre en cause la pertinence des arguments de la Cour sur le sens et la portée du mandat que l'Union africaine a donné au Sénégal. Ainsi, relativement à l'affirmation de la Cour selon laquelle « la mise en œuvre du mandat de l'Union africaine doit se faire selon la coutume internationale qui a pris l'habitude, dans de telles situations, de créer des juridictions ad hoc ou spéciales » [92], le Professeur Kader Boye [93] a publié un article dans lequel il fait observer « qu'il n'existe aucune coutume internationale, au sens du droit international qui, comme le dit maladroitement la Cour, a pris l'habitude, dans de telles situations, de créer des juridictions ad hoc ou spéciales ».

41. Il faut admettre, avec le professeur Boye, que la Cour a fait preuve de maladresse dans la motivation de sa décision. Car s'il est vrai que la création de juridictions internationales ou internationalisées constitue, sans aucun doute, un fait marquant de l'actualité pénale internationale, on ne peut, pour autant, affirmer que cette tendance est devenue une coutume au sens juridique du terme, c'est-à-dire, « une pratique générale acceptée comme étant le droit »[94].

42. De plus, cette décision de la Cour de justice de la CEDEAO est critiquable sur, au moins, un de ses aspects concernant le motif tiré de l'autorité de la chose jugée. Il faut préciser, en effet, que dans l'affaire Hissène Habré, les décisions rendues par les juridictions sénégalaises portent sur la compétence et non sur le fond. À la suite de l'inculpation de Hissène Habré par le Doyen des juges du tribunal régional hors classe (TRHC) de Dakar pour les crimes de torture, la Chambre d'accusation avait annulé l'acte d'inculpation au motif que le droit positif en vigueur ne permettait pas de poursuivre un étranger ayant commis des faits à l'étranger. Dans la décision qu'elle a rendue sur le pourvoi formé contre l'arrêt de la Chambre d'accusation, la Cour Suprême avait estimé qu'en l'absence d'intégration de la règle de la compétence universelle, et au regard des dispositions des articles 669 du CPP, les juridictions pénales

---

92 Voir Décision de la Cour de justice de la CEDEAO, paragraphe 58. https://www.hrw.org/fr/news/2010/11/18/arret-cedeao/ecowas-ruling-hissein-habre-c-republique-du-senegal consulté le 10/10/2019.

93 Boye (Abdel Kader), « Création des chambres africaines extraordinaires : vers des déconvenues juridiques », en ligne : http : //www.hisseinhabre.com/spip.php. article 50. Consulté le 7/04/2019.

94 Article 38 du statut de la Cour internationale de justice.

sénégalaises étaient effectivement incompétentes pour connaître des faits reprochés à Hissène Habré.

C'est compte tenu de ces décisions que la Cour de justice de la CEDEAO a estimé que les décisions rendues par les juridictions sénégalaises étaient revêtues de l'autorité de la chose jugée. Ce qui, à notre avis, relève d'une erreur d'appréciation.

43. En effet, l'autorité de la chose jugée ne s'applique qu'aux décisions statuant sur le fond, à l'exception des décisions portant sur la recevabilité de l'action publique ou sur une fin de non-recevoir. De même, s'agissant des décisions sur la compétence, l'autorité de la chose jugée ne s'applique pas lorsque le nouveau litige porté devant la juridiction concerne, non pas une question de compétence, mais une question de fond ou lorsque le motif de l'incompétence a disparu[95].

Or, au moment de la saisine de la Cour de justice de la CEDEAO par les conseils de Hissène Habré en octobre 2008, le Sénégal avait déjà réformé son dispositif législatif et intégré la règle de la compétence universelle par la modification des dispositions de l'article 669 du CPP. Le motif de l'incompétence ayant ainsi disparu, la Cour de justice de la CEDEAO ne pouvait donc plus valablement invoquer l'autorité de la chose jugée sur cette question. Ainsi, analysée sous le seul angle de la compétence, l'affaire Hissène Habré pouvait parfaitement être jugée par les juridictions nationales sénégalaises.

44. En revanche, le second motif qui a conduit la Cour à aboutir à sa décision, nous semble pertinent.

En effet, il faut se rappeler que l'obligation qui pèse sur le Sénégal de juger Hissène Habré trouve sa source dans ses engagements internationaux, plus précisément dans la Convention contre la torture de 1984 qui fait obligation à tout État signataire de juger ou d'extrader les présumés auteurs du crime de torture [96]. Or, la Cour venait de décider que les modifications législatives adoptées en 2007 constituaient des « indices raisonnables et convaincants de probabilité de réalisation de la violation des articles 7.2 et 11.2 de la Charte africaine des Droits de L'Homme et des Peuples et de la Déclaration Universelle des Droits de L'Homme au détriment de Monsieur Hissène Habré » et que « la qualité de victime de violation de ces droits de l'homme revendiquée par le

---

[95] G. Raneri, « autorité de la chose jugée du criminel sur le criminel », note sous Cass, 3 octobre 2001, Rev.dr.pén., 2002, p. 343.

[96] Art. 24 de ladite Convention.

requérant sur la base de ces instruments internationaux est avérée ; qu'il échet conséquemment d'y faire droit ».

45. Le Sénégal était placé, pour ainsi dire, entre le marteau de la Convention pour la prévention et la répression de la torture de 1984, qui lui faisait obligation de juger ou d'extrader et l'enclume de l'arrêt de la Cour de justice de la CEDEAO ayant rejeté la possibilité pour les juridictions nationales sénégalaises de juger l'affaire Hissène Habré.

Dès lors, il ne restait plus que trois possibilités.

– tenir un procès hors du continent, en acceptant, le cas échéant, de procéder à l'extradition de Monsieur Hissène Habré ;

– tenir un procès dans un autre pays africain ;

– mettre en place au Sénégal, une juridiction spéciale à caractère international.

46. À cette période, le seul pays, en dehors du Sénégal, qui s'était montré disposé à organiser un tel procès était la Belgique. Or, la perspective de faire juger un dirigeant africain en Occident était perçue par la majorité des Africains comme une forme d'humiliation. Dans ce contexte, la solution préconisée par la CEDEAO consistant à mettre en place une « procédure spéciale ad hoc à caractère international telle que pratiquée en Droit international par toutes les nations civilisées » semblait être la seule voie de sortie possible.

C'est, précisément, dans le cadre de la recherche d'une voie de sortie que les négociations entre l'Union africaine et le Sénégal aboutirent à la conclusion de l'Accord du 22 août 2012 relatif à la création des CAE.

– L'Accord du 22 août 2012 portant création des CAE

47. Le 22 août 2012, un Accord portant création des chambres africaines extraordinaires au sein des juridictions sénégalaises fut conclu entre le Sénégal et l'UA. Conformément aux termes du mandat de l'Union africaine, l'article premier de cet Accord soulignait que « le Gouvernement et la Commission conviennent de créer au sein des juridictions sénégalaises les chambres africaines extraordinaires chargées de poursuivre le ou les principaux responsables des crimes ou violations graves du droit international ratifiées par le Tchad et le Sénégal, commis sur le territoire tchadien du 7 juin 1982 au 1er décembre 1990 ».

48. À la suite de la nomination des magistrats chargés de l'instruction et de ceux composant le Ministère Public intervenue en fin janvier

2013, les CAE furent officiellement installées le 8 février 2013 au Palais de justice de Dakar.

Cette mise en place des CAE a placé l'Afrique face à des responsabilités historiques.

- **Enjeux et défis des CAE**

49. Prise de conscience ou fuite en avant ?

Avec la mise sur pied de ce mécanisme, l'Afrique avait l'occasion d'administrer la preuve de sa détermination à lutter contre l'impunité et aussi de montrer qu'il ne s'agissait point d'une stratégie de fuite en avant destinée à permettre à certains de ses dirigeants de se soustraire aux rigueurs de la justice pénale internationale.

En outre, l'ouverture de ce procès constituait une belle opportunité pour la justice africaine de relever le défi de sa capacité à conduire un procès d'envergure dans le respect des standards internationaux.

– Défi pour la justice africaine

50. Certes, des magistrats africains avaient déjà eu, par le passé, à s'illustrer dans le cadre des différentes juridictions internationales. Mais pour la première fois, un procès de cette envergure allait être tenu dans une juridiction africaine, créée et animée exclusivement par des juges africains.

La conduite de ce procès était donc non seulement un honneur, mais aussi une lourde responsabilité qui engageait la crédibilité de la justice africaine.

Un procès international de cette dimension constituait, en effet, un défi à un double titre :

51. Du point de vue technique, les juges en charge du dossier, allaient, pour la première fois de leur carrière, devoir mener des investigations sur des crimes de masse impliquant des centaines, voire des milliers de victimes et de témoins.

52. D'un point de vue managérial, la conduite d'un procès représentait également un véritable défi organisationnel : la réception et l'hébergement de centaines de personnes ayant des statuts aussi différents que ceux de victimes, témoins ou experts nécessitaient une logistique et un sens aigu de l'organisation.

Pour toutes ces raisons, l'ouverture de la procédure constituait pour les CAE, et au-delà, pour la justice africaine, en général, un vrai test grandeur nature, de crédibilité.

V. Intérêt de l'étude

53. L'intérêt de cette étude est précisément lié à cette originalité notée dans le processus de création des CAE ainsi qu'à l'apport que cette expérience a pu avoir pour la justice pénale internationale en générale et les systèmes judiciaires sénégalais et tchadien en particulier.

Avant l'avènement des CAE, toutes les juridictions pénales à caractère international, à l'exception des tribunaux de Nuremberg et de Tokyo[97], avaient été créées sous les auspices des Nations Unies. C'est donc avec celles-ci que, pour la première fois, une organisation régionale, en l'occurrence l'Union africaine, a contribué à la création d'un tel instrument de répression. Cette particularité a, évidemment, suscité des interrogations sur la légalité d'un tel procédé. Cette étude permettra d'enrichir la réflexion sur les processus de création des juridictions pénales à caractère international.

54. Les développements consacrés au déroulement de la procédure et à l'application simultanée du droit national et du droit international permettront aussi de mettre en lumière la compatibilité de ces législations nationales avec les normes et standards qui garantissent la tenue d'un procès juste et équitable.

55. Dans une perspective plus globale et stratégique, ces travaux contribueront à nourrir la réflexion sur la pertinence et l'efficacité d'un mécanisme de répression des crimes internationaux inspiré du système romano-germanique et qui plus est, conçu et mis en œuvre à l'échelle d'un continent.

VI. Méthodologie de l'étude

56. Nous avons naturellement procédé à une analyse textuelle qui nous a conduit à faire une exégèse des règles et principes qui régissent les CAE notamment le Statut et l'Accord de coopération judiciaire signé le 03 mai 2013 entre le Sénégal et le Tchad.

---

[97] Ces deux juridictions ont été créées respectivement le 8 août 1945 et le 19 janvier 1946 par les puissances alliées vainqueurs de la Seconde Guerre mondiale. D'où le grief qui leur est souvent fait d'être l'expression d'une justice des vainqueurs.

La comparaison avec les textes qui régissent les autres juridictions pénales internationales nous a également permis de mieux faire ressortir les spécificités des CAE.

Au-delà de l'étude des textes, nous avons essayé de puiser dans notre expérience de magistrat et de juge d'instruction au sein des CAE pour enrichir la réflexion et la mettre en perspective par rapport aux exigences de la justice pénale internationale.

57. Par ailleurs, nous avons procédé à une analyse prospective par laquelle nous nous sommes évertué à donner des pistes de solution qui pourraient contribuer à garantir une répression efficace des crimes internationaux à défaut de pouvoir les prévenir.

Une telle méthodologie nous a semblé la plus indiquée par rapport à la problématique abordée dans la présente étude.

VII. Problématique

58. Les CAE ont été créées dans un contexte marqué d'une part, par le désir de justice ardemment exprimé par les victimes du régime de Hissène Habré et d'autre part, par le rejet de toute option visant à faire juger Hissène Habré par les juridictions nationales sénégalaises ou belges. Leur création était aussi l'expression de la volonté des autorités africaines de faire la preuve de leur engagement et de leur capacité à mettre fin à l'impunité.

Au regard des justifications ci-dessus exposées, la présente étude consistera principalement à dire si, compte tenu du déroulement de la procédure et des résultats obtenus, le modèle des CAE peut être considéré comme un moyen efficace de répression des crimes internationaux. Étant donné que les CAE ne sont qu'une des composantes du système de répression des crimes internationaux, cette réflexion nous amènera, dans une démarche prospective, à nous interroger sur la place et la pertinence d'un tel instrument dans le cadre des stratégies de répression des crimes internationaux en Afrique.

VIII. Structure de l'étude

59. L'analyse du sujet a été déclinée en deux parties.

D'abord, il s'est agi de mettre en lumière les incontestables atouts du modèle des CAE. En effet, l'analyse du mode de création des CAE et du droit applicable a montré à quel point les rédacteurs du Statut des CAE ont veillé à mettre sur pied un mécanisme judiciaire qui soit, à la fois, adapté au contexte dans lequel les faits avaient été commis et conforme aux standards internationaux d'une justice indépendante et impartiale. Au regard de ces paramètres, les CAE ont sans nul doute, donné de la valeur ajoutée au système de répression qui avait été, jusque-là, appliqué aux crimes internationaux.

Ensuite, nous nous sommes évertué à mettre en exergue les limites de l'efficacité du modèle des CAE. En filigrane, nous avons voulu démontrer que le seul recours à une juridiction pénale à caractère international, pour utile qu'il puisse être, ne peut à lui seul, garantir une répression efficace des crimes internationaux en Afrique.

Autrement dit, la prise en charge adéquate de la problématique de la lutte contre l'impunité en Afrique suppose la mise en synergie de plusieurs actions tant au plan national, régional qu'international.

PREMIÈRE PARTIE

LES CAE, UN MÉCANISME DE RÉPRESSION AUX PRÉCIEUX ATOUTS

60. Les CAE ont été mises en place pour réprimer les crimes internationaux commis au Tchad entre le 7 juin 1982 et le 1er décembre 1990. Le mécanisme de répression adopté apparaît, à bien des égards, innovant.

Cela tient au fait que d'une part, les CAE constituent un mécanisme adapté (Titre I) et que, d'autre part, elles présentent de nombreux avantages (Titre II).

Titre I. – Les CAE, un mécanisme adapté

61. L'analyse du Statut des CAE laisse apparaître que ses rédacteurs ont cherché à faire prévaloir une justice qui soit à la fois adaptée au contexte des faits (chapitre I) et aux exigences d'un procès juste et équitable (Chapitre II).

Chapitre premier

Les CAE, un mécanisme adapté au contexte des faits : la quête de légitimité et d'efficacité

62. Créées dans un contexte de défiance à l'égard de la justice pénale internationale symbolisée par la CPI, les CAE procèdent d'une logique « d'autonomisation » ou « d'indépendance judiciaire » des pays africains. Ce besoin d'obtenir une justice qui convienne le mieux aux Africains apparaît, tout d'abord, à travers l'implication d'une organisation régionale dans le processus de création des CAE (Section I). Il se manifeste, ensuite, à travers la prise en compte des spécificités locales dans la détermination du droit applicable.

Section I

Le souci de légitimité : l'implication inédite d'une organisation régionale dans le processus de création d'une juridiction pénale internationale

63. La mise à l'écart de l'ONU et l'intervention de l'Union africaine constituent une des originalités du mode de création des CAE (§ I). Cette nouveauté, symbolisée par le rôle d'un organe régional dans la création d'une juridiction pénale internationale, n'a pas manqué de susciter quelques interrogations sur la nature des CAE. (§ II).

§ I. – La mise à l'écart de l'ONU dans la création des CAE

C'est avec les CAE que, pour la première fois, une juridiction pénale internationale a été créée sans l'intervention ou la caution de l'ONU (A). Cette particularité explique la cristallisation du débat sur la légalité des CAE (B).

A. Processus de création des CAE

Comparé au processus classique de création des juridictions pénales internationales, l'Accord du 22 août 2012 portant création des CAE comporte bien des originalités.

1. Le processus classique de création des juridictions pénales internationalisées

64. Le mode de création des juridictions pénales internationales a beaucoup varié en fonction des circonstances. Mais, jusqu'à la création des CAE et à l'exception des tribunaux de Nuremberg et de Tokyo, il existait une constante : la part active, voire déterminante, de la Communauté internationale, à travers l'ONU, dans la mise en place de la juridiction [98]. Que ce soit par acte unilatéral ou bilatéral, le mode de création de ces juridictions laissait, en effet, toujours apparaître le rôle prépondérant du Conseil de Sécurité ou de l'Assemblée générale des Nations unies [99].

Ainsi, certains tribunaux pénaux internationaux ont été créés par acte unilatéral d'un organe de l'ONU [100]: il s'agit des tribunaux suivants :

– tribunal pénal international pour l'ex-Yougoslavie (TPIY), créé par la Résolution 827 du Conseil de Sécurité des Nations unies en date du 25 mai 1993 ;

– tribunal pénal international pour le Rwanda (TPIR), créé par la Résolution 955 du Conseil de Sécurité des Nations unies en date du 8 novembre 1994 ;

– panels pour crimes graves établis au Timor Oriental et au Kosovo : Dans ces deux cas, il s'agit de territoires que l'ONU avait placés sous son administration confiée à des représentants spéciaux [101]. Ces représentants, qui étaient habilités à exercer l'ensemble des pouvoirs législatifs et judiciaires, y compris l'administration de la justice, ont établi des panels au moyen d'actes réglementaires de l'ONU par le biais de la Régulation n°/2000/15, pour Le Timor oriental, et la Régulation n°/2000/64, pour le Kosovo.

---

[98] Hans Kelsen, « Théorie générale du droit international public », RCADI, vol.42, 1932-IV, p. 168.

[99] Elisabeth Lambert Abdelgawad, « Quelques brèves réflexions sur les actes créateurs des tribunaux pénaux internationalisés », in Hervé Ascensio, les juridictions pénales internationalisées (Cambodge, Sierra Leone, Timor Leste), unité mixte de recherche de droit comparé de Paris, société de législation comparée, 2006, p. 30.

[100] Herve Ascensio *et al.* (dir.), « les juridictions pénales internationalisées », Société de Législation Comparée,1 mars 2006, p. 383.

[101] Sergio Viera De Mello, pour le Timor Oriental et Bernard Kouchner, pour le Kosovo.

65. D'autres juridictions pénales internationales ont été mises en place par le biais d'actes bilatéraux : Il en est ainsi :

– du Tribunal spécial pour la Sierra Leone (TSSL), créé par traité bilatéral entre l'ONU et le gouvernement sierra-léonais signé le 16 janvier 2002 ;

– des Chambres extraordinaires au sein des tribunaux cambodgiens (CETC), créées par traité bilatéral entre l'Assemblée générale de l'ONU et le Gouvernement du Cambodge le 6 juin 2003 ;

– du Tribunal spécial pour le Liban (TSL), créé par traité bilatéral signé entre le gouvernement libanais et l'ONU le 6 février 2007.

Pour toutes ces juridictions, on peut constater que l'ONU a joué un rôle prépondérant dans la mise en place de la juridiction. Par contre, il en a été autrement avec les CAE.

2. L'Accord portant création des CAE

66. L'Accord du 22 août 2012 portant création des CAE marque une rupture fondamentale dans la pratique de la justice pénale internationale.

La lecture des termes de l'Accord permet de saisir la portée de cette nouveauté.

Le 22 août 2012, fut conclu, entre le Sénégal et l'UA, un Accord portant sur la création des chambres africaines extraordinaires au sein des juridictions sénégalaises. Conformément aux termes du mandat de l'Union africaine, l'article premier dudit Accord soulignait que « le Gouvernement et la Commission conviennent de créer au sein des juridictions sénégalaises les chambres africaines extraordinaires chargées de poursuivre le ou les principaux responsables des crimes ou violations graves du droit international ratifiées par le Tchad et le Sénégal, commis sur le territoire tchadien du 7 juin 1982 au 1er décembre 1990 ».

Selon les termes de l'Accord, le Sénégal s'engageait à prendre, dans les meilleurs délais, les mesures législatives et réglementaires nécessaires pour la mise en œuvre de cet engagement.

67. Ce qui fut fait avec la loi 2012-29 du 28 décembre 2012 par laquelle l'Assemblée nationale a adopté la loi intégrant les chambres africaines extraordinaires dans l'ordre juridique sénégalais.

68. La composition et le fonctionnement des CAE ont été précisés dans le Statut des CAE qui a été annexé à l'Accord du 22 août 2012.

La lecture de ce Statut laisse apparaître qu'à l'instar des autres juridictions, les CAE sont constituées à la fois d'organes judiciaires et non judiciaires.

Les organes judiciaires prévus par le Statut sont les suivants :

– une chambre d'instruction, composée de quatre juges titulaires et de deux suppléants ;

– une chambre d'accusation, composée de trois juges titulaires et d'un juge suppléant ;

– une chambre d'Assises, composée de trois juges titulaires et d'un suppléant ;

– une chambre d'Assises d'Appel, composée de trois juges titulaires et de deux suppléants ;

– un ministère public, composé d'un Procureur général et de ses trois adjoints.

69. Cette composition fait apparaître des particularités qui méritent d'être soulignées.

Il s'agit, tout d'abord, de la mixité du personnel composant les CAE. En effet, à l'exception des autres magistrats qui sont tous de nationalité sénégalaise, le président de la chambre d'Assises et celui de la chambre d'Assises d'Appel sont, conformément au Statut, des ressortissants d'un autre pays africain [102].

Néanmoins, tous les magistrats des CAE sont nommés par le Président de la Commission de l'Union africaine sur proposition du ministre de la Justice du Sénégal.

70. Il s'agit, ensuite, de la mise en place progressive des organes. Leur nomination et leur installation se sont faites en fonction de l'état d'avancement de la procédure, et ce, conformément aux dispositions de l'article 31 du Statut des CAE qui prévoit que :

« La mise en place des Chambres africaines extraordinaires se fait selon l'ordre chronologique suivant :

a) Les Procureurs et les procureurs adjoints, les juges d'instruction et ceux de la Chambre africaine extraordinaire d'accusation de la Cour

---

[102] Article 11 du Statut des CAE. En l'occurrence, ces deux chambres ont été présidées respectivement par un Burkinabé, Gberdao Gustave Kam et un Malien, Wafi Ougadeye.

d'appel de Dakar et les Greffiers sont nommés lors de la première étape de création des Chambres africaines extraordinaires.

b) Lors de la phase d'instruction, les juges de la Chambre africaine extraordinaire d'accusation sont saisis et statuent sur tout recours qui leur sera déféré en vertu du Code de Procédure pénale du Sénégal. La décision de la Chambre africaine extraordinaire d'accusation est définitive et sans recours.

c) Les juges de la Chambre africaine extraordinaire d'Assises seront appelés à siéger de manière permanente à la fin de l'instruction. Les juges de la Chambre africaine extraordinaire d'Assises d'Appel siégeront au moment où un appel sera interjeté à l'encontre de la décision rendue en premier ressort par la Chambre africaine extraordinaire d'Assises.

2. Le mandat des juges se termine à l'issue de leurs phases d'intervention respectives ».

Ainsi, les juges d'instruction qui n'ont été désignés que pour la période d'instruction ont vu leur mandat s'arrêter dès la clôture de l'instruction intervenue le 13 février 2015. De même, les juges de la Chambre d'Assises ont été désignés et installés à la suite de l'ordonnance de clôture et ont cessé leur fonction à la date du 31 juillet 2016, juste après le délibéré sur l'action civile qui a suivi celui rendu sur la culpabilité le 30 mai 2016.

71. Cette manière de procéder, dictée sans doute par des considérations d'ordre financier, n'a pas été sans inconvénients. Au nombre de ceux-ci, on peut citer :

– l'impossibilité de tenir une assemblée générale réunissant tous les membres de la juridiction ;

– l'impossibilité d'associer tous les magistrats à la discussion sur des aspects liés au fonctionnement de la juridiction, tels que l'élaboration de formulaires pour les besoins des actes de procédure comme les interrogatoires, les ordonnances d'expertise, etc.

72. En dehors de ces inconvénients qu'on peut considérer comme mineurs, l'option d'une mise en place progressive des organes aurait pu en entraîner d'autres, plus graves, n'eût été la stratégie de défense adoptée par l'accusé Hissène Habré. En effet, les juges devant composer la Chambre d'Assises d'Appel n'ont été nommés et installés que le 1er octobre 2016, soit cinq mois après la décision de condamnation intervenue le 30 mai 2016. Or, c'est la Chambre d'Assises en Appel qui aurait été amenée à examiner les recours formés contre les décisions éventuellement rendues par la Chambre d'Assises sur la liberté provisoire. Ainsi, durant tout le procès, en première instance, il n'existait pas de chambre d'Assises en Appel. Le dépôt d'une demande de liberté provisoire durant cette période aurait constitué une question très embarrassante pour les juges des CAE. Fort heureusement, il n'en a rien été à cause de la stratégie adoptée par l'accusé et ses conseils.

73. À côté des magistrats, le personnel des CAE est également composé de greffiers choisis par le ministre de la Justice du Sénégal [103].

Outre ces organes judiciaires, on retrouve au sein des CAE des organes non judiciaires. Il en est ainsi de l'Administrateur des CAE qui, aux termes de l'article 15 du Statut, est chargé, entre autres missions, de s'occuper des aspects suivants :

- gérer l'administration et le service des CAE ;
- gérer les ressources en personnel des Chambres africaines extraordinaires en collaboration avec les différents Présidents de chambres et le Ministère public ;
- représenter les CAE dans leurs relations avec la communauté internationale, y compris avec le Comité de Gestion établi par le Document final de la Table ronde des donateurs en date du 24 novembre 2010 ;
- conclure des accords appropriés pour la mise en œuvre d'actions de sensibilisation et pour informer l'opinion publique africaine et internationale au sujet du travail des CAE ;
- orienter et aider de toute manière appropriée les témoins et les victimes qui comparaissent devant les CAE. À cet effet, l'Administrateur coordonne son action avec les gouvernements du Tchad, du Sénégal et des autres États concernés ;
- établir un mécanisme de coopération judiciaire entre le Sénégal et les autres États.

Au terme de ces étapes ayant abouti à la création des CAE, on pouvait légitimement penser que la voie était toute tracée pour l'ouverture d'un procès sans entraves. Mais si la procédure a finalement démarré, ce ne fut pas sans controverses sur la légalité de la nouvelle juridiction.

---

[103] Art. 13 du Statut des CAE.

B. Le débat sur la légalité des CAE

74. Dès la mise en place des CAE, la question de leur légalité a été soulevée par bon nombre de juristes qui se sont interrogés sur la question de savoir si l'UA était habilitée à créer une juridiction de cette nature.

1. La contestation de la légalité des CAE

75. La question de la légalité de la création des CAE a été abordée par la Cour de justice de la CEDEAO, dans le cadre de sa saisine par les avocats de Hissène Habré.

Parmi les arguments soulevés par ceux-ci, il y a celui tenant à l'illégalité de l'Accord du 22 août 2012 signé entre le Sénégal et l'Union africaine portant création des CAE. Cet Accord selon eux n'aurait pas respecté les dispositions de la Constitution sénégalaise, notamment l'article 95 aux termes duquel « le Président de la République ratifie les engagements internationaux ». Les conseils de Hissène Habré reprochaient au ministre de la Justice de l'époque, Madame Aminata Touré, d'avoir signé ledit Accord sans justifier de pleins pouvoirs.

Cet argument a été rejeté tant par la Cour de justice de la CEDEAO que par le Conseil constitutionnel.

Dans son arrêt, la juridiction régionale a en effet, fait observer que : « l'Union africaine est une organisation internationale dotée de la personnalité juridique disposant de ses propres règles de fonctionnement et d'organes en charge d'apprécier et de contrôler les actes qu'elle prend. Aussi, la Cour estime-t-elle, qu'en dénonçant la validité de l'Accord précité, sa compatibilité avec le droit communautaire et notamment l'obligation pour un État membre de respecter les Droits de l'Homme sur son territoire d'une part, et en soumettant, d'autre part, cette question à l'appréciation de la Cour de céans, le requérant lui demande tout simplement de sanctionner ledit Accord et, partant, de s'ériger en juge des actes pris par l'Union africaine. À cet égard, la Cour rappelle sa jurisprudence constante suivant laquelle elle n'a compétence ni pour apprécier la conformité des accords internationaux conclus par les États membres ni pour suspendre les procédures judiciaires engagées par ceux-ci. En conséquence, la Cour dit et juge qu'elle n'a pas compétence pour effectuer le contrôle de conformité de la validité de tels actes qui ne relèvent pas de la mise en œuvre d'une norme primaire ou dérivée du droit communautaire CEDEAO, un tel contrôle étant du ressort d'autres mécanismes du droit international général en matière de traité »[104].

76. La même question a été soumise à l'appréciation du Conseil constitutionnel. En effet, à la suite de l'arrestation et de l'inculpation de Hissène Habré, ses conseils ont saisi la Cour suprême d'un recours pour excès de pouvoir. Conformément à la procédure, cette juridiction a transmis le dossier au Conseil constitutionnel pour qu'il statue sur l'exception d'inconstitutionnalité portant sur l'Accord du 22 août 2013. Sur l'argument principal des conseils tenant au fait que l'Accord n'avait pas été signé par la personne compétente, le Conseil a estimé, dans sa décision rendue le 2 mars 2015, que « les accords en forme simplifiée peuvent être conclus au nom du gouvernement par tout représentant de l'État » et que, même en l'absence de pleins pouvoirs, une personne est considérée comme représentant valable d'un État dès lors « qu'il ressort de la pratique ou d'autres circonstances qu'il était de l'intention des parties concernées de considérer cette personne comme représentant de l'État à ces fins sans présentation de pleins pouvoirs » [105] ; ce qui était le cas en l'espèce.

77. En dehors des conseils de l'accusé, d'autres juristes se sont prononcés sur la légalité des CAE. C'est ainsi que, dans une contribution, le professeur Kader Boye a soutenu que : « Pas plus que le Sénégal, l'Union africaine, en tant qu'entité internationale régionale, ne peut créer une juridiction internationale. Il s'agit simplement de problème de compétence et de statut. Donc l'Accord par lequel le Sénégal a convenu avec l'Union africaine de créer au sein des juridictions sénégalaises des Chambres africaines extraordinaires n'est rien d'autre qu'un accord par lequel le Sénégal s'engage, comme le dit l'article premier, « à adopter, s'il y a lieu… les mesures législatives, réglementaires et administratives en vue de créer les chambres africaines au sein du système judiciaire sénégalais »[106].

78. D'autres auteurs ont, enfin, estimé que la création des CAE était non seulement illégale mais inutile, le dispositif en vigueur étant, selon

---

[104] Cour de justice de la CEDEAO, Affaire Hissène Habré/ État du Sénégal, 5 novembre 2013.

[105] Décision conseil constitutionnel du Sénégal du 02 mars 2015, Affaire n° 1/C/2015, paragraphes 13 et suivants.

[106] Abdel Kader Boye, contribution parue le 29 août 2014 : http://www.makaila.fr/2014/08/proces-karim-wade-et-hissene-habre-les-verites-du-pr-abdel-kader-boye.html. Consulté le 23 mai 2018.

eux, suffisant pour tenir un procès au Sénégal. C'est ainsi que, dans un article paru dans un journal sénégalais[107], deux chercheurs en Sciences politiques ont soutenu que l'Accord créant les CAE était inutile compte tenu du « devoir, voire de l'obligation de notre pays de faire juger cet ancien dictateur ». Ils soulignaient que : « il est bien possible de juger et de punir Hissène Habré sans aucune modification du système judiciaire en place et cela en toute conformité avec les conventions internationales ; alors pourquoi s'engager dans un procès qui sera aussi imprécis qu'onéreux ? » [108].

Ces auteurs estimaient ainsi que l'adhésion à la Convention contre la torture de 1984 permettait au Sénégal d'engager des poursuites sur les faits reprochés à Hissène Habré.

En dépit de toutes ces appréciations, il nous semble que les bases juridiques de la création des CAE sont suffisamment claires et justifiables.

2. La justification de la légalité des CAE

79. Tout d'abord, il nous semble nécessaire d'écarter l'argument tenant au caractère inutile de la création des CAE avancé par certains auteurs au motif que le droit positif sénégalais permettait de faire juger ces faits au Sénégal.

En effet, cette position doit être analysée à la lumière des dispositions de la Convention contre la torture de 1984. Aux termes de l'article 7 de cette convention, « L'État-partie sur le territoire sous la juridiction duquel l'auteur présumé d'une infraction visée à l'art. 4 est découvert, s'il n'extrade pas ce dernier, soumet l'affaire, dans les cas visés à l'art. 5, à ses autorités compétentes pour l'exercice de l'action pénale ».

L'appréciation de la position de ces auteurs revient ainsi à s'interroger sur la portée de la disposition ci-dessus indiquée. En d'autres termes, cette Convention peut-elle, à elle seule, constituer une base légale pour engager des poursuites ou faut-il, dans tous les cas, prévoir une loi d'incrimination ?

80. S'il est vrai que cette disposition met à la charge de chaque État-partie l'obligation internationale de juger ou d'extrader les personnes

---

107 Saidou Baldé et Pathé Ba, in « Le Quotidien », du 6 juin 2015, p. 12, article intitulé « Procès Hissène Habré au Sénégal et l'inutilité de la création de Chambres spéciales de jugement ».

108 Saidou Baldé et Pathé Ba, in « *Le Quotidien* », du 6 juin 2015, p. 12, article intitulé « Procès Hissène Habré au Sénégal et l'inutilité de la création de Chambres spéciales de jugement ».

présumées auteurs de crimes de torture, elle n'est pas, pour autant, attributive de compétence. Ainsi, il peut arriver que des États qui ont signé et ratifié la Convention du 10 décembre 1984 ne disposent pas de l'arsenal juridique adéquat pour engager des poursuites contre les auteurs présumés d'actes de torture. Dans un tel cas de figure, l'exécution de l'obligation est subordonnée à la mise en place du dispositif judiciaire adéquat.

C'est dans ce sens que la Convention précise, en son article 5 que : « Tout État-partie prend les mesures nécessaires pour établir sa compétence aux fins de connaître des infractions visées à l'art. 4 dans les cas suivants : a) Quand l'infraction a été commise sur tout territoire sous la juridiction dudit État ou à bord d'aéronefs ou de navires immatriculés dans cet État ; b) Quand l'auteur présumé de l'infraction est un ressortissant dudit État ; c) Quand la victime est un ressortissant dudit État et que ce dernier le juge approprié.

Tout État-partie prend également les mesures nécessaires pour établir sa compétence aux fins de connaître desdites infractions dans le cas où l'auteur présumé de celle-ci se trouve sur tout territoire sous sa juridiction et où ledit État ne l'extrade pas conformément à l'art. 8 vers l'un des États visés au paragr. 1 du présent article. 3. La présente Convention n'écarte aucune compétence pénale exercée conformément aux lois nationales ».

Comme l'a indiqué la CIJ dans l'affaire opposant la Belgique au Sénégal, « L'obligation de poursuivre, prévue au paragraphe 1 de l'article 7, est normalement mise en œuvre, dans le contexte de la Convention contre la torture, après que l'État s'est acquitté des autres obligations prévues dans les articles précédents, qui lui imposent d'adopter une législation adéquate pour incriminer la torture, de conférer à ses tribunaux une compétence universelle en la matière et d'effectuer une enquête pour établir les faits. Ces obligations, dans leur ensemble, peuvent être considérées comme des éléments d'un même dispositif conventionnel visant à éviter que les suspects ne puissent échapper à la mise en jeu, s'il y a lieu, de leur responsabilité pénale » [109].

81. Ainsi, un État signataire de la Convention contre la torture de 1984 ne peut procéder à des poursuites que si le crime de torture a fait l'objet d'incrimination dans son droit positif.

---

[109] CIJ, Arrêt du 20 juillet 2012, Belgique c/ Sénégal, paragr. 74.

À cet égard, lorsqu'en 2000, une plainte fut déposée devant le Doyen des juges d'instruction du tribunal régional Hors Classe de Dakar, le Sénégal était précisément dans cette situation car ses juridictions n'étaient pas compétentes pour juger des faits commis à l'étranger par des étrangers. L'adoption de réformes législatives et l'introduction de la règle de la compétence universelle étaient donc un préalable nécessaire à toute poursuite. C'est donc à bon droit que la Cour d'appel de Dakar, saisie de l'affaire, avait estimé que : « Le législateur sénégalais devrait, parallèlement à la réforme entreprise dans le Code pénal, apporter des modifications à l'article 669 du code de procédure pénale en y incluant l'incrimination de torture ; ce faisant, il se mettrait en harmonie avec les objectifs de la Convention »[110].

Cet arrêt avait ensuite été confirmé par la Cour de cassation sénégalaise [111].

82. Quant à l'argumentaire consistant à dire que l'Union africaine n'était pas habilitée à créer les CAE, il appelle de notre part les observations suivantes :

D'abord, il n'est pas exact d'affirmer que l'Union africaine n'a pas le pouvoir de créer une juridiction internationale.

En effet, la combinaison des dispositions de la Charte des Nations unies concernant les pouvoirs reconnus au Conseil de Sécurité et de celles relatives aux organisations régionales permet de trouver les bases juridiques d'un tel pouvoir.

Aux termes de l'article 39 de la Charte des Nations unies, en cas de menace contre la paix, « Le Conseil de sécurité constate l'existence d'une menace contre la paix, d'une rupture de la paix ou d'un acte d'agression et fait des recommandations ou décide quelles mesures seront prises conformément aux Articles 41 et 42 pour maintenir ou rétablir la paix et la sécurité internationales ».

L'article 41 de la Charte précise que : « Le Conseil de sécurité peut décider quelles mesures n'impliquant pas l'emploi de la force armée doivent être prises pour donner effet à ses décisions, et peut inviter les Membres des Nations unies à appliquer ces mesures. Celles-ci peuvent comprendre l'interruption complète ou partielle des relations écono-

[110] Cour d'Appel de Dakar, Chambre d'accusation, Ministère public c. Hissène Habré, arrêt n° 135 en date du 4 juillet 2000.

[111] Cour de cassation, première chambre statuant en matière pénale, Souleymane Guengueng et autres c. Hissène Habré, arrêt n° 14 en date du 20 mars 2001.

miques et des communications ferroviaires, maritimes, aériennes, postales, télégraphiques, radioélectriques et des autres moyens de communication, ainsi que la rupture des relations diplomatiques ».

83. Les événements survenus en 1994 au Rwanda ont constitué pour le Conseil de Sécurité, l'occasion de donner une nouvelle lecture de ces dispositions.

À la suite de la mort du Président rwandais, Juvénal Habyarimana et de son homologue burundais, Cyprien Ntaryamira, des scènes de violences ont éclaté au Rwanda et ont provoqué la mort de près d'un million de personnes.

Qualifiant la situation de « menace contre la paix », le Conseil de Sécurité, usant de ses pouvoirs consacrés à l'article 41 précité, a décidé de mettre sur pied un tribunal international *« ad hoc »* chargé de juger les principaux responsables du génocide rwandais.

Les personnes arrêtées dans le cadre des procès tenus devant le TPIR n'ont, naturellement, pas manqué de remettre en cause l'interprétation que le Conseil de Sécurité venait ainsi de faire des dispositions de l'article 41. C'est ainsi que, dans l'affaire Procureur c. Joseph Kanyabashi, l'accusé avait fait valoir l'argument selon lequel le Conseil de Sécurité n'avait, au titre du Chapitre VII, aucun pouvoir de créer un organe judiciaire international. Dans sa décision de rejet, la Chambre de première instance avait fait observer qu'en vertu des dispositions du Chapitre VII de la Charte des Nations unies, le Conseil de Sécurité était habilité à prendre les mesures nécessaires au rétablissement de la paix, lorsque celle-ci se trouvait menacée dans une région donnée.

Elle précisait que le Conseil dispose d'une large marge d'appréciation quant à la nature des mesures destinées à rétablir la paix et la sécurité [112].

84. Cette interprétation de l'article 41 de la Charte, qui a permis de justifier la création du TPIR et du TPIY[113], pourrait également servir de

---

[112] TPIR, le Procureur c. Joseph Kanyabashi, Affaire n° TPIR – 96-75-T, 18 juin 1997, Décision sur l'exception d'incompétence de la Défense, § 13-14.

[113] La compétence du Conseil de Sécurité pour créer, par Résolutions, des tribunaux pénaux, est loin de ressortir de l'évidence. On pouvait, en effet, se demander si la création d'un tribunal pénal, bien qu'elle relève d'un devoir de justice, constitue en elle-même une mesure de rétablissement de la paix. Dans le même sillage que la Chambre de première instance, la Chambre d'appel, dans l'affaire Tadic du 2 octobre 1995, a considéré que l'article 41 de la Charte n'impliquant pas l'emploi de la force armée, est rédigé dans des termes suffisamment extensifs pour fonder valablement la décision de créer un tribunal pénal international.

base juridique à la mise en place d'une juridiction internationale par les organismes régionaux.

En effet, l'article 52 de ce texte dispose que : « Aucune disposition de la présente Charte ne s'oppose à l'existence d'accords ou d'organismes régionaux destinés à régler les affaires qui, touchant au maintien de la paix et de la sécurité internationales, se prêtent à une action de caractère régional, pourvu que ces accords ou ces organismes et leur activité soient compatibles avec les buts et les principes des Nations unies ».

85. Il ressort de ces dispositions que lorsqu'il se pose une question concernant le maintien de la paix, tout autre organisme régional peut prendre des initiatives de nature à rétablir la paix.

Étant donné que la nature des mesures à prendre n'est pas prédéfinie, rien ne s'oppose à ce qu'il s'agisse d'une juridiction internationale, dès lors que le constat de la « menace contre la paix » a été fait par l'organisme en rapport avec le Conseil de Sécurité. La seule exigence étant que lesdites mesures soient compatibles avec les buts et les principes des Nations unies.

86. Par ailleurs, il ressort des dispositions de l'article 5 de l'Acte constitutif de l'Union africaine qu'en plus des organes existants, celle-ci est autorisée à créer « tout autre organe jugé nécessaire ». La nature de cet organe n'étant pas définie à l'avance, rien ne s'oppose à ce qu'il s'agisse d'une juridiction à caractère international.

Certes, il faut reconnaître que la création des CAE ne peut être justifiée ni par l'article 52 de la Charte des NU, ni par l'article 5 de l'Acte constitutif.

D'une part, la mise sur pied des CAE ne répond pas à un souci de mettre fin à une menace contre la paix.

D'autre part, la création des CAE ne procède pas de la volonté unilatérale de l'Union africaine, ce que suggère l'article 5 de l'Acte constitutif.

Mais ces développements visent à démontrer qu'on ne peut affirmer, de façon péremptoire, que l'UA n'est pas habilitée à créer une juridiction.

87. En réalité, la base juridique de la création des CAE doit être cherchée dans la théorie du consensualisme qui régit les relations internationales entre les sujets de droit international. Sous ce rapport, on peut considérer que, sous réserve du respect du principe de la souveraineté des États tiers, tout État ou tout organisme régional peut créer un mécanisme entrant dans le cadre de ses compétences. À cet égard, s'il faut admettre que le Sénégal ne peut, à lui seul, créer une juridiction internationale, rien en revanche, ne s'oppose à ce qu'en accord avec un autre sujet de droit international, il mette en place une telle juridiction. Comme le souligne un auteur, l'État peut exercer ses compétences pénales « individuellement, dans le cadre de son ordre juridique national, autant qu'il peut les exercer collectivement, dans le cadre d'un ordre juridique régional. De ce point de vue, les États africains sont fondés à établir collectivement, au sein de l'Union africaine, un dispositif régional propre » [114].

88. C'est d'ailleurs ce schéma qui a été utilisé pour créer les CAE.

Les CAE résultent, en effet, de la volonté librement exprimée de deux sujets de droit international que sont le Sénégal et l'Union africaine. L'article premier dudit Accord du 22 août 2012 est, à cet égard, assez édifiant puisqu'il dispose que : « Le Gouvernement et la Commission conviennent de créer au sein des juridictions sénégalaises les chambres africaines extraordinaires chargées de poursuivre le ou les principaux responsables des crimes ou violations graves du droit international ratifiées par le Tchad et le Sénégal, commis sur le territoire tchadien du 7 juin 1982 au 1er décembre 1990 ».

89. Si la création des CAE a été jugée illégale par certains juristes [115], c'est principalement en raison du caractère inédit de leur mode de création comparativement aux précédents que constituent les autres juridictions internationales. En effet, le rôle central que le Conseil de Sécurité de l'ONU a joué dans la création de la plupart de ces juridictions a pu laisser croire que les dispositions de la Charte des Nations unies relatives aux pouvoirs du Conseil de Sécurité en matière de maintien de la paix étaient les seules à pouvoir fonder la création de telles juridictions.

Or, il y a tout d'abord lieu de préciser que le tribunal de Nuremberg a été créé par accord entre les quatre États sortis vainqueurs de la Seconde Guerre mondiale en l'occurrence, les États-Unis, la France, le Royaume-Uni et l'URSS.

---

[114] Abdoulaye Soma, « L'africanisation du droit international pénal » in Société africaine pour le Droit international (SADI) Paris, Pedone, 2015, Colloque annuel sur l'Afrique et le droit international pénal.

[115] Kader Boye, ancien Doyen de la Faculté de Droit de l'université Cheikh Anta Diop de Dakar, en est un.

Par ailleurs, lors des discussions relatives à la mise en place du TPIR, la création, par le biais de l'Assemblée générale des Nations unies, avait été envisagée. Finalement, cette voie conventionnelle a été abandonnée, non pas à cause d'obstacles juridiques, mais en raison de deux impératifs :

D'abord, l'urgence qui commandait une mise en place rapide de la juridiction. Les contraintes liées aux modalités de vote et de ratification ne pouvant garantir la célérité requise, le choix s'est donc porté sur la création par le Conseil de Sécurité.

Ensuite, l'efficacité de la future juridiction était moins susceptible d'être garantie par l'Assemblée générale des Nations unies dont les Résolutions, contrairement à celles du Conseil de Sécurité, ne sont pas revêtues d'effet contraignant à l'égard des États.

90. Dans le même sillage, il faut rappeler que les CAE ne sont pas la première juridiction à caractère international à avoir été créée sans l'intervention du Conseil de Sécurité. Les CETC ont été, également, mises en place par une loi nationale adoptée conformément à un accord bilatéral intervenu entre l'Assemblée générale des Nations unies et le gouvernement royal du Cambodge.

91. De même, la CPI, juridiction dont nul ne conteste le caractère international, n'a-t-elle pas été créée par des États, à travers le Traité de Rome ?

Le fait que ce Traité dit de Rome ait été signé par plusieurs États ne change rien à la problématique : la CPI étant, en tout état de cause, la preuve que des États peuvent créer une juridiction internationale en dehors de toute référence aux compétences du Conseil de Sécurité et à ses pouvoirs définis au Chapitre VII de la Charte de Nations unies.

Au regard de ce qui précède, nous estimons que le mode de création des CAE est tout à fait conforme aux principes qui régissent le droit international même s'il faut reconnaître que pour le cas d'espèce, cette création a obéi à des spécificités.

En dehors du débat sur leur légalité, les CAE ont également suscité quelques interrogations sur leur caractère international.

§ II. – Du caractère international des CAE

92. Certains ont vu dans les CAE une juridiction nationale en faisant valoir leur intégration dans le système judiciaire sénégalais. D'autres, en revanche, tenant compte de divers éléments, estiment que les CAE ont toutes les caractéristiques d'une juridiction internationale ou internationalisée. Avant de nous prononcer sur la question, il nous semble utile de revenir brièvement sur les critères distinctifs des juridictions internationales ou internationalisées.

A. Critères distinctifs des juridictions internationales

93. Par l'expression « juridictions internationales », on désigne deux grandes catégories de juridictions :

94. La première concerne des juridictions qui appliquent le droit pénal international à travers un Statut qui leur est propre et qui sont composées de juges internationaux venant de divers pays.

Le TPIR, le TPIY et la CPI, dont le caractère international est unanimement reconnu, font précisément partie de ce type de juridictions.

95. La seconde désigne une nouvelle génération de juridictions dites internationalisées ou mixtes.

Selon la définition du professeur A. Cassesse, ces tribunaux pénaux internationalisés sont des « organes judiciaires de composition mixte comprenant des juges internationaux et des juges ayant la nationalité de l'État où le procès a lieu » [116].

96. Les critères qui permettent de distinguer ces juridictions dites mixtes des autres sont relatifs au mode de création, à la composition de leur personnel et au droit applicable.

Ce sont des juridictions qui se caractérisent par l'adjonction d'éléments internationaux (personnel, mode de fonctionnement et catégories de crimes visés) à des spécificités nationales (droit applicable, personnel) [117]. En dépit des différences que l'on observe dans le mode de création de ces juridictions [118], on peut relever des constantes dans leur mode de formation, leur composition et leur fonctionnement.

---

[116] A. Cassesse, « International Criminal Law », Oxford University Press, 2003, p. 343.

[117] Anna Charlotte Martineau, « Les juridictions pénales internationalisées : un nouveau modèle de justice hybride ? », Éditions Pedone, collections perspectives internationales, 5 mai 2007, p. 300.

[118] Il s'agit d'une création, tantôt par voie conventionnelle (TSSL créé par Accord entre les NU et le gouvernement de la Sierra Leone daté du 16 janvier 2002), tantôt par mode unilatéral (chambres ad-hoc du Kosovo créées par Règlement de l'ONU 2000/64 de la MINUK du 15 décembre 2000) ou mixte (Chambres extraordinaires au sein des tribunaux cambodgiens « CETC » créées par une loi cambodgienne du 10 août 2001 suivie d'un Accord entre le Cambodge et l'ONU signé le 3 décembre 2004) pour les autres.

1. Un processus de création qui fait appel à une autorité supranationale

97. S'agissant du mode de création, on peut citer le cas des Panels spéciaux au Timor oriental et celui des panels 64 au Kosovo qui ont été créés par un acte unilatéral, en l'occurrence une règlementation de leur administration transitoire respective (Administration transitoire des Nations unies au Timor oriental [ATNUTO], au Timor-Est et MINUK au Kosovo). Le TSL est un cas particulier dans la mesure où il devait voir le jour par un accord bilatéral entre l'ONU et le gouvernement libanais avant d'être ratifié par le parlement libanais. Cependant, le manque de volonté du parlement de procéder à cette ratification a poussé le Conseil de sécurité à adopter la résolution 1757 portant création du Tribunal, court-circuitant ainsi le parlement libanais. Ainsi, le TSL a été finalement créé par acte unilatéral [119].

Le TSSL [120], les CETC et les Chambres spéciales de Bosnie-Herzégovine présentent le caractère commun d'avoir été soumis à la conclusion d'un accord bilatéral entre l'ONU et leurs gouvernements respectifs. Toutefois, le TSSL est le seul à avoir été créé uniquement par accord, les CETC et les Chambres spéciales ayant été soumises à l'adoption d'une loi nationale qui régule leur fonctionnement.

En plus de l'intervention d'une autorité supranationale dans le processus de création, ces juridictions internationalisées se caractérisent par une mixité tant dans la composition du personnel que dans le droit applicable.

2. La mixité dans la composition du personnel et le droit applicable

98. La mixité dans la composition du personnel est une des autres caractéristiques des juridictions pénales internationalisées. Ainsi, s'agissant du TSSL, la Chambre de première instance était composée de trois juges dont un Sierra-Léonais et deux nommés par le Secrétaire général des Nations Unies. La chambre d'Appel était composée de cinq juges dont deux Sierra-Léonais et trois nommés par le Secrétaire général des Nations unies [121].

---

[119] ONU, Conseil de Sécurité, doc. S /RES/ 1757, 30 mai 2007.

[120] Cyril Laucci, « Projet de tribunal spécial pour la Sierra Leone ; vers une troisième génération de juridictions pénales internationales ? », in L'observateur des Nations Unies, n° 9, 2000, p. 195.

[121] Articles du Statut du TSSL.

99. Dans le cas des CETC, tous les juges et procureurs, au nombre de 17, ont été nommés par un décret royal du 8 mai 2006 avec la particularité que les étrangers ont été proposés par le secrétaire général des Nations unies.

Le tribunal d'instance des CETC est composé de cinq juges, dont deux étrangers, alors que la chambre d'appel est composée de quatre juges nationaux et de trois internationaux. L'instruction est menée par un collège composé d'un juge cambodgien et d'un juge international [122].

100. La mixité apparaît aussi à travers le droit applicable qui se caractérise par la combinaison du droit national et du droit international.

En matière pénale, les juridictions internationales appliquent les dispositions consacrées par leur Statut.

Les juridictions nationales appliquent les dispositions consacrées par les textes nationaux (Code pénal ou Code de procédure pénale par exemple) ainsi que les textes internationaux régulièrement ratifiés. Les juridictions internationalisées présentent la particularité d'appliquer à la fois des dispositions relevant du droit positif national et de règles tirées du droit international ou de la jurisprudence internationale[123]. De ce point de vue, elles sont l'expression d'une certaine globalisation du droit pénal.

Cette mixité affecte tant les règles de fond que celles de forme.

En ce qui concerne les règles de fond, on remarque que, très souvent, les juridictions internationalisées sont compétentes pour juger aussi bien les crimes internationaux (crimes contre l'humanité, crimes de guerre, crime de génocide) que les infractions de droit commun dont connaissent les juridictions nationales.

Il en est ainsi du Tribunal spécial pour la Sierra Leone (TSSL), créé en 2002 [124], des Chambres pour les crimes graves du Timor de l'Est [125] ainsi que des Chambres extraordinaires au sein des tribunaux cambodgiens

---

[122] Article 9 de la loi cambodgienne mettant en place les Chambres extraordinaires pour les tribunaux cambodgiens.

[123] Voir article 25, 2 du Statut des CAE « Les juges de la chambre africaine extraordinaire d'appel d'assises peuvent s'inspirer de la jurisprudence des cours ou tribunaux pénaux internationaux. »

[124] Le TSSL a été créé par Accord entre les Nations unies et la Sierra Léone en date du 16 janvier 2002 entré en vigueur le 1er juillet 2002.

[125] Les « les chambres spéciales pour les crimes graves » ont été créées en vertu des Règlements de l'ATNUTO 2000/11 du 6 mars 2000 et 2000/15 du 6 juin 2000.

(CETC). Dans le cas du TSSL comme dans celui des CETC [126], c'est le souci de réprimer certaines pratiques locales qui a justifié le recours au droit national. Ainsi, le statut du TSSL [127] prévoit au titre de la compétence de la juridiction, le crime d'enrôlement des enfants soldats de moins de 15 ans ainsi que le crime commis contre le personnel de l'ONU.

Quant aux CETC, leur statut prévoit, à côté des crimes internationaux classiques que sont les crimes de guerre, les crimes contre l'humanité et le crime de génocide, d'autres infractions telles que les violations de la Convention de La Haye de 1954 pour la protection de la propriété culturelle en cas de conflit armé [128].

101. Du point de vue des règles de forme, on remarque également que les juridictions internationalisées appliquent très souvent des règles tirées des standards internationaux.

Ainsi, pour le TSSL, c'est le Règlement de procédure et de preuve du TPIR qui régit mutatis mutandis, le déroulement de la procédure devant le tribunal bien que les juges aient la possibilité d'adapter les règles en s'inspirant du code sierra-léonais de procédure pénale de 1965. [129]

102. En définitive, le schéma des juridictions mixtes se révèle comme une catégorie très variée qu'il est difficile de circonscrire dans une définition précise, tant les circonstances ayant conduit à leur création peuvent varier d'une juridiction à l'autre [130].

Une autre tentative de synthétisation, qui nous semble la plus pertinente, s'attache à regrouper les tribunaux en fonction de faisceaux d'indices comprenant l'acte créateur, la proportion de juges internationaux par rapport aux juges nationaux, le siège du tribunal, la proportion de crimes internationaux fondant la compétence de ces juridictions. Deux catégories sont alors identifiables :

– celle comportant le plus fort degré d'internationalisation, dont les juridictions sont qualifiées de juridictions internationales nationalisées ;

---

126 L'Accord portant création des CETC a été signé le 15 mars 2006 entre l'ONU et le Cambodge.

127 Article 4 du statut du Tribunal spécial pour la Sierra Leone.

128 L'article 4 de la loi cambodgienne prévoit la compétence pour poursuivre les responsables de destruction de biens culturels.

129 Art. 14 du Statut.

130 Robert Kolb, « le degré d'internationalisation des tribunaux pénaux internationalisés », in Hervé Ascensio, les juridictions pénales internationalisées, société de législation comparée, 2006, pp. 47-68.

– celle comportant un plus fort degré d'éléments nationaux, dont les juridictions sont qualifiées de juridictions nationales internationalisées [131].

103. On pourrait ranger dans la première catégorie le TSSL [132], en raison de la majorité internationale de ses juges, de la prééminence de crimes définis internationalement dans son Statut, du fait qu'il n'est pas intégré au sein du système judiciaire national, de sa compétence et de son caractère externe au système judiciaire national.

104. De même, le TSL devrait être considéré comme une juridiction internationale nationalisée en raison de son acte créateur, de la majorité internationale de ses juges, de sa localisation et de son caractère externe au système judiciaire national.

105. En revanche, devraient être qualifiées de juridictions nationales internationalisées les Panels 64 du Kosovo et les Panels spéciaux du Timor, du fait de l'application exclusive du droit national, les CETC pour la majorité nationale de leurs juges et une application importante du droit interne et les Chambres spéciales de Bosnie-Herzégovine pour leur application exclusive du droit interne. Ces trois juridictions ont également la particularité d'être intégrées au système judiciaire national.

106. Le tableau suivant permet d'avoir une vue synoptique des juridictions pénales internationalisées.

---

[131] Essai de classification faite par Photini Pazartzis, « Tribunaux pénaux internationalisés : une nouvelle approche de la justice pénale internationale ? », in Annuaire français de droit international, AFDI, 2003, vol 49, p. 643.

[132] Selon le rapport du secrétaire général sur l'établissement d'un tribunal spécial pour la Sierra Leone en date du 4 octobre 2000, le tribunal spécial pour la Sierra Leone est un tribunal *sui generis* (ONU, rapport du Secrétaire général sur l'établissement d'un tribunal spécial pour la Sierra Leone, doc, S /2000/915, octobre 2000, paragr. 9).

Juridictions	*Acte constitutif*	*Droit applicable*	*Composition personnel*	*Localisation*
TSSL (Tribunal spécial pour la Sierra Leone)	Accord bi-latéral entre Gouv. – ONU	Prééminence du droit international	Majorité de juges internationaux	Hors du pays Concerné (La Haye)
CETC (Chambres extraordinaires pour le Cambodge)	Accord bilatéral Gouv. — ONU du 6 juin 2003 faisant suite à une loi nationale du 10 août 2001	Application importante du droit interne procédural	Majorité de juges nationaux	Dans le pays concerné (Cambodge)
TSL (tribunal spécial pour le Liban)	Accord bilatéral entre le gouverne-ment libanais et l'ONU du 6 février 2007 suivi de la Résolution 1757 du conseil de sécurité du 30 mai 2007	Prééminence du droit international	Majorité de juges internationaux	Dans le pays à Freetown sauf pour le procès de Charles Taylor tenu à La Haye
Chambres du Kosovo n° 2000/64	Acte unilatéral ONU : Régulation 15 décembre 2000	Application exclusive du droit interne	Présence majoritaire des juges étrangers qui président les chambres	Dans le pays concerné (Yougoslavie)
Chambres africaines extraordinaires au sein des juridictions sénégalaises	Accord bilatéral Sénégal-Union africaine (UA) du 22 août 2012	Application exclusive du droit international – pour le fond Application importante du droit interne pour la procédure	Majorité de juges nationaux	Hors du pays concerné (Sénégal)

107. L'analyse des juridictions internationalisées qui ont existé jusqu'ici a donc permis de dégager des critères qui les distinguent tant des tribunaux internationaux que des juridictions nationales [133].

Néanmoins, il nous semble important de souligner que ces critères ne sont ni exclusifs ni cumulatifs. Une juridiction doit donc être considérée comme mixte ou internationalisée dès lors qu'elle comporte en son sein des éléments nationaux et internationaux.

108. En définitive, pour reprendre les termes d'un auteur, il faudrait se résoudre, en guise de définition, « à la constatation que ces juridictions sont des organes judiciaires, statuant en matière pénale et mêlant des éléments nationaux et internationaux » [134].

Au regard de ce qui précède, nous pouvons affirmer que les CAE sont, incontestablement, une juridiction internationalisée même si, à bien des égards, elle se distingue de ses prédécesseurs.

B. La justification du caractère international des CAE

109. À l'instar du TSSL, les CAE ont été créées suivant un traité international, à savoir l'Accord du 22 août 2012 signé entre le Sénégal et l'Union africaine [135].

Pour la première fois dans l'histoire des juridictions à caractère international, une organisation sous-régionale, en l'occurrence l'UA, a été à la base de la création d'une juridiction pénale internationale. C'est précisément cette nouveauté qui fait dire à certains que les CAE ne présentent pas un caractère international.

110. Or, le caractère international des CAE se déduit suffisamment de la mixité dans la composition du personnel et de son droit applicable composé en partie du droit positif sénégalais et en partie, des règles tirées du droit international.

---

[133] Jean Marc Sorel, « Introduction », in Hervé Ascensio *et al.* (sous la direction), « les juridictions pénales internationalisées », société de législation comparée, 2006, p. 22.

[134] Philipe Flory, « Les juridictions pénales internationalisées : une hybridité au service de la justice ? », 2011. https://www.academia.edu. Les_juridictions_pénales internationalisées, une_hybridité_au_service_de_la_justice. Consulté le 17/08/2018.

[135] Voir supra, les développements sur la problématique de la légalité des CAE, n° 74 et suivants.

1. La composition mixte du personnel

111. Conformément à l'article 11 du Statut, les juges nommés au sein des CAE ne sont pas tous de nationalité sénégalaise.

Ainsi, la Chambre d'Assises était composée d'un Président de nationalité étrangère et de trois Sénégalais, dont deux titulaires et un suppléant [136].

De même, la Chambre d'Assises d'appel était composée d'un magistrat de nationalité malienne, assisté de trois sénégalais.

Enfin, le fait que tous les magistrats, sans exception, aient été nommés par la présidente de la commission de l'UA et non par l'autorité sénégalaise ajoute un cachet international à cette juridiction.

2. L'application simultanée du droit national et du droit pénal international

112. Le droit applicable devant les CAE se caractérise par une combinaison du droit pénal international (Statut et jurisprudence des tribunaux internationaux) et de la loi sénégalaise.

Ainsi, l'article premier de l'Accord portant mise en place des CAE précise que « les chambres africaines extraordinaires appliquent leur Statut, le droit pénal international, le Code pénal et le code de procédure pénale sénégalais et les autres lois sénégalaises pertinentes ».

De même, l'article 25 du Statut dispose que : « les juges de la chambre africaine extraordinaire d'Assises peuvent s'inspirer de la jurisprudence des cours et tribunaux pénaux internationaux ».

113. Parallèlement au droit international, le Statut des CAE renvoie également à la loi nationale sénégalaise.

Ainsi, l'article 16 dispose que les chambres africaines extraordinaires appliquent le Statut et, pour les cas non prévus par celui-ci, la loi sénégalaise.

114. Au regard de ces dispositions, on peut considérer que le Statut des CAE a entendu soumettre les questions de fond au droit international et une partie de la procédure au droit national sénégalais. En effet, le recours à la loi sénégalaise s'est principalement limité à la procédure. Ainsi, les quatre infractions qui, aux termes de l'article 4 du

---

[136] Article 11 du Statut des CAE. C'est le Burkinabé Gberdao Gustave Kam qui a dirigé la chambre d'Assises qui a statué en première instance, tandis que le malien Ouagadeye Wafi a présidé la Chambre d'Assises en appel.

Statut, sont de la compétence des CAE, à savoir le crime de génocide, les crimes contre l'humanité, les crimes de guerre et le crime de torture sont définies respectivement par les articles 5, 6, 7 et 8 du Statut des CAE. Même si ces infractions ont été intégrées dans le droit positif sénégalais à la faveur de la réforme intervenue en 2007, l'article 16 précité faisait obligation aux juges de se référer en priorité au Statut.

115. En outre, pour tout ce qui concerne la procédure, notamment les aspects relatifs à la participation des victimes, à l'étendue de leurs droits en qualité de parties civiles, au rôle du juge d'instruction, aux pouvoirs du juge dans la recherche des éléments de preuve et l'instruction d'audience, la procédure suivie au sein des CAE aura été pour l'essentiel, d'inspiration romano-germanique telle que prévue par le code de procédure pénale du Sénégal [137].

Dans le choix du droit applicable, les CAE présentent une grande particularité par rapport aux autres juridictions internationalisées. Jusqu'ici, le droit national auquel il a été fait recours a toujours été celui de l'État sur le territoire duquel les faits ont été commis. C'est le cas, par exemple, du TSSL, des chambres du Kosovo et des CETC.

116. Par contre, concernant les CAE, le droit national a été, non pas celui du Tchad, pays de commission des faits, mais celui d'un autre pays, le Sénégal. Ce choix a été dicté par les circonstances du moment. C'est principalement en raison de la présence au Sénégal, du principal mis en cause, à savoir Hissène Habré, et du choix du Sénégal comme pays devant abriter le siège des CAE que le droit interne de ce pays a été choisi comme devant s'appliquer à la procédure.

Cette corrélation entre les circonstances purement factuelles et le droit applicable confirme le caractère fondamentalement empirique du modèle des juridictions internationalisées.

---

[137] Dans la pratique, la procédure suivie n'a pas exclusivement été celle prévue par le Code de procédure pénale du Sénégal. Par exemple, ceux qui ont suivi le procès ont dû noter une particularité des CAE, à propos de l'entrée de la Cour dans la salle d'audience. D'ordinaire, en effet, les juges entrent en même temps que les membres du parquet qui suivent juste derrière. Par contre, s'agissant des CAE, c'est après l'installation des membres du parquet que l'huissier annonce l'arrivée de la Cour. Cette pratique, inspirée des juridictions internationales et du système de la Common Law où le Ministère public, en tant que partie au procès, doit s'installer avant la Cour, semble avoir eu la préférence des magistrats des CAE qui l'ont jugée plus conforme aux principes du procès équitable.

117. Au regard de ce qui précède, on peut considérer que les CAE se rapprochent davantage de la catégorie de juridictions nationales internationalisées, à l'instar des CETC, en raison des éléments suivants :

- l'intégration au système judiciaire national sénégalais ;
- la structure du personnel composée majoritairement de juges nationaux (14 sur 16) ;
- l'application importante du droit interne relativement à la procédure.

118. D'ailleurs, la question de la nature de la juridiction des CAE a été soumise à l'appréciation de la Cour de justice de la CEDEAO.

Dans leur recours soumis à cette juridiction sous-régionale, les avocats de Hissène Habré avaient fait valoir que les CAE ne présentaient pas les caractéristiques d'une juridiction internationale.

Répondant à ce grief, la Cour de justice de la CEDEAO a soutenu que « les Chambres Extraordinaires Africaines, même si elles ont été créées au sein des juridictions nationales sénégalaises, n'ont pas moins un caractère international du fait de leur mode de création, d'une part, (Accord international) et de leurs règles propres de fonctionnement différentes de celles des juridictions nationales sénégalaises (Statut des Chambres), d'autre part ; que l'existence sur un territoire national (en l'espèce le Sénégal) et la composition, au moins partielle, au sein de ces Chambres de juges nationaux (Sénégalais en l'occurrence) n'enlèvent en rien à ces juridictions leur caractère international ; que, dès lors, la Cour estime que l'Accord international qui a créé les Chambres Extraordinaires Africaines et leurs propres règles de fonctionnement déterminées dans leur Statut confèrent à celles-ci un caractère international ; qu'il est de doctrine et de jurisprudence constante qu'il n'y a pas de hiérarchie entre les juridictions internationales ; qu'en conséquence, la Cour dit qu'elle ne saurait exercer aucun contrôle sur les règles régissant le fonctionnement des Chambres Africaines Extraordinaires » [138].

Cette réponse de la Cour nous semble d'autant plus satisfaisante qu'elle fait ressortir l'essentiel des critères qui confèrent un caractère international à une juridiction, à savoir : le mode de création qui fait intervenir une autorité supra-étatique, la mixité dans la composition du personnel et l'application simultanée du droit national et du droit pénal international.

---

[138] Arrêt de la Cour de justice de la CEDEAO, 5 novembre 2013, paragr. 47 et 48.

119. Au regard des développements qui précèdent, il est aisé de constater que l'objectif recherché, à travers ce mode inédit de création, était de mettre sur pied un mécanisme qui soit l'émanation de la volonté des autorités africaines.

L'autre souci a consisté à tenir compte, autant que possible, des réalités locales dans la détermination du droit applicable pour, en quelque sorte, rendre une justice sur mesure.

Section II
Le souci de l'efficacité : la prise en compte des spécificités locales dans la détermination du droit applicable

120. Les juridictions pénales internationalisées partagent l'objectif commun de rendre la justice et de maintenir la paix. Mais le constat que l'on peut faire est que les moyens utilisés pour parvenir à cet objectif varient d'une juridiction à l'autre.

Selon qu'il s'agit de restaurer l'État de droit [139] ou d'assister le système judiciaire interne [140], la place accordée au droit national peut varier énormément.

Concernant les CAE, il est clair qu'il ne s'agissait pas de restaurer un État de droit mais d'aider un système judiciaire national à faire face à un défi de taille : conduire un procès international dans le respect des standards internationaux. D'où l'option affichée de tenir compte des réalités locales et du droit national.

C'est à travers l'élargissement du champ des poursuites (paragraphe I) et de celui des droits des victimes (paragraphe II) que l'on peut appréhender la corrélation entre certaines dispositions du droit applicable et les réalités tchadiennes.

§ I. – L'élargissement du champ des poursuites

121. L'élargissement du champ de répression s'est manifesté aussi bien à travers la compétence des CAE (A) que par le biais des modes de responsabilité retenus par leur Statut (B).

---

[139] Kosovo, Bosnie Herzégovine et Timor Oriental : voir Jean Marc Sorel, « Introduction », in Hervé Ascensio et al (sous la direction), « Les juridictions pénales internationalisées », société de législation comparée, 2006, p. 20.

[140] Sierra Leone, Cambodge.

A. L'extension de la compétence au-delà des crimes internationaux classiques

122. En plus des crimes internationaux classiques, le Statut des CAE a consacré la torture comme crime autonome dans le souci évident d'élargir le champ de répression et de pouvoir atteindre une catégorie déterminée d'individus.

1. La reconnaissance du noyau dur des crimes internationaux

123. La compétence des CAE s'exerce à l'égard de quatre infractions que sont : les crimes contre l'humanité, les crimes de guerre, le crime de génocide et le crime de torture.

- **Les crimes de guerre**

124. Dans le droit international des conflits armés, on fait une distinction fondamentale entre le Droit de La Haye et le Droit de Genève. Le premier vise les règles gouvernant la conduite des hostilités (armes, méthodes de guerre) telles qu'elles sont codifiées par la Convention de 1907, tandis que le second vise la protection des personnes au pouvoir de l'ennemi et en particulier les civils (4e Convention de Genève).

125. On entend par « crimes de guerre » les violations graves du droit international humanitaire commises à l'encontre de civils ou de combattants ennemis à l'occasion d'un conflit armé international ou interne et qui entraînent la responsabilité pénale individuelle de leurs auteurs [141]. Ces crimes découlent essentiellement des Conventions de Genève du 12 août 1949 [142] et de leurs Protocoles additionnels I et II de 1977 ainsi que des Conventions de La Haye de 1899 et 1907. Les crimes de guerre sont donc « l'ensemble des agissements qui méconnaissent délibérément les lois et les coutumes de guerre » [143].

126. Les crimes de guerre ont été poursuivis pour la première fois, de manière effective, à la suite de la Seconde Guerre mondiale, lors de

---

[141] Karen du Pasquier, « Les violations des Conventions de Genève », *in* Laurent Moreillon, Andre Kuhn, Aude Bichovsky, *Droit pénal humanitaire*, Presses universitaires de Cambridge, 2010, p. 82.

[142] Georges et Rosemary Abi Saab, « Les crimes de guerre », in Hervé Asensio, Emmanuel Decaux et Alain Pellet, in: Droit international pénal., 2e éd. révisée – Paris : Ed. Pedone, 2012. - P. 141-162.

[143] André Huet et Renée Koering – Joulin, *Droit pénal international*, p : Presses Universitaires de France – (PUF), 2005, 102.

l'établissement des tribunaux pénaux internationaux à Nuremberg et à Tokyo.

Dans les années 1990, la répression des crimes de guerre s'est accrue avec l'établissement des Tribunaux pénaux internationaux pour l'ex-Yougoslavie (TPIY) et le Rwanda (TPIR) et la création de la Cour pénale internationale (CPI) instituée par le Statut de Rome, entré en vigueur en 2002.

127. Pour être constitutif de crime de guerre, un acte doit avoir été commis en lien avec un conflit, à l'encontre des biens ou des personnes protégés par les Conventions de Genève (notamment les civils et les prisonniers de guerre).

128. Parmi ces crimes sous-jacents, certains ont été repris tant par les législations nationales que par la quasi-totalité des juridictions internationales. Il en est ainsi des crimes suivants :

– homicide volontaire [144] ;

– torture et traitements inhumains [145] ;

– déportation ou transfert illégal.

129. Les crimes de guerre peuvent être perpétrés par des civils ou par des combattants contre leurs ennemis, ces derniers pouvant être eux-mêmes civils ou combattants. Mais les crimes de guerre ne peuvent être commis par des combattants à l'encontre des membres de leurs forces armées ou de leur propre population civile.

130. Certains traités internationaux comme la Convention sur l'imprescriptibilité des crimes de guerre et des crimes contre l'humanité de 1968 ont formellement consacré le caractère imprescriptible de ces crimes, devant les juridictions internationales [146], tout comme devant de nombreuses juridictions nationales.

131. Avec la consécration du principe de compétence universelle, les États peuvent, aujourd'hui poursuivre les crimes de guerre devant les juridictions nationales et ce, indépendamment de tout lien avec la nationalité de l'auteur et de la victime et/ou du territoire où les crimes ont été commis.

---

[144] Article 8 du Statut CPI et 7 CAE.

[145] Article 8 du Statut de la CPI et 7 des CAE.

[146] Article 29 du Statut de la CPI.

132. L'article 7-1 du Statut des CAE définit ainsi ce crime : « Aux fins du présent Statut, constitue un crime de guerre l'un des actes ci-après, lorsqu'il concerne des membres des forces armées, des prisonniers de guerre ou des civils ou des biens protégés par des dispositions des Conventions de Genève du 12 août 1949 :

a) l'homicide volontaire ;

b) la torture ou les traitements inhumains, y compris les expériences biologiques, causant intentionnellement de grandes souffrances à l'intégrité physique et psychique ;

c) la destruction et l'appropriation des biens, non justifiées par des nécessités militaires et exécutées sur une grande échelle de façon illicite et arbitraire ;

d) le fait de contraindre un prisonnier de guerre ou toute autre personne protégée à servir dans les forces armées ;

e) le fait de priver un prisonnier de guerre ou toute autre personne protégée de son droit d'être jugé régulièrement et impartialement ;

f) la déportation ou le transfert illégal ou la détention illégale ;

g) la prise d'otages.

Aux termes de l'article 7-2 de leur Statut, les CAE sont compétentes pour juger les personnes ayant commis des violations graves de l'article 3, commun aux Conventions de Genève du 12 août 1949 pour la protection des victimes en temps de guerre et au Protocole additionnel II aux Conventions de 1949. Ces violations comprennent :

a) les atteintes portées à la vie, à la santé et au bien-être physique ou mental des personnes, en particulier le meurtre, de même que les traitements cruels tels que la torture, les mutilations ou toutes formes de peines corporelles ;

b) les châtiments collectifs ;

c) la prise d'otages ;

d) les actes de terrorisme ;

e) les atteintes à la dignité de la personne, notamment, les traitements humiliants et dégradants, le viol, la prostitution forcée et tout attentat à la pudeur ;

f) le pillage ;

g) les condamnations et les exécutions sans jugement rendu au préalable par un tribunal régulièrement constitué et assorti des garanties judiciaires reconnues comme indispensables par les peuples civilisés ;

h) la menace de commettre les actes précités ».

Au regard de ces dispositions, la qualification d'un acte en crime de guerre suppose l'existence d'un conflit armé. En outre, il doit être établi un lien étroit entre l'acte commis et le conflit [147].

133. L'existence d'un conflit armé

À la lecture de l'article 7 du statut, il est aisé de constater que, même si ce n'est pas expressément mentionné, cette disposition a opéré une distinction claire entre les infractions commises dans le contexte d'un conflit armé international (paragraphe 1 article 7-1) et celles commises dans le contexte d'un conflit armé non international (paragraphe 2 article 7-2).

La notion de conflit armé international recouvre trois réalités différentes :

- *Conflits armés interétatiques (Article 2 al 1 commun)*
- *Conflits armés découlant d'une occupation (Article 2, al 2 commun)*
- *Guerres de libération nationale (Protocole additionnel 1)*

Les conflits armés interétatiques

134. Ce type de conflit est défini par l'article 2 alinéa 1 commun aux Conventions de Genève visées par le Statut organisant les CAE. Cet article dispose, en effet, que : « En dehors des dispositions qui doivent entrer en vigueur dès le temps de paix, la présente Convention s'appliquera en cas de guerre déclarée ou de tout autre conflit armé surgissant entre deux ou plusieurs des Hautes parties contractantes, même si l'état de guerre n'est pas reconnu par l'une d'elle.

La Convention s'appliquera également dans tous les cas d'occupation de tout ou partie du territoire d'une partie contractante, même si cette occupation ne rencontre aucune résistance militaire ».

La référence ainsi faite aux « Hautes parties contractantes » signifie qu'il doit s'agir d'une confrontation entre États. Cependant, ces conflits armés interétatiques peuvent revêtir deux formes : la confrontation

---

[147] Georges et Rosemary Abi-Saab « Les crimes de guerre », in Herve Ascensiom Emmanuelle Decaux et Alain Pellet in « Droit international pénal », 2e éd. révisée – Paris : Ed. Pedone, p. 82.

directe entre États souverains et l'intervention dans un conflit armé interne préexistant.

135. Confrontation directe entre États

Cette situation renvoie aux cas dans lesquels un ou plusieurs États ont recours à la force armée contre un autre État. Dans cette hypothèse, aucune déclaration de guerre n'est requise.

Le Commentaire des Conventions de Genève confirme que : « tout différend surgissant entre deux États et provoquant l'intervention des membres des forces armées est un conflit armé au sens de l'article 2, même si l'une des Parties conteste l'état de belligérance. La durée du conflit ou le caractère plus ou moins meurtrier de ses effets ne jouent aucun rôle »[148].

Cette définition du conflit armé international a été reprise par la Cour pénale internationale (CPI) notamment dans l'Affaire Lubanga [149] où la Chambre préliminaire a considéré que : « un conflit armé est de caractère international s'il oppose deux ou plusieurs États (et que) cette notion couvre les cas d'occupation de tout ou partie du territoire d'un État tiers, que cette occupation de tout ou partie du territoire rencontre ou non une résistance militaire… ».

Dans le même sens, le Tribunal pénal international pour l'ex-Yougoslavie a rappelé qu'il y a conflit armé international, « chaque fois qu'il y a recours à la force entre États » [150].

136. Intervention dans un conflit armé interne : conflit armé internationalisé

Au regard du droit international, il y a intervention lorsqu'une puissance étrangère envoie des troupes sur le terrain dans le but d'appuyer un groupe armé qui s'oppose au gouvernement local.

L'intervention peut aussi se faire de manière indirecte. C'est le cas lorsque cette puissance décide de soutenir la rébellion de l'extérieur. Cependant, il est important de souligner que toute intervention n'est pas

---

[148] J. Piquet, « Commentaire de la Convention de Genève pour l'amélioration du sort des blessés et malades dans les forces armées en campagne », CICR, Genève 1952, p. 34.

[149] Affaire Procureur c/ Thomas Lubanga Dyilo, Chambre Préliminaire du 29 janvier 2007.

[150] TPIY, affaire Tadic, 02 Octobre 1995, arrêt relatif à l'appel de la défense concernant l'exception préjudicielle d'incompétence, Affaire Mucic, Jugement du 16 novembre 1998.

de nature à conférer un caractère international à un conflit armé interne. Pour qu'on soit en présence d'un conflit armé international, il faut qu'au-delà d'une simple aide financière ou logistique, l'État tiers ait exercé un contrôle global sur le groupe armé. Comme l'a précisé le TPIY dans l'affaire Tadic, il y a contrôle global lorsque l'État étranger « joue un rôle dans l'organisation, la coordination ou la planification des actions militaires du groupe militaire, en plus de le financer, de l'entraîner, de l'équiper ou de lui apporter son soutien opérationnel » [151].

137. Conflits armés découlant d'une occupation

Cette situation est évoquée dans l'alinéa 2 de l'article 2 Commun aux Conventions de Genève ainsi que par le Règlement de La Haye de 1907.

L'article 42 du Règlement de La Haye qui définit l'occupation dispose :

« Un territoire est considéré comme occupé lorsqu'il se trouve placé de fait sous l'autorité de l'armée ennemie. L'occupation ne s'étend qu'aux territoires où cette autorité est établie et est en mesure de s'exercer ».

138. Guerres de libération nationale

Le Protocole 1 additionnel aux Conventions de Genève assimile aux conflits armés internationaux « les conflits armés dans lesquels les peuples luttent contre la domination coloniale et l'occupation étrangère et contre les régimes racistes dans l'exercice du droit des peuples à disposer d'eux-mêmes » [152].

139. Les personnes et les biens protégés

L'article 7-1 du Statut des CAE parle expressément des « personnes et biens protégés » par les règles applicables aux conflits armés internationaux. Aux termes de cette disposition, les crimes énumérés deviennent des crimes de guerre, lorsqu'ils sont commis à l'encontre « des membres des forces armées, des prisonniers de guerre ou des civils ou des biens protégés par des dispositions des Conventions de Genève du 12 août 1949 ».

---

[151] Tribunal pénal international pour l'ex-Yougoslavie (TPIY), Affaire Tadic, arrêt du 15 juillet 1999, paragr. 137.

[152] Protocole additionnel 1 aux Conventions de Genève, article 1.

140. Les membres des forces armées

Les membres des forces armées d'une partie à un conflit se composent de toutes les forces, tous les groupes et les unités armés et organisés qui sont placés sous un commandement responsable de la conduite de cette partie. Ces forces armées doivent être soumises à un régime de discipline interne qui assure le respect des règles du droit international humanitaire.

Cette règle, consacrée également par l'article 43 du protocole 1, est considérée, selon la pratique des États, comme une norme de droit international coutumier applicable dans les conflits armés internationaux [153].

La notion de « forces armées » couvre toutes les personnes qui combattent au nom d'une partie à un conflit et qui se placent sous son commandement. Il en résulte que l'on entend par combattant toute personne qui, placée sous un commandement responsable, commet des actes hostiles dans un conflit armé au nom de l'une des parties au conflit.

Cette définition est aussi utilisée à l'article 4 de la Convention de Genève III avec, en plus, l'ajout des mouvements de résistances organisés.

Ainsi, le Règlement de La Haye, tout comme la Convention de Genève III, considère que tous les membres des forces armées sont des combattants. Par contre, ils exigent que les milices et autres corps de volontaires, y compris les mouvements de résistance organisés, remplissent quatre conditions pour être considérés comme des combattants ayant droit au statut de prisonniers de guerre.

141. Les prisonniers de guerre

L'article 4 de la Convention de Genève III définit les catégories de personnes susceptibles d'être considérées comme des prisonniers de guerre si elles tombent entre les mains des forces ennemies. Il s'agit :

– des membres des forces armées d'une partie au conflit, (à l'exclusion du personnel religieux retenu aux pouvoirs de la Puissance détentrice en vue d'assister les prisonniers de guerre article 33 C.G.3), même si le gouvernement ou l'autorité dont ils se réclament n'est pas

---

[153] CICR, Droit international humanitaire coutumier, 29 octobre 2010, vol. I, page 19. De nombreux manuels militaires précisent également que les forces armées d'une partie se composent de tous les groupes armés organisés placés sous un commandement responsable de la conduite de ses subordonnés devant cette partie (voir les manuels militaires de l'Allemagne, de l'Argentine, du Nigéria, de la Russie, de la Suède).

reconnu par la puissance détentrice, de même que les membres des milices et corps de volontaires faisant partie de ces forces armées ;

– des membres des autres milices et les membres des autres corps de volontaires, à condition qu'ils aient à leur tête une personne responsable pour ses subordonnés, qu'ils portent un signe distinctif et reconnaissable à distance, qu'ils portent ouvertement les armes et qu'ils se conforment dans leurs opérations aux lois et coutumes de guerre ;

– des membres des forces armées régulières qui se réclament d'un gouvernement ou d'une autorité non reconnue par la puissance détentrice ;

– des personnes qui suivent les forces armées sans en faire directement partie, telles que les membres civils d'aviation militaire, les correspondants de guerre, les fournisseurs, les membres d'unités de travail ou de services chargés du bien-être des forces armées, à condition qu'elles aient reçu l'autorisation des forces armées qu'elles accompagnent ;

– des participants à une levée de masse, c'est-à-dire la population d'un territoire non occupé qui, à l'approche de l'ennemi, prend spontanément les armes pour combattre les troupes d'invasion sans avoir eu le temps de se constituer en forces armées régulières, si elle porte ouvertement les armes et respecte les lois et coutumes de guerre.

142 - 143. Les civils et les biens protégés

L'article 4 de la Convention IV relative à la protection des civils définit ceux – ci comme étant « les personnes qui, à un moment quelconque et de quelque manière que ce soit, se trouvent, en cas de conflit ou d'occupation, au pouvoir d'une Partie au conflit ou d'une Puissance occupante dont elles ne sont pas ressortissantes ».

L'élément déterminant dans cette définition des personnes protégées est, à première vue, celui de la nationalité des victimes. Par conséquent, les bénéficiaires sont les personnes ayant la nationalité de l'État ennemi et se trouvant sur le territoire d'un belligérant, ainsi que les habitants d'un territoire occupé ne possédant pas la nationalité de la puissance occupante.

Cette définition des civils au sens de l'article susvisé, entraînant l'application de la Convention IV, a été largement interprétée par le Tribunal pénal international pour la Yougoslavie. C'est ainsi que dans l'Affaire Tadic[154], la Chambre de Première Instance du TPIY, a conclu

[154] TPIY, Jugement du 7 mai 1997, paragr. 607 et 608.

qu'après le 19 mai 1992, les forces armées de la Republika Srpska[155] ne pouvaient pas être considérées comme des organes ou des agents de facto du Gouvernement de la République fédérale de Yougoslavie. Dès lors, les victimes musulmanes bosniaques des crimes commis dans la région ne pouvaient pas être considérées comme des personnes protégées dans la mesure où elles étaient au pouvoir de Serbes bosniaques, également de nationalité bosniaque.

Mais dans son jugement du 16 novembre 1998, relatif à l'Affaire du Camp de Célébic[156], la Chambre de première instance du TPIY est revenue sur l'interprétation de la catégorie « personne protégée » de l'article 4 de la IVe Convention de Genève adoptée dans le jugement Tadic précité. Elle a adopté une conception souple de la condition de nationalité de l'article 4. C'est cette même conception qui a été consacrée par la Chambre d'Appel dans son arrêt Tadic du 15 juillet 1999 qui a conclu que la nationalité au sens de l'article 4 de la 4e Convention de Genève ne constitue pas un critère déterminant pour savoir si une personne civile jouit du statut de personne protégée en vertu de la 4e Convention de Genève. Elle affirme ainsi que ces conflits « se caractérisent par l'émergence de nouveaux États pendant le conflit et de ce fait, les allégeances peuvent tenir plus à l'appartenance ethnique qu'à la nationalité. Autrement dit, l'appartenance ethnique peut déterminer l'allégeance à une nation. Dans ces circonstances, la condition de nationalité s'avère encore moins adaptée à la détermination du statut de personne protégée. S'agissant de pareils conflits, non seulement le texte de la Convention et les travaux qui ont abouti à sa rédaction, mais

---

155 Le 24 mars 2016, la Chambre de première instance du Tribunal pénal international pour l'ex-Yougoslavie (le « TPIY ») a prononcé son jugement dans l'affaire Procureur c. Radovan Karadzic (IT-95-5/18-T) concernant les crimes commis en Bosnie Herzégovine. Cette République fédérale de l'ex-Yougoslavie avait une position unique car aucun des peuples y vivant, soit les Croates, les Musulmans et les Serbes, n'y était majoritaire. Lorsqu'en 1990 l'éclatement de l'ex-Yougoslavie devenait imminent, les représentants de ces trois peuples avaient des opinions divergentes sur l'avenir de la Bosnie Herzégovine et surtout sur son indépendance. À l'époque Radovan Karadzic était président du parti démocratique serbe (le « SDS ») qui s'opposait à l'indépendance de la République. Les tensions dans la région ont continué à augmenter après les élections multipartites et les Serbes de Bosnie ont constitué en 1991 une entité serbe qui deviendra en 1992 la *Republika Srpska*.

156 Jugement Procureur c/ Zejnil Délalic, Zravko Mucic alias « Pavo », Hazim Délic et Essad Landzo alias « Zenga », Affaire n° IT-96-21-T, 16 novembre 1998, paragr. 234.

également l'objet et le but de la Convention, suggèrent que le critère déterminant est celui de l'allégeance à une partie au conflit et partant du contrôle exercé sur les personnes qui se trouvent sur un territoire donné » [157]. La Chambre a également retenu que « l'article 4 de la IVe Convention de Genève, interprété à la lumière de son objet et de son but vise à assurer la protection maximale possible aux civils. En conséquence, son applicabilité ne dépend pas de liens formels et de relations purement juridiques (…). Pour accorder sa protection, l'article 4 entend s'appesantir sur la substance des relations plutôt que sur leur caractérisation juridique en tant que telle ».

Cette interprétation a été confirmée par les jugements relatifs aux affaires Blaskic[158] et Aleksovski[159].

Dans l'arrêt Délalic[160], la Chambre d'appel a conclu qu'il ressort de sa jurisprudence « que l'article 4 de la IVe Convention de Genève doit s'interpréter comme visant à assurer la protection maximale possible aux civils qui se trouvent pris dans un conflit international ou internationalisé. Par conséquent, la condition de nationalité énoncée à l'article 4 doit être établie compte tenu de la « substance des relations », et non de leur qualification juridique au regard du droit interne. Dans les conflits ethniques actuels, les victimes peuvent, aux fins du droit humanitaire et plus particulièrement de l'article 4 de la IVe Convention de Genève, être « assimilées » à des ressortissants de l'État extérieur impliqué dans le conflit, même si, formellement, elles ont la même nationalité que les personnes qui les détiennent.

Dès lors, la présente Chambre d'appel approuve l'Arrêt Tadic, lorsqu'il précise : « Même si les auteurs des crimes et leurs victimes pouvaient être considérés en l'espèce comme étant de même nationalité, l'article 4 demeurerait applicable ».

Dans l'affaire Germain Katanga et Mathieu Ngudjolo Chui, la Cour pénale internationale a abondé dans le même sens que la jurisprudence du TPIY en soutenant que : « la présente Chambre souscrit également à l'idée que l'utilisation du terme "ressortissant" à l'article 4 de la

---

[157] TPIY : Affaire Procureur c/ Dusko Tadic, n° IT-94-1-A, jugement du 15 juillet 1999, paragr. 166.

[158] Procureur c/ Tihomir Blaskic, Affaire n° IT-95-14-T, jugement du 03 mars 2000, par 123.

[159] Procureur c/ Zlatko Aleksovski, Affaire n° IT-95-14/1-A, jugement du 24 mars 2000, par 145-146.

[160] Procureur c/ Délalic n° IT-96-21-A, jugement du 20 février 2001.

Convention de Genève qui a été rédigée en 1949, reflétait l'importance accordée à la nationalité dans la détermination des allégeances des personnes civiles. Bien qu'il reste un élément important pour déterminer le statut de "personne protégée" par des conflits internationaux, le lien entre la nationalité et l'allégeance ne constitue plus le critère comme le montre la jurisprudence du TPIY » [161].

Le Commentaire de la IVe Convention de Genève résume cette définition de « personnes civiles » ainsi qu'il suit : « il y a deux catégories principales de personnes protégées : d'une part, les ressortissants ennemis sur le territoire national de chacune des parties, et d'autre part, l'ensemble de la population (à l'exception des nationaux de la puissance occupante) dans les territoires occupés »[162].

144. Au sens de l'article 50 du Protocole I, « Est considérée comme civil, toute personne n'appartenant pas à l'une des catégories visées à l'article 4 A.1), 2), 3), et 6) de la Convention et à l'article 43 du présent Protocole. En cas de doute, ladite personne est considérée comme civile ».

En combinant cette disposition avec l'article 4 de la Convention IV qui énumère les catégories susvisées, on peut en déduire que, comme l'a souligné le TPIY, la population civile comprend toutes les personnes qui ne participent pas aux hostilités par opposition aux membres des forces armées et aux combattants [163]. En cas de doute sur le statut d'une victime, celle-ci doit être considérée comme civile jusqu'à ce qu'il soit rapporté la preuve contraire.

145. Les biens de caractère civil sont tous les biens qui ne sont pas des objectifs militaires. Cette règle, également affirmée par l'article 52 du Protocole additionnel 1 aux Conventions de Genève est, selon la pratique des États, une norme de droit international coutumier applicable tant dans les conflits internationaux que nationaux [164]. La définition des biens de caractère civil doit se lire conjointement avec celle des objectifs militaires : seuls les biens qui répondent à la définition des

---

[161] CPI, Chambre préliminaire 1, Procureur c/ Germain Katanga et Mathieu Ngudjolo Chui, décision relative à la confirmation des charges, n° ICC-01/04-01/07, paragr 291.

[162] CICR, Commentaire de la IVe Convention de Genève, 1952, p. 52.

[163] TPIY : Procureur c/ Kunarac 22 fév 2001.

[164] CICR, Droit international humanitaire coutumier, 29 octobre 2010, vol I, p. 44.

objectifs militaires peuvent faire l'objet d'attaques, les autres biens étant protégés contre les attaques.

Les biens de caractère civil sont protégés contre les attaques, sauf s'ils constituent des objectifs militaires et aussi longtemps qu'ils le demeurent. La perte de protection des biens de caractère civil doit être lue conjointement avec la règle fondamentale selon laquelle les objectifs militaires peuvent faire l'objet d'attaques. Il s'ensuit que lorsqu'un bien de caractère civil est employé d'une manière telle qu'il perd son caractère civil et acquiert le statut d'objectif militaire, il peut faire l'objet d'attaques.

146. Le Statut de la Cour pénale internationale considère comme crime de guerre le fait de lancer des attaques délibérées contre des biens civils, à condition qu'ils ne « soient pas des objectifs militaires » [165]. Les objectifs militaires sont limités aux biens qui, par leur nature, leur emplacement, leur destination ou leur utilisation, apportent une contribution effective à l'action militaire et dont la destruction totale ou partielle, la capture ou la neutralisation, peuvent faire l'objet d'avantages militaires précis.

147. Dans son avis consultatif relatif à l'Affaire des armes nucléaires, la Cour internationale de Justice (CIJ) a déclaré que le principe de la distinction était l'un « des principes cardinaux » du droit international humanitaire et l'un des « principes intransgressibles du droit international coutumier » [166].

- **Le conflit armé non international**

148. Notion de conflit armé non international : CANI

Cette notion de conflit armé non international doit être analysée sur la base de deux textes fondamentaux : l'article 3 commun aux Conventions de Genève de 1949 et l'article 1 du Protocole additionnel II de 1977.

En visant, dans la catégorie des « crimes de guerre », un certain nombre d'infractions constitutives de « *violations graves* » au sens de l'article 3 commun aux Conventions de Genève de 1949 et de l'article 1 du Protocole additionnel II, l'article 7-2 du statut des Chambres africaines extraordinaires renvoie ainsi indirectement aux conflits armés non internationaux.

---

[165] Statut de la CPI, art 8 par 2al. b) ii).

[166] CIJ, Affaire des armes nucléaires, Avis consultatif du 8 juillet 1996.

149. Les critères permettant d'identifier le CANI varient légèrement suivant que l'on applique l'article 3 commun aux Conventions de Genève ou le Protocole Additionnel II.

150. Aux termes de l'article 3 commun aux Conventions de Genève, les règles prévues pour les CANI s'appliquent : « en cas de conflit armé ne présentant pas un caractère international et surgissant sur le territoire de l'une des Hautes Parties contractantes »[167].

Ces dispositions font ressortir certains éléments qui permettent de préciser la notion de CANI.

✓ La qualité des belligérants

En faisant référence au caractère non international, l'article 3 commun exclut d'office, les conflits armés dans lesquels toutes les parties sont des États. Les hostilités doivent opposer soit un ou des groupes armés à un État, soit des groupes armés entre eux.

✓ Le niveau de violence

Au regard de l'obligation de respecter la souveraineté des États, de simples troubles intérieurs, dont le traitement relève du pouvoir souverain de chaque État, ne sauraient être considérés comme un conflit armé.

Ainsi, l'article 3 commun aux conventions de Genève ne s'applique pas aux « situations de troubles et tensions internes tels qu'émeutes, actes isolés et sporadiques de violence ou actes de nature similaire » [168].

Cette acception a été confirmée par le Tribunal pénal international pour le Rwanda notamment dans *l'affaire Akayésu* où la Chambre a affirmé que : « L'article 3 commun s'applique aux conflits armés ne présentant pas un caractère international » et « les troubles internes n'entrent pas dans le champ du droit international humanitaire »[169].

151. Dans la pratique, deux critères permettent de distinguer le conflit armé non international des troubles intérieurs ou des tensions internes. Il s'agit de l'intensité de la violence et du niveau d'organisation du ou des groupes armés. L'appréciation de ces deux critères doit se faire au cas par cas, en tenant compte d'une multitude d'indices.

Ainsi, en ce qui concerne le critère d'intensité, ces indices ont trait, entre autres, à la durée des hostilités, au nombre des victimes, à la

---

[167] Article 3 (1) commun aux Conventions de Genève.

[168] Article 431 -3 d du Code pénal sénégalais.

[169] Chambre de première instance, 2 septembre 1998, paragr. 601-602.

fréquence des actions militaires ou au contrôle territorial exercé par les groupes armés.

S'agissant du niveau d'organisation du ou des groupes armés, il faut se référer à des éléments indicatifs comme l'existence d'un commandement, l'existence d'un règlement interne, le pouvoir de mener des opérations militaires coordonnées.

152. Déjà en 1963, la Commission d'experts chargée d'examiner la question de l'aide aux victimes de conflits armés internes avait systématisé la notion de CANI en ces termes : « L'existence d'un conflit armé, au sens de l'article 3, ne peut être niée si l'action hostile, dirigée contre un gouvernement légal, présente un caractère collectif et un minimum d'organisation. À cet égard et sans que ces circonstances soient nécessairement cumulatives, il y a lieu de tenir compte d'éléments tels que la durée du conflit, le nombre et l'encadrement des groupes rebelles, leur installation ou leurs actions sur une partie du territoire, le degré d'insécurité, l'existence de victimes, les moyens mis en œuvre par le gouvernement pour rétablir l'ordre »[170].

153. Le Protocole additionnel II aux Conventions de Genève définit, en son article premier alinéa 1, les conditions qui doivent être réunies pour qu'un conflit armé entre dans le cadre du Protocole. Ces conditions sont les suivantes :

– l'existence d'un conflit se déroulant sur le territoire d'une Haute partie (État) contractante et mettant aux prises des forces armées dissidentes ou des groupes armés organisés ;

– l'existence de forces armées dissidentes ou les groupes armés organisés agissant sous la conduite d'un commandement responsable ;

– l'existence de forces dissidentes ou des groupes armés organisés exerçant, sur une partie du territoire de l'État national, un contrôle tel qu'il leur permette de mener des opérations continues et concertées ;

– l'existence de forces armées dissidentes ou des groupes armés organisés qui sont en mesure d'appliquer le Protocole Additionnel II.

Comme dans le cas de l'article 3 commun aux Conventions de Genève de 1949, le Protocole II précise qu'il ne peut y avoir conflit armé non international que si la situation atteint un certain degré de violence qui la distingue des cas de tensions internes ou de troubles

---

[170] Rapport de la Commission d'experts, Rapporteur R. Pinto, *Revue Internationale de la Croix-Rouge*, 1963, pages 78-79.

intérieurs. Toutefois, cet instrument définit un champ d'application plus restreint que celui de l'article 3 commun. Il exige, en effet, que les forces non gouvernementales atteignent un niveau d'organisation particulièrement élevé en ce sens qu'elles doivent être placées « sous la conduite d'un commandement responsable » et exercer un contrôle territorial qui leur permette de « mener des opérations militaires continues et concertées et d'appliquer le présent Protocole ».

154. Le TPIR a, dans plusieurs de ses décisions, rappelé les conditions posées par le Protocole additionnel II [171].

Tout comme l'article 3 commun, le Protocole additionnel définit un critère tenant à la nature du conflit. Ne sont ainsi concernés que les conflits armés non internationaux qui se « déroulent sur le territoire d'une Haute Partie contractante », c'est-à-dire d'un État ayant ratifié les Conventions de Genève ou le Protocole additionnel II.

L'article 7 – 2 du statut des CAE vise les « personnes ayant commis des violations graves de l'article 3 commun aux Conventions de Genève (...) et du Protocole additionnel II… »

155. Au regard de ces deux textes, il apparaît que le seuil fixé par le Protocole additionnel II est plus élevé que celui prévu par l'article 3 commun. Une situation peut donc constituer un CANI au sens de l'article 3 commun, sans pour autant l'être au sens du Protocole II.

156. Les biens et les personnes protégés

L'article 3 commun aux Conventions de Genève et le Protocole additionnel II auxdites Conventions accordent une protection à certaines personnes et à certains biens dans le cadre des conflits armés non internationaux.

157. L'article 3 commun aux quatre conventions de Genève s'applique « aux personnes qui ne participent pas directement aux hostilités, y compris les membres des forces armées qui ont déposé les armes et les personnes qui ont été mises hors d'état de combat par maladie, blessure, détention ou pour toute autre cause ».

158. Dans le cadre du Protocole additionnel II, les garanties fondamentales sont ainsi accordées à toutes les personnes qui ne

---

[171] TPIR : Affaire Akayesu, Chambre de 1ère instance, 2 septembre 1998 ; Affaire Rutangada, Chambre de 1ère instance, 6 décembre 1999.

participent pas directement ou ne participent plus aux hostilités, qu'elles soient ou non privées de liberté.

Le TPIR a estimé que ces deux formules sont identiques. *Dans l'Affaire Akayésu,* il a ainsi été souligné que « les personnes qui ne participent pas directement aux hostilités » (article 3 commun, paragraphe 1), et « toutes les personnes qui ne participent pas directement ou ne participent plus aux hostilités » (article 4 du Protocole additionnel II) « sont tellement identiques que la Chambre les considérera comme synonymes » [172].

Les garanties de l'article 3 commun et du Protocole II valent pour toute personne, quel que soit son statut : combattant ou civil.

Les combattants ne jouissent, toutefois, de cette protection qu'à condition d'avoir « déposé les armes » ou d'avoir été mis hors de combat par « maladie, blessure, détention ou pour toute autre cause ».

Pour ce qui est des personnes n'ayant pas le statut de « combattant », c'est le critère de la « participation directe aux hostilités » qui est appliqué. Ainsi, les personnes civiles ne peuvent être prises pour cibles, tant qu'elles ne participent pas directement aux hostilités [173]. Il en est de même du personnel sanitaire et religieux.[174]

159. S'agissant des biens, en dehors des unités et des moyens de transport sanitaires, sont également protégés dans le cadre des conflits armés non internationaux, les biens indispensables à la survie de la population [175], les ouvrages et installations contenant des forces dangereuses [176], les biens culturels et lieux de culte [177].

160. Existence d'un lien de connexité entre les crimes et les conflits

La démonstration de l'existence d'un crime de guerre suppose nécessairement l'établissement d'un lien de connexité entre l'infraction visée par l'article 7 du Statut et le conflit armé.

Autrement dit, il doit exister un lien étroit entre les faits incriminés et le conflit armé pour que le crime de guerre soit retenu. C'est ce lien qui permet de distinguer ces violations des crimes de droit commun.

---

[172] Affaire Akayesu, Chambre de 1ere instance, 2 septembre 1998, par. 629.
[173] Article 13, paragr. 3 du protocole additionnel II.
[174] Article 9, paragraphe 1er du Protocole additionnel II.
[175] Article 14 du Protocole additionnel II.
[176] Article 15 du Protocole additionnel II.
[177] Article 16 du Protocole additionnel II.

161. En l'absence d'une définition légale, la jurisprudence s'est accordée sur la notion de lien étroit. Ainsi, dans son arrêt Tadic 1, la Chambre d'Appel du TPIY a fait remarquer « qu'il suffit que les crimes présumés aient été étroitement liés aux hostilités se déroulant dans d'autres parties des territoires contrôlés par les parties en conflit » [178].

Cette notion de lien étroit a été systématisée par la Chambre d'Appel du TPIY dans son arrêt Kuranac du 12 juin 2002. Elle a décrit ce lien dans les termes suivants : « les crimes de guerre se distinguent des infractions de pur droit interne en ce qu'ils sont déterminés par le contexte dans lequel ils sont commis – le conflit armé – ou en dépendent. Le crime de guerre n'est pas nécessairement un acte planifié ou le fruit d'une politique quelconque.

Un lien de cause à effet n'est pas nécessairement exigé entre le conflit armé et la perpétration du crime. Mais il faut que l'existence du conflit ait considérablement pesé sur la capacité de l'auteur du crime à le commettre, sa décision de le commettre, la manière dont il l'a commis ou le but dans lequel il l'a commis… s'il peut être établi, comme en l'espèce, que l'auteur du crime a agi dans l'optique de servir un conflit armé ou sous le couvert de celui-ci, cela suffit pour conclure que ses actes étaient étroitement liés au conflit ».

162. Dans le même ordre d'idées, le TPIY a indiqué un certain nombre d'indices susceptibles de caractériser le lien de connexité. Selon la Chambre du TPIY : « Pour déterminer si un acte est suffisamment lié au conflit armé, le juge de première instance peut tenir compte, entre autres, des indices suivants : le fait que l'auteur du crime est un combattant, le fait que la victime n'est pas un combattant, le fait que la victime appartient au camp adverse, le fait que l'acte pourrait être considéré comme servant l'objectif ultime d'une campagne militaire et le fait que la commission du crime participe des fonctions officielles de son auteur ou s'inscrit dans leur contexte »[179].

Le TPIR a adopté la définition du lien de connexité du TPIY (arrêt Kuranac précité) dans son jugement Semanza ainsi que dans l'arrêt Rutaganda[180].

---

[178] TPIY, Arrêt du 2 octobre 1995 sur l'exception préjudicielle d'incompétence, paragr. 70.

[179] Arrêt N°IT-96-23/1-A du 12 juin 2002, Procureur c/ Drogoljub Kuranac, Radomir Kovac et Zoran Vukovic, paragraphe 59.

[180] Procureur c/ Rutaganda, ICTR-96-3A, arrêt, 26 mai 2003, paragr. 570.

La Chambre préliminaire de la CPI s'est également prononcée sur cette notion de lien étroit dans la décision de confirmation des charges concernant l'Affaire Thomas Lubanga [181].

Elle a estimé que : « Un crime de guerre est constitué si l'acte criminel en cause a un lien avec le conflit armé. Comme mentionné préalablement, les Éléments des crimes requièrent que le comportement en question ait eu lieu dans le contexte d'un conflit armé et ait été associé à ce conflit. À cet égard, la Chambre s'appuie sur l'approche de la jurisprudence du TPIY, selon laquelle le comportement doit être étroitement lié aux hostilités se déroulant dans toute partie des territoires contrôlés par les parties au conflit. Il ne s'agit donc pas de considérer le conflit armé comme la cause ultime du comportement ni d'exiger que ce comportement prenne place au milieu des combats. Néanmoins, le conflit armé doit jouer un rôle substantiel dans la décision de l'auteur du crime, dans la capacité de celui-ci de l'exécuter ou dans la manière dont le comportement a finalement été commis ».

La Chambre a aussi jugé qu'un crime a eu lieu dans le contexte d'un conflit ou est associé à ce dernier, dès lors que « les crimes présumés [étaient] étroitement liés aux hostilités » et que le conflit armé « doit jouer un rôle substantiel dans la décision de l'auteur du crime, dans la capacité de celui-ci de l'exécuter ou dans la manière dont le comportement a finalement été commis. Il n'est toutefois pas nécessaire que ce conflit armé ait été considéré comme la cause première du crime, ou que ce crime ait pris place au milieu des combats »[182].

- **Le crime de génocide**

163. La notion de génocide est apparue en 1944 pour désigner l'extermination des Juifs et des Tsiganes pendant la Seconde Guerre mondiale, et fut décrite par Churchill de « crime sans nom ». Le terme lui-même a été inventé par le Professeur américain Raphaël Lemkin pour qualifier les crimes de masse commis par l'Allemagne nazie contre les Juifs et les Tsiganes avant et pendant la Seconde Guerre mondiale. C'est un mot hybride gréco-latin, issu des termes « genos » (le genre, l'espèce en grec), et « cide » (du latin tuer). Bien que totalement absente

---

[181] Procureur C/ Thomas Lubanga Dyilo, Décision N° ICC-01/04 -01/06 du 29 janvier 2007, paragraphe 286.

[182] Procureur c/ Germain Katanga et Mathieu Ngudjolo Chui, Décision n° 01/04-01/07 du 30 septembre 2008, paragraphes 379-380.

de l'Accord de Londres de 1945, l'expression sera utilisée pour la première fois par le Tribunal de Nuremberg dans les actes d'accusation.

164. Le 11 décembre 1947, l'Assemblée générale des Nations unies a donné la première définition officielle du génocide : « le génocide est le refus du droit à l'existence de groupes humains entiers de même que l'homicide est le refus du droit à l'existence à un individu : un tel refus bouleverse la conscience humaine, inflige de grandes pertes à l'humanité qui se trouve ainsi privée des apports culturels et autres de ces groupes et est contraire à la morale ainsi qu'à l'esprit et aux fins des Nations Unies... la répression du génocide est une affaire d'intérêt international »[183].

165. La consécration viendra en 1948 avec l'adoption, à l'initiative de l'ONU, de la Convention pour la prévention et la répression du crime de génocide, qui va distinguer ce crime des autres infractions commises en temps de conflit.

L'article II de la Convention définit le crime de génocide comme un acte « commis dans l'intention de détruire, en tout ou en partie, un groupe national, ethnique, racial ou religieux, comme tel » :

- meurtre de membres du groupe ;
- atteinte grave à l'intégrité physique ou mentale de membres du groupe ;
- soumission intentionnelle du groupe à des conditions d'existence devant entraîner sa destruction physique totale ou partielle ;
- mesures visant à entraver les naissances au sein du groupe ;
- transfert forcé d'enfants du groupe à un autre groupe.

166. L'article 5 du Statut des CAE définit ainsi le génocide : « Aux fins du présent Statut, on entend par crime de génocide l'un quelconque des actes ci-après, commis dans l'intention de détruire, en tout ou en partie, un groupe national, ethnique, racial ou religieux, comme tel :

a. l'homicide volontaire de membres du groupe ;

b. l'atteinte grave à l'intégrité physique ou mentale de membres du groupe ;

c. la soumission intentionnelle du groupe à des conditions d'existence devant entraîner sa destruction physique totale ou partielle ;

---

[183] ONU, Doc. A/RES/96 du 11 décembre 1946.

d. les mesures visant à entraver les naissances au sein du groupe ;
e. le transfert forcé d'enfants du groupe à un autre groupe ».

- **Les crimes contre l'humanité**

167. Bien que l'expression « crime contre l'humanité » ait été mentionnée dès 1915 dans une note diplomatique au sujet du massacre des Arméniens dans l'Empire ottoman, cette notion n'a été conceptualisée et juridiquement définie qu'en 1945 dans la Charte du Tribunal militaire international de Nuremberg [184].

168. Selon l'Accord de Londres du 8 août 1945, le Tribunal militaire international de Nuremberg était compétent pour juger des personnes ayant commis des crimes contre la paix, des crimes de guerre et des crimes contre l'humanité. Cet Accord définit cette catégorie de crimes comme étant « l'assassinat, l'extermination, la réduction en esclavage, la déportation et tout autre acte inhumain commis contre toutes les populations civiles, avant ou pendant la guerre, ou bien les persécutions pour des motifs politiques, raciaux ou religieux lorsque ces actes ou persécutions, qu'ils aient constitué ou non une violation du droit interne du pays où ils ont été perpétrés, ont été commis à la suite de tout crime rentrant dans la compétence du Tribunal ou en liaison avec ce crime » [185].

Au regard de ces dispositions, les crimes contre l'humanité n'étaient punissables que si leur commission avait un lien avec celle des crimes contre la paix ou les crimes de guerre.

169. Cette définition des crimes contre l'humanité va connaître une évolution avec les Statuts des TPIR et TPIY qui ont supprimé l'exigence du lien avec les autres crimes, consacrant ainsi l'autonomie des crimes contre l'humanité. On note toutefois une différence entre le Statut du TPIY qui exige que l'acte soit commis « au cours d'un conflit armé » [186] et celui du TPIR qui précise que le crime contre l'humanité doit avoir été commis « dans le cadre d'une attaque systématique et généralisée contre toute population civile » [187].

---

[184] Art. 6(c).
[185] Art. 6 c) de l'Accord de Londres.
[186] Art. 5 du Statut du TPIY.
[187] Art. 7, paragr.1 du Statut du TPIR.

170. C'est cette dernière définition, qui laisse apparaître que les crimes contre l'humanité peuvent être commis aussi bien en temps de paix qu'en temps de guerre, qui a été consacrée par le Statut des CAE.

En effet, l'article 6 dudit Statut définit ainsi ce crime : « Aux fins du présent Statut, on entend par crime contre l'humanité, l'un des actes ci-après commis à l'occasion d'une attaque généralisée ou systématique lancée contre toute population civile :

a. le viol, l'esclavage sexuel, la prostitution forcée, la stérilisation forcée ou toute autre forme de violence sexuelle de gravité comparable ;

b. l'homicide volontaire ;

c. l'extermination ;

d. la déportation ;

e. le crime d'apartheid ;

f. la réduction en esclavage ou la pratique massive et systématique d'exécutions sommaires, d'enlèvement de personnes suivi de leur disparition ;

g. la torture ou les actes inhumains causant intentionnellement de grandes souffrances ou des atteintes graves à l'intégrité physique ou à la santé physique et psychique inspirés par des motifs d'ordre politique, racial, national, ethnique, culturel, religieux ou sexiste ».

Au regard de ces dispositions, un acte ne peut être considéré comme un crime contre l'humanité que s'il est commis à l'occasion d'une attaque généralisée ou systématique contre une population civile. Cette disposition fait apparaître trois éléments contextuels :

- l'existence d'une attaque dirigée contre une population civile ;
- le caractère généralisé ou systématique de cette attaque ;
- le lien entre cette attaque et le crime commis.

171. L'existence d'une attaque dirigée contre une population civile

Le crime contre l'humanité se distingue des autres crimes internationaux par le contexte dans lequel les crimes sous-jacents sont commis. Ainsi, dans tous les Statuts de juridictions internationales, il est précisé que le crime doit avoir été commis dans le contexte d'une attaque dirigée contre une population civile. La définition des termes de cette expression permet de mieux comprendre les éléments constitutifs de cette infraction.

172. Dans la définition du crime contre l'humanité, le terme attaque a une signification différente de celle qu'il revêt dans les lois de la guerre. Ici, il désigne tout acte de violence, toute agression, tout acte contraire à la loi, du type de ceux énumérés à l'article 6 du statut des CAE (homicide volontaire, extermination, déportation, torture, etc.). Le terme attaque n'équivaut donc pas à une attaque militaire. Il désigne, plus simplement, une campagne ou une opération dirigée contre une population civile. La commission des actes prohibés par l'article 6 du statut des CAE suffit à prouver l'existence de l'attaque.

L'attaque est réputée caractérisée dès lors que l'un des actes mentionnés à l'article 6 est commis de manière généralisée ou systématique contre une population civile.

173. Notion de population civile : Aux termes de l'article 6 du Statut des CAE, l'acte constitutif de crime contre l'humanité doit avoir été commis à l'occasion d'une attaque dirigée contre toute population civile. Mais que faut-il entendre par population civile ?

Le terme population signifie que la victime de l'attaque est une pluralité d'individus. Ce qui exclut les actes individuels ou les actes isolés. Cette population doit être civile, c'est-à-dire non militaire.

Ainsi, il a été jugé dans ce sens que « la population civile comprend toutes les personnes civiles par opposition aux membres des forces armées et aux autres combattants légitimes » [188].

174. L'attaque doit être dirigée contre la population civile : il faut donc prouver que la population civile est la cible principale de l'attaque ; il faut notamment démontrer que l'attaque visait à installer un climat de peur ou de terreur dans la population civile.

La population civile comprend ainsi toutes les personnes qui ne participent pas aux hostilités par opposition aux membres des forces armées et aux combattants [189]. En cas de doute sur le statut d'une victime, celle-ci doit être considérée comme civile jusqu'à ce qu'il soit rapporté la preuve contraire. Pour le crime contre l'humanité, la qualité de civil est donc la même que celle consacrée en droit international humanitaire [190].

---

[188] TPIR, le Procureur c/ Baglishema Affaire n° ICTR-95-1A-T, jugement du 7 juin 2001, paragr. 80.

[189] TPIY, Procureur c/ Kunarac, 22 février 2001.

[190] Combinaison des articles 43 et 50 du Protocole additionnel 1 et de l'article 4 de la Convention III.

Cependant, il faut souligner que la qualité de civil est attachée à la population et non à la victime. Si l'attaque doit être dirigée contre une population civile, rien, par contre, n'exige que la victime soit un civil. La victime du crime sous-jacent peut, en effet, être un combattant pourvu que l'acte qu'elle a subi ait été accompli dans le cadre d'une attaque dirigée contre une population civile [191].

175. L'expression « toute population civile » signifie que, comme l'a rappelé la Chambre préliminaire de la Cour pénale internationale (CPI) [192], toutes les victimes civiles sont concernées, sans considération d'appartenance ethnique ou de nationalité. Il peut même s'agir de la population d'un État qui a lui-même pris part à l'attaque [193].

176. S'il n'est pas nécessaire que l'attaque ait été dirigée contre toute la population civile d'une zone géographique donnée, il ne faut pas non plus qu'elle ait visé uniquement des individus isolés. La population civile en tant que groupe doit avoir été la cible principale de l'attaque [194].

En définitive, il est nécessaire de prouver, s'agissant des éléments contextuels, que les auteurs de crimes savaient que la cible de leur attaque était une population civile et que leurs actes s'inscrivaient dans le cadre d'une attaque généralisée ou systématique contre ladite population.

177. Existence d'une attaque généralisée ou systématique

Les qualificatifs « généralisée » et « systématique » sont présentés sous la forme d'une alternative. L'adjectif généralisé renvoie au caractère massif de l'attaque. Celle-ci doit donc être menée à grande échelle, contre un grand nombre de victimes, ce qui exclut les actes isolés [195]. Le nombre de régions où s'est étendue l'attaque, la durée de celle-ci, le nombre et le statut des victimes, sont autant d'indices qui permettent de caractériser l'attaque. Dans tous les cas, il ne doit pas s'agir d'actes isolés ou spontanés.

178. L'adjectif systématique se réfère au caractère organisé des actes de violence. C'est au scénario des crimes, plus précisément à la

---

[191] TPIY, Chambre d'Appel, affaire Milan Martic : Arrêt du 8 octobre 2008, parag.291 et suivants.

[192] CPI, Décision Katanga 04 janvier 2007, paragr. 339.

[193] TPIY, Procureur c/ Tadic, jugement du 07 mai 1997, paragr. 644.

[194] TPIY, Procureur c/ Kunarac, arrêt 12 juin 2002 paragr. 91 et 92.

[195] TPIY, Proc c/ Kunarac arrêt 12 juin 2002, paragr. 96.

répétition délibérée et régulière de comportements criminels similaires, que l'on reconnaît le caractère systématique.

Selon le Tribunal pénal international pour le Rwanda (TPIR)[196], « le caractère systématique tient au fait que l'acte est soigneusement organisé selon un modèle régulier, en exécution d'une politique concertée mettant en œuvre des moyens publics et privés considérables. Cependant, il n'est nullement exigé que cette politique soit officiellement adoptée comme politique d'État ».

Dans l'affaire Tihomir Blaskic[197], le Tribunal pénal international pour l'ex-Yougoslavie (TPIY) a dégagé quatre indices qui font ressortir le caractère systématique d'une attaque :

- existence d'un plan ou d'une idéologie en vertu desquels l'attaque est perpétrée ;
- ampleur de l'acte criminel et importance des moyens mis en œuvre ;
- implication des autorités de haut rang ;
- répétition du modus operandi.

179. C'est l'attaque et non les actes individuels de violence, qui doit être généralisée ou systématique. Ainsi, un acte unique peut être considéré comme un crime contre l'humanité s'il est commis dans le contexte d'une attaque dirigée contre une population civile [198].

180. Lien entre l'attaque et les crimes

Aux termes de l'article 6 du Statut des CAE, l'acte criminel doit avoir été commis à l'occasion d'une attaque généralisée ou systématique contre toute population civile.

Pour être qualifiés de crimes contre l'humanité, les actes commis par la personne poursuivie doivent donc avoir été accomplis dans le cadre de l'attaque dirigée contre la population civile [199].

L'existence de ce lien ne signifie pas que l'acte doit être accompli dans la période de l'attaque. Ainsi, comme l'a rappelé le TPIY dans l'affaire Kunarac, un acte est réputé avoir un lien suffisant avec l'attaque dès lors que, par sa nature ou ses conséquences, « il fait

---

[196] TPIR, Affaire Akayesu du 2 septembre 1998, paragr. 580.

[197] TPIY, Jugement du 03 mars 2000, page 70.

[198] TPIY, Tadic, jugement du 7 mai 1997 Paragr. 649.

[199] TPIR, Procureur c/ Semanza, jugement du 15 mai 2003, paragr. 326.

objectivement partie de l'attaque » [200]. C'est précisément le cas lorsque, par exemple, l'acte est destiné à semer la terreur dans la population civile.

181. *Mens réa*

Comme pour toute infraction criminelle, le crime contre l'humanité n'est constitué qu'avec l'établissement de l'élément intentionnel. Cet élément intentionnel recouvre deux aspects :

– la connaissance de l'existence de l'attaque généralisée ou systématique et du lien entre cette attaque et l'acte commis ;

– l'intention coupable propre à l'acte sous-jacent commis (meurtre, torture, etc.).

L'auteur doit avoir agi dans l'optique de participer à une attaque généralisée ou systématique dirigée contre une population civile. Ce qui suppose une connaissance du contexte général des crimes et une intention spécifique d'y participer.

182. À défaut d'aveu de l'inculpé, le TPIY a souligné, dans l'affaire Blaskic [201], que la connaissance du contexte de l'attaque peut se déduire des indices suivants :

– les circonstances historiques et politiques dans lesquelles se déroulent les exactions ;

– les fonctions de l'accusé au moment des faits ;

– ses responsabilités dans la hiérarchie militaire ou politique ;

– l'ampleur et la gravité des actes commis ;

– la nature des actes et leur notoriété.

183. L'intention de participer à l'attaque peut se déduire du fait que l'accusé a :

– accepté d'exercer des fonctions qui l'amènent à collaborer avec ceux qui définissent les idéologies, la politique ou le plan à la base des crimes ;

– reçu des ordres liés à cette idéologie ou ce plan et contribué, par ses actes ou son refus de prendre des mesures, à la réalisation de l'attaque.

---

[200] TPIY, jugement Kunarac du 22/02/2001, pages 131 et suivantes.

[201] TPIY, jugement Tihomir Blaskic du 03/03/2000, paragr. 257.

En plus de ces crimes internationaux que l'on retrouve dans les Statuts de toutes les juridictions pénales internationales ou internationalisées, les CAE ont consacré la torture comme crime autonome.

2. La consécration de la torture comme crime autonome

Pour bien prendre la mesure de la particularité du Statut des CAE sur ce point, il nous semble utile de rappeler la place de la torture dans les statuts des juridictions pénales internationales.

184. Le crime de torture dans les juridictions pénales internationales : un crime sous-jacent

Bien que l'interdiction absolue de la torture ait été établie dans plusieurs instruments internationaux relatifs aux droits de l'Homme [202], le document de référence en la matière est la Convention contre la torture et autres peines ou traitements cruels, inhumains ou dégradants, adoptée par l'Assemblée générale des Nations unies le 10 décembre 1984. À travers cet instrument, la torture est, pour la première fois, définie dans un instrument légalement contraignant et reconnue comme étant un crime international.

185. L'article 1 de cette Convention définit la torture comme étant tout acte par lequel une douleur ou des souffrances aiguës, physiques ou mentales sont intentionnellement infligées à une personne aux fins, notamment, d'obtenir des renseignements, de la punir, de l'intimider ou pour tout autre motif discriminatoire. Au sens de la Convention, l'acte de torture doit avoir été infligé par un agent de la fonction publique ou toute personne agissant à titre officiel, ou à son instigation ou avec son consentement exprès ou tacite.

186. Selon la Convention de 1984, les États-parties doivent s'assurer que tous les actes de torture constituent des infractions au regard de leur droit pénal national, et ils ont l'obligation de poursuivre ou d'extrader les auteurs présumés de tortures présents sur leur territoire, quels que soient leur nationalité et l'État dans lequel le crime a été commis. Dans ce sens, la Convention prévoit expressément une compétence universelle pour le crime de torture, sur la base de laquelle plusieurs procès ont déjà eu lieu devant des juridictions nationales.

---

[202] Notamment, la Déclaration universelle des droits de l'Homme de 1948, la Convention européenne de sauvegarde des droits de l'Homme et le Pacte international des droits civils et politiques.

187. Le Statut de Rome portant création de la Cour pénale internationale définit la torture dans son article 7 (2)(e), en tant que crime sous-jacent du crime contre l'humanité et l'entend comme étant : « le fait d'infliger intentionnellement une douleur ou des souffrances aiguës, physiques ou mentales, à une personne se trouvant sous sa garde ou sous son contrôle ; l'acception de ce terme ne s'étend pas à la douleur ou aux souffrances résultant uniquement de sanctions légales, inhérentes à ces sanctions ou occasionnées par elles ». Contrairement à la définition issue de la Convention de 1984, les conditions tenant au but poursuivi et à l'intervention d'un agent de la fonction publique soit impliqué ne sont plus exigées.

188. Le Statut de Rome ne donne pas de définition du concept de torture en tant que crime de guerre (art. 8), pas plus que les Conventions de Genève du 12 août 1949, sur lesquelles sont basées les dispositions de ce statut relatives à la torture [203]. Néanmoins, les éléments des crimes du Statut de Rome apportent une précision à la définition de la torture en tant que crime de guerre et reprennent la condition tenant au but dans lequel les souffrances ont été infligées, selon des termes similaires à ceux de la Convention de 1984.

189. Bien que les textes internationaux ne donnent pas une définition cohérente de la torture, la prohibition de tels actes demeure absolue. Il s'agit, en effet, d'une norme de jus cogens à laquelle il ne peut être dérogé pour aucune raison.

190. Néanmoins, aucun des tribunaux pénaux internationaux n'a compétence pour connaître des actes de torture en tant que crime distinct. Selon les statuts de ces différents tribunaux, la torture peut être poursuivie si elle tombe dans la catégorie des crimes de guerre (devant alors être commise pendant un conflit armé) ou des crimes contre l'humanité (devant alors être perpétrée dans le cadre d'une attaque généralisée et systématique contre une population civile).

C'est, précisément, l'une des particularités du Statut des CAE que d'avoir fait de l'infraction de torture un crime autonome au même titre que le crime de guerre, le crime contre l'humanité et le crime de génocide [204].

---

[203] Art. 8 (2) (a) (ii) et 8 (2) (c) (i)).

[204] Voir l'article 8 du Statut des CAE qui reprend, à ce titre, la définition de la torture telle que formulée dans la Convention de 1984.

191. le crime de torture dans le Statut des CAE : un crime autonome

L'article 8 du Statut des CAE définit ainsi ce crime : « Aux fins du présent Statut, le terme "torture" désigne tout acte par lequel une douleur ou des souffrances aiguës, physiques ou mentales, sont intentionnellement infligées à une personne aux fins, notamment d'obtenir d'elle ou d'une tierce personne des renseignements ou des aveux, de la punir d'un acte qu'elle ou une tierce personne a commis ou est soupçonnée d'avoir commis, de l'intimider ou de faire pression sur elle ou d'intimider ou de faire pression sur une tierce personne, ou pour tout autre motif fondé sur une forme de discrimination quelle qu'elle soit, lorsqu'une telle douleur ou de telles souffrances sont infligées par un agent de la fonction publique ou toute autre personne agissant à titre officiel ou à son instigation ou avec son consentement exprès ou tacite. Ce terme ne s'étend pas à la douleur ou aux souffrances résultant uniquement de sanctions légitimes, inhérentes à ces sanctions ou occasionnées par elles. Aucune circonstance exceptionnelle, quelle qu'elle soit, qu'il s'agisse de l'état de guerre ou de menace de guerre, d'instabilité politique intérieure ou de tout autre état d'exception, ne peut être invoquée pour justifier la torture ».

Ainsi, le crime de torture constitue l'une des quatre infractions qui sont de la compétence des CAE.

192. Cette consécration de la torture comme crime autonome répond à un souci évident : se donner les moyens d'engager, le cas échéant, la responsabilité des agents de la DDS.

En effet, les rédacteurs du Statut des CAE n'avaient pas perdu de vue le rôle central joué par la Direction de la Documentation et de la Sécurité (DDS) et ses agents dans la mise en œuvre de la politique de répression au Tchad.

193. La DDS, créée par le Décret présidentiel n° 005/PR du 26 janvier 1983 et directement rattachée à la Présidence de la République [205], s'est substituée au Service de Documentation et de Renseignements (SDR), une structure administrative rattachée à la Direction de la Sureté Nationale. Il résulte de l'article 3 de ce même texte que « la compétence de la DDS couvre la République du Tchad et l'étranger ».

---

[205] Article 1er du décret n° 005 / PR du 26 janvier 1983 portant création de la DDS.

Elle a été mise en place dans un contexte de défis pour assurer la sécurité intérieure et extérieure du pays, notamment, annihiler les actions de la Libye qui était l'alliée du GUNT [206].

194. Pour assurer les missions qui lui ont été confiées, la DDS qui jouissait d'un budget considérable approvisionné par « Le Trésor public, la Présidence de la République, l'argent confisqué chez les personnes arrêtées et les pays dits amis comme les États-Unis et l'Irak », [207] a été dotée d'instances dirigeantes et de structures adéquates.

Le fonctionnement de la DDS était caractérisé par deux traits principaux que sont la négation du droit au jugement et la dépendance par rapport au Président de la République.

195. Ainsi, l'une des caractéristiques principales de la DDS était qu'à quelques rares exceptions près, les personnes qu'elle arrêtait ne comparaissaient jamais devant les Cours et Tribunaux et ne bénéficiaient donc d'aucune protection judiciaire. Toutes les personnes considérées comme ennemies du régime étaient ainsi soumises au régime spécial de la DDS, dans l'ignorance totale des institutions judiciaires officielles. À cet égard, le témoin Bandjim Bandoum a déclaré que « la DDS fonctionnait en marge de l'appareil judiciaire » [208].

La DDS se caractérisait en outre par sa dépendance vis-à-vis du Président de la République.

196. Cette dépendance trouve d'abord sa source dans le décret portant création de la DDS, dont l'article 1er dispose expressément que : « Il est créé une centrale de Renseignements dénommée Direction de la Documentation et de la Sécurité directement subordonnée à la Présidence de la République en raison du caractère confidentiel de ses activités »[209].

197. Compte tenu de l'implication avérée des agents de la DDS dans les actes de torture, il fallait s'assurer que les poursuites n'allaient pas se heurter à des obstacles de droit de nature à consacrer l'impunité de ces individus. Or, la poursuite des agents de la DDS pour des actes de

---

[206] Gouvernement d'Union nationale de transition.

[207] Rapport de la Commission d'Enquête nationale du Ministère tchadien de la Justice sur « les crimes et détournements de l'ex-Président Habré et de ses complices », Paris, L'Harmattan, 1993, p.27.

[208] PV d'audition de Bandjim Bandoum du 16 janvier /2014 en France, p. 10, cote D 2146/1.

[209] Décret portant création de la DDS, cote D 2759/43.

torture constitutifs de crimes contre l'humanité ou de crime de guerre, aurait exigé la preuve d'un élément supplémentaire relatif au contexte de la commission de l'acte : c'est-à-dire l'attaque généralisée ou systématique contre la population civile, dans le cas du crime contre l'humanité ou le conflit armé, dans le cas du crime de guerre. En consacrant la torture comme crime autonome, le Statut des CAE permettait ainsi d'engager la responsabilité des agents de la DDS pour des actes de torture, même en l'absence de tout lien avec une attaque contre la population civile ou un conflit armé.

De même, cette consécration de la torture comme crime autonome était de nature à faciliter l'engagement de la responsabilité des dirigeants dans le cadre de la mise en jeu des modes de responsabilité.

B. La consécration des modes de responsabilité destinés à engager la responsabilité des dirigeants

198. Comme indiqué dans l'introduction de cette étude [210], la responsabilité pénale individuelle a été consacrée pour la première fois à l'occasion des procès de Nuremberg et de Tokyo avant d'être reprise par les juridictions pénales internationales. À cet égard, le Statut des CAE s'est inscrit dans le sillage desdites juridictions en consacrant tant les modes classiques que les modes particuliers de responsabilité individuelle.

1. Les modes de responsabilité pénale individuelle communs au droit national et au Statut des CAE

199. Il s'agit de la commission individuelle comme auteur ou complice. Ces deux types de responsabilité sont prévus par l'article 10, alinéa 2 aux termes duquel « Quiconque a commis, ordonné, planifié ou incité à commettre, ou de toute autre manière aidé et encouragé à planifier, préparer ou exécuter un crime visé aux articles 5 à 8 du présent Statut est individuellement responsable dudit crime en tant qu'auteur ou complice ».

- **La responsabilité de l'auteur principal**

200. La participation à la commission d'un crime peut valoir à son auteur des poursuites, soit en tant qu'auteur, soit en tant que complice.

---

[210] Voir supra, n ° 14 et suivants.

L'auteur qui a commis individuellement le crime est celui qui a personnellement et physiquement réalisé les éléments matériels de l'infraction.

Cette perpétration physique revêt souvent la forme d'un acte positif. (Extraire les ongles d'un détenu pour le crime de torture, entretenir des relations sexuelles pour le crime de viol, etc.).

201. Mais elle peut aussi se réaliser sous la forme d'une omission, notamment lorsque l'auteur avait l'obligation d'agir. Ainsi, le TPIY a jugé que : « en privant les détenus de nourriture, d'eau, de soins médicaux et d'installations sanitaires adéquates, Zrdavko Mucic a contribué à maintenir les conditions inhumaines qui prévalaient dans les camps de détention de Célébici »[211].

- **La responsabilité en qualité de complice**

202. La complicité peut se constituer au moment de la commission de l'infraction par aide et encouragement. Elle peut aussi se faire par ordre, planification ou incitation.

203. Complicité par aide et encouragement

L'article 10 du statut des CAE cite ceux qui ont « aidé et encouragé » à commettre le crime. Cette notion d'aide et d'encouragement est une traduction directe de la formule du droit anglo-saxon « aiding and abetting ». Entendue ainsi, la notion de complicité est plus large que celle que prévoit le droit positif sénégalais. En effet, l'acte de complicité doit, en principe, être un acte positif. Il ne saurait donc y avoir de complicité de la part d'une personne qui s'abstient ou assiste passivement à la commission d'une infraction[212]. Dans les législations nationales, l'abstention ne constitue une complicité que dans les rares cas où la jurisprudence soit assimilable à une collusion punissable[213].

En effet, la complicité, au sens du Statut et du Droit international, peut correspondre non seulement à une action mais également à une omission. La simple présence de l'accusé peut, dans certaines conditions, être constitutive d'un acte de complicité. Cette collusion suppose réunis le pouvoir de s'opposer effectivement à l'infraction, la volonté de laisser

---

211 TPIY, jugement Célébici du 16 novembre /1998, paragr. 1123.

212 Sous réserve de la poursuite éventuelle pour une infraction autonome constituée par l'abstention comme par exemple le délit de non-assistance de personne en danger.

213 A. Decocq, « Inaction, abstention et complicité par aide et assistance », JCP 1983, I, 3124.

l'auteur principal accomplir les actes délictueux et la connaissance que ces actes sont en train d'être commis ou vont se commettre prochainement[214].

Cette forme de complicité, qui tient lieu d'exception dans les législations nationales, est fréquemment appliquée dans les procès pour crimes internationaux.

Ainsi, dans l'affaire Furundzija, le TPIY a ainsi considéré que la présence de l'accusé et le fait qu'il ait poursuivi l'interrogatoire du témoin A « ont encouragé l'accusé B et beaucoup contribué aux crimes » [215].

204. Complicité par ordre, planification ou incitation

Ces formes de responsabilité sont considérées comme des modes accessoires de responsabilité par rapport à l'auteur principal.

Pour établir que l'accusé a ordonné, planifié ou incité à commettre, il faudra prouver que :

– le crime a été perpétré par une personne distincte de l'accusé ;

– cette personne exécutait un ordre ou un plan émanant de l'accusé ou avait été incité à commettre le crime par ce dernier ;

– cette personne était animée d'une intention criminelle.

En plus de ces modes classiques de responsabilité pénale, le Statut des CAE a consacré des modes particuliers de responsabilité.

2. Les modes particuliers de responsabilité individuelle consacrés par le Statut des CAE

205. L'article 10 du Statut des CAE consacre également le principe de la responsabilité individuelle lorsqu'il dispose que « Quiconque a commis, ordonné, planifié ou incité à commettre, ou de toute autre manière aidé et encouragé à planifier, préparer ou exécuter un crime

---

[214] On rencontre ce schéma dans trois cas de figure :
Une complicité par abstention peut tout d'abord être retenue lorsqu'elle résulte d'un accord antérieur avec le ou les auteurs ;
Une complicité peut être retenue contre le comparse qui avait un devoir professionnel d'agir pour empêcher l'infraction et qui s'est abstenu en sachant que l'infraction allait se commettre : c'est le fameux « qui peut et n'empêche, pêche ».
La complicité peut enfin être retenue contre une personne dont la présence, au sein d'un groupe d'agresseurs, constitue une aide morale, encourageant les auteurs dans leur action.

[215] TPIY, Anto Furndzija Chambre première instance 10 décembre 1998, paragr. 273.

visé aux articles 5 à 8 du présent Statut est individuellement responsable dudit crime en tant qu'auteur ou complice ».

Ces dispositions consacrent, de façon claire, la responsabilité pénale des individus auteurs de crimes internationaux. Ainsi, comme pour toute infraction de droit commun, la culpabilité est prononcée dès lors qu'il est établi que le présumé auteur a personnellement participé comme auteur ou complice à la commission du crime.

206. Cependant, à côté de ces modes classiques de participation à l'infraction, le droit international pénal en a consacré d'autres, rendus nécessaires par le souci de garantir l'efficacité de la lutte contre l'impunité.

207. Dans la même optique, la question relative aux modes de responsabilité fait partie de celles qui distinguent le plus les crimes internationaux des infractions dont sont saisies, généralement, les juridictions internes. Ainsi, si pour toute infraction, la responsabilité pénale suppose la réunion des trois éléments que sont l'élément légal, l'élément intentionnel et l'élément matériel, l'appréciation de ce dernier obéit à une démarche particulière, dès lors qu'il s'agit de statuer sur l'existence d'un crime international.

En effet, dans les infractions classiques, la question de l'imputabilité du crime est appréciée de façon relativement aisée : est coupable celui qui a personnellement et physiquement accompli l'acte matériel constitutif de l'infraction (fait de tirer pour le meurtre, fait de subtiliser pour le vol) ou qui a aidé ou assisté l'auteur de tels faits.

208. Il y a un rapport direct et physique entre le fait matériel commis et la personne poursuivie. En l'absence de ce rapport direct, il n'y a pas de responsabilité personnelle et donc pas de culpabilité [216]. Ainsi, un père ne saurait être tenu pour pénalement responsable des actes délictueux de son fils, pas plus qu'un dirigeant ne pourrait être condamné pour un vol commis par son subordonné. De même, lorsque, à l'occasion d'une rixe, il en a résulté des blessures ou des homicides, seuls ceux dont l'implication physique et personnelle a été prouvée, seront susceptibles d'être reconnus coupables.

209. Cette démarche que les juridictions adoptent dans l'appréciation de la culpabilité traduit un souci légitime de se conformer à la règle qui veut qu'en la matière, la responsabilité soit personnelle. Cependant,

---

216 Sous réserve de la responsabilité du chef d'entreprise qui s'analyse en une responsabilité du fait d'autrui.

l'adoption d'une telle démarche dans le traitement des crimes internationaux aboutirait à des résultats peu satisfaisants pour la lutte contre l'impunité.

Il faut, en effet, garder à l'esprit que le propre des crimes internationaux est d'être, très souvent, le résultat de l'action d'un groupe de personnes. Matériellement et intellectuellement, la planification et l'exécution de crimes de masse requièrent une collaboration entre plusieurs personnes. Or, ceux dont l'implication est la plus décisive dans la préparation et la coordination des activités criminelles sont généralement des dirigeants tapis dans l'ombre qui peuvent facilement se faufiler entre les mailles du filet judiciaire.

210. C'est, précisément, pour garantir une répression efficace de tous ceux qui sont impliqués dans la commission de ces crimes que le droit pénal international a développé deux notions qui se retrouvent dans tous les Statuts des juridictions pénales internationales et que le Statut des CAE a, également, consacrées : l'entreprise criminelle commune et la responsabilité du supérieur hiérarchique.

- **L'entreprise criminelle commune**

211. En cas de participation de plusieurs personnes à la commission de crimes de masse, il se pose deux questions :

– Comment distinguer celui qui a participé en qualité d'auteur de celui qui a agi en tant que complice ?

– Comment déterminer la contribution de chacun des auteurs de l'infraction ?

La réponse à ces deux questions varie suivant que l'on adopte une approche objective ou subjective.

212. L'approche objective met l'accent sur la réalisation d'un ou de plusieurs éléments matériels de l'infraction. Seuls ceux qui exécutent physiquement le crime sont considérés comme étant des auteurs. C'est cette conception de la responsabilité pénale qui est appliquée en droit interne. Ainsi, en cas de sédition ayant entraîné la commission d'infractions envers des particuliers, les instigateurs et organisateurs pourront être poursuivis pour participation à un rassemblement illicite. Mais ils ne pourront être déclarés coupables des infractions commises sur les lieux que si la preuve de leur implication directe et personnelle est rapportée [217].

213. L'approche subjective, par contre, se fonde sur l'état d'esprit dans lequel la contribution a été apportée. Ainsi, tous ceux qui apportent leur contribution dans l'intention partagée de commettre le crime peuvent être considérés comme les auteurs principaux du crime. C'est, précisément, cette théorie qui a été consacrée par le TPIY à travers la notion d'entreprise criminelle commune (ECC)[218].

Ainsi, contrairement au droit positif en vigueur dans la plupart des États, le droit international pénal consacre, à travers l'entreprise criminelle commune, les actes préparatoires comme partie intégrante du commencement d'exécution de l'infraction[219].

Cette notion d'ECC permet de retenir comme auteur toute personne ayant participé à la définition d'un objectif ou dessein criminel, même si elle n'a pas participé physiquement à la commission de l'infraction. Cette idée a été bien systématisée par le TPIY dans l'affaire Tadic lorsqu'elle souligne que la responsabilité individuelle ne vise pas uniquement ceux qui ont participé physiquement à la commission de l'infraction, mais également tous ceux qui « (...) poursuivant un but commun, entreprennent de commettre un acte criminel qui est ensuite exécuté soit de concert par ces personnes, soit par quelques membres de ce groupe de personnes »[220].

Dans l'affaire Mitar Vasiljevic, le même tribunal précise que « Si le crime convenu est commis par l'un ou l'autre des participants à l'entreprise criminelle commune telle que celle qui vient d'être décrite, tous les participants à cette entreprise sont pareillement coupables du crime commis, quel que soit le rôle joué par chacun d'entre eux dans sa perpétration » [221].

---

[217] Art. 98 et 99 du Code pénal du Sénégal.

[218] TPIY, jugement Tadic II, 15 juillet 1999, paragr. 190.

[219] Cette question de l'assimilation des actes préparatoires au commencement d'exécution de l'infraction doit être distinguée de l'incrimination de certains actes préparatoires comme infractions autonomes. Ainsi, l'article 260 bis du Code pénal suisse incrimine certains actes préparatoires de meurtre comme la « prise de dispositions concrètes d'ordre technique ou d'organisation dont la nature ou l'ampleur indiquent que l'agent s'apprêtait à passer à l'exécution ».

[220] TPIY, Arrêt Tadic, 15 juillet 1999, paragr. 190.

[221] TPIY, jugement Mitar Vasilevic du 29 novembre 2002.

214. Contrairement à ce que l'on peut penser, cette approche subjective de la responsabilité n'est pas totalement inconnue de notre droit interne. Elle a en effet, été consacrée par certaines législations dans le cadre de la répression des activités séditieuses.

Ainsi, l'article 301 du Code pénal sénégalais dispose que « les crimes et délits prévus dans la présente section et la section précédente, s'ils sont commis en réunion séditieuse, avec rébellion et pillage, sont imputables aux chefs, auteurs, instigateurs et provocateurs de ces réunions, rébellions ou pillages qui seront punis comme coupables de ces crimes ou délits et condamnés aux mêmes peines que ceux qui les auront personnellement commis ».

215. Dans la théorie de l'entreprise criminelle commune, sont réputés avoir conjointement commis le crime non seulement ceux qui, de concert, ont physiquement perpétré l'*actus reus*, mais également tous ceux qui ont participé à la réalisation d'un but criminel commun.

216. Pour établir l'existence d'une entreprise criminelle commune, il suffit donc, sur le plan matériel, que les éléments suivants soient établis.

– La pluralité des membres ;

– L'existence d'un but commun : les membres du groupe doivent s'être fixé un objectif commun qui est criminel par nature ou qui ne peut être atteint que par des moyens criminels ;

– La participation à l'entreprise criminelle : Cette participation peut être physique tout comme elle peut, aussi, prendre la forme d'une assistance ou d'une contribution à la réalisation du projet criminel.

217. Le droit international coutumier reconnaît trois formes d'ECC. La première forme, dite élémentaire, de type I, correspond aux affaires dans lesquelles les participants sont animés de la même intention criminelle de réaliser le but commun[222]. La deuxième forme dite systémique, ou de type II, se caractérise par l'existence d'un système de mauvais traitements tels que les camps de détention [223]. Enfin la troisième forme, dite élargie ou de type III, permet de tenir un membre de l'ECC, pour responsable d'un acte même si celui-ci va au-delà du but commun, dès lors qu'il peut être considéré comme étant une conséquence naturelle et prévisible de l'exécution de ce but [224].

---

222 TPIY, arrêt Kvochcka du 28 février 2005, paragr. 82.
223 TPIY, arrêt Martic du 08 octobre 2008, paragr. 171.
224 TPIY, arrêt Stakic du 22 mars 2006, paragr. 65.

218. Si, pour les trois formes d'ECC, l'appréciation de l'élément matériel reste identique, celle de l'élément moral est, en revanche, différente.

Ainsi, pour la forme de type I, l'accusé doit avoir eu l'intention de commettre le crime et celle de participer à la réalisation du but criminel commun.

Concernant l'ECC de type II, l'accusé doit avoir eu connaissance d'un système organisé criminel et avoir eu l'intention d'en servir le but criminel [225].

S'agissant de l'ECC de type III, l'accusé ne peut, bien entendu, avoir eu la volonté de commettre le crime puisque celui-ci n'entrait pas, par définition, dans le champ de l'objectif commun. Ainsi, le dol dans ce cas de figure, est non pas intentionnel, mais éventuel. L'accusé est déclaré coupable dès lors qu'il est établi que :

– Il était prévisible qu'un tel crime fût susceptible d'être commis au cours de la réalisation de l'objectif criminel commun.

– L'accusé, conscient de la possible réalisation du crime, a tout de même délibérément pris le risque [226].

219. C'est précisément au titre de l'entreprise criminelle commune que l'accusé Hissène Habré avait été renvoyé devant la chambre d'Assises pour crimes de torture et crimes contre l'humanité [227]. C'est aussi à ce titre que sa culpabilité a été retenue par la chambre d'Assises pour ces crimes [228].

En effet, le 30 mai 2015, à la suite de trois mois de délibérations, la chambre extraordinaire d'Assises a rendu son verdict.

220. Dans le résumé qu'il a lu devant le public, le Président de la Cour a souligné que, d'après les éléments de preuve contenus dans le dossier et discutés à l'audience, la Cour était convaincue que l'accusé Hissène Habré avait contribué à la commission des infractions de crimes contre l'humanité, de crime autonome de torture, de crime de viol, de violences et esclavage sexuels et de crimes de guerre. À propos des modes de responsabilité retenus, la Cour a estimé que l'accusé

---

225 TPIY, arrêt Tadic du 15 juillet 1999, paragr. 279.
226 TPIY, arrêt Tadic du 15 juillet 1999, Tadic, paragr. 228.
227 Voir ordonnance de non-lieu partiel et de renvoi, 13 février 2015, p. 156 et suivantes.
228 Voir jugement CAE du 29 juillet 2016, p. 494 et suivantes.

Hissène Habré avait commis les infractions de torture et de crimes contre l'humanité par le biais de l'entreprise criminelle commune.

221. Pour caractériser l'existence de l'ECC, la chambre d'Assises a relevé les éléments matériels suivants :

« La chambre tient à rappeler que si la lutte contre la sédition peut être considérée comme étant légitime, cela ne saurait en aucune manière, justifier de s'en prendre à toute la population ethnique à laquelle appartiennent les séditieux, ni même justifier que des crimes soient commis à leur encontre.

La similitude de ces vagues de répression, conduites à très grande échelle et sans interruption sur huit ans, démontre l'existence de l'objectif commun. Cet objectif commun consistait à réprimer non seulement toute rébellion et toute opposition pouvant, aux yeux du régime, porter atteinte à l'unité et à la souveraineté du Tchad, mais aussi à prévenir toute velléité d'opposition en imposant un régime de terreur. Cet objectif commun s'est constitué immédiatement et au plus tard dans les semaines qui ont suivi la prise de pouvoir, par la force, par Hissène Habré.

Afin de réaliser cet objectif commun, les membres de l'ECC, qui le partageaient, avaient l'intention de recourir et ont eu recours aux crimes d'homicide volontaire, de pratique massive et systématique d'exécutions sommaires, d'enlèvement de personnes suivi de leur disparition, de torture et d'actes inhumains »[229].

222. La Cour a estimé qu'à l'exception du viol et de l'esclavage sexuel, la torture comme infraction autonome ainsi que les crimes contre l'humanité avaient été commis suivant l'ECC de type I et II.

223. S'agissant du viol et de l'esclavage sexuel, elle a considéré « qu'il ne résultait pas des éléments de preuve que tous les membres de l'ECC avaient l'intention de recourir au viol et à l'esclavage sexuel pour réaliser l'objectif commun. En revanche, la chambre est convaincue que le viol et la mise en esclavage sexuel étaient la conséquence naturelle et prévisible de l'exécution de l'ECC. En effet, ces femmes, assujetties pour la plupart à la torture, étaient détenues dans un climat de violence généralisée et institutionnalisée et dans un climat d'extrême vulnérabilité, sans aucune protection. Par ailleurs, elles étaient interrogées par des

---

[229] Jugement CAE du 29 juillet 2016, p. 435, par. 1927 et suivants.

agents étatiques recourant quotidiennement à la violence contre les détenus, y compris contre elles » [230].

224. Pour justifier la condamnation de l'accusé pour ces crimes, la chambre a considéré qu'Hissène Habré : « avait donc conscience que les femmes étaient détenues dans un climat de violence généralisée et institutionnalisée et étaient dès lors, placées dans un état d'extrême vulnérabilité, sans aucune protection. Il savait, également, qu'elles étaient interrogées et surveillées par des agents étatiques, exclusivement de sexe masculin, recourant quotidiennement et en toute impunité, à la violence contre les détenus.

Compte tenu de l'ensemble de ces éléments, la chambre a estimé qu'il était prévisible pour Hissène Habré, que ses subordonnés étaient susceptibles de commettre le crime de viol à leur tour. En participant de façon continue à l'ECC, il avait délibérément pris le risque que ce crime fût commis »[231].

À côté de l'entreprise criminelle commune, le Statut des CAE a consacré un autre mode particulier de participation à l'infraction, à savoir la responsabilité du supérieur hiérarchique.

225. La responsabilité du supérieur hiérarchique

L'une des particularités des crimes de masse tient au fait que très souvent, pour ne pas dire toujours, ils sont commis par un groupe de personnes agissant dans le cadre d'une chaîne de commandement.

La consécration du principe de la responsabilité pénale du supérieur hiérarchique permet précisément de retenir la responsabilité de toutes les personnes qui, sur la chaîne de commandement, ont contribué directement ou indirectement, à la violation des règles du droit international.

226. La nécessité de tenir compte de l'existence d'un commandement dans la répression des crimes internationaux a été très tôt reconnue, notamment à travers le Règlement de La Haye, annexé à la Convention IV. Mais c'est surtout au lendemain de la Seconde Guerre mondiale, avec l'adoption du Protocole I [232], que le caractère coutumier de

---

230 Jugement CAE du 29 juillet 2016, paragr. 1934.

231 Voir jugement CAE du 29 juillet 2016, p. 494, paragr. 2159 et suivants.

232 Voir article 87 al 3 dudit Protocole sur les « devoirs des commandants ».

la responsabilité du supérieur hiérarchique sera finalement reconnu par la jurisprudence et la doctrine [233].

227. Le Statut des CAE a consacré cette forme de responsabilité à travers l'article 10, alinéa 4 qui dispose que « Le fait que l'un quelconque des actes visés aux articles 5 à 8 du présent Statut ait été commis par un subordonné n'exonère pas son supérieur hiérarchique de sa responsabilité pénale, s'il savait ou avait de raisons de savoir que le subordonné s'apprêtait à commettre cet acte ou l'avait fait et que le supérieur n'a pas pris les mesures nécessaires et raisonnables pour empêcher que cet acte ne soit commis ou pour en punir les auteurs ».

228. Cette mise en cause du supérieur hiérarchique ne procède pas d'une responsabilité du fait d'autrui. Il s'agit d'une responsabilité pour fait personnel qui découle du fait que, ayant su ou ayant eu des raisons de savoir que ses subordonnés avaient commis ou étaient sur le point de commettre des crimes, il n'ait pas pris les mesures nécessaires pour empêcher la réalisation du crime ou pour en punir les auteurs.

C'est donc un régime de responsabilité qui se rapproche davantage de la responsabilité de commission par omission, une notion chère au droit allemand[234].

La responsabilité du supérieur hiérarchique est engagée lorsque les conditions suivantes sont réunies : existence d'un lien de subordination, connaissance et défaut d'agir.

229. Existence d'un lien de subordination

Le principe de la responsabilité pénale du supérieur hiérarchique s'applique à toute personne investie d'un pouvoir hiérarchique. L'existence de ce pouvoir hiérarchique ne s'apprécie pas uniquement par rapport au statut officiel de l'intéressé. Au-delà de l'aspect formel, c'est le caractère effectif de l'autorité et du pouvoir de contrôle dont dispose la personne qui doit être pris en considération.

Il peut donc s'agir d'une autorité qui existe de facto ou de jure[235].

L'existence d'un pouvoir de contrôle et d'une réelle capacité d'agir constitue une condition sine qua non de l'engagement de la responsabilité

[233] Voir TPIY jugement Célébici, 16 novembre 1998, paragr. 195.

[234] Jean Pradel, Droit pénal comparé, Précis Dalloz,1995, p.235. L'auteur relève que dans le droit allemand, la notion de commission par omission est très utile car elle « permet de réprimer des individus qui n'agissent pas alors qu'ils pourraient empêcher un résultat pénal imminent », page 237.

[235] TPIY, Affaire Blaskic du 03 mars 2000, p. 103, paragr. 307.

du supérieur. Dans l'affaire Célébici, la Chambre du TPIY est revenue sur l'importance de ce pouvoir de contrôle dans l'appréciation de la responsabilité du supérieur hiérarchique en précisant que : « Il faut que le supérieur contrôle effectivement les personnes qui violent le droit international humanitaire, autrement dit qu'il ait la capacité matérielle de prévenir et de sanctionner ces violations. Étant entendu qu'il peut s'agir aussi bien d'un pouvoir de facto que d'un pouvoir de jure »[236].

230. La doctrine de la responsabilité du supérieur hiérarchique repose sur le pouvoir de contrôle du supérieur sur ses subordonnés. L'alinéa 4 de l'article 10 du statut des CAE, cité plus haut, reprend en effet les termes de l'article 6 alinéa 1 du statut du TPIY et de l'article 7, alinéa 3 du statut du TPIR.

231. Le supérieur savait ou avait des raisons de savoir

Cette condition qui renvoie à l'élément moral requis chez le supérieur hiérarchique, recouvre deux aspects alternatifs : la connaissance effective ou les « raisons de savoir ».

232. La connaissance effective : « il savait »

Certains faits ou indices permettent de dire que le supérieur savait ce qui se passait ou ce qui était sur le point de survenir. C'est le cas lorsque l'on découvre que le supérieur avait lui-même dénoncé ou évoqué les faits dans ses propres écrits.

233. En l'absence de preuves directes laissant apparaître que le supérieur savait ce qui se passait, il n'est pas admis de se fonder sur sa simple position d'autorité pour en déduire qu'il devait savoir. Autrement dit, la simple position hiérarchique ne fait pas naître chez le supérieur hiérarchique une présomption de connaissance. Pour établir que le supérieur hiérarchique « savait », il faut donc se référer aux preuves circonstancielles telles que :

– nombre d'actes illégaux, leur type et leur durée ;
– période durant laquelle ils ont été commis ;
– les officiels et les personnels impliqués ;
– le nombre de personnes impliquées dans la commission de l'acte ;
– la proximité des auteurs avec le supérieur hiérarchique ;
– importance des moyens logistiques déployés ;

---

[236] TPIY, jugement Célébici précité, paragr. 378.

– distance séparant le lieu de résidence du supérieur du lieu de commission des faits [237].

234. « Il avait des raisons de savoir »

L'analyse de la jurisprudence rendue sur cette question laisse apparaître une certaine évolution dans l'interprétation de cette condition. En effet, certaines juridictions ont estimé que par « raisons de savoir », il faut entendre « devoir de s'informer » et en ont tiré la conclusion que le supérieur hiérarchique ne peut, dès lors, invoquer son ignorance pour se soustraire à sa responsabilité pénale. Ainsi, dans l'affaire Roechling, la Haute Cour du Gouvernement militaire de la zone française d'occupation en Allemagne a déclaré que « aucun supérieur ne peut soulever ce moyen de défense indéfiniment car il est de son devoir de s'informer de ce qui se passe dans son organisation et l'ignorance ne peut, dès lors, n'être que le fruit d'une négligence criminelle » [238].

235. Mais lors de la rédaction du Protocole Additionnel I, la règle sur laquelle les États se sont accordés et qui correspond au Droit international coutumier est que l'expression « les raisons de savoir », renvoie aux informations mises à la disposition du supérieur hiérarchique. Un supérieur n'est donc tenu pour pénalement responsable que s'il est établi qu'il avait à sa disposition des données permettant de conclure à la commission probable des infractions [239].

236. Bien entendu, il n'est pas nécessaire que ces informations indiquent, dans les moindres détails, les circonstances de la commission de l'infraction car cela renverrait alors à la première hypothèse « il savait ». Il suffit que le supérieur ait eu à sa disposition des informations qui soient de nature à le mettre en garde contre le comportement de ses subordonnés. En s'abstenant, malgré ces informations, de prendre une quelconque mesure, soit pour en savoir davantage, soit pour empêcher la commission des crimes, le supérieur fait preuve d'un « aveuglement

---

[237] TPIY, Délalic et autres, Affaire du camp de Célébici, 16 novembre 1998 paragr. 386 à 388.

[238] Haute Cour du Gouvernement militaire de la zone française d'occupation en Allemagne. Jugement du 25 janvier 1949, dans l'affaire Herman Roechling et consorts. I Trial of War Criminals, vol XIV, annexe B, p 1097, paragr. 1106.

[239] Voir article 86 du Protocole additionnel I qui parle d'informations « permettant de conclure, dans les circonstances du moment, que ce subordonné commettait ou allait commettre une telle infraction ».

volontaire »[240] qui rend compte de son intention criminelle. Ainsi, l'élément moral, chez le supérieur hiérarchique, renvoie à un dol éventuel plus qu'à une volonté criminelle. Même s'il n'a pas eu la volonté affichée de commettre personnellement le crime, sa culpabilité est établie dès lors que, sachant ou ayant des raisons de savoir que ses subordonnés sont sur le point d'en commettre, il s'est abstenu d'intervenir pour prendre les mesures qui étaient en son pouvoir.

237. Le défaut d'agir

Une maxime de l'ancien droit voudrait que « qui peut et n'empêche, pèche ». Mais en droit et surtout en droit pénal, le respect dû au principe de légalité et de la règle de l'interprétation stricte de la loi pénale interdisent d'assimiler une abstention, aussi coupable soit-elle, à une action positive.

Ainsi en a-t-il été jugé dans la célèbre affaire de la séquestrée de Poitiers, où une folle avait été laissée sans soins par sa famille dans un état sanitaire effroyable. La Cour d'appel de Poitiers refusa de prononcer une condamnation pour blessures volontaires, malgré le résultat découlant de l'inaction de la famille[241].

238. L'omission n'est donc constitutive d'une infraction que lorsque la loi le prévoit expressément. Il en est ainsi, par exemple, des délits de non dénonciation de crime, de non déclaration d'enfant[242] et de délaissement d'enfant[243].

La responsabilité pénale du supérieur hiérarchique constitue une autre illustration de l'incrimination de l'omission.

Ainsi, aux termes de l'article 10 du Statut des CAE précité, le supérieur qui est mis au courant de la commission d'actes criminels doit prendre les mesures qui s'imposent, sous peine de voir sa responsabilité pénale engagée. Il doit, précisément, empêcher la commission des crimes et punir les auteurs des crimes déjà commis.

---

240 Marie Pierre Robert : expression utilisée par l'auteur dans son article intitulé « La responsabilité du supérieur hiérarchique basée sur la négligence en droit pénal international », in les *Cahiers de Droit* vol 49, n° 3, septembre 2008, p. 422.

241 Poitiers, 20 nov.1901. S. 1902, 2305, note Hémard.

242 Art. 339 du CP sénégalais.

243 Art. 340 du CP sénégalais.

239. Ce *devoir d'empêcher recouvre deux aspects :*

– L'obligation de faire cesser les crimes qui sont en train d'être commis [244].

– L'obligation de prendre des mesures avant toute commission de crime : ces mesures peuvent être les suivantes :

– prendre les mesures disciplinaires pour empêcher les troupes de commettre des exactions ;

– sensibiliser les subordonnés, par écrit ou par tout autre moyen, sur l'obligation de veiller au respect du Droit humanitaire ;

– mettre en garde les troupes sur l'interdiction de commettre des exactions et l'obligation de s'y conformer et sur les sanctions disciplinaires encourues.

240. Le devoir de réprimer

Il s'agit de l'obligation de punir les auteurs des crimes.

Les mesures de punition peuvent être prises directement par le supérieur hiérarchique. En cas d'impossibilité de droit ou de fait, le supérieur peut, également, décider de transmettre un rapport à l'autorité habilitée à prendre des sanctions.

241. Dans tous les cas, qu'il s'agisse du devoir d'empêcher ou de celui de punir, les mesures à prendre doivent être « nécessaires et raisonnables ».

242. Le caractère nécessaire tient aux circonstances du moment ; le caractère raisonnable, à la position occupée et aux pouvoirs effectifs dont dispose le supérieur.

C'est donc à la lumière du degré effectif du pouvoir de contrôle du supérieur hiérarchique et de sa capacité matérielle à prendre les mesures qui s'imposent qu'il faut apprécier si le supérieur avait pris des mesures requises pour empêcher la commission des crimes ou pour en punir les auteurs [245].

243. Il convient de préciser que les deux volets de l'obligation d'agir du supérieur ne sont pas exclusifs l'un de l'autre. Autrement dit, le supérieur qui s'est abstenu de prendre les mesures de prévention n'efface pas sa faute en punissant les auteurs des crimes.

---

[244] TPIY, Procureur / Kordic et Cerkez, jugement du 26 février 2001, paragr. 446.

[245] TPIR, jugement du 21 mai 1999, Clément Kayishema, paragr. 231.

244. *Mens réa*

La responsabilité du supérieur hiérarchique suppose que soit rapportée la preuve d'une intention criminelle. Le supérieur étant poursuivi pour les mêmes infractions que le subordonné, la mens réa doit être exactement la même. Il doit donc être établi que le supérieur a omis d'agir en connaissance de cause, soit parce qu'il recherchait le résultat criminel atteint, soit parce que, étant conscient de la survenance de ce résultat, il a choisi de ne pas s'en soucier.

C'est au titre de la responsabilité du supérieur hiérarchique que la chambre d'Assises a retenu la culpabilité de Hissène Habré pour les crimes de guerre [246].

Avec l'extension du champ de répression, l'élargissement des droits de la victime constitue le second volet de la justice sur mesure que le Statut des CAE a entendu favoriser.

§ II. – L'élargissement des droits de la victime

245. En droit interne, la place de la victime dans le procès pénal a beaucoup évolué dans le sens du renforcement de ses prérogatives même si, à ce jour, celles-ci restent encore limitées comparées à celles du Ministère public.

246. Mais c'est véritablement dans le procès pénal international, marqué par l'influence des règles de la « Common Law », que la problématique de la place de la victime se pose dans toute son acuité. La victime peine, en effet, à y obtenir le statut de partie au procès auquel elle pourrait, légitimement, aspirer.

247. En renvoyant aux règles prévues par la loi sénégalaise pour la détermination des droits de la victime, le Statut des CAE a consacré une avancée dans la reconnaissance des droits de la victime par la justice pénale internationale.

Il suffit de mettre en parallèle le statut de la victime en droit international (A) avec celui qui lui est réservé devant les CAE (B) pour s'en convaincre.

---

[246] Voir jugement CAE du 29 juillet 2016, 521, paragr. 2261.

A. Le statut de la victime dans les juridictions pénales internationales

248. Pendant longtemps, la victime a été confinée dans le rôle de témoin avant de voir ses droits élargis par le Statut de Rome [247].

1. Le confinement initial de la victime dans le rôle de témoin en droit international pénal

249. La restriction des droits de la victime dans le procès pénal international trouvait son fondement dans la conception que l'on avait de la justice pénale internationale considérée, au début, comme devant être essentiellement punitive et non réparatrice.

Jusqu'à un passé très récent, le droit pénal international a réservé peu de place à la victime dans le procès. Ainsi, dans les procès internationaux, l'accent a davantage été mis sur le souci de l'établissement de la vérité et la fonction punitive du procès que sur la satisfaction des intérêts de la victime.

Malgré l'adoption, le 29 novembre 1985, de la Déclaration des principes fondamentaux de justice relatifs aux victimes d'abus de pouvoir, par l'Assemblée générale des Nations unies, la victime allait être la grande oubliée lors de la création des Tribunaux pénaux internationaux pour l'ex-Yougoslavie et le Rwanda.

En définitive, à l'exception du droit à la protection que leur reconnaissait le Statut de ces juridictions, les victimes ne pouvaient revendiquer aucun privilège lors des procès. Ainsi, elles ne pouvaient ni participer au procès, ni solliciter de réparation [248].

250. Ce traitement réservé aux victimes s'explique par plusieurs raisons.

D'abord, le droit processuel international reflétait la conception westphalienne des relations internationales qui faisait du droit international une chasse gardée des États. Il pouvait donc paraître normal que la victime, entendue au sens de personne physique, ne puisse prétendre ni à la parole, ni à la réparation.

Ensuite, le traitement de la victime s'expliquait par la prééminence du système de la « Common Law » dans le fonctionnement des juridictions pénales internationales, notamment au sein des TPI. Dans

---

[247] William Schabas, "An Introduction to the International Criminal Court", Cambridge, University Press, 3e edition, 2007, p. 562.

[248] Voir articles 24 du Statut du TPIY et 23 du TPIR.

ce système, le rôle de la victime est d'apparaître en qualité de témoin, pour l'une des parties. Elle ne peut solliciter une indemnisation. C'est au Procureur que revient la charge de représenter les intérêts des victimes à tous les stades de la procédure.

251. Avec l'adoption du Statut de Rome instituant la CPI en 2002, la place de la victime dans le procès pénal international va considérablement évoluer.

2. Le relatif élargissement des droits de la victime dans le statut de la CPI

252. la première manifestation du souci d'élargir les droits des victimes de crimes internationaux se trouve dans le caractère extensif de la définition de la victime dans le Statut de la CPI [249] à travers l'article 85-a qui définit la victime comme étant « toute personne physique qui a subi un préjudice [250] de la commission d'un crime relevant de la compétence de la Cour ». Cette définition renvoie ainsi non seulement aux victimes directes, mais également aux ayants droit. En 2009, la chambre de première instance considéra dans le cadre de l'affaire Lubanga que les individus victimes d'enfants soldats ne pouvaient participer au procès pénal dirigé contre l'accusé, les enfants soldats étant déjà considérés comme des victimes directes [251]. Pour les victimes indirectes, le dommage qu'elles subissent « doit découler du préjudice subi par les victimes directes du fait de la commission des crimes poursuivis » [252].

En plus du droit à la protection, le Statut de Rome va lui reconnaître le droit à la participation et le droit à l'indemnisation. L'article 68 de la

---

249 Dans les procès internationaux, il est matériellement impossible de permettre à toute victime de se constituer partie civile. Mais, à l'opposé, une limitation de la notion de victime à ceux qui ont directement souffert du crime aurait été trop restrictive. L'article 85 a réalisé une forme de compromis en définissant la victime comme étant « toute personne physique qui a subi un préjudice de la commission d'un crime relevant de la compétence de la Cour ».

250 David Donat Cattin observe que le lien logique qui doit être établi concerne la relation entre le comportement criminel et l'agression qui en résulte et n'est pas réduit au rapport entre crime et victime directe. Voir « Article 68 », in Otto Ttriffterer, in "Commentary on The Statute of the International Criminal Court", Baden-Baden, Nomos, 2e edition, 2008, 1954, p. 1294.

251 CPI, Procureur C/ Thomas Lubanga Dyilo, Affaire n° ICC-01/04-/06, Chambre préliminaire I, Décision sur les demandes de participation à la procédure.

252 CPI, Procureur C/ Thomas Lubanga Dyilo, Affaire n° ICC-01/04-01/06, Chambre de première instance I, Décision sur les victimes indirectes, 8 avril 2009.

CPI dispose, ainsi, que : « Lorsque les intérêts personnels des victimes sont concernés, la Cour permet que leurs vues et préoccupations soient exposées et examinées, à des stades de la procédure qu'elle estime appropriés et d'une manière qui n'est ni préjudiciable ni contraire aux droits de la défense et aux exigences d'un procès équitable et impartial. Ces vues et préoccupations peuvent être exposées par les représentants légaux des victimes lorsque la Cour l'estime approprié, conformément au Règlement de procédure et de preuve ».

253. En outre, l'article 89 du Règlement de procédure et de preuve de la CPI précise que le droit à la participation de la victime couvre les actes suivants :

– demandes d'intervention ;

– choix d'un conseil ;

– droit pour les représentants des victimes d'obtenir copie de la procédure ;

– Droit pour les représentants des victimes d'interroger le témoin.

254. En plus du droit à la participation, les victimes se sont vu reconnaître par le Statut de Rome le droit à l'indemnisation. L'article 75 dudit Statut dispose à cet effet, que : « La Cour établit des principes applicables aux formes de réparation, telles que la restitution, l'indemnisation ou la réhabilitation, à accorder aux victimes ou à leurs ayants droit. Sur cette base, la Cour peut, sur demande, ou de son propre chef dans des circonstances exceptionnelles, déterminer dans sa décision l'ampleur du dommage, de la perte ou du préjudice causé aux victimes ou à leurs ayants droit, en indiquant les principes sur lesquels elle fonde sa décision.

La Cour peut rendre contre une personne condamnée une ordonnance indiquant la réparation qu'il convient d'accorder aux victimes ou à leurs ayants droit. Cette réparation peut prendre, notamment, la forme de la restitution, de l'indemnisation ou de la réhabilitation.

Le cas échéant, la Cour peut décider que l'indemnité accordée à titre de réparation soit versée par l'intermédiaire du Fonds visé à l'article 79 ».

En dépit de cet élargissement de ses droits, la victime n'acquiert pas, pour autant, la qualité de partie au procès. Elle ne peut donc revendiquer les mêmes droits que l'accusé.

255. Néanmoins, si le Statut de Rome ne confère pas aux victimes le statut de parties aux procès, il aura tout de même eu le mérite de leur accorder une place sans commune mesure avec le rang d'informateurs auquel elles étaient confinées dans les TPI ad hoc.

La participation des victimes et l'indemnisation de leurs préjudices sont, à cet égard, devenues des gages de crédibilité de la justice pénale internationale.

La lecture du Statut des CAE permet de se rendre compte que la victime jouit, auprès de cette juridiction, d'un statut autrement plus avantageux.

B. Les droits élargis de la victime devant les CAE

256. Le Statut des CAE reconnaît à la victime des droits élargis qui ont été consacrés par les décisions rendues tant en première instance qu'en appel.

1. Les droits de la partie civile tels que prévus par le Statut des CAE

257. Le statut des CAE reconnaît tout d'abord à la victime le droit de se constituer partie civile.

Ainsi, aux termes de l'article 14, « La constitution de partie civile peut avoir lieu à tout moment au cours de l'instruction et se fait par demande écrite de la victime ou son ayant droit au greffier. Le greffier communique la demande à la Chambre compétente, ainsi qu'au ministère public et à la défense ».

Sachant qu'en vertu de la loi sénégalaise, la demande de constitution de partie civile confère à son auteur la qualité de partie au procès dès le dépôt de la consignation, il est aisé de déduire de telles dispositions que, devant les CAE, la victime acquiert la qualité de partie civile dès l'accomplissement de cette formalité. Ce qui lui donne droit à l'exercice des prérogatives suivantes :

– droit de déposer des demandes de constitution de partie civile dès le stade de l'instruction ;

– droit de se faire assister d'un conseil [253] ;

– droit d'accéder, par le biais de leurs avocats, au contenu du dossier [254] ;

---

[253] Article 105 du CPP sénégalais.

[254] Article 105 du CPP sénégalais.

– droit de formuler des demandes d'expertise [255].

258. En plus de ces droits que l'on retrouve dans la plupart des législations nationales, le Statut des CAE a consacré à la victime des droits particuliers que l'on retrouve généralement dans les statuts des juridictions internationales.

À cet égard, l'article 27 dispose que : « les réparations accordées par les chambres sont la restitution, l'indemnisation et la réhabilitation. Les chambres peuvent décider que l'indemnité accordée à titre de réparation soit versée par l'intermédiaire du fonds visé à l'article 28 du présent Statut ».

L'article 28 du même Statut précise que « les réparations peuvent être attribuées aux victimes individuellement ou collectivement, qu'elles aient ou non participé aux procédures devant les CAE ».

259. La possibilité d'accorder des réparations à titre collectif s'explique par le caractère massif des crimes internationaux. Eu égard au nombre élevé des victimes, il peut paraître utopique de vouloir indemniser toutes les victimes des crimes internationaux. Il faut donc trouver le juste équilibre entre l'équité qui commande la prise en compte des intérêts des victimes et l'efficacité qui suppose un minimum de réalisme dans l'appréciation desdits intérêts.

C'est sans doute cette logique qui a guidé la chambre d'Assises des CAE lorsqu'il s'est agi de statuer sur les demandes de réparation formulées par les parties civiles.

Au regard de ce qui précède, il apparaît que, devant les CAE, la victime dispose de droits assez étendus. Les décisions rendues par les chambres d'assises l'ont d'ailleurs suffisamment démontré.

2. La consécration judiciaire des droits de la victime par les CAE

260. Cette consécration s'est faite tant devant la chambre d'Assises que devant la chambre d'Assises d'appel.

Ainsi, à la suite du prononcé de la décision sur l'action publique intervenu le 30 mai 2016, la chambre d'Assises avait invité les différentes parties au procès à lui soumettre leurs demandes et observations sur les intérêts civils. Le 29 juillet 2016, à l'issue de ses délibérations, la chambre a rendu son verdict en ces termes :

[255] Article 153 du CPP sénégalais.

« Par ces motifs

La chambre reçoit la constitution de partie civile des victimes dont

L'identité a été clairement établie et dont les noms figurent en annexe du jugement et y faisant droit ;

Condamne Hissène Habré à payer

– À chacune des victimes de viols répétés ou d'esclavage sexuel la somme de vingt millions (20 000 000) de francs CFA ;

– À chacune des victimes de détention arbitraire et de torture, de prisonniers de guerre, de rescapés des massacres, la somme de quinze millions (15 000 000) de francs CFA pour toutes causes de préjudices confondus ;

– À chaque victime indirecte la somme de dix millions (10 000 000) de francs CFA ;

Rejette les demandes de réparations collectives formulées par les parties civiles ;

Ordonne l'exécution provisoire de la décision et fixe la provision à 10 pour cent de la somme allouée à chaque victime.

Déclare irrecevable l'appel en garantie de l'État du Tchad ».

261. Cette décision sur les intérêts civils nous paraît très pertinente. En effet, le respect dû aux droits de la défense implique que nul ne puisse être condamné comme civilement responsable s'il n'a été cité comme tel devant la juridiction de jugement. Or, il se trouve que l'État du Tchad n'avait pas été cité devant la chambre d'Assises.

Elle est pertinente en ce qu'elle a rejeté avec justesse les demandes d'appel en garantie de l'État du Tchad en rappelant à juste raison, que « Nul ne peut être condamné en qualité de civilement responsable s'il n'a pas été cité en cette qualité ou s'il n'a pas formellement accepté de comparaître pour y être jugé en cette qualité » [256]. Cette règle est une application logique de celle qui veut que la juridiction de jugement soit saisie *in rem et in personam.*

262. Mais si, sur cet aspect, cette décision sur les intérêts civils nous paraît bien motivée, force est de reconnaître que, concernant les demandes en réparation, la chambre aurait pu aller plus loin.

[256] CAE, Décision sur l'action civile, 29 juillet 2016, p. 17, paragr. 75.

Il faut rappeler, en effet, qu'aux termes de l'article 27 de leur Statut, les CAE peuvent accorder trois types de réparation : la restitution, l'indemnisation et la réhabilitation.

263. En outre, l'article 28 du même Statut précise que la réparation peut être individuelle ou collective.

Au regard du Statut, il apparaît que la chambre d'Assises s'est contentée du minimum. En effet, sur les trois types de réparation, les CAE n'ont retenu qu'une seule, à savoir l'indemnisation, chaque victime s'étant vu allouer, en fonction de l'infraction subie, la somme de quinze ou de vingt millions. En outre, la chambre d'Assises a refusé d'ordonner que le versement soit effectué par l'intermédiaire du fonds évoqué dans l'article 28 du Statut des CAE.

Certes, rapportés au nombre total de victimes qui se sont manifestées, les dommages-intérêts dépassent la somme de cinquante (50) milliards de francs CFA.

Cependant, avec le rejet de l'appel en garantie contre l'État du Tchad et l'absence de toute référence au fonds de réparation évoqué à l'article 28 précité, c'est à l'accusé qu'incombera l'obligation de payer les dommages-intérêts.

264. Dans cette perspective, la question naturelle que soulève cette décision sur les intérêts civils est celle relative aux modalités d'indemnisation et, surtout, à la solvabilité du condamné. Comment, en effet, imaginer que ce dernier, dont quelques biens seulement avaient été saisis en garantie des droits des victimes, puisse indemniser les victimes à hauteur de dizaines de milliards ?

Ce sont, sans doute, ces interrogations qui ont amené la Chambre d'Assises d'appel à apporter quelques correctifs à la décision rendue, en première instance, sur les intérêts civils.

265. Après avoir admis, comme l'avait indiqué la chambre d'Assises, que l'État du Tchad qui n'avait pas été partie au procès, ne pouvait pas être déclaré débiteur de réparations collectives, la chambre d'appel a, néanmoins, tenu à prendre des mesures destinées à garantir l'effectivité des réparations.

C'est ainsi que, concernant les modalités de réparation, elle a chargé le fonds de « mettre en œuvre les réparations octroyées » [257]. Dans le but

---

[257] Arrêt CAE du 27 avril 2017, numéro 607.

de s'assurer de l'effectivité de l'opérationnalité du fonds, elle a pris les mesures suivantes :

– « Enjoint le fonds, en collaboration avec les associations d'aide aux victimes et les États intéressés d'œuvrer pour la mise en place de réparations collectives et morales » [258] ;

– Ordonne que les produits des biens, amendes ou confiscations lui soient versés » et enjoint le fonds « d'identifier, de localiser et de mettre en œuvre les procédures appropriées pour recevoir le produit des crimes ou des biens et avoirs qui s'avéreraient appartenir à l'accusé » [259].

Toutes ces mesures visaient à favoriser « L'effectivité des réparations et à garantir aux parties civiles et aux victimes qui se manifesteraient des réparations pleines, effectives et adaptées » [260].

Les développements qui précèdent montrent que le mécanisme de répression que constituent les CAE a été élaboré dans le souci manifeste de tenir le plus possible, compte des circonstances dans lesquelles les faits ont été commis. Mais les rédacteurs du Statut se sont aussi évertués à se conformer aux exigences d'un procès juste et équitable.

---

[258] Arrêt CAE du 27 avril 2017, numéro 612.
[259] Arrêt CAE du 27 avril 2017, numéro 613.
[260] Arrêt CAE du 27 avril 2017, numéro 610.

Chapitre II

Les CAE, un mécanisme adapté aux exigences d'un procès juste et équitable

266. Le souci de se conformer aux principes qui garantissent le procès juste et équitable apparaît très clairement, non seulement à travers les dispositions du Statut des CAE (Section I), mais également dans la conduite du procès (Section II).

Section I

La consécration des principes du procès juste et équitable dans le statut des CAE

Avant d'analyser la manière dont les principes du procès équitable ont été consacrés par le Statut des CAE, (§ II) il est important de préciser le contenu de la notion de procès juste et équitable (§ I).

§ I. – Notion de procès juste et équitable

267. Au sens strict, le procès est défini comme étant un litige soumis à une juridiction.

Il correspond alors à une séquence temporelle bien précise qui débute avec la phase de jugement proprement dite et se termine par le prononcé de la décision.

Lorsqu'il est utilisé dans l'expression « procès équitable », le procès revêt un sens plus large et englobe, à la fois, la phase préparatoire du jugement et la phase d'exécution de la décision.

268. Quant à l'équité, elle est définie, dans une première acception, comme étant « la juste appréciation de ce qui est dû à chacun ». Ainsi conçue, la notion d'équité est étroitement liée à la sensibilité de chaque individu. C'est au nom de cette équité que le juge Magnaud relaxa le 4 mars 1898, une femme prévenue de vol de pain dans une boulangerie au motif singulier que « la faim est susceptible d'enlever à tout être humain son libre arbitre et d'amoindrir en lui, dans une grande mesure, la notion de bien et de mal » [261]. Cette définition de l'équité, qui fait dépendre l'issue du procès de la sensibilité du juge, ne se prête à aucune prévisibilité et n'a évidemment pas sa place dans un procès équitable.

Le droit au procès équitable a été reconnu et consacré par la quasi-totalité des textes internationaux de protection des droits de l'Homme à savoir, la Déclaration universelle des droits de l'Homme de 1948 [262], le Pacte international relatif aux droits civils et politiques de 1966 [263], la Convention européenne des droits de l'homme ainsi que la Charte africaine des droits de l'Homme et des peuples de 1981 [264].

Le droit à un procès équitable recouvre deux aspects :

– le droit d'être jugé par un tribunal indépendant et impartial (A) ;

– le droit au respect des principes d'équité dans le déroulement du procès (B) ;

A. Le droit d'être jugé par un tribunal indépendant et impartial

269. Ce droit recouvre le droit au recours et le caractère indépendant et impartial du tribunal.

---

[261] Paul Magnaud est un magistrat et homme politique français né le 20 mai 1848 à Bergerac (Dordogne) et décédé le 27 juillet 1926 à Saint-Yrieix-la-Perche (Haute-Vienne). D'abord inscrit au barreau, il entre dans la magistrature en 1880. Il fut substitut à Doullens, juge d'instruction à Montdidier, puis Senlis et Amiens, et président du tribunal civil de Château-Thierry entre 5 juillet 1887 et le 19 juillet 1906, date à laquelle il est élu député radical-socialiste de la Seine. Il ne se représente pas en 1910 et devient juge au tribunal de la Seine, puis conseiller à la cour d'Appel de Paris. Il marque l'opinion par sa clémence dans de nombreuses affaires et pour ses prises de position féministes. Le 4 mars 1898, il acquitte Louise Ménard, une jeune fille-mère qui avait dérobé du pain chez un boulanger de Charly-sur-Marne parce qu'elle n'avait rien mangé depuis deux jours. Le juge fonde sa décision, confirmée par la Cour d'appel d'Amiens le 22 avril 1898, sur l'état d'absolue nécessité de la prévenue, en interprétation des dispositions de l'article 64 du Code pénal. Il rembourse lui-même le coût du vol audit boulanger.
Cette affaire fera la une de la presse parisienne, à l'époque, et lui vaudra le surnom de « bon juge », attribué par Georges Clemenceau, et qui fut ensuite inscrit sur sa pierre tombale. En 1994, le Code pénal reconnaît officiellement « l'état de nécessité ». Pascale Robert-Diard, « Le juge Magnaud, défenseur de la cause des femmes » in « Le Monde Festival », 1er août 2016.

[262] Article 10.

[263] Article 14.

[264] Article 7.

1. Le droit au recours effectif

Tout individu qui estime avoir été victime d'une violation de ses droits, doit disposer d'un recours devant une juridiction nationale.

C'est à travers la Convention européenne des droits de l'Homme (CEDH) [265] que le droit à un recours effectif a été pour la première fois, consacré comme partie intégrante du droit à un procès équitable.

La notion de recours effectif implique non seulement la possibilité de saisir une juridiction, mais aussi le souci de voir le préjudice réparé. L'action en justice ne doit pas être illusoire ou purement formelle.

La CEDH a eu l'occasion de le rappeler dans plusieurs de ses décisions.

Ainsi, après avoir rappelé l'obligation faite au juge national de motiver ses décisions de refus d'octroi d'une indemnité demandée au titre du droit d'être jugé dans un délai raisonnable, la Cour a souligné, dans son arrêt Zwozniak[266], que la réparation accordée dans le cadre d'un recours indemnitaire ne saurait être adéquate si son montant est déraisonnable en comparaison avec ce qu'elle-même octroie dans des cas similaires[267]. Elle a estimé, en l'occurrence, que l'octroi de moins de 250 euros au titre du dommage moral est manifestement déraisonnable et a conclu à la violation de l'article 13 de la Convention[268].

Dans une autre affaire[269], les requérants se plaignaient d'une violation du droit au respect de la vie privée et familiale et dénonçaient l'ineffectivité du contrôle judiciaire de la décision d'expulsion, faute pour les instances chargées de ce contrôle d'avoir vérifié la réalité du risque pour la sécurité nationale. La Cour a rappelé que, si l'invocation d'une menace pour la sécurité nationale était de nature à accroître la marge nationale d'appréciation ; que le droit à un recours effectif implique au minimum que les autorités chargées de contrôler la régularité de la mesure d'expulsion aient connaissance des raisons fondant la décision litigieuse. Sous l'angle de l'article 13, l'intérêt de cet arrêt réside

---

[265] Article 13 – Droit à un recours effectif : « Toute personne dont les droits et libertés reconnus dans la présente Convention ont été violés, a droit à l'octroi d'un recours effectif devant une instance nationale, alors même que la violation aurait été commise par des personnes agissant dans l'exercice de leurs fonctions officielles. »

[266] CEDH, Zwozniak et autres c. Pologne, 13 novembre 2007, revue, n° 25, p. 45.

[267] Paragr. 56.

[268] Sur la violation de l'article 6 § 1 du Protocole additionnel.

[269] CEDH, CG. et autres c. Bulgarie, 24 avril 2008, revue d'actualité juridique, N°26, pp. 48-49.

essentiellement dans le fait que, contrairement à sa jurisprudence antérieure, la Cour suprême administrative bulgare, acceptait désormais d'exercer un tel contrôle. Il s'agissait donc de savoir si le nouveau contrôle issu de ce revirement jurisprudentiel présentait les qualités d'un recours effectif. La Cour a estimé que les juridictions nationales n'avaient ni vérifié la capacité des autorités exécutives à étayer, sur des bases factuelles, l'invocation d'une menace contre la sécurité nationale, ni analysé si l'ingérence dans la vie privée et familiale des requérants répondait à un besoin social impérieux et si elle était proportionnée aux buts légitimes poursuivis. Elle a conclu en définitive, à la violation de l'article 13 de la Convention.

Le caractère effectif du recours implique également la possibilité pour le justiciable de faire exécuter la décision de justice qui a été rendue en sa faveur.

C'est ainsi que la Cour a jugé que le droit d'accès à un tribunal « serait illusoire si l'ordre juridique interne d'un État contractant permettait qu'une décision judiciaire définitive et obligatoire reste inopérante au détriment d'une partie ». [270]

En matière de contentieux administratif, la CEDH a jugé que « la protection effective du justiciable et le rétablissement de la légalité impliquent l'obligation pour l'administration de se plier à un jugement ou arrêt prononcé par une telle juridiction ». [271]

L'application de la notion de droit au recours n'est pas l'apanage de la CEDH. Les juridictions nationales françaises ont également eu à consacrer ce droit à maintes reprises.

Ainsi, sur le fondement de l'article 16 de la Déclaration des droits de l'Homme et du citoyen de 1789, le Conseil constitutionnel a réaffirmé le « droit des personnes à exercer un recours juridictionnel effectif qui comprend celui d'obtenir l'exécution des décisions juridictionnelles »[272].

---

[270] CEDH 9 avr. 2015, n° 65829/12, Mme Tchokontio Happi c/ France, AJDA 2015. 720. Voir aussi Mosquée de Fréjus : une pierre à l'édifice du droit au recours effectif, AJDA 2016, p. 732.

[271] 19 mars 1997, n° 18357/91, Époux Hornsby c/ Grèce, AJDA 1997. 977, chron. J.-F. Flauss ; D. 1998. 74, note N. Fricero ; RTD civ. 1997. 1009, obs. J.-P. Marguénaud.

[272] 6 mars 2015, n° 2014-455 QPC, AJDA 2015. 479 ; Constitutions 2015. 256, chron. O. Le Bot ; v., égal., 29 juil. 1998, n° 98-403 DC, AJDA 1998. 739 et 705, note J.-E. Schoettl ; D. 1999. 269, note W. Sabete.

De même, l'affaire de la mairie de Fréjus[273] constitue une belle illustration de l'application de la notion de droit au recours effectif.

Le litige opposait l'association musulmane *El Fath* à la ville de Fréjus. L'association souhaitait construire une mosquée sur le territoire de la commune afin de remplacer les garages qui servaient de lieu de culte à ses six cents (600) fidèles. Dans ce cadre, elle a obtenu le 8 avril 2011, la délivrance d'un permis de construire. Mais aux élections municipales de 2014, le Front national a conquis la mairie. Ayant fait de la non-ouverture de la mosquée son cheval de bataille électorale, le maire a alors mis tout en œuvre pour empêcher l'ouverture de la mosquée.

Ainsi, malgré plusieurs décisions de justice rendues par le tribunal administratif de Toulon et le Conseil d'État, la Préfet de Fréjus avait obstinément refusé de faire droit à la requête de l'association musulmane *El Fath*.

Le Conseil d'État a retenu dans son ordonnance du 16 janvier 2016 que la méconnaissance du droit au recours effectif entraînait, par ricochet, la violation des « libertés fondamentales que cette mesure avait pour objet de sauvegarder ». Dans ce contexte, le Conseil d'État ne pouvait s'arrêter au stade de la proclamation du droit au recours mais devait prendre ses responsabilités, sauf à ce que le droit au recours effectif si solennellement proclamé ne reste platonique.

Dans le même ordre d'idées, le professeur Yaya Bodian, a rappelé que, selon la Cour européenne, « Le droit à l'exécution (y compris avec le concours de la force publique) d'un titre exécutoire doit être considéré comme faisant partie intégrante du droit à un « procès équitable » reconnu par l'article 6.1 de la Convention européenne des droits de l'homme.[274]

En plus du droit à un recours effectif, le droit à un procès équitable implique aussi l'existence d'un tribunal indépendant et impartial.

2. Le droit à un tribunal indépendant et impartial

270. L'indépendance s'apprécie non seulement par rapport aux pouvoirs exécutif et législatif, mais aussi par rapport aux parties, à la presse, à l'opinion et à tous les autres pouvoirs ou groupes de pression.

---

[273] Mosquée de Fréjus : « une pierre à l'édifice du droit au recours effectif », publié à *l'AJDA* 2016 p.732.

[274] Yaya Bodian, THESE Pour le Doctorat d'État, « La situation de l'État dans les procédures civiles d'exécution, 2012, page 252, numéro 549.

271. Le caractère juste et équitable du procès exige des magistrats qu'ils s'affranchissent de toute forme d'influence. La décision juridictionnelle doit, en effet, être l'émanation d'une conscience libre de toute contrainte extérieure, mais aussi de toute pression intérieure.

Il faut néanmoins préciser que l'indépendance revêt à la fois une dimension institutionnelle.

Du point de vue statutaire, les pouvoirs publics doivent prendre les mesures idoines pour mettre en œuvre les garanties de l'indépendance.

Ces garanties sont d'ordre fonctionnel (c'est le cas du principe d'inamovibilité) et organique.

La garantie fonctionnelle de l'indépendance se trouve être le principe d'inamovibilité qui protège le juge dans l'exercice de son office en le mettant à l'abri de toute mesure de représailles. Le juge qui rend sa décision doit avoir la garantie que, quel que soit le sens dans lequel il aura tranché, il ne pourra être ni déplacé ni muté en guise de représailles. Lorsque cette garantie n'est pas effective, certains juges peuvent être tentés de se soumettre à la volonté de l'Exécutif. Dans un tel cas de figure, on aura beau avoir un nombre important de juges indépendants, l'Exécutif pourra toujours compter sur quelques magistrats pour instrumentaliser la justice. Il est donc essentiel que le principe d'inamovibilité soit strictement respecté.

La garantie organique de l'indépendance renvoie à l'organe chargé de gérer la carrière des magistrats.

C'est un postulat universellement admis que lorsque, dans un État quelconque, l'Exécutif se donne le moyen de choisir les juges et les procureurs, le risque d'instrumentalisation devient réel. D'où l'enjeu que constitue la question de la gestion de la carrière[275].

Quoique déterminante, l'indépendance n'est pas la seule qualité requise du tribunal. Celui-ci doit également revêtir les habits d'une vertu cardinale dénommée impartialité.

272. Celle-ci est la traduction juridique de l'exigence de neutralité, gage de la crédibilité du juge. Elle s'apprécie de deux manières, subjective ou objective.

L'impartialité subjective renvoie à l'absence de parti pris du juge. À cet effet, pour permettre au juge d'exercer son office avec toute la

---

[275] Voir, infra, développements sur les propositions de réformes du CSM et du Parquet, n° 482.

sérénité requise, une présomption d'impartialité est attachée aux décisions qu'il rend, sauf au requérant à rapporter la preuve d'une manifestation de partialité.

L'impartialité objective s'apprécie, indépendamment du comportement personnel du juge, par rapport à des faits vérifiables, notamment les positions occupées ou les fonctions exercées avant le procès. Cette exigence se trouve illustrée dans l'affaire « Demicoli c/État de Malte » rendue par la Cour européenne des droits de l'Homme le 27 août 1991. En l'espèce, un journaliste, auteur d'un article violemment péjoratif à l'encontre de deux parlementaires, fut jugé par un tribunal où siégeaient les deux plaignants. La Cour estima que l'impartialité de la juridiction était sujette à caution en raison de la position qu'occupaient les deux jurés[276].

273. Par ailleurs, l'interdiction du cumul des fonctions de poursuite, d'instruction et de jugement édictée par l'article 238 du Code de Procédure pénale français, correspond à une application de l'exigence d'impartialité. Il en est de même de la règle du double degré de juridiction au sujet de laquelle la Cour de cassation a estimé, dans une affaire rendue le 16 décembre 1997, que la « loi, en soumettant la même poursuite à un double degré de juridiction, a voulu assurer une garantie efficace à la justice ; que ce but ne peut être atteint si le magistrat, dans la même affaire, remplit son office devant les deux degrés de juridiction »[277].

274. En plus du droit d'être jugé par un tribunal indépendant et impartial, le droit à un procès équitable implique le respect de certaines règles dans le déroulement du procès. Certaines d'entre elles sont applicables en toute matière alors que d'autres sont propres au procès pénal.

B. Les normes qui garantissent le déroulement équitable du procès

275. Les règles qui garantissent l'équité en toute matière tiennent soit aux conditions d'organisation du procès (publicité), soit au déroulement proprement dit de la procédure, à savoir la célérité, l'égalité des armes et le principe du contradictoire.

---

[276] CEDH, Cour (Chambre), 27 août 1991, n° 13057/87. Consulté le 04/05/2016. https://www.doctrine.fr/d/CEDH/HFJUD/CHAMBER/1991/CEDH001-62240.

[277] Recueil des arrêts de la Cour de cassation, Années judiciaires 1993-1998, Éditions GIRAF 2001, page 701.

1. La publicité

276. La publicité des débats et du prononcé des décisions est un gage de transparence. Elle garantit le caractère équitable du procès en protégeant les justiciables contre les dangers d'une justice secrète qui échappe par nature au contrôle du public. Elle permet aussi de révéler au grand jour la solennité et les vertus d'une bonne justice.

Elle permet, enfin, de conforter dans l'esprit des justiciables la confiance et le respect qui fondent l'autorité et la crédibilité de la justice. Comme le dit l'adage anglais *« Justice must not only be done but it must be seen to be done » : la justice ne doit pas seulement être rendue, mais elle doit être perçue comme étant bien rendue.*

La publicité est donc un principe fondamental du fonctionnement de la justice. Elle trouve sa justification dans le droit reconnu aux citoyens au nom de qui la justice est rendue, d'en contrôler l'exercice. Comme le fait remarquer Jeremy Bentham, « La publicité est l'âme véritable de la justice. Elle est l'aiguillon le plus pointu pour inciter à l'action et la sauvegarde la plus sûre contre l'inconvenance. Elle assure que le juge lui-même, en jugeant, est jugé »[278].

Cependant, la portée de ce principe varie suivant qu'il s'agit des débats ou du prononcé de la décision.

La publicité des débats peut en effet, être aménagée en fonction des considérations tenant à l'intérêt général (ordre public, sécurité nationale) ou à l'intérêt des parties (protection des mineurs, protection de la vie privée). Sauf dans les cas où la loi le prévoit, il revient au président de statuer sur l'opportunité d'ordonner le huis clos.

En revanche, lorsqu'il s'agit du prononcé de la décision, la publicité ne souffre d'aucune exception.

Avec le développement de la médiatisation des procès, le principe de la publicité prend un relief particulier et soulève des questions sur sa portée. En effet, les tribunaux sont de plus en plus confrontés à la pression des journalistes qui, obnubilés par le souci de délivrer des

---

[278] « Publicity is the very soul of justice. It is the keenest spur to exertion, and the surest of all guards against improbity. It keeps the judge himself, while trying, under trial." (Jeremy Bentham, « Draught for the Organization of Judicial Establishments, compared with that of the National Assembly, with a Commentary on the same (1793) », *The works of Jeremy Bentham*, vol. 4 (Panopticon, Constitution, Colonies, Codification), ed. by John Bowring, Edinburg, William Tait, 1843, http://oll.libertyfund.org/titles/1925#Bentham 0872-04_2609). Consulté le 5/06/2018.

informations en temps réel, formulent très souvent, des demandes d'enregistrement des débats.

Dans les législations actuelles, l'enregistrement est interdit sauf dans des cas spécifiques[279].

À notre avis, il faudrait veiller à ne pas tomber dans le piège de la surmédiatisation qui n'est pas exempte de méfaits. Car si la publicité peut être un gage de transparence, la boulimie d'informations et la recherche effrénée du sensationnel peuvent conduire à la méconnaissance de la présomption d'innocence. Le temps judiciaire n'est pas toujours le temps médiatique.

Le souci de concilier liberté d'expression et respect de certains principes comme le secret de l'instruction ou la présomption d'innocence justifie la consécration de certaines pratiques comme les communications sur les dossiers en cours.

En France, la loi du 15 juin 2000 prévoit la possibilité pour les magistrats du Parquet de « rendre publics les éléments d'une enquête afin d'éviter la propagation d'informations parcellaires ou inexactes ou pour mettre fin à un trouble à l'ordre public ».

Au Sénégal, on retrouve une disposition similaire à travers l'article 4 de la loi 2016-30 du 08 novembre 2016 qui dispose que : « Pour prévenir la propagation d'informations parcellaires ou inexactes ou pour mettre fin à un trouble à l'ordre public, le Procureur peut, en relation avec sa hiérarchie, rendre publics , par un point de presse, des éléments objectifs tirés de la procédure ne comportant aucune appréciation sur le bien-fondé des indices ou charges retenues contre les personnes mises en cause. »

Cette forme de communication, qui astreint le magistrat à une obligation de prudence et de mesure, est un exercice très délicat. Comme le fait remarquer un auteur, « l'information ne doit nullement tendre à enfoncer la personne poursuivie ou la présenter d'ores et déjà, comme le coupable probable de l'infraction au risque de porter atteinte à la présomption d'innocence »[280].

---

[279] C'est le cas du procès Hissène Habré avec l'article 36 du statut qui dispose que : « Les audiences devant les Chambres africaines extraordinaires, sous l'autorité du Procureur général, sont filmées et enregistrées afin d'être diffusées sauf si cela contrevient aux mesures nécessaires à la protection des témoins et autres participants. »

[280] Cheikh Diakhoumpa, *Traité théorique et pratique de Procédure pénale, Tome I*, 1ère édition, Dakar, 2015, page 67.

Récemment, la Cour de justice de la CEDEAO a qualifié de violation de la présomption d'innocence les propos tenus par un Procureur de la République à l'encontre d'un prévenu[281].

Dans cette affaire, le Procureur de la République près le tribunal de grande instance de Dakar, avait, le 03 mars 2017, tenu un point de presse au cours duquel il avait déclaré que l'affaire Khalifa Sall n'était rien d'autre que la justification « d'un montant d'un milliard huit cents millions qu'on a pris des caisses de la ville de Dakar sur la base de faux documents ».

Dans son arrêt, la Cour a rappelé que « le respect de la présomption d'innocence s'impose à toutes les autorités qui concourent à la procédure et que le souci du respect du droit à l'information ne peut justifier aucune violation de la présomption d'innocence ». Analysant les propos du Procureur de la République, elle a estimé qu'ils « tendent simplement à faire croire à l'opinion qu'il y a eu soustraction de fonds publics à l'aide de faux documents », et que de telles allégations « jurent d'avec les prescriptions des instruments juridiques internationaux auxquels le Sénégal a adhéré et qu'il s'est engagé à respecter et à faire respecter ». Elle en a conclu que « le Sénégal a failli à son obligation consistant à faire respecter le droit à la présomption d'innocence des requérants ».

Cette décision nous semble tout à fait conforme à la lettre et à l'esprit des textes qui encadrent les procédures de communication dans les affaires judiciaires en cours. En effet, le magistrat doit veiller à ne laisser apparaître aucune appréciation sur le bien-fondé des indices ou des charges qui pèsent sur la personne mise en cause. La rigueur avec laquelle la Cour de justice de la CEDEAO a jugé cette affaire est le moyen le plus sûr de prévenir les abus de la part de ceux qui sont chargés de faire respecter les droits de la défense.

2. Les autres principes inhérents au déroulement de la procédure

277. À côté de la publicité, d'autres conditions sont requises pour un déroulement équitable du procès.

En effet, le droit d'être jugé dans un délai raisonnable est consacré par la Charte africaine des droits de l'Homme et des peuples, en son article 7, ainsi que par la Convention européenne des droits de l'Homme en son article 6.

---

[281] Affaire du maire de Dakar Khalifa Sall, Cour de justice de la Communauté CEDEAO, Abuja-Nigeria, arrêt ECW / CCJ/ JUD/ 17/ 18 du 29 juin 2018.

278. Cependant, l'évaluation du caractère raisonnable du délai de jugement n'est pas aisée et s'apprécie au cas par cas, selon plusieurs critères comme la complexité de l'affaire, le comportement des parties et celui des autorités compétentes.

279. L'égalité des armes, qui est un principe fondamental du procès équitable, équivaut à la possibilité offerte à chaque partie de présenter sa cause dans des conditions qui ne la placent pas dans une situation de net désavantage par rapport à son adversaire.

Pierre angulaire du procès équitable, l'égalité des armes implique l'équivalence des moyens mis à la disposition des parties à toutes les étapes de la procédure.

Ainsi, les parties doivent disposer des mêmes possibilités relativement à la communication des pièces, à la présentation de leur cause, à l'audition des témoins et au droit d'user de voies de recours.

280. Le principe de l'égalité des armes constitue, avec le principe du contradictoire, un des fondements majeurs du droit à un procès équitable tel que défini à l'article 6 § 1 de la Convention européenne de sauvegarde des droits de l'Homme et des libertés fondamentales. Souvent cité, mais plus rarement énoncé, cet article dispose que « Toute personne a droit à ce que sa cause soit entendue équitablement, publiquement et dans un délai raisonnable par un tribunal indépendant et impartial établi par la loi, qui décidera, soit des contestations sur ses droits et obligations à caractère civil, soit du bien-fondé de toute accusation en matière pénale dirigée contre elle (...) ».

Or, pour que sa cause soit entendue équitablement, les instances communautaires considèrent que le justiciable doit pouvoir, en premier lieu, bénéficier d'une procédure contradictoire. Ce qui implique, pour une partie, « la faculté de prendre connaissance des observations ou pièces produites par l'autre ainsi que de les discuter ». Il doit, en second lieu, et cette fois en vertu du principe de l'égalité des armes, pouvoir disposer de la faculté de faire valoir ses droits devant le juge dans des conditions qui ne la placent pas dans une situation désavantageuse par rapport à la partie adverse.

281. Si le principe de l'égalité des armes a été consacré par la jurisprudence de la Cour européenne des droits de l'Homme dès 1968 dans l'arrêt Neumeister [282], ce n'est qu'en 1985 au travers de l'arrêt

---

[282] CEDH, Neumeister, 27 juin 1968, Série A, n° 8.

Bönisch[283] que la Cour de Strasbourg admettra pour la première fois la violation de ce principe. Elle a eu, par la suite, maintes fois l'occasion de sanctionner les atteintes portées à l'égalité des armes, à la fois dans les relations entre les parties, mais aussi dans les relations entre les parties et le Ministère public. Il implique ainsi que les parties puissent bénéficier dans les mêmes conditions de la faculté de présenter leurs moyens de preuve, notamment, quant à la possibilité de faire entendre ses témoins[284] ou quant à celle de bénéficier d'une contre-expertise. Elles doivent, enfin, être soumises aux mêmes délais de procédure et disposer des mêmes voies de recours.

282. Le principe de l'égalité des armes est, enfin, entendu de façon extrêmement large, puisque la jurisprudence de la Cour européenne a étendu son champ d'application « à toutes les phases de la procédure, *et notamment à l'instruction* »[285].

L'ensemble de ces normes ont été reconnues par le Statut des CAE.

§ II. – La référence aux principes du procès juste et équitable dans le Statut des CAE

283. Cette consécration s'est faite tout d'abord par la référence aux principes généraux du procès équitable. Ainsi, l'article 21 alinéa 2 du Statut des CAE qui dispose que : « Tout accusé a droit à ce que sa cause soit entendue équitablement et publiquement, sous réserve des mesures ordonnées par les Chambres africaines extraordinaires pour assurer la protection des victimes et des témoins ».

Elle s'est aussi manifestée par l'affirmation de l'indépendance des organes judiciaires ainsi que par la reconnaissance des droits de la défense.

A. L'affirmation de l'indépendance des CAE

284. Pour garantir le caractère juste et équitable du procès, le Statut des CAE a prévu des dispositions visant à préserver non seulement l'indépendance des juges mais aussi celle des membres du Ministère public.

---

283 CEDH, Bonîsch c/ Autriche, 6 mai 1985, Série A, n° 92.

284 CEDH, 27 octobre 1993, Dombo Beheer B.V. c/ Pays-Bas, Req. n° 37/1992/382/460.

285 Frédéric Sudre, Jean Pierre Marguenaud, J. Andriantsimbazovina, A. Gouttenoire, M. Levinet, « Les grands arrêts de la Cour européenne de Droits de l'Homme », Coll. Thémis, Paris, PUF 2003, p. 233. Voir, en ce sens CEDH, 30 mars 1989, Lamy c/ Belgique, Série A, § 151 ; 21 octobre 1986, Sanchez-Reisse, Série A, § 107.

1. Indépendance des juges

285. La consécration formelle de l'indépendance des juges ne suffit pas à en faire une réalité. Pour être effective, l'indépendance doit être garantie de manière à ce que le juge soit assuré de pouvoir exercer son office en son âme et conscience, sans s'exposer à des mesures de représailles de la part de l'Exécutif ou d'un quelconque autre pouvoir.

286. En Afrique, l'une des principales failles du dispositif judiciaire réside précisément dans la situation de précarité des juges. Cette précarité tient au fait que le pouvoir exécutif garde une trop grande mainmise sur la carrière des juges[286].

L'exemple du Sénégal est, à cet égard, assez illustratif tant en ce qui concerne la garantie organique que le Conseil supérieur de la magistrature (CSM) est censé constituer qu'en ce qui concerne le principe d'inamovibilité.

S'agissant du CSM, celui du Sénégal laisse apparaître que, pour ce qui est de la nomination des magistrats, la part du lion revient à l'Exécutif (à travers le ministre de la Justice), les autres membres (à savoir les magistrats) se contentant de la portion congrue.

En effet, en droit comme en fait, le ministre de la Justice, représentant de l'Exécutif, joue le rôle de pivot dans la procédure de nomination.

Ainsi, aux termes de l'article 4 du statut des magistrats, c'est le ministre de la Justice en sa qualité de vice-président du CSM, qui fait les propositions de nomination aux postes. C'est lui qui élabore les critères de nomination (qui peuvent varier d'une réunion à une autre), fixe l'ordre du jour c'est-à-dire la liste des juges et procureurs susceptibles d'être affectés.

Naturellement, dans l'exercice de ses attributions et en fonction du poste concerné, le ministre de la justice peut décider de consulter n'importe quelle personne ou autorité, notamment ses conseillers techniques, les chefs de Cour ou le Président de la République. C'est après avoir établi sa liste qu'il convoque les membres pour une réunion dans son bureau (pré-conseil) afin de recueillir leurs avis.

---

[286] Voir le cas du Jean Kinwani et Joseph Mango, « Problématique de la garantie de l'indépendance du pouvoir judiciaire par le conseil supérieur de la magistrature en RDC », *in Bulletin RCN Justice et démocratie,* n° 28, deuxième trimestre 2009, Justice et séparation du pouvoir, p. 18.

L'étendue des pouvoirs du ministre contraste avec le caractère symbolique des pouvoirs des autres membres du conseil.

Les membres du CSM qui n'ont pas le droit de faire des propositions, disposent d'une marge de manœuvre très étroite. Ils sont placés devant l'alternative (approuver ou donner un avis défavorable) mais sans pouvoir faire une contre-proposition. Le pouvoir de faire des propositions étant conféré à titre exclusif au ministre de la Justice.

Il s'y ajoute que, ne maîtrisant pas les critères sur la base desquels la liste a été établie et n'ayant pas, non plus, la possibilité de consulter les magistrats concernés. Les membres du CSM sont mis, pour ainsi dire, devant le fait accompli. Il s'ensuit que près de 99 % des propositions du ministre passent comme lettre à la poste.

Les pouvoirs du ministre sont d'autant plus pesants qu'à l'exception de quelques-uns d'entre eux, les magistrats sont maintenus, durant la quasi-totalité de leur carrière, dans une situation de précarité totale.

En effet, le recours systématique aux notions de nécessité de service et d'intérim donne à l'autorité de nomination la possibilité de contourner le principe d'inamovibilité. Actuellement, plus de 90 % des juges sont en situation d'intérim et sont donc susceptibles d'être déplacés à tout moment.

Ce système, qui fait du ministre de la Justice, c'est-à-dire un représentant de l'Exécutif, le « faiseur de rois », peut conduire certains à chercher à entrer dans les bonnes grâces du pouvoir avec tout ce que cela peut impliquer comme risque de compromission au détriment de la justice.

À notre avis, il est absolument indispensable de procéder à la réforme du CSM tant dans son organisation que dans son fonctionnement.

287. Aux termes de l'article 6 de la loi organique n° 2017-10 du 17 janvier 2017 portant statut des magistrats, les juges sont inamovibles. Ce qui implique qu'en principe, ils ne peuvent être affectés sans leur consentement, sauf en cas de nécessité de service.

Mais cette règle qui est censée préserver l'indépendance du juge en le mettant à l'abri des velléités de représailles du pouvoir exécutif, a toujours été, en pratique, vidée de sa substance par le recours systématique à la notion de « nécessité de service ».

L'usage de cette notion a, en effet, contribué à faire sauter le verrou de l'exigence du consentement préalable avant tout déplacement mettant, du coup, les juges dans une situation de précarité difficilement compatible avec leur nécessaire esprit d'indépendance.

Cette situation de précarité dans laquelle se trouvent la quasi-totalité des magistrats, est difficilement compatible avec la sérénité et l'esprit d'indépendance que requiert la fonction de juger.

288. C'est sans doute pour soustraire les juges des CAE à cette situation de dépendance vis-à-vis de tout pouvoir exécutif que l'article 11 de ce texte a prévu que les magistrats sont nommés par le Président de la Commission de l'Union africaine. Ainsi, parallélisme des formes oblige, aucune affectation de ces magistrats ne pouvait être décidée par l'une quelconque des autorités étatiques.

289. Dans le même ordre d'idées, l'article 29 du statut des CAE a prévu que :

« Les Juges, les Procureurs, les Greffiers, l'Administrateur et les autres membres du personnel des Chambres africaines extraordinaires de nationalité sénégalaise jouissent, conformément à la Convention générale de l'Organisation de l'Unité africaine (OUA) sur les privilèges et immunités… de l'immunité de juridiction pénale et civile pour tous les actes (y compris leurs paroles et écrits) qu'ils accomplissent dans l'exercice de leurs fonctions. Cette immunité est maintenue après qu'ils ont quitté le service des Chambres africaines extraordinaires ».

Le souci de préserver l'indépendance des CAE se manifeste également à travers l'affirmation de l'indépendance du Ministère public.

2. Indépendance du Ministère public

290. Dans le système de tradition romano-germanique dont s'inspire celui du Sénégal, les magistrats du ministère public sont soumis à l'autorité hiérarchique. À cet égard, ils peuvent recevoir des instructions écrites auxquelles ils sont tenus de se conformer [287], sauf lorsqu'ils prennent leurs réquisitions orales, auquel cas, il leur est loisible d'exprimer leur point de vue personnel conformément à la règle bien connue : « la plume est serve, la parole est libre ».

291. Cependant, la situation particulière des CAE ne pouvait s'accommoder de cette règle. En effet, même si elles sont intégrées au sein du système judiciaire sénégalais, les CAE n'en constituent pas

287 Article 25 du CPP sénégalais.

moins une juridiction pénale à caractère international dont le fonctionnement ne peut relever de l'autorité d'un quelconque pouvoir étatique.

C'est ce qui explique le contenu de l'article 12 du Statut qui dispose que « les Procureurs exercent leurs fonctions en toute indépendance ».

En plus de l'affirmation de l'indépendance des CAE, leur Statut a également consacré des droits propres à garantir le caractère juste et équitable du procès.

B. L'affirmation des principes qui garantissent le déroulement équitable du procès

292. Au nombre des dispositions visant à permettre un déroulement équitable du procès, on peut citer celles relatives à la présomption d'innocence et aux droits de la défense.

1. La présomption d'innocence

293. Aux termes de l'article 21-3 du Statut « Tout accusé est présumé innocent jusqu'à ce que sa culpabilité ait été établie, conformément aux dispositions du présent Statut ».

Cette disposition nous semble d'autant plus importante que dans les procès internationaux, la médiatisation et l'implication d'organisations non gouvernementales (ONG) tendent à présenter les accusés comme de présumés coupables.

Cette extrême médiatisation crée, dès le début du procès, un déséquilibre dans le traitement de l'information. Même si la presse ne doit, en principe, avoir aucune influence sur les décisions judiciaires, on peut convenir que le traitement biaisé de l'information peut porter un sérieux coup à la crédibilité de la personne poursuivie.

2. Les droits de la défense

294. L'article 21, alinéa 4 (e) reconnaît à chaque accusé le « droit d'être présent à son procès et de se défendre lui-même ou d'être assisté d'un conseil de son choix ; s'il n'a pas de conseil, être informé de son droit d'en avoir un, et, chaque fois que l'intérêt de la justice le commande, se voir commettre d'office un conseil, sans frais, s'il n'a pas les moyens de le rémunérer ».

295. En plus du droit à un conseil, on retrouve dans le Statut des CAE la règle bien établie selon laquelle la personne poursuivie doit disposer du temps et des facilités nécessaires à la préparation de sa défense. Le statut des CAE a ainsi prévu que, parmi les droits de l'accusé, figure celui de « disposer du temps et des facilités nécessaires à la préparation de sa défense... »[288].

296. Conformément aux dispositions de l'article 16 du Statut des CAE, l'appréciation du « temps nécessaire à la préparation de la défense », faute de précision donnée par ce texte, doit se faire en fonction des dispositions de la loi sénégalaise, notamment du CPP. Dans cette optique, l'article 105 du CPP du Sénégal, dispose que « S'il réside au siège de l'instruction, le conseil est convoqué au plus tard l'avant-veille de l'interrogatoire lorsque le conseil ne réside pas au siège de l'instruction, ce délai est porté à huit jours ».

Au regard de ce qui précède, il ne fait pas de doute que les rédacteurs du Statut des CAE ont entendu faire prévaloir tous les principes qui régissent un procès juste et équitable.

Le fait que les principes ci-dessus indiqués aient été consacrés par le Statut des CAE constitue un indicateur de la volonté de réunir les conditions de la tenue d'un procès juste et équitable.

Mais c'est surtout l'application effective de tels principes au cours de la procédure qui a permis de traduire en acte l'objectif affiché de conduire un procès conforme aux standards internationaux.

Section II

La mise en œuvre des principes du procès juste et équitable

297. Même si, au final, on peut considérer qu'il y a eu une mise en œuvre effective des principes du procès juste et équitable (§ II), il faut reconnaître que cette application ne s'est pas faite sans difficultés (§ I).

§ I. – Difficultés rencontrées dans l'application des principes du procès juste et équitable

298. Ces difficultés sont relatives aux velléités de contrôle de l'activité des juges et à la défense de rupture adoptée par l'accusé Hissène Habré.

A. Les velléités de contrôle de l'activité des juges

299. La volonté de contrôler l'activité des juges est décelable à travers certaines dispositions du Statut visant l'encadrement du délai de

---

[288] Article 21, al 4b.

la procédure et la demande de constitution de partie civile formulée par l'État du Tchad.

1. L'encadrement du délai de l'instruction

300. Les rédacteurs du Statut des CAE ont tenté d'encadrer le délai de la procédure par deux moyens : la fixation indirecte d'un délai pour l'instruction ainsi que le recours suggéré à la validation de procédures étrangères.

Ainsi, à défaut de pouvoir fixer d'autorité la durée de la phase d'instruction, l'Union africaine a limité à 15 mois la durée du mandat des juges d'instruction.

À la suite de la réunion du Comité de pilotage [289] tenue le 25 février 2014, cette durée a été prorogée de huit (8) mois, conformément à la demande des juges d'instruction.

Dans le même souci d'encadrer le délai de l'instruction à travers le nombre de missions, les magistrats des CAE ont reçu l'information selon laquelle quatre missions avaient été budgétisées : trois au Tchad et une en Belgique.

301. Même si on ne peut nier le bien-fondé des préoccupations d'ordre financier qui sous-tendent une telle démarche, le procédé employé nous paraît, à bien des égards, contestable. En effet, l'indépendance dont doivent jouir les juges en général et les juges d'instruction en particulier ne se concilie guère avec une détermination préalable des actes d'instruction par des acteurs tiers à la procédure.

D'ailleurs, la suite des événements a révélé les limites d'une telle démarche. En effet, dans le cadre de l'instruction, la Chambre n'a finalement pas jugé utile de se déplacer en Belgique. En revanche, elle a estimé nécessaire d'effectuer une quatrième mission au Tchad et une CRI en France.

En effet, à quelques semaines de la troisième mission au Tchad qu'elle envisageait d'effectuer entre le 9 mars et le 5 avril 2014, la Chambre s'est vu signifier une décision du Comité de pilotage lui indiquant que pour des raisons d'ordre financier, liées notamment au coût jugé exorbitant de l'expertise envisagée, la mission ne pouvait être menée tel que prévu.

---

[289] Organe chargé de s'assurer du bon fonctionnement des CAE et qui est composé des représentants de l'Union africaine, du Gouvernement du Sénégal, de celui du Tchad et des États bailleurs de fonds.

La Chambre se résolut finalement à effectuer la troisième CRI au Tchad sans les experts anthropologues argentins. Mais dès le mois suivant, elle adressa au Comité de Pilotage une correspondance dans laquelle elle insista sur le caractère indispensable de l'expertise en anthropologie médico-légale qui devait être réalisée sur les ossements susceptibles d'être découverts dans les charniers. Réagissant favorablement à cette requête, le Comité de Pilotage accepta finalement de financer cette quatrième mission au Tchad.

302. L'autre moyen visant à encadrer le délai est relatif à la procédure de transfert de procédures étrangères.

L'option de transfert de poursuites telle que prévue par le Statut des CAE :

En fixant le délai d'instruction à quinze (15) mois, l'Union africaine et ses partenaires ne comptaient pas, sans doute, uniquement sur la diligence des juges. En effet, ils fondaient également leurs espoirs sur les dispositions du Statut des CAE qui prévoyaient la possibilité pour celles-ci de demander le transfert au Sénégal des procédures étrangères ouvertes pour les mêmes faits et ensuite, de valider les procès-verbaux issus desdites procédures. Une option que les juges ont décidé d'écarter dès l'entame de leur travail.

303. Aux termes de l'article 18-2 du Statut, les Chambres Africaines extraordinaires peuvent, dans le cadre de l'enquête, « solliciter tous transferts de poursuite pénale et dans ce cadre, valider les procès-verbaux et tout élément de preuve établi par les autorités compétentes des pays requis ».

Pour bien appréhender les motifs qui sous-tendent une telle disposition, il est nécessaire de faire un bref rappel de la procédure qui avait été ouverte en Belgique à propos des mêmes faits.

En effet, le 30 novembre 2000, trois (03) victimes belges d'origine tchadienne ont déposé plainte contre Hissène Habré auprès du juge d'instruction Daniel Fransen du Tribunal de première instance (TPI) de Bruxelles, en application de la loi de compétence universelle, pour crimes contre l'humanité, torture, arrestations arbitraires et enlèvements. Dans le cadre de l'instruction de cette affaire, ce juge d'instruction s'est rendu au Tchad où il a procédé, en compagnie du Procureur du roi, de sa greffière et de quatre officiers de police, à l'audition de plusieurs victimes et témoins. Le 19 septembre 2002, il décerna un mandat d'arrêt international à l'encontre de Hissène Habré.

304. C'est précisément en référence à cette procédure que les rédacteurs du Statut des CAE ont évoqué la possibilité de solliciter un transfert de poursuites et la validation des procès-verbaux et éléments de preuve. Par ce biais, l'Union africaine entendait ainsi faire d'une pierre deux coups : faciliter la tâche aux juges et réduire considérablement les délais d'instruction. Mais finalement, cette option a été rejetée par les juges et ce, pour plusieurs raisons.

305. L'option du transfert de poursuites se heurtait à des obstacles d'ordre juridique et était, en outre, manifestement inopportune.

Le transfert de poursuites pénales suppose que l'État requis soit, légalement, dans l'obligation d'abandonner les poursuites et de transmettre le dossier à la juridiction requérante. Dans le cas, par exemple, du TPIY ou du TPIR, cette possibilité est consacrée à travers le principe dit de « primauté de juridiction ». Ainsi, l'article 9 du Statut du TPIY, qui est le pendant de l'article 8 du Statut du TPIR, dispose que :

« – Le Tribunal international et les juridictions nationales sont concurremment compétents pour juger les personnes présumées responsables de violations du droit international humanitaire commises sur le territoire de l'ex-Yougoslavie depuis le 1er janvier 1991.

– Le Tribunal international a la primauté de juridiction sur les juridictions nationales ».

306. Ainsi, en leur qualité de parties aux traités instituant le TPIR et le TPIY, le Rwanda et l'ex-Yougoslavie étaient tenus, conformément au principe de primauté, de cesser toutes poursuites concurrentes dès lors que le TPIR ou le TPIY en faisaient la demande.

307. Par contre, dans le cas des CAE, la Belgique n'était liée ni par l'Accord portant mise en place des CAE, ni par le Statut de celles-ci.

La simple évocation, dans le Statut des CAE, de la possibilité de solliciter le transfert de poursuites ne pouvait donc tenir lieu d'obligation d'abandonner ces dernières.

308. Ces difficultés auraient pu être contournées par la signature par l'Union africaine d'un Accord avec la Belgique et avec tout autre État susceptible d'être concerné, consacrant le principe de primauté de juridiction en faveur des CAE. Ainsi, toute juridiction nationale devant laquelle aurait été introduite une procédure pénale concernant les mêmes faits que ceux visés dans la procédure ouverte devant les CAE aurait été tenue de se dessaisir au profit de ces dernières.

309. Finalement, la chambre d'instruction ne fit pas recours à l'article 18 et ce, pour des raisons d'opportunité.

En effet, il ne faut pas perdre de vue le fait que les Chambres africaines devaient relever un défi capital : celui de la crédibilité. Créées dans un contexte de contestation de la CPI par les dirigeants africains, les CAE procédaient d'une volonté des Africains de juger leurs dirigeants en Afrique. Cette volonté noble qui constituait également un message lancé à toute la communauté internationale : montrer que les Africains ont les ressources humaines capables de mener à bien un tel processus. À travers cette affaire, c'était donc la crédibilité de la justice africaine en général et celle de la justice sénégalaise, en particulier, qui étaient en jeu. Or, quelle crédibilité aurait-on pu accorder au travail d'un juge d'instruction qui, en lieu et place d'une enquête digne de ce nom, aurait choisi de s'appuyer, à titre principal, sur le travail d'un juge étranger ?

Aussi la Chambre d'instruction a-t-elle estimé plus judicieux de se fonder, sinon exclusivement, du moins principalement, sur les éléments de preuve issus de ses propres investigations.

Il paraissait évident que si, pour une bonne administration de la justice, il était nécessaire de faire preuve d'ouverture d'esprit et d'échanger, autant que possible, avec des magistrats expérimentés, il fallait, par contre, éviter de s'en remettre à une « expertise étrangère » tant pour la conduite de l'instruction que pour la rédaction de la décision. C'est ce souci qui a amené la Chambre à procéder à ses propres investigations.

La volonté de contrôler l'activité des juges s'est également manifestée à travers la demande de constitution de partie civile formulée par l'État du Tchad.

2. La demande de constitution de partie civile de l'État du Tchad

310. Lorsque des faits susceptibles d'être qualifiés de crimes sont commis sur le territoire d'un État, la poursuite engagée contre les individus présumés auteurs de telles infractions ne constitue pas un obstacle à la recherche de la responsabilité de l'État. L'illustration en est donnée par l'article 58 de la Commission du Droit international (CDI) qui, après avoir admis la possibilité d'intenter une action contre un État pour fait internationalement illicite, précise que « Les présents articles sont sans préjudice de toute question relative à la responsabilité individuelle d'après le droit international de toute personne qui agit pour le compte d'un État ».

311. L'application des deux régimes de responsabilité peut être simultanée. Ainsi, à propos des crimes commis en Bosnie-Herzégovine, il y a eu deux actions :

– l'une, devant la CIJ, opposant la Bosnie-Herzégovine à la Yougoslavie et la Croatie à la Yougoslavie ;

– l'autre, contre le président de la République fédérale de Yougoslavie, Slobodan Milosevic.

312. Au regard de ces considérations, on ne peut manquer de s'interroger sur les motivations de la démarche des autorités tchadiennes qui ont décidé de déposer une plainte avec constitution de partie civile pour le compte de l'État du Tchad.

À la date du 25 février 2015, des avocats déposaient, pour le compte de l'État du Tchad, une demande de constitution de partie civile.

Il relevait dès lors de l'évidence que l'État du Tchad cherchait à garder un œil sur le déroulement de l'enquête. Car, en se constituant partie civile, il serait devenu de facto, partie au procès et aurait ainsi le droit d'accéder au dossier et d'être tenu informé, en temps réel, du déroulement de l'instruction.

Or, compte tenu des difficultés que la Chambre d'instruction éprouvait à faire comparaître certains témoins, il paraissait évident qu'ils subissaient des pressions de la part de l'État du Tchad. Dans ces conditions, accéder à la requête de l'État du Tchad revenait à compromettre le bon déroulement de l'instruction.

313. Les choses allaient se décanter lorsqu'à la date du 4 avril 2015, une des parties civiles saisissait la chambre d'instruction d'une requête tendant à déclarer irrecevable la constitution de partie civile de l'État du Tchad. Le 16 mai 2015, le Ministère public faisait parvenir, à son tour, un réquisitoire aux mêmes fins.

314. Dès lors, se posaient deux questions juridiques :

– Le juge d'instruction est-il habilité à statuer sur la recevabilité de la constitution de partie civile ?

– Dans l'affirmative, dans quelles conditions cette constitution de partie civile peut-elle être déclarée irrecevable ?

À la première question, la Chambre a répondu par l'affirmative soulignant que c'était dans les attributions de chaque juridiction d'apprécier la recevabilité des demandes qui lui sont soumises et qu'en l'absence de disposition contraire prévue dans le cas d'espèce, la compétence de la Chambre d'instruction ne pouvait être valablement contestée[290].

Au regard du droit positif sénégalais, cette décision appelle quelques remarques.

En effet, contrairement au droit français, il n'existe pas, en droit positif sénégalais, de disposition prévoyant la possibilité pour le juge d'instruction, de statuer sur la recevabilité de la constitution de partie civile[291].

Cette question est en rapport avec la problématique de la place de la victime dans le procès pénal. En effet, la structure du procès pénal a connu depuis quelques années, une véritable mutation caractérisée par le rôle de plus en plus important de la victime. Naguère assimilé à un jeu à trois entre la défense, le juge et le Ministère public, le procès pénal est devenu un drame qui se joue à quatre avec l'intrusion de la victime.

Néanmoins, cette nouvelle dynamique du procès pénal ne doit pas occulter le souci d'assurer un certain équilibre entre un renforcement substantiel des droits des victimes et la sauvegarde des droits des autres parties ainsi que le respect des impératifs de l'enquête pénale. C'est, précisément, ce souci qui justifie les dispositions relatives à l'abus de constitution de partie civile. On retrouve dans beaucoup de législations, des dispositions prévoyant des sanctions pénales à l'égard des personnes qui se sont constituées parties civiles dans l'intention de nuire[292].

---

290 La Chambre a considéré que « c'est dans les attributions de chaque juridiction d'examiner la recevabilité des demandes qui lui sont soumises ». Voir décision en annexe.

291 Article 87 du code de procédure pénale français : « La constitution de partie civile peut avoir lieu à tout moment au cours de l'instruction. Elle peut être contestée par le procureur de la République ou par une partie. En cas de contestation, ou s'il déclare irrecevable la constitution de partie civile, le juge d'instruction statue, après communication du dossier au ministère public, par ordonnance motivée dont l'intéressé peut interjeter appel. »

292 Article 459 du CPP sénégalais « Dans le cas prévu à l'article 457 du présent code, lorsque la partie civile a elle-même mis en mouvement l'action publique, le tribunal statue par le même jugement sur la demande en dommages-intérêts formée par la personne relaxée contre la partie civile pour abus de constitution de partie civile ».

Mais en dehors du cas de l'intention de nuire, il a paru nécessaire de prévenir toutes les situations de détournement de procédure dans lesquelles la constitution de partie civile est détournée de son objet de réparation pour servir d'autres intérêts. Il en est ainsi des cas dans lesquels des personnes morales ou physiques se constituent parties civiles uniquement pour pouvoir accéder au dossier sachant que la qualité de partie civile permet d'acquérir la qualité de partie au procès.

C'est précisément pour prévenir de tels risques que le législateur français a introduit une modification dans son code de procédure pénale à travers l'article 87 précité qui autorise le juge d'instruction à se prononcer sur la recevabilité d'une demande de constitution de partie civile. Cette nouvelle disposition relative aux constitutions de partie civile abusives caractérise le refus de désavantager le présumé innocent par le biais d'une reconnaissance accrue des droits des victimes.

La question à laquelle devaient répondre les juges de la chambre d'instruction se présentait sous la forme d'un dilemme entre respect des droits des victimes et souci de préserver les droits des personnes poursuivies ainsi que l'efficacité de l'instruction.

De toute évidence, l'État du Tchad ne pouvait pas, au regard des faits et crimes dont étaient saisies les Chambres africaines, se prévaloir d'un préjudice. La demande de constitution de partie civile n'avait donc d'autre but que de permettre aux conseils de l'État tchadien d'accéder au dossier.

Le problème était que le droit applicable, à savoir la loi sénégalaise, n'avait rien prévu.

En décidant de statuer sur la recevabilité, la chambre d'instruction a ainsi fait prévaloir les considérations d'opportunité sur la légalité.

Pour éviter qu'à l'avenir, des juges ne soient tentés de violer la lettre de la loi au nom de considérations d'opportunité, il est nécessaire de modifier les dispositions pénales relatives à la constitution de partie civile afin de permettre au juge d'instruction de statuer sur la recevabilité des demandes de constitution de partie civile.

Concernant la seconde question, la chambre d'instruction a d'abord rappelé que la constitution de partie civile devant le juge d'instruction est recevable dès lors que le préjudice allégué est susceptible de découler des faits visés avant de souligner, après analyse des faits de l'espèce, qu'au regard des infractions visées, le préjudice visé par l'État du Tchad n'était ni possible, ni envisageable.

315. En dehors des velléités de contrôle de l'activité des juges, l'application des garanties d'un procès juste et équitable a été rendue quelque peu délicate par le système de défense de l'accusé Hissène Habré.

B. La défense de rupture de Hissène Habré

Comme système de défense, Hissène Habré a opté pour le silence et le refus de comparaître.

1. L'option de garder le silence adoptée par l'accusé

316. À l'instar de la quasi-totalité des personnes poursuivies devant les juridictions pénales internationales, Hissène Habré a adopté une défense dite de rupture consistant principalement à refuser de reconnaître la légalité de la juridiction chargée de le juger[293].

Ainsi, lors de son inculpation, après avoir remis en cause la légalité et la légitimité des CAE il s'est emmuré dans un silence total durant toute la phase d'instruction, refusant systématiquement de répondre aux interpellations et questions des juges, procureurs et avocats des parties adverses.

Devant la juridiction de jugement, il a même durci sa ligne de défense, allant jusqu'à refuser de comparaître devant la Chambre d'Assises.

2. Le refus de comparaître à l'audience

317. Lors de l'ouverture du procès, le 20 juillet 2015, l'accusé a non seulement refusé de comparaître, mais s'est entendu avec les conseils qu'il

---

[293] On prête à l'avocat Jacques Vergès le mérite d'avoir théorisé la « défense de rupture » qu'il a expliquée dans son livre intitulé *De la stratégie judiciaire* (Paris, Minuit, 1968). Ce livre-culte inspira des générations d'avocats, stimulés par sa provocante dialectique. « Le but de la défense n'est pas tant de faire acquitter l'accusé que de mettre en lumière ses idées », y lisait-on, ou encore : « La rupture bouleverse toute la structure du procès ; au premier plan apparaît soudain la contestation brutale de l'ordre public ! Ces proclamations de principe vous font aujourd'hui sourire, n'est-ce pas ».
Il faut cependant préciser que cette forme de défense a été pratiquée bien avant lui par l'avocat Marcel Willard, un avocat communiste, dans son livre *La Défense accuse,* Paris, Editions sociales, 1938, 32 pages. Lénine, raconte-t-il, avait fixé cette ligne de conduite dès 1905, à tous les Bolcheviks traduits en justice : « Défendre sa cause et non sa personne, assurer soi-même sa défense politique, attaquer le régime accusateur, s'adresser aux masses par-dessus la tête du juge ».
http://www.lemonde.fr/idees/article/2013/08/20/non-jacques-verges-n-a-pas-invente-la-defense-de-rupture. Consulté le 30octobre 2018.

s'était choisi pour que ceux-ci ne se présentent pas devant la barre de la Cour.

Ainsi, à l'ouverture du procès comme lors de sa reprise suite à sa suspension le 7 septembre 2015, le président de la Chambre d'Assises a dû recourir à la force publique pour faire comparaître Hissène Habré.

Cette décision n'a pas manqué de susciter des interrogations.

En effet, l'image d'un ancien Président de la République traîné de force devant la barre d'un tribunal et se débattant entre les mains des forces de l'ordre pouvait paraître choquante. En outre, on peut considérer que le droit de se défendre incluait le droit de ne pas comparaître et que la décision de faire comparaître l'accusé de force constituait une violation des droits de la défense.

318. Cependant, au-delà des réactions dictées par l'émotion, la comparution forcée de Hissène Habré est, à notre avis, tout à fait conforme au droit applicable devant les CAE.

Car en l'absence de dispositions prévues par le Statut des CAE, c'est à la loi sénégalaise qu'il fallait se référer pour définir les modalités de comparution de l'accusé. Or, aux termes de l'article 300 du CPP du Sénégal : « si un accusé refuse de comparaître, sommation lui est faite au nom de la loi, par un huissier commis à cet effet par le président et assisté par la force publique ; l'huissier dresse procès-verbal de la sommation et de la réponse de l'accusé ». L'article 301 ajoute que : « Si l'accusé n'obtempère pas à la sommation, le président peut ordonner qu'il soit amené par la force devant la cour ; il peut également, après lecture faite à l'audience du procès-verbal constatant sa résistance, ordonner que, nonobstant son absence, il soit passé outre aux débats ».

319. Au regard de ces dispositions, il ne fait pas de doute que la mesure de comparution forcée était tout à fait légale. Malgré tout, certains ont estimé que pour une question d'opportunité, les CAE auraient dû se passer de la présence de l'accusé et éviter ainsi que cette image jugée dégradante d'un ancien Président de la République menotté soit passée en boucle sur certaines grandes chaînes de télévision.

Nous estimons cependant qu'il fallait aussi tenir compte de l'impact négatif que l'absence de l'accusé aurait eu sur l'image du procès. En refusant de comparaître, l'accusé et sa défense cherchaient avant tout à discréditer le procès en le privant de sa valeur symbolique que représentait la présence d'un ancien Chef d'État devant ses victimes. En prenant la décision de faire comparaître de force l'accusé Hissène

Habré, la chambre d'Assises n'a pas seulement fait respecter la loi ; elle a aussi préservé la crédibilité du procès.

§ II. – La mise en œuvre effective des principes du procès équitable

320. Cette mise en œuvre peut être appréciée par rapport à plusieurs critères. Concernant les exigences d'indépendance et d'impartialité, on peut considérer que les CAE en ont suffisamment fait montre à travers certaines de leurs décisions comme :

– ordonnance portant refus d'admettre la constitution de partie civile de l'État du Tchad ;

– non-lieu partiel portant sur certains faits que le Ministère public avait visés dans son réquisitoire introductif.

Mais on peut aussi apprécier le degré d'application des principes du procès équitable à travers le respect des droits de la défense et celui du principe de l'égalité des armes.

A. Le respect des droits de la défense

321. Au cours de la procédure, il a été rendu deux décisions particulièrement révélatrices du respect accordé aux droits de la défense :

– la commission d'office d'avocats pour l'accusé ;

– l'infirmation de la condamnation de Hissène Habré pour la commission directe du crime de viol.

1. La commission d'office d'avocats pour Hissène Habré

322. Les conseils de l'accusé Hissène Habré ayant décidé de ne pas comparaître à l'audience, la Chambre d'Assises en a commis trois d'office [294].

Cette décision avait été vivement critiquée par certains praticiens qui estimaient que la commission d'office ne pouvait se justifier que si l'accusé ne disposait pas d'avocats. Ce qui n'était pas le cas. Un ténor du barreau du Sénégal, qui fut ancien ministre de la Justice, a même fait publier son point de vue dans un quotidien sénégalais. Il y soulignait que « De l'esprit et aussi de la lettre clairement exprimée par les textes, la commission d'office d'un avocat dans un procès pénal ne peut être

[294] Il s'agit de Maîtres Mbaye Sène, Mounir Ballal et Abdoul Ngningue, tous trois membres du Barreau de Dakar.

envisagée que dans l'intérêt du mis en cause, lorsque celui-ci ne peut se défendre seul ou n'a ni les aptitudes, ni les moyens de se défendre seul.

Lorsque le mis en cause a lui-même choisi son avocat, sa présence ou son absence concertée, dès lors que cela est fondé sur la volonté libre du mis en cause, constitue un système de défense. Le choix d'un système de défense relève de la libre détermination du mis en cause garantie par la constitution. Les dispositions de l'article 21-4-d du Statut des chambres africaines ne peuvent être applicables contre le gré du mis en cause »[295].

323. Cependant, à notre avis, la Chambre d'Assises a eu raison de procéder à la désignation d'office d'avocats.

Il convient de préciser que si, comme le rappelle l'avocat, le droit à la défense est reconnu et garanti par la Constitution, sa mise en œuvre est encadrée par la loi. Or, c'est précisément celle-ci, à travers l'article 298 du CPP du Sénégal, qui dispose que « À l'audience, la présence d'un défenseur auprès de l'accusé est obligatoire. Si le défenseur choisi ou désigné conformément aux articles 101 et 156 ne se présente pas, le Président en commet un d'office ».

Les conseils de Hissène Habré ne s'étant pas présentés à l'audience, la Chambre n'avait pas d'autre possibilité que de lui en commettre un d'office.

324. Toutefois, en prenant cette mesure de commission d'avocats d'office, la Chambre n'avait résolu le problème qu'à moitié. Il restait, en effet, à résoudre une autre équation relative à la question de savoir si ces avocats pouvaient prendre la parole et plaider alors que l'accusé, qu'ils étaient censés représenter, avait décidé de garder le silence. En d'autres termes, le droit au silence impliquait-il la non-participation aux débats pour les avocats commis d'office ? Dans l'affirmative, quel sens fallait-il alors donner à la commission d'office ?

La suite de la procédure a donné à la chambre d'Assises l'occasion de clarifier sa position.

En effet, les avocats commis d'office ont pleinement participé aux débats.

---

[295] Contribution de Maître Doudou N'Doye, ancien bâtonnier de l'ordre des avocats du Sénégal, parue dans le journal « Le populaire », édition du 5 septembre 2015, p. 3, intitulée « Droit à un avocat en matière pénale ».

En outre, à la fin de l'instruction d'audience, ils ont effectué leurs plaidoiries. C'est ainsi que Maîtres Mounir Ballal, Abdoul Gningue, Mbaye Sène ont, tour à tour, plaidé l'acquittement de Hissène Habré, sous le regard impassible de ce dernier.

325. Cette stratégie qui a consisté à donner la parole aux avocats commis d'office suscite quelques interrogations.

En effet, comment concilier cette prise de parole par les avocats de l'accusé avec le respect dû aux droits de la défense et le droit reconnu à l'accusé de garder le silence ?

En prenant la liberté de participer aux débats et de plaider, même si c'est pour solliciter l'acquittement, les avocats commis d'office n'ont-ils pas violé les droits de celui qu'ils étaient censés défendre ?

Néanmoins, pour légitimes qu'elles puissent paraître, ces interrogations ne nous semblent pas pouvoir, pour autant, justifier la remise en cause du bien-fondé de la position de la Chambre d'Assises. En réalité, il était loisible à l'accusé de décider, après concertation avec les avocats commis d'office, de leur demander de garder le silence. Ils se seraient sûrement pliés à cette volonté clairement affichée, fût-ce à leur corps défendant. Mais en refusant toute communication avec eux, il leur laissait ainsi, le libre choix de la stratégie de la défense.

Au regard de ces considérations, on ne peut reprocher à la chambre d'instruction d'avoir laissé les conseils du prévenu prendre la parole.

326. En plus d'avoir commis d'office des avocats pour l'accusé, la Chambre d'Assises a également accueilli favorablement la demande de ces conseils relative à l'octroi d'un délai pour préparer leur défense.

En effet, dès qu'ils ont été commis d'office, les avocats de l'accusé ont sollicité un délai pour se préparer et, éventuellement, se concerter avec leur client.

Après avoir entendu les observations de toutes les parties, la Chambre d'Assises décida d'accorder aux avocats de la défense un délai de quarante-cinq (45) jours pour leur permettre de s'imprégner du dossier. Cette mesure, prise dans un contexte où la mobilisation des parties civiles et l'attente de l'opinion étaient à leur comble est tout à fait conforme aux règles régissant la tenue d'un procès juste et équitable.

Le droit de disposer du temps et des facilités nécessaires à la préparation de sa défense est une règle fondamentale des droits de la défense et du droit à un procès équitable. Il a été consacré par les principaux instruments juridiques internationaux relatifs aux droits de l'Homme. Ainsi, le Pacte international relatif aux droits civils et politiques, dispose que : « toute personne accusée d'une infraction pénale a droit […] : [à] disposer du temps et des facilités nécessaires à la préparation de sa défense […] » [296]. Cette disposition est reprise dans le Statut des CAE, où l'article 21-4 – b dispose que tout accusé a le droit de « disposer du temps et des facilités nécessaires à la préparation de sa défense […] ».

327. Cette décision d'accorder aux avocats de la défense un temps suffisant pour prendre connaissance du dossier trouvait aussi sa raison d'être dans le souci d'assurer un certain équilibre entre les parties au procès. Car l'accusation et les conseils des victimes avaient eu suffisamment de temps pour prendre connaissance du dossier.

En effet, l'accusation, qui a mis en mouvement l'action publique, avait disposé du temps nécessaire pour étudier le dossier. De même, les avocats des victimes avaient eu accès à toutes les informations, depuis le début de la procédure.

En accordant ce délai à la défense, la Chambre d'Assises reconnaissait la nécessité de tenir, au maximum, compte des droits de la défense qui sont indispensables à la conduite d'un procès juste et équitable.

C'est également au nom du respect des droits de la défense que la Chambre d'Assises d'appel a décidé d'infirmer les premiers juges qui avaient déclaré Hissène Habré coupable du crime de viol commis directement sur une des victimes, Khadidja Hassan Zidane.

2. L'infirmation de la condamnation de Hissène Habré pour la commission directe du crime de viol

328. Dans sa décision rendue le 30 juillet 2016, la Chambre d'Assises avait estimé que Hissène Habré s'était rendu personnellement et directement coupable du crime de viol sur l'une des victimes, en l'occurrence Khadidja Hassan Zidane.

Il convient de noter que c'est la première fois dans l'histoire de la justice pénale internationale, qu'un ancien Président de la République est reconnu coupable d'avoir personnellement commis le crime de viol dans le cadre de poursuites pour crimes internationaux.

[296] Article 14(3)(b).

329. Toutefois, au-delà de cet aspect historique et inédit du procès, il est permis de s'interroger sur le bien-fondé de la démarche qui a abouti à cette condamnation.

Pour justifier cette condamnation de l'accusé, les juges ont estimé que « le témoignage de Khadija Hassan Zidane était crédible, notamment en ce qu'elle avait expliqué de manière claire les événements et les violences sexuelles qu'elle avait subies.

C'est dans ce contexte qu'elle a expliqué avoir été violée par Hissène Habré lui-même à la Présidence…

La déposition à la barre de Khadija Hassan Zidane mettant en cause Hissène Habré dans des faits de viol sur sa personne est non seulement cohérente en soi et avec ses déclarations préalables, mais comme la chambre l'a déjà expliqué, elle est également soutenue par la déposition d'une autre détenue, Kaltouma Defallah, dont le témoignage a été considéré comme très crédible par la Chambre.

Kaltouma Defallah a, en effet, expliqué que pendant sa détention au camp des martyrs en février 1988 avec Khadija Hassan Zidane, cette dernière lui avait confié qu'Hissène Habré l'avait violée alors qu'elle était détenue à la Présidence. Si le témoignage de Kaltouma Defallah ne corrobore pas les détails et le déroulement des viols, il renforce la crédibilité du témoignage de Khadija Zidane et confirme que si celle-ci avait choisi de rester silencieuse jusqu'au procès pour parler des viols qu'elle avait subis de la part de Hissène Habré, ces viols avaient bien eu lieu » [297].

330. Cette condamnation de Hissène Habré pour le crime de viol commis sur Khadija Hassan Zidane nous paraît critiquable pour deux raisons.

La première tient à une règle de procédure, la seconde à une règle de fond.

Les motivations de l'arrêt laissent apparaître que l'accusé Hissène Habré a été condamné pour viol pour des faits qui ont été évoqués pour la première fois devant la juridiction de jugement. C'est donc sur la foi des déclarations d'une victime, faites pour la première fois à la barre de la Cour, que l'accusé a été reconnu coupable de viol. Or, l'une des règles cardinales qui gouvernent la phase de jugement est que la juridiction de jugement est saisie non seulement in personam, mais in

---

[297] Jugement CAE du 29 juillet 2016, p. 408, paragr. 1830, 1831 et 1832.

rem, c'est-à-dire par rapport à des faits précis. Autrement dit, c'est l'acte de saisine, (ordonnance de renvoi ou citation) qui fixe, de manière irrévocable, l'étendue de la saisine de la juridiction de jugement. Ainsi, s'il est vrai que la juridiction de jugement peut requalifier les faits et substituer par exemple la prévention à titre de complice à une prévention à titre d'auteur, « elle ne saurait, par contre, substituer ou ajouter aux faits dont elle est saisie d'autres faits non visés dans l'acte de saisine » [298].

En retenant le crime de viol sur la foi des seules déclarations d'une victime faites pour la première fois à la barre, c'est-à-dire au cours de l'instruction d'audience, la Chambre a manifestement violé cette règle. Le fait que la chambre ait pris le soin de préciser que la victime aurait « choisi de rester silencieuse jusqu'au procès pour parler des viols qu'elle avait subis de la part de Hissène Habré » ne change évidemment rien à la problématique, le respect des règles de procédure ne pouvant dépendre du bon vouloir des parties.

331. Par ailleurs, pour démontrer la culpabilité de l'accusé, la Chambre a fait application de la jurisprudence pénale internationale, comme l'y autorise l'article 25 du Statut des CAE [299]. En effet, concernant la responsabilité des personnes poursuivies pour crimes sexuels, la jurisprudence pénale internationale a retenu trois règles fondamentales :

– la corroboration du témoignage de la victime n'est pas requise ;
– le consentement de la victime ne peut lui être opposé ;
– la conduite antérieure de la victime ne peut lui être opposée.

C'est précisément en référence à la première règle ci-dessus indiquée que la Chambre a estimé que « Devant les juridictions internationales, les règlements de procédure et de preuve disposent que le témoignage d'une victime de viol n'a pas besoin d'être corroboré. Ces dispositions ont notamment permis de tenir compte de façon réaliste de la nature intrinsèque du crime de violences sexuelles, celui-ci étant souvent commis en l'absence de témoins agissant avec son auteur. La Chambre fait siennes ces considérations en ce qu'elles sont conformes aux standards de preuve énoncés plus haut dans ce jugement. En pareil cas, la Chambre a méticuleusement analysé la déposition du témoin à charge

[298] Bernard Bouloc, *Procédure pénale*, Précis, Dalloz, 22e édition, 27 janvier 2010, p. 856.

[299] Cet article dispose que « Les juges de la Chambre africaine extraordinaire d'appel d'Assises peuvent s'inspirer de la jurisprudence des cours ou tribunaux pénaux internationaux ».

avant de juger qu'elle était de nature à justifier une déclaration de culpabilité à l'encontre de l'accusé » [300].

332. Dans le contexte des CAE, nous ne pensons pas que l'application mécanique de cette règle soit indiquée. Il ne faut pas oublier que cette jurisprudence est l'œuvre de juridictions qui fonctionnent suivant le modèle anglo-saxon ou Common Law, où les victimes sont entendues en qualité de témoins. Les dépositions que ces victimes-témoins effectuent dans ce contexte, peuvent donc être considérées comme des éléments à la fois neutres et fiables.

Par contre, le Statut des CAE reconnaît aux victimes le droit de se constituer partie civile et de réclamer des dommages-intérêts. La perspective de se faire indemniser a poussé de nombreuses victimes à se constituer parties civiles et à devenir ainsi des parties au procès. Ce fut précisément le cas de Khadidja Hassan Zidane qui s'était constituée partie civile dès la phase d'instruction. Les dépositions de telles victimes, qui sont avant tout des parties et non des témoins animés par le souci de contribuer à la manifestation de la vérité, ne peuvent, à notre avis, servir de base unique pour asseoir une culpabilité, surtout lorsque, comme c'est le cas dans l'affaire des CAE, les faits évoqués sont d'une extrême gravité.

Compte tenu de ces considérations, la condamnation de Hissène Habré pour le crime de viol ne nous semble pas juridiquement fondée.

333. C'est, précisément, la position que la Chambre d'Assises d'appel a exprimée dans son arrêt rendu le 27 avril 2017.

La Chambre a ainsi relevé que : « La Chambre d'Assises d'appel est donc convaincue que les faits de viol dénoncés par Madame Khadidja Hassan Zidane n'ont été soumis à aucune des juridictions chargées de l'information judiciaire et ce faisant, ne font pas partie des faits retenus par l'ordonnance de renvoi. En conséquence, la Chambre d'assises d'appel considère que les faits, objet du présent moyen, constituent des faits nouveaux non compris dans l'Ordonnance de renvoi, distincts de ceux pour lesquels Hissène Habré était renvoyé devant la Chambre d'assises »[301].

« Or, la Chambre d'assises d'appel rappelle que toute requalification opérée par la Chambre d'assises doit, conformément au droit sénégalais

---

[300] Jugement CAE, 30 mai 2016, p. 406, par. 1822.
[301] Arrêt CAE du 27 avril 2017, n° 215.

applicable, se limiter aux faits énoncés dans l'ordonnance de renvoi qui constitue son acte de saisine et délimite son périmètre de compétence »[302].

Poursuivant son raisonnement, la chambre d'assises d'appel a souligné qu'en condamnant Hissène Habré pour crimes de viol constitutif de crimes contre l'humanité au titre de l'article 6 (a) et au titre de sa responsabilité pénale individuelle, la chambre d'assises a « ajouté aux faits retenus par l'Ordonnance de renvoi. L'accusé a donc vu la juridiction de jugement inclure dans les faits auxquels il devait initialement répondre ceux liés aux viols par commission directe allégués par Khadidja Hassan Zidane pour lesquels il n'était pas renvoyé » [303].

« À travers la requalification litigieuse, la Chambre d'assises a modifié le fondement de la qualification pénale initiale et opéré une véritable extension de sa saisine à des faits non compris dans l'Ordonnance de renvoi » [304].

« La Chambre d'assises d'appel souligne que, ce faisant et contrairement aux principes et règles que les juges du fond ont rappelés dans leur décision sur la requalification, ils ont outrepassé les limites fixées par l'Ordonnance de renvoi et ont donc outrepassé leur pouvoir de requalification. Ils n'ont pas non plus mis l'accusé en situation de mieux préparer sa défense en lui donnant le temps nécessaire pour ce faire » [305].

La dernière phrase de la motivation permet de comprendre qu'au-delà d'une question de compétence, la condamnation de Hissène Habré pour des faits de viol allégués par Khadidja Hassan Zidane constituait une violation des droits de la défense.

Par ailleurs, la mise en œuvre des principes du procès équitable s'est également faite à travers la règle de l'égalité des armes.

B. L'application du principe d'égalité des armes

334. Le souci de faire respecter le principe d'égalité des armes apparaît à travers plusieurs actes de procédure. C'est le cas, notamment, de la décision relative à la demande de délivrance de copies de la procédure ainsi que de l'invite adressée aux avocats de la défense de faire comparaître les témoins à décharge.

---

[302] Arrêt CAE du 27 avril 2017, numéro 516.
[303] Arrêt CAE du 27 avril 2017, numéro 518.
[304] Arrêt CAE du 27 avril 2017, numéro 525.
[305] Arrêt CAE du 27 avril 2017, numéro 256.

1. Décision autorisant la délivrance d'une copie de la procédure

335. Quelques jours après le démarrage de l'instruction, les conseils de l'accusé Hissène Habré ont déposé une requête aux fins de délivrance d'une copie de la procédure.

Ayant reçu communication de cette requête, le Ministère public a requis le rejet au motif qu'aucune disposition du Code de procédure pénale du Sénégal ne permettait la délivrance d'une copie de la procédure à l'une des parties. Les dispositions du code de procédure pénale visées par le Ministère public, à savoir les articles 105 et suivants, ne prévoient effectivement que la mise à disposition de la procédure au plus tard 24 heures avant chaque interrogatoire.

Ainsi, en dépit du fait que le Ministère public disposait d'une copie du dossier et travaillait donc à sa guise, une application littérale du code de procédure pénale aurait conduit au rejet de cette demande, au mépris du principe du droit à un procès équitable et de son corollaire, l'égalité des armes.

C'est, précisément, par respect du droit à un procès équitable que la Chambre a finalement opté pour une application de l'esprit des textes du Statut plutôt que pour une application littérale des dispositions du code de procédure pénale du Sénégal. Elle s'est ainsi fondée sur le renvoi aux principes du procès équitable opéré dans le Statut et sur la nécessité de faire respecter le principe d'égalité des armes entre le Ministère public et la défense, pour ordonner la délivrance de la copie en ces termes :

« – *Attendu que par réquisitoire susvisé, le Ministère Public a déclaré s'opposer à la délivrance d'une copie du dossier aux conseils de l'inculpé Hissène Habré ; qu'il a fait valoir que l'article 105 du CPP exige seulement du juge d'instruction la mise à disposition de la procédure aux conseils de l'inculpé 24 heures au plus tard avant chaque interrogatoire ou confrontation ;*

– Attendu qu'il convient, tout d'abord, de préciser que l'article 105 précité qui organise les modalités de mise à disposition du dossier avant tout interrogatoire n'interdit pas expressément la remise d'une copie de la procédure aux avocats des parties ;

– Attendu en outre, qu'aux termes des dispositions de l'article 21, al. 4 du Statut des chambres Africaines extraordinaires, l'accusé doit « disposer du temps et des facilités nécessaires à la préparation de sa défense ;

– Qu'il y'a lieu de relever que cette disposition, qui n'a pas son équivalent dans le droit positif sénégalais, doit être appréciée à la lumière du droit à un procès équitable que consacre l'article 21 al 2 et des statuts de juridictions internationales dont elle s'inspire ;

– Qu'à cet égard, le principe de l'égalité des armes implique, dans le cadre des « facilités nécessaires à la préparation de la défense, la possibilité pour le conseil de l'inculpé, d'avoir accès à l'intégralité du dossier et de pouvoir le consulter en permanence sans aucune entrave, dans les mêmes conditions que l'accusation ;

– Attendu que, s'agissant, comme c'est le cas en l'espèce, d'un dossier particulièrement volumineux et eu égard à la complexité de l'affaire liée à la nature des infractions visées, la délivrance d'une copie de la procédure participe des mesures visant à faciliter la préparation de la défense ;

– Qu'ainsi, loin de constituer une violation du Statut des chambres Africaines extraordinaires, la mesure sollicitée contribue au contraire, au regard des dispositions susvisées, à en traduire l'esprit ;

– Qu'il échet dès lors d'y faire droit en ordonnant la délivrance d'une copie de la procédure aux conseils de Hissène Habré. »

336. La mise en œuvre de cette jurisprudence dans la procédure conduite au sein des CAE pourrait avoir des incidences dans le déroulement des procédures initiées devant les juridictions nationales sénégalaises.

Nous pensons que le raisonnement de la Chambre africaine d'instruction qui a abouti à reconnaître aux parties le droit de se faire délivrer une copie de la procédure pourrait parfaitement s'appliquer devant les juridictions nationales sénégalaises.

On trouve en effet, dans la loi 2014-26 du 3 novembre 2014 portant organisation judiciaire du Sénégal une disposition qui peut servir de base à l'application du principe de l'égalité des armes. L'article 3 de ladite loi dispose que « En toutes matières, nul ne peut être jugé sans être mis en mesure de présenter ses moyens de défense ».

Même si sa formulation est plus sommaire que celle de l'article 6 de la CEDH, cet article pose en filigrane, les bases juridiques de l'application des principes du procès équitable en toutes matières. L'expression *être mis en mesure de présenter ses moyens de défense* renvoie, certes, tout d'abord, au droit de voir sa cause entendue. Mais elle implique aussi le respect des principes d'un procès juste et équitable. Or, comme déjà souligné, l'équité du procès ne saurait se concevoir sans le respect des principes du contradictoire et de l'égalité des armes.

Nous estimons donc qu'en attendant que le législateur intervienne pour prévoir de manière expresse la possibilité pour les conseils des parties de se faire délivrer une copie de la procédure, les juges d'instruction peuvent, d'ores et déjà, faire droit à de telles demandes sur le fondement du respect des principes du procès équitable. Bien entendu, il faudrait, en rapport avec les conseils, veiller à ce que les pièces de la procédure ne se retrouvent pas dans la presse. Les copies des dossiers ne devraient donc pouvoir être remises qu'aux conseils, à l'exclusion des parties, avec la responsabilité de préserver le caractère confidentiel et le principe du secret de l'instruction.

2. L'invite adressée aux avocats de la défense de faire comparaître les témoins à décharge

337. L'une des règles cardinales qui gouvernent l'instruction est celle qui impose au juge d'instruction le respect de l'équilibre de l'enquête par le biais de la prise en compte de tous les éléments recueillis tant en faveur de l'accusation qu'en faveur de l'inculpé. Sa mission consiste, non pas à accréditer la thèse de l'Accusation ou celle de l'inculpé, mais à faire jaillir la vérité. Pour cela, l'article 72 du CPP du Sénégal précise que dans le cadre de l'accomplissement de sa mission, il est loisible au juge d'instruction de procéder « à tous actes utiles à la manifestation de la vérité ».

Dans le cas précis de la procédure conduite devant les CAE, la mise en œuvre de cette règle s'est faite à travers l'application de l'article 21 du Statut des CAE qui prévoit, entre autres droits, celui de *faire entendre des témoins à charge et à décharge*.

Certes, une lecture littérale de cette disposition pourrait laisser penser que les garanties qui y sont énumérées sont réservées uniquement à l'accusé, comme semble l'indiquer l'intitulé de l'article : *les droits de l'accusé*. Cependant, ces dispositions, qui sont inspirées des Statuts des juridictions internationales, doivent être lues en tenant compte de la spécificité du système judiciaire sénégalais, caractérisé par l'existence d'un juge d'instruction. Ainsi, le fait que certaines de ces garanties soient reconnues dès la phase de notification de charges, qui correspond, dans le système romano-germanique, au stade de l'inculpation ou de mise en examen, montre que certains aspects de l'article s'appliquent à l'inculpé.

Cette position s'accorde, d'ailleurs, parfaitement avec la règle qui fait obligation aux juges d'instruire à charge et à décharge.

Dans le souci de prendre en compte tant les éléments à charge que ceux dits à décharge, la chambre d'instruction a, juste après l'inculpation intervenue le 2 juillet 2013, adressé aux conseils de l'inculpé et à ceux des parties civiles des correspondances par lesquelles elle les invitait à lui communiquer les noms et adresses des témoins à décharge ou à charge qu'ils souhaiteraient faire entendre. Cette démarche a été réitérée à la veille de chaque commission rogatoire internationale.

338. En outre, avant chaque déplacement dans le cadre d'une commission rogatoire internationale, les conseils de la défense ont été invités à se rapprocher de l'Administrateur des CAE pour les besoins de la prise en charge de leur déplacement. Cette offre d'assistance financière était destinée à garantir un certain équilibre entre le Ministère public, présent lors des différentes commissions rogatoires internationales et la défense.

Les conseils des parties civiles ne se sont pas fait prier pour user de ce droit.

Par contre, les conseils de la défense n'ont formulé que deux demandes auxquelles la Chambre a d'ailleurs fait droit. Il s'agit de la demande de délivrance d'une copie de la procédure et de la demande de restitution à laquelle la Chambre avait répondu favorablement.

La défense a, à maintes reprises, reproché à la Chambre d'instruction de n'avoir auditionné que des témoins à charge. Mais, il nous semble que ce grief procède d'un amalgame qu'il est nécessaire de clarifier.

Dans le droit anglo-saxon qui ignore l'institution du juge d'instruction, l'enquête est menée par le Procureur avant d'être soumise à l'examen des juges. Devant la juridiction de jugement, chaque partie est incitée à faite comparaître « ses » témoins. Dans ce système, un témoin est donc nécessairement celui d'une partie, c'est-à-dire un témoin à charge ou à décharge, selon qu'il a été amené par le Procureur ou la défense.

Or, dans le système romano-germanique, c'est avant tout au juge d'instruction que revient la charge de mener les investigations nécessaires à la manifestation de la vérité. Les témoins qu'il est amené à interroger sur sa propre initiative ne sont donc des témoins d'aucune partie et ne peuvent, a priori, être considérés comme des témoins à charge ou à décharge. Ils sont donc auditionnés en tant que témoins tout court et non en tant que témoins d'une partie spécifique. Certes, le juge peut déceler, dans les dépositions du témoin, des éléments à charge ou à décharge et en tenir compte dans l'appréciation finale qu'il se fera de la consistance des charges retenues contre l'inculpé. Pour autant, cela ne fait pas de ce témoin celui d'une partie. D'ailleurs, il arrive que, dans la même déposition, le juge d'instruction se retrouve à la fois devant des éléments à charge et à décharge.

Dans le cas de la procédure suivie devant les CAE, l'analyse du contenu des dépositions de certains témoins a conduit la Chambre d'instruction à écarter de nombreuses charges qui découlaient soit du réquisitoire introductif, soit des déclarations des victimes.

Il en est ainsi, par exemple, de la répression contre les Arabes que le Ministère public avait visés dans l'acte de poursuite. Dans son ordonnance de clôture, la Chambre a considéré qu'au regard de certains éléments recueillis au cours de l'instruction, il n'existait pas suffisamment de charges pouvant laisser penser que les membres de l'ethnie arabe avaient été victimes d'une répression de la part du régime d'alors.

Conclusion du Titre I

339. Les développements, ci-dessus consacrés au mode de création des CAE et au droit applicable, ont montré à quel point les rédacteurs du Statut des CAE ont veillé à mettre sur pied un mécanisme judiciaire qui soit autant que possible, adapté au contexte dans lequel les faits ont été commis.

Cette préoccupation s'est traduite de deux manières :

D'abord, par l'intervention, inédite dans l'histoire de la création des juridictions pénales internationales, d'une organisation régionale. En dépit des interrogations que ce procédé a soulevées, il nous est apparu qu'on ne saurait remettre en cause la légalité des CAE encore moins leur caractère international.

Ensuite, par la prise en compte du mode de commission des faits criminels dans la stratégie de répression. Les concepteurs du projet des CAE ont eu le mérite de comprendre que l'application mécanique des règles de responsabilité pénale internationale n'aurait pas permis d'aboutir à une répression efficace des crimes commis. Ils ont ainsi procédé à l'adaptation de l'arsenal répressif de deux manières :

– par l'élargissement du champ de poursuite à travers la consécration de la torture comme crime autonome ;

– par la consécration de modes particuliers de responsabilité pénale que sont l'entreprise criminelle commune et la responsabilité du supérieur hiérarchique.

340. Mais, à côté de cette préoccupation, il en est une autre qui se dégage de la lecture des dispositions du Statut des CAE : il s'agit du respect des principes qui garantissent un procès juste et équitable.

En effet, le mécanisme des CAE a été mis en place avec le souci manifeste de se conformer aux standards d'un procès juste et équitable. Cela s'est traduit par l'existence de dispositions qui consacrent expressément les principes d'indépendance, la présomption d'innocence et les droits de la défense.

Le souci de garantir les conditions d'un procès juste et équitable s'est également révélé au cours du déroulement de la procédure à travers les mesures prises pour faire respecter les droits de la défense tant au stade de l'instruction qu'à celui du jugement.

Les développements qui précèdent ont permis certes, de montrer à quel point les CAE constituent un mécanisme de répression adapté au contexte africain.

Cependant, si ce modèle paraît innovant, c'est aussi en raison des nombreux avantages qu'il comporte tant pour les justices nationales que pour la perception de la justice pénale internationale.

Titre II. – Les CAE, un mécanisme de répression avantageux

341. À l'instar de toutes les juridictions pénales internationalisées, les CAE comportent des avantages qui tiennent, d'une part, à leur intégration au système judiciaire national et, d'autre part, à leur localisation géographique.

Chapitre premier

Avantages tenant au caractère hybride de la juridiction

342. En raison de l'application simultanée du droit international et du droit sénégalais, le modèle des CAE s'est révélé avantageux sur deux aspects :

– renforcement du système judiciaire national ;

– efficacité accrue par rapport aux juridictions nationales.

Section I

Les CAE, un mécanisme qui enrichit le système judiciaire national

343. C'est dans la nature même de toute juridiction internationalisée que d'impacter le système judiciaire national du pays où elle est installée. Sous ce rapport, les CAE n'ont pas fait exception à la règle. Elles ont, en effet, eu le mérite de renforcer le système judiciaire sénégalais sous deux aspects.

– Renforcement normatif.

– Renforcement de capacités des acteurs judiciaires.

§ I. – Le renforcement normatif

La perspective de la création d'une juridiction chargée de réprimer des crimes internationaux a conduit le Sénégal à adapter sa législation pour faire face aux exigences de la répression. Cela s'est traduit par :

– l'intégration de nouvelles règles dans le dispositif normatif ;

– la mise en évidence des insuffisances de la législation en vigueur.

A. L'intégration de nouvelles règles dans le droit positif national

344. Le droit positif sénégalais s'est d'abord enrichi de nouvelles notions de droit international pénal au moment de la mise sur pied de la juridiction. Mais le procès a été aussi l'occasion pour les juges de clarifier des notions dont la législation nationale n'avait fait qu'énoncer le principe.

1. L'incorporation des crimes internationaux dans le droit positif sénégalais

345. C'est par la loi 2007-02 du 12 février 2007 que les crimes internationaux ainsi que la règle de la compétence universelle ont été intégrés dans le droit positif national. Le fait que cette réforme ait été initiée quelques mois seulement après l'annonce du mandat donné au Sénégal pour mettre en place une juridiction spéciale n'est point une coïncidence, bien au contraire. Conscientes du fait que les juridictions nationales sénégalaises ne pouvaient prendre en charge un tel procès sans une adaptation de la législation, les autorités étatiques du Sénégal ont très vite songé à introduire les modifications nécessaires dans le Code pénal et le code de procédure pénale.

Cette adaptation de la législation sénégalaise constitue un des premiers impacts de l'expérience des CAE même si cette juridiction n'a été créée que plus tard, en 2012.

L'enrichissement des notions s'est également fait par la clarification jurisprudentielle de certaines notions.

À l'instar de plusieurs autres pays, le Sénégal a intégré dans son arsenal législatif national des dispositions consacrant l'incrimination des infractions internationales. Mais dans un domaine aussi technique que celui du droit international pénal, la simple définition des crimes est loin d'être une garantie suffisante pour conférer aux dispositions répressives les caractères de prévisibilité et de précision qu'implique le respect du principe de légalité.

Par exemple, l'article 431-1 du Code pénal sénégalais qui définit le crime de génocide fait état d'actes « commis dans l'intention de détruire en tout ou en partie, un groupe national, ethnique, racial ou religieux ».

De même, l'article 431-2 relatif aux crimes contre l'humanité, fait référence à des actes « commis à l'occasion d'une attaque généralisée et systématique contre toute population civile ».

346. Dans tous ces cas, la généralité des termes de la loi ne permet pas d'appréhender le contenu de certaines notions. C'est précisément tout l'intérêt des CAE que d'avoir pu constituer une source de référence pour les juges appelés à traiter plus tard ce type d'affaires.

Même s'il faut admettre que le précédent jurisprudentiel n'a pas valeur de loi et ne s'impose nullement au juge, les motifs contenus dans la décision rendue par la Chambre d'Assises auront permis aux juges des CAE de donner un contenu plus précis à certaines notions.

En plus des nouvelles incriminations, l'expérience des CAE a aussi favorisé l'intégration de la règle de la compétence universelle dans le dispositif sénégalais.

2. L'intégration de la règle de la compétence universelle dans le droit positif sénégalais

347. La mission consistant à rendre la justice a toujours été considérée comme une marque de souveraineté de l'État. Pour permettre à chaque État d'exercer ses prérogatives dans le respect de la souveraineté des autres, il a été instauré des critères de compétence que sont la territorialité [306] et la nationalité.

Au nom de la territorialité, chaque État exerce une compétence absolue et exclusive sur son territoire [307]. À cet égard, il est habilité à juger toute infraction commise sur son territoire [308]. Selon le juge Donnedieu de Vabres, le « principe territorial a pour objet l'affirmation de la compétence exclusive d'un État, de ses juridictions et de ses lois propres à l'égard de tous les actes punissables qui ont été commis sur son territoire » [309].

Le principe de la nationalité signifie que l'État est compétent pour juger, sans distinction, tous ses ressortissants, qu'il s'agisse de l'auteur (compétence active) ou de la victime (compétence passive) [310].

Mais on peut se trouver dans des situations où l'usage de l'un ou l'autre de ces critères est délicat, voire impossible à appliquer. C'est notamment le cas lorsque :

– l'auteur présumé des crimes a quitté son pays ;

– l'État où réside l'auteur présumé du crime n'est ni celui où les faits ont été commis, ni celui dont il est ressortissant.

---

306 Par exemple, l'article 3 du code civil français dispose que « les lois de police et de sûreté obligent tous ceux qui habitent le territoire ».

307 Jacques Bernard Herzoc « Henri Donnedieu de Vabres et le droit pénal international, *Revue de science criminelle et de droit comparé*, 1953, p. 5.

308 Pour le pénaliste italien Cesare Beccaria, la loi doit même être strictement territoriale en ce sens que le crime devrait être puni dans le pays où il avait été commis parce c'est là et nulle part ailleurs, que le trouble social avait commis. (Marquis Cesare Beccaria, Traité des délits et des peines, 1764, Paris, imprimerie du journal d'Économie publique de morale et de politique, 1764 ; chapitre XXI, p. 107).

309 Henri Donnedieu de Vabres « Les principes modernes du droit pénal international, Éditions Panthéon Assas, 2005, p. 11 et 818.

310 Pierre Marie Dupuy et Yann Kerbrat, Droit international public, 10e édition, Dalloz, 2010, p. 62-66.

Dans ces situations, deux solutions restent possibles : l'extradition ou la règle de la compétence universelle [311].

348. L'extradition est l'acte par lequel un État remet à un autre État, sur la demande de celui-ci, un individu qui se trouve sur son territoire et à l'égard duquel l'État requérant envisage d'exercer sa compétence pénale[312].

Plusieurs Conventions obligent les États à éviter l'impunité en extradant ou en poursuivant les présumés auteurs de crimes. Il en est ainsi de la Convention pour la prévention ou la répression du crime de génocide du 9 décembre 1948[313], de la Convention contre la torture et autres peines ou traitements cruels, inhumains et dégradants [314], des Conventions de Genève[315], du Protocole Additionnel I[316].

C'est précisément en vertu de la Convention sur la torture que le Sénégal a été amené à engager des poursuites contre Hissène Habré sur la base de la compétence universelle.

349. Quant à la compétence universelle, elle renvoie à toute affirmation de compétence par un État à l'égard de crimes qui, au moment de leur commission, n'avaient aucun lien territorial ou national de rattachement

---

311 Si le concept de compétence universelle n'est pas nouveau (voir notamment en matière de piraterie et d'esclavage), il n'a trouvé d'application en matière de crimes internationaux qu'à la fin du XXe siècle. Le principe de la compétence universelle permet aux États de poursuivre devant leurs juridictions nationales les auteurs de crimes internationaux et ce, même si l'auteur ou la victime ne sont pas leurs nationaux (compétence personnelle active ou passive) ou si les crimes n'ont pas été commis sur leur territoire (compétence territoriale).

312 Au Sénégal, l'extradition est règlementée par la loi 71-77 du 28 décembre 1971 qui en précise les conditions, la procédure et les effets.

313 Articles VI et VII.

314 Convention du 10 décembre 1984 : article 7.

315 Les quatre Conventions de Genève de 1949 prévoient que chaque Partie contractante a l'obligation de rechercher les personnes prévenues d'avoir commis ou d'avoir ordonné de commettre des infractions graves, et qu'elle devra les déférer à ses propres tribunaux, quelle que soit leur nationalité. Elle peut aussi, si elle le préfère, et selon les conditions prévues par sa propre législation, les remettre pour jugement à une autre Partie contractante intéressée à la poursuite, pour autant que cette Partie contractante ait retenu contre lesdites personnes des charges suffisantes : articles 49, 50, 129 et 146, respectivement, des première, deuxième, troisième et quatrième Conventions de Genève.

316 Art. 85, paragr. 1 et 3, et art. 88, paragr. 2, du Protocole additionnel I de 1977.

avec cet État [317]. C'est le cas des infractions commises à l'étranger par un étranger contre un étranger[318].

Selon le principe 13 de Bruxelles contre l'impunité, la compétence universelle est le droit de l'État de poursuivre et de juger l'auteur présumé d'une infraction quelles que soient le lieu de commission de l'infraction, la nationalité ou la résidence de son auteur présumé ou de la victime[319]. La compétence universelle est dite absolue[320] lorsque sa mise en œuvre n'est subordonnée à aucun critère de rattachement. Elle est dite relative lorsque la compétence des juridictions nationales est subordonnée à l'existence d'un critère de rattachement tel que la résidence de l'auteur présumé ou la nationalité de la victime[321].

D'après Anne Muxart, « le principe de compétence universelle a pour objectif de lutter contre l'impunité des grands criminels d'États qui, malgré les exactions commises, ont réussi à échapper à leur justice nationale grâce à des lois d'amnisties générales ou par la terreur qu'ils suscitent encore »[322].

---

317 Gilbert Guillaume, « La compétence universelle, formes anciennes et nouvelles », in Mélanges offerts à Georges Levasseur, Droit pénal, droit européen, Paris, Éditions Litec, 1992, pp. 29-30.

318 Concernant la piraterie, la communauté interétatique a , depuis longtemps, consacré le principe de la compétence universelle absolue à travers l'article 19 de la Convention de Genève relative à la haute mer du 29 décembre 1958, repris à l'article 105 de la Convention de Montego Bay du 10 décembre 1982 aux termes duquel : « Tout État peut, en haute mer ou en tout autre lieu ne relevant de la juridiction d'aucun État, saisir un navire ou un aéronef.... ».

319 Principes de Bruxelles contre l'impunité et la justice internationale, p. 6 (Principes 13).

320 Voir loi belge du 16 juin 1993 modifiée par la loi du 10 février 1999 et dont l'article 5 alinéa 3 dispose que « l'immunité attachée à la qualité officielle d'une personne n'empêche pas l'application de la présente loi ».

321 La Belgique avait adopté en 1993 et en 1999, des lois consacrant une compétence universelle absolue et autorisant ses juridictions à poursuivre tout auteur de crimes de guerre, indépendamment de son lieu de résidence et de sa nationalité. Sous l'effet d'une pression politique et des décisions de la Cour internationale de justice, elle a fini par assouplir sa position en adoptant le 5 août 2003, une nouvelle loi qui subordonnait la compétence de ses juridictions à la résidence sur le territoire belge et qui précisait, en outre, que : « les poursuites sont exclues à l'égard des chefs d'État, chefs de gouvernement et ministres des Affaires étrangères pendant la période où ils exercent leur fonction ainsi que des autres personnes dont l'immunité est reconnue par le droit international. »

322 Anne Muxart, « Immunité de l'ex-chef d'État et la compétence universelle : quelques réflexions à propos de l'affaire Pinochet » *in Revue d'analyse juridique et d'actualité internationale*, Paris, 1998, p. 6.

Consacré par plusieurs textes internationaux dont les Conventions de Genève de 1949[323] et la Convention contre la torture de 1984, le principe de la compétence universelle a fait l'objet d'application dans plusieurs pays. Au nombre des cas les plus connus, on peut citer l'affaire Eichmann devant la Cour suprême israélienne [324], l'affaire Niyonteze devant les Tribunaux militaires suisses [325] et l'affaire Pinochet [326].

---

[323] Art. 49, chapitre X. de la Convention (I) de Genève, art. 50, chapitre VIII de la Convention (II) de Genève, art. 129 de la Convention III et art. 146 de la Convention IV : « Chaque Partie contractante aura l'obligation de rechercher les personnes prévenues d'avoir commis, ou d'avoir ordonné de commettre, l'une ou l'autre de ces infractions graves, et elle devra les déférer à ses propres tribunaux, quelle que soit leur nationalité. Elle pourra aussi, si elle le préfère, et selon les conditions prévues par sa propre législation, les remettre pour jugement à une autre Partie contractante, pour autant que cette Partie contractante ait retenu contre lesdites personnes des charges suffisantes.

[324] Il a été mis en avant, dans cette affaire, que les crimes nazis contre les Juifs étant des infractions entrant dans un cadre exceptionnel, cet ancien colonel nazi fut jugé en Israël en 1961 sur le fondement d'une loi israélienne de 1950. Cette loi de nature extraterritoriale permettait à Israël de punir un individu étranger pour des actes perpétrés par celui-ci à l'étranger contre des personnes étrangères. Eichmann mit en cause la légalité de cette loi au regard du droit international. La Cour suprême de l'État hébreu rejeta cette objection et considéra le crime contre l'humanité (pris dans son acception large) comme retenant la compétence universelle de tout État. Pour la Cour, ces crimes ne sont pas seulement commis à l'encontre de l'État d'Israël mais contre le droit international (delicta juris gentium). Le 15 décembre 1961, le tribunal reconnaît l'accusé coupable de crimes de guerre et de crimes contre l'humanité contre le peuple juif.

[325] L'affaire Niyonteze s'est déroulée devant le tribunal militaire de Lausanne en 1999. La Suisse était un des premiers et rares pays à avoir appliqué le principe de l'universalité des poursuites. Fulgence Niyonteze a été arrêté en Suisse le 28 août 1996. C'est la première procédure, à la suite du génocide rwandais, initiée par un tribunal étranger non rwandais qui se conclut par une condamnation. L'accusé Niyonteze devait se justifier devant la justice militaire suisse pour les crimes de guerre. Les chefs d'accusation de génocide et de crime contre l'humanité ont été écartés par le tribunal au début du procès, car à cette date le droit pénal suisse ne reconnaissait pas (encore) les deux faits (infractions). L'accusé a été condamné à la peine de réclusion de 14 ans. Document disponible sur le site de l'ONG TRIAL http://www.trial-ch.org/fr/trial-watch/profil/db/legal-procedures/fulgence_niyonteze_115.html (consulté le 20 aout 2009).

[326] Le 16 octobre 1998, alors qu'il se trouvait à Londres pour raisons médicales, le général Auguste Pinochet est placé en état d'arrestation, à la demande du juge espagnol Baltasar Garzon. Celui-ci a entamé une procédure d'extradition concernant les crimes commis par la junte chilienne à l'époque où Pinochet était chef de l'État (1973-1990). La justice britannique autorise l'extradition d'Augusto Pinochet vers l'Espagne, en retenant l'ensemble des accusations de tortures lancées contre lui par

Le principe de la compétence universelle fut utilisé pour la première fois dans les années 1960 par les autorités israéliennes afin de poursuivre Adolf Eichmann, criminel de guerre nazi. Mais c'est principalement l'ouverture de poursuites devant les TPI qui a donné l'impulsion à de nombreuses poursuites de criminels yougoslaves ou rwandais en droit interne. On peut retrouver des exemples de telles poursuites en Belgique[327], en France[328], aux États-Unis[329], aux Pays-Bas[330] et en Allemagne [331].

---

le juge espagnol Baltazar Garzon. Cette procédure d'extradition fut arrêtée en raison de l'état de santé de l'ancien dictateur chilien. Aussitôt libéré, il rentre au Chili. Un juge chilien demande la levée de son immunité parlementaire pour d'autres plaintes déposées contre lui au Chili. Après avoir perdu son immunité, Pinochet échappera, tout de même, à la justice pénale par sa mort.

327 Voir Vandermeersch Danien, *Quel avenir pour la compétence universelle des juridictions belges en matière de crimes de droit international humanitaire ?* : « Afin de mettre son droit en conformité avec les Conventions de Genève du 12 août 1949 et les deux protocoles additionnels à ces conventions, le législateur belge avait adopté la loi du 16 juin 1993. Ce faisant, la Belgique était allée au-delà des obligations conventionnelles contractées suite à la ratification des Conventions [...]. À l'origine, la loi du 16 juin 1993 ne concernait donc que les crimes de guerre mais la loi du 10 février 1999 est venue étendre son champ d'application aux crimes contre l'humanité et au crime de génocide ». Le procès des quatre de Butare, affaire ouverte en avril 2001, aboutit à la première condamnation pénale suite à la mise en œuvre de la compétence universelle.

328 Voir http://www.trial-ch.org/fr/justice/justice_competence2.html (consulté le 24 juin 2005).

329 *Kadic v. Karadzic* 70 F3d 232 (2nd Cir. 1995), New York. Dès 1995, un tribunal de New York eut à statuer sur une plainte déposée contre Radovan. Karadzic, alors de passage aux États-Unis, pour génocide, viol, prostitution forcée, grossesse forcée, torture et traitement cruel, inhumain et dégradant, coups et blessures, discrimination sexuelle et ethnique, exécution sommaire et meurtre. Le juge saisi s'est déclaré incompétent à statuer sur une telle plainte. L'affaire fut portée en appel devant la Cour du district sud de New York. Cette dernière a reconnu la compétence des tribunaux américains pour connaître de ces actes et ce, sur la base de l'Alien Tort Claim Act. Bien que les juridictions américaines se soient déclarées compétentes pour connaître au civil de tels actes, la procédure ne s'est pas poursuivie, R. Karadzic évitant d'apparaître sur le territoire américain au risque de devoir se défendre de telles accusations.

330 http://www.trial-ch.org/fr/justice/justice_competence.html (consulté le 24 juin 2005) « Aux Pays-Bas, le 11 novembre 1997, la Cour suprême des Pays-Bas confirma la compétence des juges du fond pour juger Darko Knezevic ».

331 Voir http://www.trial-ch.org/fr/justice/justice_competence.html (consulté le 24 juin 2005) « Après avoir livré Tadic au TPIY, l'Allemagne jugea ses trois comparses, le TPIY n'ayant pas demandé leur transfert et condamna, notamment, Jorgic à la prison à perpétuité ».

C'est aussi le cas en Autriche[332].

Au Sénégal, la règle de la compétence universelle a été adoptée par la loi n° 2007-5 du 12 février 2007 à travers l'article 669 du code de procédure pénale qui prévoit désormais que tout étranger ayant commis un des crimes internationaux ci-dessus visés peut être poursuivi et jugé devant les juridictions sénégalaises « s'il est arrêté au Sénégal ou si une victime réside au Sénégal ou si le Gouvernement obtient son extradition » [333].

À côté de l'intégration de nouvelles règles dans le droit positif national, l'expérience des CAE a eu le mérite d'être une sorte de révélateur des limites de la législation nationale.

B. Mise à l'épreuve du droit positif national

350. À la faveur du déroulement de la procédure, certaines faiblesses de la législation nationale sénégalaise ont été mises à nu. Ces insuffisances sont liées, principalement, au décalage entre d'une part, les droits de la défense reconnus à l'inculpé appréhendés sous le prisme des standards internationaux et d'autre part, les garanties offertes par la législation nationale sénégalaise.

1. L'insuffisante prise en compte des droits de la défense dans la phase d'inculpation

351. Il faut tout d'abord, rappeler que les droits reconnus à un inculpé varient en fonction du système juridique en vigueur. Ainsi, selon le système anglo-saxon, la formalité de confirmation des charges s'effectue au cours d'une audience où la personne poursuivie jouit de droits assez larges comme celui de :

– se faire assister d'un conseil ;

– contester les charges ;

– plaider la liberté provisoire.

Par exemple, les dispositions du TPIR qui sont inspirées de ce système, prévoient que : « Le juge de première instance, saisi de l'acte

---

[332] Voir http://www.trial-ch.org/fr/justice/justice_competence.html (consulté le 24 juin 2005) : « La Haute Cour autrichienne jugea les juridictions pénales autrichiennes compétentes, afin de juger Cvjetkovic, un Serbe de Bosnie soupçonné d'avoir participé au nettoyage ethnique des musulmans de Bosnie (celui-ci fut acquitté par le tribunal) ».

[333] Voir infra, les difficultés d'application et les nécessités d'harmonisation des législations nationales sur la question.

d'accusation, examine celui-ci. S'il estime que le Procureur a établi qu'au vu des présomptions, il y a lieu d'engager des poursuites, il confirme l'Acte d'accusation. À défaut, il le rejette »[334].

Aux termes de l'article 19 du même texte, « Toute personne contre laquelle un acte d'accusation a été confirmé est, conformément à une ordonnance ou à un mandat d'arrêt décerné par le TPIR, placée en état d'arrestation, immédiatement informée des chefs d'accusation portés contre elle et déférée au tribunal international pour le Rwanda. La chambre de première instance donne lecture de l'Acte d'accusation, s'assure que les droits de l'accusé sont respectés, confirme que l'accusé a compris le contenu de l'acte d'accusation et l'invite à faire valoir ses moyens de défense. La chambre de première instance fixe alors la date du procès » [335].

352. On remarque que, même dans le système français dont s'inspirent bon nombre de pays africains, la notification des charges est faite par un juge d'instruction dans le cadre d'une procédure dite de « mise en examen » au cours de laquelle la personne poursuivie jouit de droits tout aussi larges.

Ainsi, aux termes de l'article 80-1 du code de procédure pénale de la France, « À peine de nullité, le juge d'instruction ne peut mettre en examen que les personnes à l'encontre desquelles il existe des indices graves et concordants rendant vraisemblable qu'elles aient pu participer, comme auteurs ou complices, à la commission des infractions dont il est saisi. Il ne peut procéder à cette mise en examen qu'après avoir préalablement entendu les observations de la personne ou l'avoir mise en demeure de le faire, en étant assisté de son avocat, soit dans les conditions prévues à l'article 116 relatif à l'interrogatoire de première comparution, soit en tant que témoin assisté, conformément aux dispositions des articles 113-1 et 113-8 ».

353. Contrairement à cette procédure qui fait la part belle aux droits de la défense, l'inculpation telle que prévue au Sénégal, reste caractérisée par les pouvoirs exorbitants du juge d'instruction. L'article 101 du code de procédure pénale du Sénégal prévoit, en effet, que « Lors de la première comparution et avant toute inculpation, le juge d'instruction donne avis à la personne conduite devant lui de son droit de choisir un

---

334 Article 18 du Règlement de Procédure et de Preuve (RPP) du TPIR.

335 Article 19, alinéas 2 et 3 du statut du TPIR.

conseil parmi les avocats inscrits au tableau ou admis en stage. Mention de cet avis est faite au procès-verbal.

Ensuite, le juge d'instruction constate son identité, lui fait connaître expressément chacun des faits qui lui sont imputés et l'avertit qu'il est libre de ne faire aucune déclaration. Mention de cet avertissement est faite au procès-verbal. Si l'inculpé désire faire des déclarations, celles-ci sont immédiatement reçues par le juge ».

En l'absence, dans le Statut des CAE, de toute disposition relative à la procédure d'inculpation, c'est donc cette procédure sus-décrite qui a été appliquée par la Chambre d'instruction et ce, conformément à l'article 16 relatif au droit applicable.

Cette démarche de la Chambre d'instruction a été vivement décriée par les conseils de la défense. Dans un document que la Cellule de Communication d'Hissène Habré a élaboré, il est ainsi écrit que : « Les avocats de Hissène Habré se sont vu interdire par les juges toute plaidoirie tant au moment de l'inculpation que de la mise en détention. La procédure ignorait ainsi toutes les pratiques de procédure propres aux juridictions internationales et protectrices des droits de la défense. En effet, devant ces juridictions, les accusés bénéficient des dispositions d'un Règlement de Procédure que Madame Aminata Touré et les juristes de l'UA se sont abstenus d'élaborer, ignorant les recommandations du comité de préparation du procès, sachant combien les dispositions liberticides du CPP sénégalais pouvaient aider leurs basses besognes »[336].

La Chambre d'instruction a, cependant, considéré qu'en l'absence de toute référence expresse du Statut au sujet des modalités d'inculpation, il n'y avait pas d'autre possibilité que de s'en référer à la loi sénégalaise, c'est-à-dire au code de procédure pénale.

354. Toutefois, on peut se demander si le débat sur les modalités d'inculpation ne doit pas être relancé à la faveur de l'adoption du Règlement 05/CMUEMOA du 25 septembre 2014.

En effet, aux termes de l'article 5 alinéa premier dudit Règlement : « Les avocats assistent leurs clients dès leur interpellation, durant l'enquête préliminaire, dans les locaux de la police, de la gendarmerie ou devant le parquet ».

---

[336] Document intitulé : « Le Sénégal juge le Président Hissène Habré : la fabrique d'une affaire. Le simulacre d'un pseudo procès », juin 2015. in http://hisseinhabre.com/IMG/pdf/.pdf

Dès la publication de ce texte, des divergences sont apparues chez les praticiens sur l'applicabilité et la portée de ce texte.

Certains ont ainsi soutenu que l'article 5 ne serait pas applicable en raison de l'absence d'acte pris en exécution du Règlement. Pour justifier cette position, ils invoquent l'article 90 du Règlement aux termes duquel « La Commission prendra les actes d'exécution du présent Règlement après avis de la Conférence des Barreaux... ».

D'autres ont également fondé l'inapplicabilité du Règlement sur l'impossibilité pour le droit communautaire de régir des questions touchant au droit pénal ou à la procédure pénale[337].

En réalité, aucun de ces deux arguments ne nous semble suffisamment convaincant.

En effet, l'article 90 n'a fait que préciser les conditions d'adoption des actes d'exécution évoqués dans le corps du texte[338]. L'article 5 précité n'ayant été subordonné à aucun acte d'exécution, son applicabilité immédiate ne saurait dès lors, être contestée. En l'absence de disposition non équivoque subordonnant l'application d'un Règlement à la prise d'un acte d'exécution, il faut s'en tenir au régime général des Règlements qui, selon les termes de l'article 43 du Traité de l'UEMOA, sont « obligatoires dans tous leurs éléments et sont directement applicables dans tout État membre ».

Par ailleurs, l'argument tenant à l'impossibilité pour le Droit communautaire de régir des questions touchant à la matière pénale, outre qu'il n'est fondé sur aucun texte, doit être relativisé. L'exemple de l'OHADA qui a harmonisé les législations nationales du point de vue de l'incrimination prouve à suffisance que lorsque les États estiment que les objectifs poursuivis en commun le justifient, ils n'hésitent pas à lâcher du lest sur leur sacro-saint esprit souverainiste [339].

L'applicabilité de l'article 5 du Règlement ne nous semble donc pouvoir souffrir d'aucune réserve. Pas même de celle que la Chambre

---

337 Y. Bodian et P.T. Fall « À propos de la présence de l'avocat aux premières heures de la garde à vue ». *Le Soleil* du 28 août 2015, p. 5.

338 Voir, par exemple, l'article 38 du Règlement qui dispose que « Tout avocat inscrit à l'un des Barreaux des États membres de l 'UEMOA peut exercer, dans les conditions précisées, *par voie de Règlement d'exécution*, la profession suivant l'une des formes ci-après ».

339 Même s'il faut reconnaître que, dans le cas des règlements communautaires, les sanctions restent une prérogative des États.

d'accusation de la Cour d'appel de Dakar a cru devoir lui assigner dans l'affaire Thione Seck et autres examinée le 22 septembre 2015[340].

Dans cette affaire où le musicien Thione Ballago Seck avait été arrêté et inculpé pour divers délits dont ceux d'association de malfaiteurs et de blanchiment de capitaux, ses conseils avaient saisi la Chambre d'accusation d'une demande d'annulation de la procédure. À l'appui de leur requête, ils faisaient valoir qu'en dépit de leur demande, il leur avait été refusé la possibilité d'assister leur client en violation de l'article 5 du Règlement de l'UEMOA.

Dans sa décision, la Chambre d'accusation, tout en admettant l'applicabilité directe du Règlement, faisait observer qu'en faisant explicitement référence à l'enquête préliminaire, l'article 5 excluait de son champ d'application, les enquêtes de flagrance [341].

Cette restriction du champ d'application de l'article aux enquêtes préliminaires, fondée sur une interprétation littérale du texte, ne nous semble pas justifiée. En effet, l'expression « Enquête préliminaire » employée dans le texte doit, à notre avis, être comprise dans un sens générique, c'est-à-dire avant la saisine du juge. Toute interprétation des dispositions du Règlement doit se faire en tenant compte de l'objectif de base défini dans le texte, à savoir l'harmonisation des règles régissant la profession d'avocat dans les États membres de l'UEMOA. Or, étant donné que l'organisation judiciaire n'est pas la même partout dans l'espace de l'Union, une application littérale de l'article 5 risque d'aboutir à des divergences d'un pays à l'autre, selon que la définition de la notion « enquête préliminaire » est consacrée ou non. Il s'y ajoute que c'est au cours de l'enquête de flagrance, caractérisée par l'existence de pouvoirs coercitifs plus étendus pour les officiers de police judiciaire [342], que la présence de l'avocat est la plus justifiée.

355. Dans le même ordre d'idées, l'article 4 du Règlement n° 5 de l'UEMOA dispose que « les avocats assistent et défendent leurs clients devant le juge d'instruction lors de la première comparution ».

---

[340] CA. Chambre d'accusation n° 249 du 22 septembre 2015, MP/Thione Seck et autres.

[341] L'arrêt soulignait expressément que « L'intervention de l'avocat n'est prévue par ce texte que lorsque le mis en cause a été interpellé dans le cadre de l'enquête préliminaire. Or, il a été rappelé supra que l'enquête préliminaire est différente de l'enquête de flagrance en vertu de laquelle les enquêteurs ont agi en l'espèce… ».

[342] Voir articles 45 et suivants du CPP du Sénégal sur les pouvoirs d'arrestation, de grade à vue et de perquisition.

Il se pose alors, la question de la conciliation de ces dispositions avec celles relatives à l'inculpation. Ainsi, pour le cas du Sénégal, l'avocat qui se présente devant le juge d'instruction avec son client, peut-il, conformément à l'article 4 du Règlement précité, « assister et défendre » son client avec tout ce que cela implique comme rôle actif ?

Doit-il, plutôt, se contenter de laisser son client faire des déclarations spontanées conformément aux dispositions de l'article 101 du CPP du Sénégal ?

Nous pensons que les termes « assister et défendre » employés dans cet article ne laissent aucun doute sur la volonté du législateur communautaire de permettre aux inculpés de bénéficier d'une assistance effective lors de cette phase cruciale de la procédure. En d'autres termes, l'avocat devrait pouvoir désormais, dès la première comparution, consulter le dossier, prendre la parole et faire ses observations sur l'inculpation et la détention.

Cette interprétation nous semble conforme à la fois au texte du Règlement de l'UEMOA, mais aussi à l'esprit des droits positifs nationaux qui font désormais du respect des principes propres au procès équitable, une règle cardinale de leur législation pénale.

2 – L'insuffisante prise en compte du droit d'initiative des parties au cours du déroulement de l'instruction

356. La procédure d'instruction en vigueur au Sénégal reste marquée par son caractère très inquisitorial. C'est le juge qui dirige l'instruction en prenant « tous actes d'information qu'il juge utiles à la manifestation de la vérité » [343].

À l'exception du Ministère public, les parties au procès ont des prérogatives très limitées dans le déroulement de l'instruction. Elles peuvent tout au plus solliciter les actes suivants :

- une expertise ou une contre-expertise [344] ;
- l'annulation d'un acte d'instruction [345].

Certes, aucune disposition n'interdit aux parties de solliciter d'autres demandes. Mais le CPP n'oblige pas le juge à réagir à une requête aux fins d'audition de témoin, de transport sur les lieux. De sorte qu'en l'état actuel de la législation sénégalaise, les parties n'ont pas le moyen

[343] Art. 72 du CPP sénégalais.
[344] Art. 149 du CPP sénégalais.
[345] Art. 165 du CPP sénégalais.

d'influer sur le déroulement de la procédure d'instruction, leur marge de manœuvre étant limitée.

Dans la pratique, il arrive souvent que des juges s'abstiennent de répondre à des demandes d'audition ou de confrontation, les parties n'ayant alors d'autre choix que de se plier au manque de volonté du juge.

Cette carence de la législation pénale sénégalaise, expression du caractère fortement inquisitorial de la procédure pénale, gagnerait à être rectifiée dans le sens du renforcement des droits des parties.

À cet égard, on pourrait s'inspirer de l'article 82 du code de procédure pénale français qui dispose que : « Les parties peuvent, au cours de l'instruction, saisir le juge d'instruction d'une demande écrite et motivée tendant à ce qu'il soit procédé à leur audition ou à leur interrogatoire, à l'audition d'un témoin, à une confrontation ou à un transport sur les lieux, à ce qu'il soit ordonné la production par l'une d'entre elles d'une pièce utile à l'information, à ce qu'il soit procédé à tous actes qui leur paraissent nécessaires à la manifestation de la vérité ».

357. De même, l'article 221-2 du CPP français dispose que lorsqu'un délai de quatre mois s'est écoulé depuis le dernier acte d'instruction, les parties peuvent saisir la Chambre d'instruction qui pourra, s'il y a lieu, poursuivre l'instruction.

L'existence de telles dispositions dans la loi sénégalaise aurait permis de favoriser une plus grande participation des parties dans le déroulement de l'instruction et une plus grande célérité dans l'accomplissement des actes d'investigation.

Si, au regard des développements qui précèdent, il apparaît que la tenue du procès a favorisé un enrichissement du dispositif normatif, il ne fait pas de doute non plus qu'elle a permis le renforcement des capacités des acteurs judiciaires.

§ II. – Renforcement de capacités des acteurs judicaires

358. L'intégration de la juridiction au système judiciaire national a favorisé, incontestablement, le renforcement de la capacité tant des juges que des autres acteurs judiciaires.

A. Renforcement de capacités des juges

359. De manière générale, les juridictions internationalisées témoignent d'un élargissement de la notion de justice par l'intégration en leur sein de préoccupations plus globales. La justice, entendue ici comme facteur d'harmonie sociale, de réconciliation et de moyen de renforcement de l'État de droit, a pour fonction, non seulement de juger des criminels, mais aussi et surtout de concourir à la reconstruction d'États détruits par les conflits.

Certes, dans le cas des CAE, on doit admettre que la mise en place de la juridiction ne se justifiait pas par le souci de restaurer le système judiciaire. Néanmoins, cette expérience a, incontestablement, permis de renforcer les capacités des acteurs judiciaires qui ont eu l'opportunité d'y prendre part.

Elle a, en effet, permis à des magistrats tant du Ministère public que du siège de se familiariser avec la conduite des enquêtes portant sur des crimes internationaux.

La nature des infractions sur lesquelles portaient les investigations, les difficultés liées à la coopération judiciaire ainsi que les nombreux échanges effectués avec d'autres collègues d'autres pays ont permis de doter ces magistrats d'une certaine expertise qui, si elle est utilisée à bon escient, peut contribuer à améliorer l'administration de la justice.

La procédure ouverte devant les CAE a été l'occasion pour les magistrats officiant dans cette juridiction d'éprouver et de renforcer leurs expertises dans le traitement de dossiers de crimes de masse. Compte tenu du nombre de personnes impliquées comme auteurs présumés ou victimes, la conduite de ce genre de dossiers nécessite, véritablement, des méthodologies et approches particulières. Un exposé sommaire des procédés employés par les juges des CAE nous permettrait de mieux appréhender la valeur pédagogique de cette expérience.

À cet égard, deux aspects de la procédure d'instruction ont été formateurs à plus d'un titre : il s'agit de la méthode d'audition des parties et de celle d'exploitation des pièces du dossier.

1. Méthode d'audition des parties

360. À l'arrivée des membres des CAE au Tchad, les associations de victimes [346] se sont manifestées à travers des demandes de constitution de partie civile.

---

[346] Il s'agit , notamment, de : *l'Association des victimes de crimes du régime de Hissène Habré (AVCRHH) et l'Association tchadienne pour la protection des droits de l'Homme (ATPDH)*, dirigées respectivement par une ancienne victime de ce régime, Clément Abaifouta, et par une célèbre avocate des droits de l'Homme, Jacqueline Moudeïna.

Chaque association revendiquait des milliers d'adhérents et tenait visiblement à faire comparaître le maximum de ses membres.

Les juges des CAE ne pouvaient rester insensibles à ces préoccupations, la mise en place des CAE procédant, après tout, d'une volonté de rendre justice aux victimes. Or, pour des victimes qui avaient souffert en silence depuis plus de vingt ans, la possibilité de s'exprimer librement sur leur sort apparaissait comme une sorte de catharsis, un exutoire qu'il ne fallait pas leur refuser.

Cependant, des contraintes objectives de temps et de moyens ne permettaient pas d'auditionner toutes les victimes qui s'étaient manifestées : le délai relativement court de quinze mois imparti aux CAE pour boucler l'instruction, et surtout, le nombre important de victimes qui devaient être auditionnées à l'occasion des CRI rendaient nécessaire la mise en place d'une stratégie adéquate pour les auditions.

361. Dans le but d'anticiper sur ces difficultés qu'il y aurait à auditionner un nombre indéterminé de victimes, les rédacteurs du Statut des CAE avaient prévu le mécanisme de représentation consacré à l'article 14 dudit Statut. L'alinéa 2 de cet article dispose ainsi que : « les victimes peuvent former des groupes et décider d'être représentées par un représentant choisi en commun. Lorsque l'intérêt de la justice l'exige, les Chambres africaines extraordinaires peuvent exiger des victimes ou d'un groupe particulier de victimes le choix, au besoin avec l'assistance de l'Administrateur, d'un ou de plusieurs représentants communs. Le mandat ainsi donné peut être révoqué à tout moment ».

Ce procédé semblait pouvoir permettre de concilier l'impératif de célérité avec le souci d'associer le plus grand nombre de victimes au processus judiciaire en cours. Mais, à l'épreuve du terrain, sa mise en œuvre s'est avérée bien plus difficile que prévu. En effet, dès qu'elles ont été informées de l'arrivée d'une délégation des CAE, des centaines de victimes ont accouru à N'Djamena, en provenance de diverses régions du pays, dans l'espoir d'être auditionnées.

Chacune des victimes tenait absolument à être personnellement entendue. Le degré d'excitation était à ce point élevé que, pour éviter des débordements de violence préjudiciables au bon déroulement de l'instruction, la Chambre a préféré opter pour une autre stratégie : l'accélération du rythme des auditions par le biais de la subdélégation et du questionnaire.

Conscients du fait que devant les juges d'instruction composant le Pool judiciaire compte tenu de la présence des avocats, le rythme des auditions ne pouvait guère dépasser 10 par jour, les juges d'instruction ont proposé que les auditions soient effectuées à la police, plus précisément au commissariat central de N'Djamena. C'est ainsi que, par le biais d'une subdélégation, le Doyen des juges du TGI de N'Djamena confia la mission de conduire les auditions des victimes à la DPJ conformément à la loi pénale tchadienne.

Pour faciliter la tâche aux enquêteurs, il leur fut remis un questionnaire dont ils devaient s'inspirer pour la conduite des auditions. Dans ce document, figuraient les principaux points qui permettaient de se faire une idée de la nature de l'infraction supposée être commise à l'encontre de la victime, notamment :

– date des faits ;
– lieu des faits ;
– formes et motifs des tortures subies ;
– identité des auteurs (militaires ou civils) ;
– ethnie d'appartenance des victimes.

Ce procédé, conjugué à la mobilisation par l'État du Tchad de près de cinquante agents chargés d'effectuer les auditions avec l'assistance des officiers de police sénégalais, a permis d'accélérer le rythme des auditions [347].

2. Méthode d'exploitation des pièces du dossier

362. Dans les dossiers classiques d'instruction, l'étape de collecte d'éléments est suivie de celle de la lecture des pièces et de la qualification des charges.

En revanche, dans le dossier ouvert aux CAE, qui comportait pas moins de deux mille (2000) procès-verbaux d'audition, compte non tenu des rapports d'expertise et des centaines de documents de la DDS, il était matériellement impossible de procéder à une exploitation physique des pièces du dossier. L'usage du procédé classique que constitue la lecture physique des pièces aurait pris énormément de

[347] Durant les CRI, les juges ont pu ainsi, faire auditionner un nombre considérable de témoins et victimes notamment : 1097 pour *CRI* du 25 juillet 2013 exécutée au Tchad du 19 août 2013 au 02 septembre 2013, 767 pour celle du 21 octobre 2013 exécutée au Tchad du 1er décembre 2013 au 22 décembre 2013 et 522 pour celle du 06 février 2014 exécutée au Tchad du 24 mai 2014 au 09 juin 2014.

temps et aurait, de surcroît, constitué, pour les greffiers comme pour les avocats, une véritable corvée.

Pour garantir une gestion efficace et équitable du dossier d'instruction, il fallait donc trouver le moyen d'atteindre les objectifs suivants :

– permettre à tous les membres de la Chambre d'instruction de consulter simultanément et régulièrement les pièces du dossier ;

– donner aux conseils de la défense et aux parties civiles les moyens d'accéder au dossier et de préparer convenablement leurs audiences.

La Chambre d'instruction a pu, finalement, atteindre ces objectifs à travers trois étapes :

– la dématérialisation ;

– le traitement des données ;

– l'exploitation des pièces.

363. La dématérialisation

Par l'entremise de l'informaticien de la Chambre d'instruction, chaque pièce a été scannée avant d'être classée dans un dossier de manière à en faciliter l'exploitation. Grâce à cette opération d'archivage électronique, le dossier d'instruction, régulièrement mis à jour, a pu être remis aux membres de la Chambre d'instruction, au Ministère public ainsi qu'aux avocats. La question de la consultation étant ainsi résolue, il restait à résoudre celle, plus ardue, du traitement des informations.

364. Le traitement des informations

Le nombre de procès-verbaux d'audition était très élevé et les informations que l'on pouvait en tirer, d'une grande variété. Il fallait trouver le moyen de synthétiser les informations-clés contenues dans ces pièces pour ne pas être obligé de se pencher, en permanence, sur chacun des procès-verbaux. La solution a été trouvée à travers deux moyens : le recours à un expert en statistiques et l'élaboration d'une base de données.

Durant les quatre missions effectuées au Tchad, l'exploitation des archives de la DDS a toujours figuré parmi les activités des juges. Lors de chaque CRI, les archives étaient copiées et authentifiées puis, après leur acheminement au siège des CAE, scannées et classées dans le dossier. Toutefois, le nombre particulièrement important des archives ne se prêtait pas à une exploitation manuelle de l'intégralité de cette mine d'informations. Sur demande du Ministère public, la Chambre a désigné un expert aux fins de procéder à une analyse statistique du taux de mortalité dans les prisons de la DDS en s'appuyant sur les certificats de décès et autres documents similaires.

Dans le même ordre d'idées, les juges ont fait élaborer une base de données pour une meilleure exploitation des procès-verbaux d'audition [348].

Pour remplir la rubrique *infraction commise*, il a fallu procéder à la lecture des procès-verbaux d'audition et à la qualification des faits qui y sont visés.

Une fois le dossier archivé et mis à jour, les informations contenues dans les procès-verbaux d'audition traitées et synthétisées, l'exploitation du dossier devenait chose relativement aisée.

Il convient de préciser que contrairement à ce qui est pratiqué dans les autres juridictions internationales, les juges d'instruction des CAE ne disposaient pas d'assistants. Ainsi, ils ont dû réaliser entièrement le travail de rédaction.

365. En définitive, la Chambre a pu mener le travail d'instruction dans le respect de ses options fondamentales qui étaient :

– mener ses propres investigations, sans pour autant ignorer totalement les éléments qui avaient été rassemblés par des organisations de la Société civile comme Human Rights Watch ou la Commission nationale d'enquête mise sur pied au Tchad au lendemain de la chute de Hissène Habré.

– élaborer et exécuter un plan de travail sans l'assistance d'un quelconque expert étranger et ce, pour relever le défi de la capacité et de la crédibilité de la justice africaine en général et sénégalaise en particulier ;

– mener à terme la procédure d'instruction dans un délai raisonnable.

Au terme de l'instruction, la Chambre a rendu, le 13 février 2015, une ordonnance de non-lieu partiel et de mise en accusation contre l'accusé Hissène Habré.

Au cours du procès, les magistrats n'ont pas été les seuls à avoir bénéficié d'un renforcement de capacités. Les autres acteurs impliqués dans la procédure en ont également tiré profit.

---

[348] Cette base comportait les rubriques suivantes : Nom, Profession, Date des faits, lieu de commission des faits.

B. Renforcement de capacité des autres acteurs

366. Les autres acteurs qui ont tiré profit de cette expérience sont principalement les avocats et les enquêteurs.

1. Renforcement de l'expertise des avocats

367. Les avocats des parties civiles, comme ceux de la défense, ont pu se familiariser avec des catégories juridiques qu'ils ont eues rarement l'occasion d'aborder, si tant est qu'ils l'aient déjà fait.

La participation aux CRI, les échanges sur les éléments constitutifs des crimes internationaux, la mise en cause de la responsabilité d'un chef d'État sont en effet, des questions juridiques fort enrichissantes.

Certes, la stratégie de boycott adoptée par l'accusé et ses conseils a, quelque peu, réduit la portée pédagogique de ce procès. Mais l'implication des avocats commis d'office qui ont plaidé et déposé des mémoires contenus sur des centaines de pages a contribué à préserver l'intérêt et la portée pédagogique du procès.

2. Renforcement de l'expertise des enquêteurs

368. En dehors des magistrats et des avocats, les officiers de police judiciaire impliqués dans la procédure ont eu l'occasion d'approfondir leurs connaissances et leur expertise dans le domaine du droit pénal international.

À l'occasion des CRI au Tchad, ils ont participé à l'audition de milliers de témoins et de victimes. Ils ont également accompagné les experts anthropologues au cours de la visite des charniers où ils ont eu l'opportunité de tester et d'approfondir leurs connaissances en matière d'enquête portant sur des crimes de masse.

En plus du renforcement du système judiciaire national, le modèle des CAE présente l'avantage de favoriser une plus grande efficacité par rapport aux juridictions nationales.

Section II

Les CAE, un mécanisme qui ne souffre pas des limites des juridictions nationales

369. La poursuite des présumés auteurs de crimes internationaux devant les juridictions nationales est souvent rendue difficile par deux facteurs :

Le manque d'indépendance de la justice et les immunités dont jouissent certaines catégories de personnes. En mettant en place une juridiction ad hoc sur le modèle des CAE, il est possible de s'affranchir de ces contraintes.

§ I. – Une plus grande garantie d'indépendance

370. Dans le *Dictionnaire de la justice*, Jean Marc Varaut définit l'indépendance comme étant la « *situation d'une collectivité, d'une institution ou d'une personne qui n'est pas soumise à une autre collectivité, institution ou personne.* Il faut que son titulaire n'ait rien à attendre ou à redouter de personne. Appliquée à la justice, l'indépendance se manifeste par la liberté du juge de rendre une décision non liée par une hiérarchie ou des normes préexistantes » [349].

À cet égard, c'est à juste raison que la motion finale du deuxième congrès de l'Association des hautes juridictions de cassation ayant en partage l'usage du français réaffirmait que : « L'indépendance exige que le recrutement des juges, le déroulement de leur carrière et la sanction disciplinaire de leurs manquements éventuels soient soustraits à toute ingérence politique et régis par des règles transparentes et démocratiques »[350].

En Afrique, les immixtions du pouvoir exécutif dans le fonctionnement du pouvoir judiciaire constituent un défi de taille que la mise sur pied de juridictions sur le modèle des CAE pourrait aider à relever.

L'existence d'une justice indépendante constitue certes, une garantie de bonne administration de la justice dans tous les types de procès. Mais, dans les procès de crimes internationaux, le niveau d'exigence est encore plus élevé. En effet, les présumés auteurs de tels crimes sont souvent, pour ne pas dire toujours, des personnes qui ont occupé de hautes fonctions dans l'appareil d'État et qui, grâce à leurs moyens et leur réseau d'influence, peuvent facilement infléchir le cours de la justice. Sans une réelle indépendance de la justice, les chances de voir aboutir des procès internationaux sont donc minimes, voire nulles.

---

[349] J.-M. Varaut, « Indépendance », in L. Cadiet (dir.), *Dictionnaire de la justice*, PUF, 2004 : 622-623.

[350] Voir la motion finale adoptée à Dakar in : « L'indépendance de la justice. Actes du deuxième congrès de l'Association des hautes juridictions de cassation des pays ayant en partage l'usage du français », 7 novembre 2007, in : https://www.uihj.com/participation-de-l-uihj-au-2e-congres-de-l-ahjucaf-a-dakar-7-8-nov-2007.

371. L'avantage comparatif des juridictions internationalisées peut être apprécié tant du point de vue des règles de nomination des juges que de celui de la gestion de la carrière des magistrats.

A. La nomination des juges des CAE

372. Les systèmes judiciaires africains se caractérisent très souvent par leur manque d'indépendance vis-à-vis du pouvoir exécutif. Les capacités d'immixtion du pouvoir exécutif dans la nomination des juges et le déroulement de leur carrière sont à ce point élevés que l'indépendance devient parfois une simple vue de l'esprit.

1. Les pouvoirs traditionnels de l'Exécutif en matière de nomination des juges

373. Les pouvoirs que détient l'Exécutif en matière de nomination sont un sérieux baromètre du degré d'indépendance dont jouissent les tribunaux dans un État. Or, dans la quasi-totalité des pays africains, le pouvoir exécutif a une mainmise totale sur le processus de nomination.

Si on prend l'exemple du Sénégal, on peut noter que le Conseil supérieur de la magistrature est présidé par le Président de la République. Mais, plus que cette présence, c'est surtout le mode de nomination qui contribue à assujettir le pouvoir judiciaire à l'Exécutif. En effet, aux termes de l'article 8 du statut de la magistrature, c'est le ministre de la Justice qui propose aux postes de nomination. L'absence de définition de critères de nomination donne les coudées franches à l'Exécutif et laisse la porte ouverte à toutes les dérives et abus.

Certes, l'article 6 du Statut des magistrats, dispose que les juges ne peuvent être déplacés que pour nécessités de service et sur avis conforme et motivé du Conseil supérieur de la magistrature. Mais, cette précaution se révèle, en pratique, sans effet en raison de la précarité dans laquelle se trouvent les membres du Conseil et de la pratique qui consiste à remettre l'ordre du jour tout juste quelques heures avant la tenue de la réunion.

2. L'absence de pouvoir des États en matière de nomination

374. L'une des caractéristiques des juridictions internationalisées est que la nomination du personnel judiciaire ne relève pas entièrement de la compétence des autorités nationales.

Dans certains cas, les juges nationaux sont nommés par les États concernés[351].

Dans d'autres cas, tous les juges sont nommés par une autorité supranationale. C'est précisément ce système qui a été adopté au sein des CAE où les magistrats ne sont pas nommés par le Président de la République du Sénégal, mais par le Président de l'Union africaine après proposition du ministre de la Justice.

Ce mode de nomination qui soustrait les magistrats à l'immixtion du pouvoir exécutif est de nature à garantir leur indépendance, surtout lorsqu'ils ne sont pas soumis aux aléas des affectations pour cause de *nécessités de service*.

B. La protection statutaire des magistrats des CAE

375. Au regard de la manière avec laquelle la règle de l'inamovibilité est systématiquement violée dans les pays africains, il n'y a pas l'ombre d'un doute que l'indépendance des juges a plus de chances d'être respectée dans les juridictions à caractère international.

1. La violation systématique de la règle de l'inamovibilité dans les États africains

376. Un événement, survenu en Guinée en 2009, renseigne sur le degré de précarité dans laquelle se trouvent certains magistrats en Afrique.

Monsieur Mamadou Sylla fut nommé Président de la Cour suprême en avril 2009 pour être remplacé par Monsieur Yves Aboly huit jours plus tard, avant d'être nommé à nouveau es qualité le 7 mars 2010. La principale raison avancée par la presse indépendante était l'absence de remerciements au chef de la junte lors de son audience solennelle d'installation [352].

Au Sénégal, l'adoption de la loi 2017-10 portant modification du statut des magistrats constitue une parfaite illustration de la dépendance des magistrats vis-à-vis du pouvoir exécutif.

Aux termes de l'article 65 nouveau du Statut des magistrats, « La limite d'âge pour les magistrats soumis au présent statut est fixée à 65 ans. Toutefois, est fixée à soixante-huit ans la limite d'âge des magistrats occupant les fonctions de Premier président, de Procureur général et de président de chambre à la Cour suprême. Il en est de même

---

[351] C'est le cas pour les CETC : voir supra, sur les critères distinctifs des juridictions internationalisées, numéros 92 et suivants.

[352] http ://www.infoguinee.com/beta3/content/view/4784/1.

pour les magistrats occupant les fonctions de Premier président et de Procureur général d'une cour d'appel ».

La consécration formelle de l'indépendance des juges ne suffit pas à en faire une réalité. Pour être effective, l'indépendance doit être garantie de telle sorte que le juge soit assuré de pouvoir exercer son office en son âme et conscience, sans s'exposer à des mesures de représailles de la part de l'Exécutif ou d'un quelconque autre pouvoir. La combinaison de l'article 65 du Statut des magistrats avec les dispositions du texte portant organisation du Conseil supérieur de la magistrature permet de se rendre compte à quel point cette réforme est susceptible de mettre à mal le principe de l'indépendance de la justice. En effet, la mesure envisagée subordonne la prorogation de l'âge de la retraite à l'exercice de certaines fonctions. Or, comme indiqué à l'article 8 du Statut portant organisation et fonctionnement du Conseil supérieur de la magistrature, les propositions de nomination sont du ressort exclusif du ministre de la Justice. Autrement dit, c'est au pouvoir exécutif que reviendra le privilège de décider si le magistrat, qui est à quelques mois de la retraite, devra cesser d'exercer ses fonctions à 65 ans ou les prolonger jusqu'à 68 ans. Peut-on imaginer pire scénario de fragilisation pour les magistrats ? Combien seront-ils à pouvoir résister à la tentation de se rendre docile dans le seul but d'obtenir le fameux sésame ouvrant la voie à une prorogation ?

Il s'y ajoute que, même après avoir décroché le droit à une prorogation, le magistrat ne sera pas, pour autant, au bout de ses peines et angoisses. En effet, la retraite à 68 ans étant liée à l'exercice effectif de certaines fonctions (comme l'indique le terme « occupant » dans l'article 65), celui qui, à 66 ans, cesse d'exercer lesdites fonctions (pour affectation ou autre raison) devrait, en toute logique, faire aussitôt valoir ses droits à la retraite.

On imagine aisément que, dans une telle situation de précarité, certains magistrats feront sans doute tout pour entrer dans les bonnes grâces du pouvoir exécutif afin d'obtenir l'emploi ouvrant droit à la prorogation et, une fois au perchoir, feront également tout pour y rester.

Au regard de cette situation de précarité et dépendance que vivent certains juges, on perçoit tout l'intérêt qu'il peut y avoir à instituer une juridiction internationalisée dotée d'une plus grande indépendance.

2. L'absence de possibilité d'immixtion dans le déroulement de la carrière des magistrats officiant dans les juridictions internationalisées

377. Les magistrats qui officient dans les juridictions pénales internationales sont assurés de pouvoir exercer tout leur mandat sans crainte d'être affectés pour cause de nécessités de service. Sachant que le procès portant sur des crimes internationaux implique souvent des personnalités politiques et peut donc nécessiter l'arrestation de dirigeants au pouvoir, l'absence de possibilités d'immixtion des autorités nationales dans la carrière des juges peut être considérée comme un atout majeur des juridictions pénales internationalisées.

Néanmoins, il faut relativiser cette observation puisque ces juges, une fois leur mandat expiré, seront à nouveau soumis au droit commun de leur statut.

En définitive, force est d'admettre que l'indépendance n'est pas seulement un principe d'ordre institutionnel. Elle est aussi une valeur et un esprit dont aucun texte ne saurait garantir l'intégrité. Il revient à chaque magistrat, dans le secret de sa conscience, de travailler à la cultiver et à la préserver des atteintes extérieures.

En plus de l'indépendance qu'elle implique, la mixité comporte aussi l'avantage indéniable de faciliter les poursuites par l'exclusion des immunités.

§ II. – Une plus grande marge de manœuvre face aux immunités

378. La fréquence avec laquelle le terme immunité est utilisé justifie une clarification du concept[353].

L'immunité doit ainsi être distinguée du privilège de juridiction.

Il y a privilège de juridiction lorsque, en raison de l'infraction commise, une personne est soustraite aux règles de compétences matérielles et territoriales de droit commun qui déterminent la juridiction compétente à connaître de cette infraction pour être assujettie à un autre tribunal déclaré compétent exclusivement en raison de la personne du délinquant.

En revanche, l'immunité est un mécanisme rendant impossible la poursuite ou la subordonnant à l'accomplissement de certains préalables légaux.

---

[353] Gerard Cornu, « *Vocabulaire juridique* », article relatif à « l'immunité » et à « l'inviolabilité », pp. 457-458 et p. 504.

Les immunités sont destinées, dans l'ordre interne, à protéger le fonctionnement du pouvoir législatif et du pouvoir exécutif et, dans l'ordre international, à protéger l'égale souveraineté des États. Elles ne répondent pas toutes au même régime. Elles obéissent, cependant, à deux logiques différentes, selon qu'elles constituent des obstacles définitifs (immunités fonctionnelles) ou temporaires (immunités personnelles) aux poursuites.

379. Les immunités fonctionnelles s'attachent aux actes commis dans l'exercice des fonctions, c'est-à-dire aux actes dits officiels. Elles sont destinées à protéger l'institution et opposent un obstacle définitif à toute poursuite. Le titulaire de cette immunité ne peut être poursuivi pour des actes accomplis dans l'exercice de ses fonctions. C'est le cas du chef d'État, des parlementaires et des agents diplomatiques.

Les immunités des agents diplomatiques et consulaires sont régies par le droit conventionnel (Convention de Vienne d'avril 1961 et 1963, accords bilatéraux), tandis que les immunités des chefs d'État et des membres de gouvernement sont de source coutumière.

380. Les immunités personnelles, quant à elles, s'attachent, non pas à la fonction, mais à la qualité de la personne. En vertu de cette immunité, une personne ayant commis des infractions avant de devenir Président de la République, ne peut plus être poursuivie tant qu'elle demeure dans l'exercice de ses fonctions.

Les immunités personnelles, qui sont des obstacles temporaires aux poursuites, disparaissent à la cessation des fonctions pour tous les actes accomplis avant l'exercice des fonctions de même que pour les actes qui, tout étant commis durant l'exercice des fonctions, n'ont aucun lien avec ces dernières.

Le chef d'État et les agents diplomatiques bénéficient à la fois d'immunités fonctionnelles et personnelles. En raison des premières, ils ne peuvent jamais être poursuivis pour les actes accomplis es qualité ou dans l'exercice de leurs fonctions.

Si devant les juridictions nationales, les immunités constituent des obstacles, il n'en est pas de même devant les juridictions pénales internationales[354].

---

[354] Micaela, Frulli, « Le droit international et les obstacles à la mise en œuvre de la responsabilité pénale pour crimes internationaux », in Antonio Cassesse et Mireille Delmas-Marty (dir.), *Crimes internationaux et juridictions pénales internationales*, Paris, Puf, 2002 : 226-227.

A. Les immunités, un obstacle aux poursuites devant les juridictions nationales

381. L'opposabilité des immunités devant les juridictions nationales en fait un véritable obstacle aux poursuites. En pratique, cela se traduit par l'impossibilité de poursuivre le Chef d'État ou les représentants d'un État étranger.

1. L'immunité du chef d'État devant les juridictions nationales

382. On pourrait dire des Constitutions africaines ce que certains auteurs ont dit de la Constitution française de 1875, c'est-à-dire que : « Pour que le Président fût fort, les constituants l'ont entouré de prestige, l'ont déclaré irresponsable et l'ont surchargé d'attributions »[355].

En effet, la plupart des Constitutions africaines ont consacré le principe de l'irresponsabilité du chef de l'État. Car, hormis le cas de haute trahison, le Président ne peut être poursuivi pour des actes accomplis dans l'exercice de ses fonctions.

Les dispositions consacrant cette quasi irresponsabilité ont littéralement repris l'ancien article 68 de la Constitution française du 4 octobre 1958 qui disposait que : « Le Président de la République n'est responsable des actes accomplis dans l'exercice de ses fonctions qu'en cas de haute trahison ». C'est le cas de l'article 101 de la Constitution du Sénégal [356], de l'article 53 de la Constitution camerounaise, des articles 176-182 de la Constitution tchadienne.

Parmi les rares Constitutions à avoir défini la notion de haute trahison, on peut citer l'article 178 de la Constitution tchadienne qui

---

355 Joseph Barthelemy et Paul Duez, « Traité de droit constitutionnel », 14 décembre 2004, Éditions Panthéon-Assas, p. 616.

356 Aux termes de l'article 101 de la Constitution du Sénégal, « Le Président de la République n'est responsable des actes accomplis dans l'exercice de ses fonctions qu'en cas de haute trahison. Il ne peut être mis en accusation que par l'Assemblée nationale, statuant par un vote au scrutin secret, à la majorité des trois cinquièmes des membres la composant ; il est jugé par la Haute Cour de Justice.
Le Premier ministre et les autres membres du Gouvernement sont pénalement responsables des actes accomplis dans l'exercice de leurs fonctions et qualifiés crimes ou délits au moment où ils ont été commis. Ils sont jugés par la Haute Cour de Justice.
La procédure définie ci-dessus leur est applicable, ainsi qu'à leurs complices, dans le cas de complot contre la sûreté de l'État. Dans les cas prévus au présent alinéa, la Haute Cour est liée par la définition des crimes et délits ainsi que par la détermination des peines, telles qu'elles résultent des lois pénales en vigueur au moment où les faits ont été commis ».

précise qu'il s'agit de « tout acte portant atteinte à la forme républicaine, à l'unicité et à la laïcité de l'État, à la souveraineté, à l'indépendance et à l'intégrité du territoire national ». Le même article ajoute que « sont assimilés à la haute trahison les violations graves et caractérisées des droits de l'Homme, le détournement de fonds publics, la corruption, la concussion, le trafic de drogues et l'introduction de déchets toxiques ou dangereux en vue de leur transit, dépôt ou stockage sur le territoire national ».

Ce régime de responsabilité, qui ne permet de mettre en cause le chef de l'État que pour haute trahison, pendant l'exercice de ses fonctions et seulement devant une juridiction politique, contribue à instituer une irresponsabilité de fait pour le plus haut dirigeant du pays.

Comme le disait B. Baban, le régime de responsabilité du chef de l'État est pour le moins singulier en ce sens qu'il se traduit par une compétence limitée (un seul crime) devant une instance illusoire (Haute Cour de justice) et pour des crimes imprécis [357].

Ainsi, en dehors du cas de haute trahison, le chef de l'État bénéficie d'une immunité absolue devant les juridictions nationales.

383. Sous ce rapport, on peut se demander si cette immunité couvre aussi les crimes internationaux. Autrement dit, le crime international peut-il être assimilé à la haute trahison ?

En l'absence d'une définition de la notion de haute trahison, il est difficile de donner une réponse tranchée à cette question.

Si on se réfère à certaines Constitutions, comme celle du Tchad, où les violations graves et caractérisées des droits de l'Homme sont assimilées à la haute trahison, on peut considérer que le crime de haute trahison est une infraction politique qui ne saurait se confondre avec les crimes internationaux. En d'autres termes, l'immunité prévue au profit du Président de la République exclut toute possibilité de poursuite devant les juridictions nationales.

Mais vu sous cet angle, le régime de responsabilité du chef de l'État peut être considéré comme contraire à l'objectif de lutte contre l'impunité. En outre, il est en contradiction avec l'article 27 alinéa 2 du Statut de Rome qui dispose que : « Les immunités ou règles de procédure spéciales qui peuvent s'attacher à la qualité officielle d'une personne, en vertu du droit interne ou du droit international,

---

[357] Bryar S. Baban, « La mise en œuvre de la responsabilité pénale du chef de l'État », *Droit international*, Larcier, 2012, p. 116.

n'empêchent pas la Cour d'exercer sa compétence à l'égard de cette personne ».

C'est, précisément, pour harmoniser sa législation avec le Statut de la CPI que la France a adopté, le 19 février 2007, une réforme du régime de responsabilité du chef de l'État et a substitué, à l'ancien article 68, un nouvel article 67 qui dispose que : « Le Président de la République n'est pas responsable des actes accomplis en cette qualité, sous réserve des dispositions des articles 53-2 et 68 ». L'article 53-2 prévoit que « La République peut reconnaître la juridiction de la Cour pénale internationale dans les conditions prévues par le Traité ».

Devant les juridictions nationales étrangères également, les représentants de l'État bénéficient d'une immunité qui les met à l'abri de toute poursuite.

2. L'immunité des représentants de l'État devant les juridictions nationales étrangères

384. Devant les juridictions nationales, l'égale souveraineté des États fait obstacle à la poursuite d'un Chef d'État étranger ou d'un représentant d'un État étranger par les organes d'un État[358]. L'immunité personnelle constitue, en effet, dans ces cas, un obstacle temporaire aux poursuites.

L'obligation de respecter cette immunité a été rappelée à l'occasion de diverses affaires, notamment par :

– la Chambre criminelle de la Cour de cassation française qui a estimé, dans l'affaire Kadhafi, que la coutume internationale s'oppose à ce que les chefs d'État en exercice puissent faire l'objet de poursuites pénales devant une juridiction pénale étrangère ;

– la Cour internationale de justice qui a souligné, dans l'affaire du mandat d'arrêt, que l'immunité d'un ministre des Affaires étrangères en fonction devait être respectée ;

– la Chambre des Lords qui, dans l'affaire Pinochet, a reconnu l'immunité de l'ancien chef d'État.

Si la répression des crimes internationaux et la poursuite de leurs auteurs constituent sans aucun doute une préoccupation légitime, force est de reconnaître, toutefois, que l'exercice de ces poursuites n'est pas toujours exempt de dangers. En effet, l'arrestation d'un chef d'État en

[358] Phillipe Cahier, « Le droit diplomatique contemporain », Genève, E. Droz, 1962, p. 338.

terre étrangère peut entraîner de graves conséquences dans les relations entre États et peut même constituer un danger pour la paix et la sécurité internationales. C'est, précisément, pour préserver cette paix et cette sécurité internationales que la coutume internationale a consacré, pour les représentants de l'État en général et, pour le Chef d'État en particulier, une immunité de poursuite.

Bien entendu, comme cela a été rappelé par la Convention de Vienne de 1961, l'immunité accordée aux représentants de l'État vise, non pas à protéger les individus, mais à « assurer l'accomplissement efficace des missions diplomatiques en tant que représentants de l'État ». Elle est fondée sur le respect de la souveraineté de l'État étranger, laquelle interdit aux autres États de juger de la licéité de son comportement à travers celui de ses agents.

Néanmoins, immunité ne se confond guère avec impunité. En d'autres termes, elle protège la fonction et non la personne et n'empêche pas que l'agent fasse l'objet d'une procédure pénale une fois que ces fonctions auront cessé. L'immunité interdit seulement qu'une juridiction pénale ouvre une procédure et prenne, à cet effet, des mesures coercitives durant l'exercice de ses fonctions pour de tels actes. Les bénéficiaires de ces immunités sont les agents diplomatiques ainsi que les plus hautes autorités de l'État que sont le chef d'État, le chef de gouvernement et le ministre des Affaires étrangères. À propos de ce dernier, la CIJ a eu à souligner que « Les fonctions d'un ministre des Affaires étrangères sont telles que, pour la durée de sa charge, il bénéficie d'une immunité et de l'inviolabilité totales à l'étranger »[359].

385. L'immunité accordée aux représentants de l'État peut être invoquée même lorsque les faits, qui sont à la base des poursuites, sont des crimes internationaux. Dans sa décision sur l'affaire du mandat d'arrêt, la Cour internationale de justice (CIJ) a fait observer que : « La Cour a examiné avec soin la pratique des États, y compris les législations nationales et les quelques décisions rendues par de hautes juridictions nationales, telle la Chambre des Lords ou la Cour de cassation française. Elle n'est pas parvenue à déduire de cette pratique l'existence, en doit international coutumier, d'une exception quelconque à la règle consacrant l'immunité de juridiction pénale et l'inviolabilité des ministres des

359 CIJ, Affaire du Mandat d'arrêt du 11 avril 2000, paragr. 54.

Affaires étrangères en exercice lorsqu'ils sont soupçonnés d'avoir commis des crimes de guerre ou des crimes contre l'humanité »[360].

386. Ces immunités ne sont pas, non plus, écartées lorsque l'État entend exercer sa compétence sur la base d'une Convention internationale qui met à sa charge l'obligation de poursuivre ou d'extrader. Comme l'a, si pertinemment rappelé la CIJ, « la compétence n'implique pas l'absence d'immunité et l'absence d'immunité n'implique pas la compétence. C'est ainsi que si diverses conventions internationales tendant à la prévention et à la répression de certains crimes graves ont mis à la charge des États des obligations de poursuite ou d'extradition et leur ont fait par suite obligation d'étendre leur compétence juridictionnelle, cette extension de compétence ne porte en rien atteinte aux immunités résultant du droit international coutumier et notamment aux immunités des ministres des Affaires étrangères. Celles-ci demeurent opposables devant les tribunaux d'un État étranger, même lorsque ces tribunaux exercent une telle compétence sur la base de ces conventions »[361].

Si, au regard de ces justifications, le principe de l'octroi d'immunité peut se justifier dans certaines circonstances et pour certaines catégories de personnes, il faut, toutefois reconnaître qu'on peut aboutir à un effet pervers consistant à favoriser l'impunité. Il faut veiller à ce que la préservation de la souveraineté des États ne soit pas un moyen de s'affranchir du respect des principes qui garantissent la vie et la dignité de l'homme. Comme le souligne un auteur, « Dans l'ordre international, raison d'État et souveraineté sont donc intimement liées, et même, quelquefois, se confondent lorsqu'un État maquille avec le concept de souveraineté des actes accomplis au nom de la raison d'État pour souvent, sinon toujours, les légitimer ou tout au moins les soustraire à tout contrôle international, voire de ses propres juridictions […] la souveraineté permet donc à l'État, dans l'ordre international, d'opposer aux comptes susceptibles de lui être demandés par la société internationale, les autres États, voire les individus ou groupes d'individus, quant à ses agissements dans l'ordre interne, ou même international, le principe de non-intervention ou de non-ingérence » [362].

---

[360] CIJ, Affaire du Mandat d'arrêt du 11 avril 2000, paragr. 58.

[361] CIJ, Affaire du Mandat d'arrêt du 11 avril 2000, paragr. 59.

[362] Jean-François Lachaume, « Raison d'État et ordre pénal international », dans Simone aboriau et Hélène Pauliat (dir.), *La justice pénale internationale*, Limoges, Pulim, 2001, pp. 58-59.

C'est, précisément le souci de préserver les droits individuels qui explique le recul relatif des immunités auquel on assiste devant les juridictions pénales internationales.

B. L'exclusion des immunités devant les juridictions pénales internationales

387. On retrouve dans la plupart des juridictions pénales internationales des dispositions relatives au défaut de pertinence de la qualité officielle. Mais au-delà de ces dispositions expresses, il se pose la question de savoir s'il n'existe pas de coutume internationale excluant le bénéfice des immunités en cas de commission de crime international.

1. L'exclusion textuelle des immunités dans les Statuts des juridictions pénales internationales

388. Si, sur le plan interne, le principe de l'irresponsabilité pénale du chef de l'État consacré par certaines Constitutions exclut, a priori, toute possibilité de poursuite [363], la situation est toute autre sur le plan international. En effet, comme l'a fait remarquer avec beaucoup de justesse la Commission du Droit international des Nations unies (CDI), « Les crimes contre la paix et la sécurité de l'humanité supposent souvent l'intervention de personnes occupant des postes d'autorité gouvernementales qui sont à même d'élaborer des plans ou des politiques impliquant des actes d'une gravité exceptionnelle. Ces crimes nécessitent le pouvoir d'employer ou d'autoriser l'emploi d'importants moyens de destruction et de mobiliser des agents pour les perpétrer. Un haut fonctionnaire qui organise, autorise ou ordonne de tels crimes ne fait pas que fournir les moyens et agents nécessaires pour commettre le crime, il abuse aussi de l'autorité et des pouvoirs qui lui ont été confiés. On peut donc le considérer comme étant plus coupable que le subordonné qui commet effectivement l'acte criminel. Il serait paradoxal que les individus qui sont, à certains égards les plus responsables des crimes visés par le code puissent invoquer la souveraineté de l'État et se retrancher derrière l'immunité que leur confèrent leurs fonctions, d'autant plus qu'il s'agit de crimes odieux qui bouleversent la conscience de l'humanité » [364].

C'est cette nécessité de mener une croisade contre l'impunité qui a été à l'origine des *principes de Nuremberg* adoptés par la Commission du

---

[363] Sauf le cas de haute trahison pour la Constitution du Sénégal.

[364] CDI, Rapport 1996, p. 57.

Droit international des Nations unies (CDI) en 1950, lesquels laissaient clairement entendre que « Le fait que l'auteur d'un crime international ait agi en qualité de chef d'État ou de fonctionnaire ne dégage pas sa responsabilité en droit international » (principe III).

Dans le même ordre d'idées, on retrouve dans les Statuts des juridictions internationales une clause dénommée « défaut de pertinence de la qualité officielle »[365].

Ainsi, l'article 7, alinéa 2 du Statut du TPIY dispose que « la qualité officielle d'un accusé, soit comme chef d'État ou de gouvernement, soit comme haut fonctionnaire, ne l'exonère pas de sa responsabilité pénale et n'est pas un motif de diminution de la peine »[366].

Le Statut du TPIR contient également la même clause (article 6, alinéa 2), tout comme celui du TSSL (article 6)[367].

Ce défaut de pertinence de la qualité officielle a été aussi prévu dans le Statut des CAE à travers l'article 10 aux termes duquel « La qualité officielle d'un accusé, soit comme Chef d'État ou de Gouvernement, soit comme haut fonctionnaire, ne l'exonère en aucun cas de sa responsabilité pénale au regard du présent Statut, pas plus qu'elle ne constitue en tant que telle un motif d'atténuation de la peine encourue ».

La portée d'une telle disposition a été diversement appréciée. Certains y ont vu une exclusion explicite de toute possibilité d'invoquer une immunité.

C'est le cas du juge belge Van Den Wyngaert qui, dans son opinion dissidente, a considéré que « lorsque des crimes internationaux tels que des crimes de guerre et des crimes contre l'humanité sont commis, l'immunité ne saurait faire obstacle à l'instruction desdits crimes ou aux

---

365 Pierre-Marie Dupuy, « Crimes et immunités ou dans quelle mesure la nature des premiers empêche l'exercice des seconds », in *Revue générale de Droit international*, 1999, p. 291.

366 La Chambre de première instance du TPIY s'est fondée sur cet article pour rejeter l'argument des avocats de Slobodan Milosevic qui soutenaient que leur client devait bénéficier d'une immunité du fait de son statut d'ancien chef d'État. TPIY, Chambre de première instance, « le Procureur c. Slobadon Milosevic », Décision relative aux exceptions préjudicielles, affaire n° IT-99-37-PT, 8 novembre 2001, paragr. 26-34.

367 La Chambre d'appel s'est également fondée sur cet article pour rejeter l'arguemnt tenant à l'existence d'une immunité au profit du président Taylor. Tribunal spécial pour la Sierra Leone, Chambre d'appel, Procureur. Charles Taylor, Decision on immunity from juridiction, affaire n° SCSL-03-01-1, 31 mai 2004, paragr. 21-33.

poursuites de leur auteur. Peu importe que la procédure soit engagée à l'échelle nationale ou internationale » [368].

D'autres ont considéré que cette règle dite du défaut de pertinence est, non pas une règle de procédure, mais une règle de fond liée à la culpabilité. Autrement dit, le dirigeant en exercice pourrait invoquer son immunité pour s'opposer au déclenchement des poursuites. Mais au cas où cette immunité serait levée, il ne pourrait invoquer sa qualité officielle pour échapper à une déclaration de culpabilité.

389. Le statut de Rome a l'avantage de comporter des dispositions qui ne souffrent d'aucune ambiguïté en la matière.

En effet, en plus de l'alinéa 1 de l'article 27 qui est la réplique des articles 7 du TPIY et 6 du TPIR, l'alinéa 2 du même article dispose que : « Les immunités ou règles de procédure spéciales qui peuvent s'attacher à la qualité officielle d'une personne, en vertu du droit interne ou du droit international n'empêchent pas la Cour d'exercer sa compétence à l'égard de cette personne ».

En application de ces dispositions, aucune personne ne peut invoquer une immunité ou un privilège de juridiction découlant du droit national pour échapper aux poursuites initiées par la Cour. Toutefois, l'application de cet article n'est pas aussi facile que les termes le laissent penser. En effet, compte tenu du fait que la CPI, comme toutes les autres juridictions pénales internationales du reste, dépend, pour l'exécution de ses décisions, de la coopération des États, la possibilité de lever tous les obstacles aux poursuites reste malgré tout, tributaire de la volonté de ces derniers. Comment, par exemple, imaginer qu'un État puisse accepter de faire arrêter son Président en exercice ?

Il s'y ajoute que, même lorsque la personne poursuivie par la CPI se trouve sur le territoire d'un autre État, le respect dû à certaines exigences des relations internationales peut rendre difficile, voire impossible, toute action pénale. C'est d'ailleurs, par souci de la préservation de ces relations internationales que le Statut de la CPI a prévu, en son article 98 que : « La Cour ne peut poursuivre l'exécution d'une demande de remise ou d'assistance qui contraindrait l'État requis à agir de façon incompatible avec les obligations qui lui incombent en droit international en matière d'immunités d'un État tiers, à moins

---

[368] CIJ, affaire relative au « Mandat d'arrêt » du 11 avril 2000 (République démocratique du Congo c. Belgique), opinion dissidente de Van Den Wyngaert, paragr. 31. Voir aussi infra sur l'existence d'une coutume consacrant l'exclusion de l'immunité en cas de commission de crimes internationaux.

d'obtenir au préalable la coopération de cet État tiers en vue de la levée de cette immunité ».

Autrement dit, lorsque le dirigeant d'un État qui est partie au Statut de Rome se trouve sur le territoire d'un État tiers, c'est-à-dire non partie au Statut, les dispositions de l'article 27 ne s'appliquent pas. L'exclusion des immunités ne vaut donc que dans les relations entre la CPI et les États-parties.

Au-delà de la mise à l'écart ponctuelle des immunités devant une juridiction pénale, il s'est posé la question de savoir s'il n'existait pas une coutume internationale qui exclurait le bénéfice des immunités en cas de commission de crime international.

2. La compatibilité entre immunités et crime international

390. La position affichée par la jurisprudence peut laisser penser à la consécration d'une telle coutume.

Ainsi, dans l'affaire Furundziza[369] le Tribunal pénal pour l'ex-Yougoslavie a semblé adopter une position tranchée en soutenant que : « Les individus sont pénalement responsables, quelles que soient leurs fonctions officielles, fussent-ils chefs d'État ou ministres. L'article 7, alinéa 2 du Statut du Tribunal pénal international pour l'ex-Yougoslavie et l'article 6 alinéa 2 du Statut du Tribunal pénal international pour le Rwanda sont, indiscutablement, déclaratoires du droit international coutumier ».

Dans le même ordre d'idées, le TPIY a considéré que « Les exceptions (à l'immunité des dirigeants étatiques) naissent des normes du droit international pénal prohibant les crimes de guerre, les crimes contre l'humanité et le génocide. D'après ces normes, les responsables de tels crimes ne peuvent invoquer l'immunité à l'égard des juridictions nationales ou internationales même s'ils ont commis ces crimes dans le cadre de leurs fonctions officielles » [370].

Cette position trouve un écho dans la doctrine dont une partie a estimé que « la nature internationale du crime empêche toute immunité » [371].

---

369 TPIY Affaire Furundziza, 10 décembre 1998.

370 TPIY, chambre d'appel, « le Procureur c. Tihomir Blaskic », arrêt relatif à la requête de la République de Croatie aux fins d'examen de la décision de la Chambre de première instance II rendu le 18 juillet 1997, 2 octobre 1997, affaire n° IT-95-14-AR, paragr. 41.

371 Emmanuelle Decaux, « Les gouvernants » in Hervé Ascensio, Emmanuelle Decaux et Alain Pellet, Droit international pénal, Éditions Pedone, 2012, p. 321.

Pour une bonne partie de la doctrine, c'est la qualité de normes de *jus cogens* [372] reconnue à l'interdiction des crimes internationaux qui justifierait l'exclusion du bénéfice de l'immunité [373].

391. Si on s'en tient à ces considérations, une nouvelle coutume serait donc née et ferait échec à celle qui avait, jusque-là, reconnu une immunité fonctionnelle aux chefs d'État et aux membres du gouvernement.

392. Cette position nous semble à bien des égards, critiquable.

En effet, il faut rappeler que la coutume est une pratique générale des États à laquelle ces derniers ont fini par reconnaître l'« opinion *juris* », c'est-à-dire un caractère obligatoire. Ici, le tribunal s'est fondé sur des Statuts des juridictions et des décisions pour conclure à l'existence d'une coutume. Or, des textes, même confortés par une jurisprudence fournie, ne peuvent tenir lieu de pratique des États.

Par ailleurs, l'argument relatif à la qualité de normes jus cogens ne nous semble pas pertinent non plus. En effet, la qualité de jus cogens est reconnue, non pas à l'immunité de poursuite dirigée contre des crimes internationaux, mais à leur interdiction. Dire qu'un fait doit impérativement être érigé en crime n'implique pas nécessairement qu'il faille, en toutes circonstances, en poursuivre les présumés auteurs. L'interdiction édictée par les normes jus cogens est une question de fond tandis que l'immunité est une question de procédure. Suspendre une poursuite pour des raisons liées à la fonction des auteurs ne constitue pas en soi une remise en cause de la nature criminelle des infractions. C'est d'ailleurs, l'avis du professeur Joe Verhoeven qui estime qu'il n'y a « aucune contradiction en soi entre le jus cogens et l'immunité, qui traitent de questions différentes » [374].

---

372 On retrouve une définition de la norme de jus cogens dans la Convention de Vienne du 23 mai 1969 sur le droit des traités dont l'article 53 dispose que la norme jus cogens renvoie à : « une norme impérative du droit international général acceptée et reconnue par la communauté internationale des États dans son ensemble en tant que norme à laquelle aucune dérogation n'est permise et qui ne peut être modifiée que par une nouvelle norme du droit international général ayant le même caractère ».

373 Matthias Ruffert, « Pinochet Follow up : the end of sovereign immunity ? », Netherland international law review, vol. 48, 2001 : 171- 195.

374 Joe Verhoeven, « Considération sur ce qui est commun », cours général de droit international public », RCADI, vol. 324, 2008, p. 326.

Dans le même sillage, la Cour européenne des droits de l'Homme a estimé que la violation d'une norme de jus cogens ne pouvait, à elle seule, constituer un obstacle à l'immunité[375].

C'est, du reste, cette position que la CIJ a adoptée dans l'affaire du Mandat d'arrêt ayant opposé la Belgique à la République démocratique du Congo[376]. Dans leurs motivations, les juges de la CIJ ont souligné que : « La Cour a examiné avec soin la pratique des États, y compris les législations nationales et les quelques décisions rendues par de hautes juridictions nationales, telle la Chambre des Lords ou la Cour de cassation française. Elle n'est pas parvenue à déduire de cette pratique l'existence, en droit international coutumier, d'une exception quelconque à la règle consacrant l'immunité de juridiction pénale et l'inviolabilité des Ministres des Affaires étrangères en exercice, lorsqu'ils sont soupçonnés d'avoir commis des crimes de guerre ou des crimes contre l'humanité. La Cour a, par ailleurs, examiné les règles afférentes à l'immunité ou à la responsabilité pénale des personnes possédant une qualité officielle contenues dans les instruments juridiques créant des juridictions pénales internationales et applicables spécifiquement à celles-ci[377]. Elle a constaté que ces règles ne lui permettaient pas davantage de conclure à l'existence, en droit international coutumier, d'une telle exception en ce qui concerne les juridictions nationales ».

La CIJ a ainsi estimé que les immunités ne disparaissent que dans les quatre cas suivants :

– les représentants de l'État ne peuvent invoquer des immunités dans leur propre pays ;

– l'immunité est écartée lorsqu'elle a été levée par l'État dont est ressortissant le dirigeant poursuivi ;

– en cas de cessation des fonctions ;

– devant certaines juridictions pénales internationales qui ont expressément écarté la possibilité d'invoquer de telles immunités.

---

375 CEDH, « Al- Adsani c. Royaume Uni », requête n° 35763 : 97, 21 novembre 2001.

376 Affaire relative au Mandat d'arrêt du 11 avril 2000 (République démocratique du Congo c. Belgique) paragraphes 58 et suivants, Cour internationale de justice, recueil des arrêts, avis consultatifs et ordonnances.

377 Voir Statut du Tribunal militaire international de Nuremberg, art. 7 ; Statut du Tribunal militaire international de Tokyo, art. 6 ; Statut du Tribunal pénal international pour l'ex-Yougoslavie, art. 7, paragr. 2 ; Statut du Tribunal pénal international pour le Rwanda, art. 6, paragr. 2 ; Statut de la Cour pénale internationale, art. 27.

La conclusion que l'on peut tirer de ces développements est que, c'est la nature des juridictions et non celle des crimes qui peut permettre de mettre en échec les immunités de poursuite. Mettre en place une juridiction pénale internationale ou internationalisée revient, en définitive, à se donner les moyens de contourner les obstacles qui se dressent sur le chemin de lutte contre l'impunité [378].

Au regard des développements qui précèdent, nous pouvons constater que le modèle des juridictions internationalisées, symbolisé ici par les CAE, comporte plusieurs avantages tels que :

– l'enrichissement du droit positif national par l'adjonction de règles nouvelles ;

– le renforcement de la capacité des acteurs judiciaires ;

– une plus grande indépendance par rapport aux juridictions nationales.

Outre ces avantages tenant à la mixité de la juridiction, il en existe d'autres liés à la proximité géographique de la juridiction.

---

[378] Pierre Marie Dupuy, « Crimes et immunités ou dans quelle mesure la nature des premiers empêche l'exercice des seconds », *Revue générale de Droit international*, 1999, p. 291.

Chapitre II

Avantages tenant à la proximité géographique

393. En favorisant l'allègement des coûts ainsi que la célérité, la proximité contribue à rendre la juridiction plus efficace. En outre, elle permet une meilleure perception de la justice.

Section I

L'efficacité dans la conduite du procès

394. La proximité géographique de la juridiction favorise tant la réduction des délais de procédure que l'allègement des coûts de procédure.

§ I. – Réduction des délais de procédure

En facilitant la collecte des éléments de preuve et la mobilisation des ressources humaines, la proximité géographique contribue, indubitablement, à réduire les risques de lenteur du procès.

A. Célérité dans la collecte des preuves

395. Comme pour les procès tenus devant les juridictions nationales, l'issue des procès pour crimes internationaux dépend, essentiellement, de la manière dont les preuves ont pu être réunies et discutées. Or, il est incontestable que la proximité géographique de la juridiction facilite considérablement le travail de collecte des preuves, surtout en ce qui concerne les témoignages et les constatations.

1. Le recueil des témoignages

396. Le témoignage joue un rôle déterminant dans les procès pénaux. Même dans les procès pénaux internationaux, il constitue, très souvent, l'unique mode de preuve dont disposent les tribunaux pour asseoir leur conviction. D'où l'intérêt que les juridictions attachent à la comparution et à la déposition des témoins.

Or, la disponibilité des témoins est tributaire de plusieurs facteurs d'ordre matériel, opérationnel ou financier.

Il faut, en effet, savoir identifier et localiser les témoins à temps, pour pouvoir les citer devant la juridiction.

Il faut, également, organiser leurs déplacements de leurs lieux de résidence au siège de la juridiction durant toute la durée du procès. Il va de soi que la capacité à faire comparaître les témoins varie selon que la juridiction est proche ou loin des lieux du crime. Lorsque le procès se tient dans le pays où les crimes ont été commis, il est relativement aisé de mettre la main sur les témoins et de les faire déplacer pour les besoins de la procédure. En revanche, la tenue du procès dans un pays autre que celui où les faits ont été commis oblige les juges, soit à effectuer des commissions rogatoires internationales avec toutes les contraintes et lenteurs que cela induit, soit à prendre les dispositions nécessaires pour le déplacement, l'hébergement et la protection des témoins [379].

2. La constatation des crimes

397. Si, pour les tribunaux, le témoignage est le moyen le plus utilisé pour démontrer l'imputabilité des faits, le déplacement sur les lieux du crime reste, par contre, le plus sûr moyen de s'assurer de leur matérialité.

Ces déplacements sont d'autant plus nécessaires que les crimes internationaux sont, généralement, des crimes de masse qui donnent lieu, dans plusieurs cas, à l'existence de charniers.

Dans de telles circonstances, le déplacement sur les lieux présumés de crimes devient le seul moyen pour les enquêteurs et les juges de s'assurer de la fiabilité des informations tirées des dépositions des victimes et des témoins.

Mais si le procès se tient dans un pays autre que celui du siège de la juridiction, de tels déplacements ne peuvent être effectués que par le biais de commissions rogatoires internationales. Compte tenu de la lenteur constatée dans la transmission des CRI et les frais que nécessite leur exécution, on devine aisément la corrélation qui existe entre la proximité géographique d'une juridiction et le temps, généralement long, que prennent les procès internationaux.

En définitive, les possibilités de collecter les preuves s'amenuisent à mesure que l'on s'éloigne dans le temps et dans l'espace du lieu de

---

[379] Dans la pratique, les deux options ont été utilisées : certains témoins ont été auditionnés sur place tandis que d'autres ont fait leurs dépositions au Tchad, dans le cadre de l'exécution des commissions rogatoires internationales.

commission des faits. En d'autres termes, plus le lieu de commission des faits est éloigné de celui du siège de la juridiction, plus la mission de collecte des preuves est délicate. C'est, précisément, l'un des avantages des juridictions internationalisées qui, du fait qu'elles sont généralement installées dans l'État où les faits ont été commis, présentent le mérite de garantir une relative facilité dans la recherche des éléments de preuve. En effet, cette proximité facilite le travail de collecte d'informations et permet aux juges de procéder aux actes d'instruction, tels que les auditions de témoins ou de victimes, les transports sur les lieux de commission de crimes, sans être obligés de faire de longs déplacements. Hormis certaines demandes isolées, les juges peuvent ainsi conduire la procédure en étant affranchis des contraintes et lourdeurs afférentes liées à l'exécution des demandes de coopération judiciaire. Ce qui est un facteur de célérité dans le fonctionnement de la juridiction.

398. Certes, dans la pratique, toutes les juridictions internationalisées n'ont pas été installées dans le pays où les crimes ont été commis. Ainsi, si les CETC et les chambres 64 du Kosovo ont été installées respectivement au Cambodge et au Kosovo, le TSSL en revanche, n'a pas été installé en Sierra Leone, mais plutôt à La Haye. De même, les CAE ont été installées non pas au Tchad, mais au Sénégal. Mais, dans les deux cas, la décision d'installer la juridiction dans un pays autre que celui où les crimes ont été commis a été dictée par les circonstances du moment. Pour le TSSL, ce fut essentiellement pour des raisons de sécurité. Pour les CAE, c'est en raison des circonstances liées à la présence de Hissène Habré au Sénégal que la juridiction a été installée dans ce pays.

Malgré tout, nous pensons que les opérations visant à réunir les preuves auraient été plus difficiles si les CAE avaient été installées ailleurs qu'en Afrique.

La même célérité peut être constatée dans l'exécution des actes de procédure.

B. Célérité dans l'exécution des actes d'instruction

399. L'une des insuffisances de la justice pénale internationale tient au fait que les juridictions pénales internationales ne disposent pas de forces de l'ordre. Elles sont ainsi, obligées de s'en remettre aux autorités nationales pour l'exécution de leurs décisions.

L'installation de la juridiction dans le pays où les faits ont été commis permet de compenser cette lacune par la mise à disposition, au profit du tribunal, d'une unité spéciale de police ou de gendarmerie.

L'existence d'une force publique nationale à portée de main facilite tant l'identification et l'audition des personnes que l'exécution des mandats.

1. Dans l'identification et l'audition des témoins et victimes

400. L'audition des témoins et des victimes est une phase déterminante dans le travail des juges. C'est en effet, elle qui permet de circonscrire les faits et de situer les parts de responsabilité.

Compte tenu du fait que les crimes sur lesquels portent les investigations affectent des milliers de personnes, cette phase peut prendre plusieurs mois voire des années.

La possibilité de pouvoir compter sur les unités de police ou de gendarmerie nationales peut contribuer à accélérer le rythme du travail.

L'exemple des CAE est très illustratif à cet égard. En effet, la mobilisation d'une cinquantaine d'agents de police tchadiens assistés d'officiers de police judiciaire sénégalais, a permis d'accélérer le rythme des auditions et d'atteindre, au final, plus de 2 500 témoins et victimes[380].

2. Dans l'exécution des mandats

401. L'exécution des mandats d'arrêt internationaux émis par les juridictions internationalisées relève de la compétence des autorités nationales du pays concerné.

Il peut ainsi arriver que la juridiction émette un mandat non international[381], auquel cas le recours aux unités de polices locales peut contribuer à garantir la célérité dans le déroulement de la procédure.

Au regard des développements qui précèdent, il paraît évident que la proximité géographique de la juridiction favorise la célérité dans le déroulement du procès.

---

[380] Voir supra, numéros 679 et suivants sur les méthodes d'audition des victimes de crimes de masse.

[381] Il peut s'agir, par exemple, d'un mandat de comparution, d'un mandat d'amener, d'un mandat d'arrêt ou d'un mandat de perquisition.

Toutefois, celle-ci n'est pas le seul avantage que comporte cette proximité car, moins une juridiction est éloignée des lieux de commission des faits, moins elle est coûteuse.

§ II. – Une justice moins coûteuse

402. Dans l'appréciation de l'opportunité de mettre en place une juridiction, la question du coût revêt une importance capitale. L'expérience des tribunaux internationaux ad hoc a en effet, montré que la mise en œuvre de la justice pénale internationale peut être très coûteuse. Par exemple, le budget nécessaire au fonctionnement d'une juridiction pénale internationale est, de loin, supérieur à celui de beaucoup de ministères en charge du département de la Justice en Afrique. À titre illustratif, les budgets du TPIR et du TPIY, pour l'exercice 2004-2005, s'élevaient respectivement à la somme de 251 et 327 millions de dollars[382].

La proximité de la juridiction favorise l'allègement des coûts tant du point de vue des infrastructures que de celui de la prise en charge du personnel.

A. Du point de vue des infrastructures

Selon les cas, il arrive que les procès soient tenus dans des locaux réhabilités pour la circonstance ou qu'on n'ait même pas besoin de travaux de réfection.

1. Réhabilitation de locaux existants

403. À la faveur de la création d'une nouvelle juridiction, les locaux abritant les tribunaux sont souvent réhabilités, voire construits spécialement pour l'occasion, avec des financements majoritairement internationaux. Ces locaux sont ensuite légués ou rendus aux gouvernements des États concernés, permettant ainsi aux tribunaux nationaux de profiter de salles d'audience et de centres de détention flambant neufs.

2. Utilisation de locaux existants

404. Il peut arriver qu'il ne soit pas nécessaire de construire des salles d'audience parce qu'elles existent déjà. Ce fut, par exemple, le

---

382 Voir https://www.un.org/press/fr/2003/AGAB787.doc.htm: Évaluation par la cinquième Commission de l'Assemblée générale des NU lors de sa session tenue le 24 novembre 2003.

cas avec les CAE qui ont tenu leur procès dans l'une des salles d'audience du Palais de justice de Dakar.[383]

Certes, il a fallu installer quelques équipements pour permettre l'enregistrement et la diffusion des débats [384]. Mais ces frais sont sans commune mesure avec l'investissement financier qu'aurait nécessité la construction d'un nouveau palais de justice.

La réduction des contraintes financières que favorise la proximité de la juridiction pénale internationale s'explique aussi par l'allègement des frais de prise en charge du personnel.

B. L'allègement des frais du personnel

Cet allègement s'explique autant par le niveau que par le mode de rémunération du personnel.

1. Le niveau de rémunération

405. Généralement, le niveau de rémunération est indexé sur le coût de vie de la population. Ainsi, lorsque la juridiction pénale internationale est intégrée à un système judiciaire national, le niveau de rémunération des juges nationaux et autres membres du personnel est moins élevé que celui des autres juridictions pénales internationales.

2. Le mode de rémunération

406. Dans tous les exemples de juridictions internationalisées, la rémunération des membres du personnel est supportée pour une part, par le pays hôte et pour l'autre, par la communauté internationale à travers les bailleurs de fond. Ce mode de rémunération rend la tâche beaucoup plus allégée pour la communauté internationale et permet de rendre une justice beaucoup moins coûteuse.

En dehors de son impact positif sur le déroulement de la procédure, la proximité géographique est également de nature à améliorer la perception que le public a de la justice pénale internationale.

---

[383] Salle 4, réservée aux audiences de cours d'assises.

[384] C'est grâce à ces équipements que des témoins et victimes qui résident au Tchad ont pu être auditionnées par visio-conférence.

Section II

Une meilleure appropriation de la justice pénale internationale par les populations

407. Comme l'a fait remarquer à juste titre cet auteur, « Le mécanisme hybride mis en place répond aux lacunes des TPI qui ont été critiqués en raison de leur éloignement des réalités locales et de leur faible contribution à la reconstruction sociale des pays concernés » [385].

Le modèle des tribunaux mixtes peut, en effet, contribuer à améliorer la perception de la justice pénale internationale en ce qu'il institue une justice plus accessible (§ I) et mieux reconnue parce que prenant en compte les spécificités locales (paragraphe II).

§ I. – Une justice plus accessible

408. Cette accessibilité est facilitée par la tenue des audiences « in situ » et par la possibilité offerte aux victimes d'obtenir réparation de leur préjudice.

A. La tenue des audiences « in situ »

La tenue des audiences sur le lieu de commission de crimes est une option très prisée en raison des nombreux avantages qu'elle présente.

1. La pratique des audiences « in situ » dans les tribunaux mixtes

409. Sauf dans les rares cas où se posent des problèmes de sécurité (Sierra Leone, Liban), les tribunaux mixtes tiennent leurs audiences dans le pays où les faits ont été commis.

Sous ce rapport, les CAE constituent une exception qui se justifie par le fait que d'une part, Hissène Habré avait déjà été jugé par contumace et condamné à mort par la justice de son pays et que, d'autre part, l'ancien chef d'État tchadien séjournait au Sénégal depuis sa chute en 1990.

La tenue des audiences sur le théâtre des faits favorise la rencontre entre les différents acteurs du procès. Elle permet aussi la participation massive du public qui ne se trouve pas ainsi obligé de parcourir des milliers de kilomètres pour assister au jugement des criminels.

---

[385] Rostane Mehdi, « La contribution des Nations unies à la démocratisation de l'État », Paris, Pedone, *Rencontres internationales d'Aix-en-Provence*, 2002, p. 38.

2. L'intérêt de la tenue des audiences « in situ »

410. En matière pénale, que ce soit pour la justice nationale ou internationale, l'administration de la justice doit, pour être crédible et efficace, prendre en compte certains paramètres comme la célérité et la proximité avec les justiciables.

L'efficacité d'un système judiciaire tient, en effet, pour beaucoup, à la manière avec laquelle le processus décisionnel est aménagé dans le temps et dans l'espace.

Du point de vue du temps, un décalage trop grand entre les faits et la tenue du procès doit être évité sous peine de voir les faits tomber dans l'oubli.

Du point de vue de l'espace, la sanction doit, pour être comprise et acceptée, être rendue de préférence au lieu même de commission du crime. Il ne faut pas, en effet, perdre de vue que le procès constitue un moment de reddition des comptes entre la société dont l'un des codes de conduite a été violé, l'individu auteur de la violation et, éventuellement la victime directe du crime.

Certes, dans le cas des crimes internationaux, ce sont des valeurs censées être universelles qui ont été violées et tout État peut être fondé à en abriter le procès. Mais l'impact de la sanction est loin d'être le même, selon qu'elle a été prise au lieu même du drame ou ailleurs.

411. C'est, sans doute, en raison de toutes ces considérations que le Statut de Rome a prévu que, bien que le siège de la CPI soit basé à La Haye, les audiences puissent être tenues ailleurs, dans un autre pays [386].

L'alinéa 3 du même article précise à cet effet, que : « Si elle le juge souhaitable, la Cour peut siéger ailleurs selon les dispositions du présent ».

Malheureusement, cette possibilité n'a pas encore été exploitée ni expérimentée et c'est précisément le reproche que l'on fait à la CPI. Jusqu'à présent en effet, tous les procès qu'elle a organisés ont été tenus à son siège à La Haye, bien loin du théâtre des faits. Les victimes, déjà défavorisées par un Statut qui ne leur reconnaît pas le droit d'être parties au procès, se retrouvent également handicapées par la distance et les coûts exorbitants que nécessitent de longs déplacements pour se rendre au lieu du procès. Il n'est donc point surprenant que la justice rendue par

[386] Article 3 du Statut de la CPI.

la CPI soit perçue par bon nombre d'Africains comme une justice trop lointaine et assimilée à une « justice étrangère ».

Comme le disait un auteur, « en organisant tous ses procès à son siège, la Cour pénale internationale agit devant un public qui n'est victime que par son appartenance à l'Humanité, alors que la partie de l'Humanité directement victime par sa souffrance réelle n'est pas présente… ».

L'éloignement systématique arrache à la justice internationale sa portée réelle et entame relativement sa légitimité [387].

L'accessibilité de la justice se traduit également par de plus grandes possibilités offertes aux victimes pour exercer leur droit au recours.

B. La facilitation de l'exercice du droit au recours pour les victimes

412. Par droit au recours, on n'entend pas seulement la consécration formelle d'un droit de saisine. Il s'agit, surtout, de la possibilité effective de faire reconnaître ses droits par une juridiction étatique. Cette effectivité suppose que tous les obstacles à l'accessibilité géographique et financière soient levés. Or, ce n'est pas le cas lorsque les victimes se trouvent obligées de parcourir des milliers de kilomètres pour pouvoir se faire justice. Une justice accessible parce que proche est toujours mieux perçue par les victimes.

Avec les tribunaux mixtes, les victimes exercent de façon plus effective leur droit de saisine ainsi que leur droit à la réparation grâce d'une part, à une plus grande accessibilité et d'autre part, à une meilleure réparation du préjudice subi.

1. Une justice plus proche

413. Si en théorie, toute victime peut saisir une juridiction, ce n'est pas toujours le cas pour les victimes de crimes internationaux.

Le droit de participer à un procès pour crime international est rendu souvent hypothétique, voire illusoire, par le problème de la distance et les coûts connexes. Les tribunaux mixtes présentent précisément, l'avantage d'être proches et plus faciles à saisir. Il s'y ajoute que, du point de vue du droit applicable, ils consacrent généralement le droit à la réparation.

---

[387] Contribution de Cheikh Dieng, dans un article intitulé : « territorialité de l'action pénale et pratique d'éloignement de la CPI : dialogue avec la raison du droit » in *Revue africaine trimestrielle de Stratégie et de Perspectives*, 2012, p. 135.

2. Un droit à la réparation plus effectif

414. Comme déjà indiqué plus haut[388], la justice pénale internationale n'a pas intégré à ses débuts, les préoccupations relatives au droit à la réparation des victimes. Mais en raison de l'application du droit national que leur Statut implique, les tribunaux mixtes présentent souvent l'avantage de prendre en compte cette dimension essentielle de la justice. La prise en compte des victimes dans les procès pénaux internationaux est la traduction d'une nouvelle dynamique : celle de la prééminence des droits de l'Homme et de la dimension humaine dans le droit international pénal [389].

Les développements qui précèdent montrent que les juridictions pénales internationalisées ont l'avantage de permettre d'avoir une justice plus accessible. Grâce à la prise en compte des spécificités locales, elles présentent aussi l'intérêt de réconcilier la justice pénale internationale avec les populations locales.

§ II. – Une justice plus reconnue

415. Contrairement à la CPI, qui est souvent perçue comme le symbole d'une justice étrangère, les tribunaux mixtes disposent de suffisamment d'atouts pour être acceptés par les populations locales. Cela est dû au fait que les statuts de ces tribunaux mixtes sont plus adaptés aux préoccupations relatives à la répression et à l'utilisation du personnel local.

A. Une réponse adaptée aux préoccupations de répression locales

À travers l'existence d'incriminations spéciales et le maintien de la compétence des juridictions nationales, les tribunaux mixtes permettent de rendre une justice adaptée aux préoccupations locales.

1. Des incriminations adaptées aux circonstances locales

416. Un des objectifs recherchés à travers la mise en place des tribunaux mixtes est la prise en compte des spécificités locales dans la répression. C'est pourquoi on retrouve dans les statuts de chacune de ces juridictions des infractions qui ne sont pas prévues ailleurs.

---

[388] Voir, supra, numéros 256 et suivants, développements consacrés au statut de la victime devant les CAE.

[389] On retrouve ainsi, grâce aux droits de l'Homme, des problématiques évoquées par Grotius quand il parlait du *droit des gens*. Revenir au droit communautaire de Grotius revient à une prise en compte des droits de l'Homme.

Ainsi, la loi sur les CETC comporte deux spécificités :

La première consiste à incriminer les violations de la Convention de La Haye de 1954 pour la protection de la propriété culturelle en cas de conflit armé [390].

La seconde est relative à la possibilité de juger les auteurs de crimes commis contre les personnes bénéficiant de la protection internationale conformément à la Convention de Vienne de 1951 sur les relations diplomatiques [391].

On pourrait inscrire dans le même registre des spécificités, l'article 8 du Statut des CAE qui érige en crime autonome la torture.

2. Le maintien de la compétence des juridictions nationales

417. L'existence d'un tribunal mixte ne remet pas en cause la compétence des juridictions nationales. Ainsi, le tribunal international et des juridictions nationales exercent presque toujours des compétences concurrentes. Car même si l'État sur le territoire duquel les crimes ont été commis, n'a pas intégré les crimes internationaux dans son droit positif, les faits peuvent être poursuivis sous d'autres qualifications. Par exemple, concernant les faits commis au Tchad et soumis aux CAE, la Cour de N'Djamena, dans son arrêt daté du 25 mars 2015, a retenu les qualifications de meurtres, et d'assassinat entre autres infractions. Le fait que les juridictions nationales continuent à exercer leurs compétences contribue à conforter dans l'esprit de l'opinion, la conviction que, même drapée de son manteau international, la justice est rendue en leur nom.

Si les tribunaux mixtes sont généralement mieux perçus auprès de la population locale, c'est aussi en raison de l'utilisation du personnel local.

B. L'utilisation du personnel local

418. Pour les besoins de leur fonctionnement, les tribunaux mixtes font appel aux nationaux tant dans le domaine judiciaire qu'administratif.

1. Le recours à l'expertise judiciaire nationale

419. Le recours à l'expertise judiciaire nationale est une des caractéristiques des tribunaux mixtes. Comme indiqué plus haut [392], la proportion de juges nationaux dans les tribunaux pénaux internationalisés

---

390 Voir article 7 de la loi portant création des CETC.

391 Article 8 de la loi portant création des CETC.

392 Voir développements consacrés aux critères distinctifs des juridictions pénales internationales.

varie d'une juridiction à l'autre. Mais en tout état de cause, cette présence de juges nationaux permet à la juridiction de se départir de l'étiquette de « justice coloniale et étrangère ».

2. Le recrutement du personnel local

420. Dans les procès internationaux, on remarque que l'un des arguments les plus fréquemment brandis par les personnes poursuivies consiste à accuser la juridiction d'être à la solde de la communauté étrangère. Cet argument perd de sa force lorsqu'il s'agit d'une juridiction pénale internationalisée où une partie du personnel judiciaire est de la même nationalité que l'accusé.

En effet, pour faire fonctionner une juridiction, on a besoin, en plus des magistrats et des greffiers, d'un personnel administratif (secrétaires, informaticiens, agents de liaison etc.)

Lorsque le tribunal mixte est installé dans un pays, les populations de cet État sont naturellement les mieux placées pour postuler et être recrutées. Cette utilisation de la main-d'œuvre locale contribue également à préserver l'image positive de la justice auprès de la population.

Conclusion du Titre II

421. L'analyse des avantages que comporte le modèle des CAE nous a permis de mettre en exergue les immenses possibilités de cet instrument de répression. À travers un tribunal pénal internationalisé construit sur le modèle des CAE, la justice pénale internationale peut, en effet, contribuer à renforcer les systèmes judiciaires nationaux tout en préservant sa crédibilité auprès des protagonistes au conflit et du public.

Il s'y ajoute que l'application simultanée des règles issues du droit national et celles tirées du droit international favorise l'émergence d'une conscience et d'un espace public planétaire, ainsi que la concrétisation du rêve d'un droit cosmopolitique esquissé par Emmanuel Kant dans son « Projet de paix perpétuelle ».

Toutefois, cette vision positive de la justice pénale internationale ne doit pas conduire à la considérer comme le seul cadre de résolution de la violence dans les relations internationales.

En effet, l'histoire nous apprend que la paix qui est, en définitive, l'objectif ultime de tout instrument de répression, s'obtient rarement, pour ne pas dire jamais, par le seul moyen du droit.

Elle est souvent le produit de décisions politiques. Le tribunal de Nuremberg ne fut pas à l'origine de la libération des camps de concentration et d'extermination d'Auschwitz et de Mauthausen. De même, la création du TPIY en février 1993, selon les modalités du chapitre VII de la Charte des Nations unies, n'a pas empêché que se commettent les massacres de Srebrenica en juillet 1995 et du Kosovo en 1998-1999.

Conclusion de la Partie I

Les développements consacrés à cette première partie renseignent sur l'importance de l'apport que les CAE ont constitué surtout pour le système judiciaire national sénégalais.

En l'adaptant au contexte des faits ainsi qu'aux standards du procès juste et équitable, les concepteurs de cet instrument de répression ont su préserver toute l'originalité des CAE.

En outre, les nombreux avantages que comportent les CAE illustrent de la plus belle des manières, le caractère utilitaire des CAE.

Cependant, il nous semble important de relever que, pour être efficace, la répression des crimes internationaux doit faire l'objet d'une stratégie globale fondée sur la mise à contribution de tous les leviers de répression tant au niveau national, sous-régional qu'international. Car une juridiction pénale, fût-elle à caractère international, ne peut à elle seule, garantir la réalisation des objectifs de punition, de réparation et de restauration de la vérité poursuivis à travers la répression des crimes internationaux. Et c'est, précisément, ce qui s'est vérifié à travers l'exemple des CAE dont l'efficacité, s'est avérée, en définitive, très limitée.

DEUXIÈME PARTIE

LES CAE, UN MÉCANISME DE RÉPRESSION A L'EFFICACITÉ LIMITÉE

422. Le déroulement de la procédure a mis au jour de nombreuses insuffisances qui ont contribué à réduire la portée de l'efficacité du mécanisme des CAE. (Titre I). Mais pour rester dans la dynamique de cette étude qui se veut systémique, il nous faut analyser la portée et la pertinence des CAE sous l'angle de la stratégie globale de répression des crimes internationaux en Afrique. Ce qui revient à poser la question suivante : dans quelle mesure la mise en place d'une juridiction ad hoc comme les CAE peut-elle permettre d'aboutir à une répression efficace des crimes internationaux ?

La réponse, que nous nous proposons d'exposer dans les lignes qui vont suivre, est bâtie sur un postulat : le recours à une juridiction pénale à caractère international comme les CAE doit être combiné avec d'autres mesures complémentaires propres à garantir l'efficacité de la lutte contre l'impunité (Titre II).

Titre I. – Les limites du mécanisme de répression

La mise en œuvre du mécanisme des CAE a révélé des insuffisances tant du point de vue des textes que de celui de la pratique.

Chapitre premier

Les limites textuelles

À l'épreuve de la pratique, il est apparu que le Statut des CAE comportait non seulement des omissions, mais également des dispositions pour le moins ambigües.

Section I

Les omissions du Statut des CAE

423. Le Statut des CAE comporte deux omissions de taille : d'une part, l'absence du principe de la primauté des CAE sur les juridictions nationales tchadiennes et, d'autre part, l'absence de Règlement de procédure et de preuve.

§ I. – L'absence de consécration du principe de la primauté des CAE sur les juridictions nationales tchadiennes

L'utilité du principe de la primauté inscrit dans les Statuts des tribunaux internationaux ad hoc permet de prendre la mesure de l'impact d'une telle règle au sein du Statut des CAE.

A. Sens et portée du principe de primauté

1. Sens du principe de primauté

424. La mise en place d'une juridiction internationalisée nécessite l'existence d'un système de gestion des cas de compétence concurrente entre les juridictions internationales et les juridictions nationales.

Par expression « compétence concurrente », il faut comprendre que les crimes visés par les Statuts des juridictions internalisées peuvent être réprimés aussi bien par ces dernières que par des juridictions internes alors que, pour la CPI, l'idée de « complémentarité » évoquée dès le préambule et à l'article 1er du Statut procède plutôt d'une logique de subsidiarité de la répression internationale par rapport à la répression interne.[393]

---

393 Ascension (H.), « Les tribunaux *ad hoc* pour l'ex- Yougoslavie et pour le Rwanda », in (sous la dir. de), Ascension (H.), Decaux (E), Pellet (A). Pedone, 2000, p. 728.

Si, pour la Cour pénale internationale, la règle adoptée est celle dite de la complémentarité, dans les tribunaux pénaux internationaux ad hoc, en revanche, c'est plutôt le principe dit de la primauté qui prévaut. En vertu de ce principe, les juridictions nationales sont tenues de se dessaisir, en cas de compétence concurrente avec la juridiction internationale.

Deux conséquences dont on peut faire découler une troisième se dégagent du principe de primauté :

– l'autorité de la chose jugée par le Tribunal international s'impose aux juridictions de tous les États[394] ;

– à tout stade de la procédure, le Tribunal international peut demander aux autorités nationales de se dessaisir en sa faveur[395] ;

– le transfert des présumés criminels devant le Tribunal international[396].

Dès lors que sont créées les juridictions pénales internationales, la question doit alors être tranchée afin de savoir si la justice pénale internationale a la primauté sur celle dite nationale ou si elle est simplement complémentaire.

Dans le cas des TPI *ad hoc*, le Conseil de Sécurité des NU n'a pas hésité à opter pour la primauté [397].

Ainsi, l'article 8 du Statut du TPIR dispose que « le Tribunal international pour le Rwanda et les juridictions nationales sont concurremment compétentes pour juger les personnes présumées responsables de violations graves du droit international humanitaire commises sur le territoire du Rwanda et les citoyens rwandais présumés responsables de telles violations commises sur le territoire d'États voisins entre le 1er janvier et le 31 décembre 1994.

---

[394] Statuts : TPIY (art.10) ; TPIR (art.9)

[395] Art. 10 commun aux RPP des deux TPI *ad hoc;* Statuts : TPIY, art. 9 §2 *in fine ;* TPIR , art. 8 §2 *in fine.*

[396] Pour ce qui est du TPIR et du TPIY, il convient de préciser que les juridictions nationales peuvent juger les auteurs de crimes de la compétence des Tribunaux pénaux internationaux pour l'ex-Yougoslavie et pour le Rwanda si ces derniers n'interviennent pas pour imposer leur primauté. Ainsi, les jugements rendus par ces juridictions étatiques sont dotés de l'autorité de la chose jugée devant les TPI *ad hoc*, sauf dans le cas où les poursuites se sont faites sous une qualification d'infractions de droit commun. C'est le principe *non bis in idem* prévu par les Statuts des deux TPI *ad hoc.*

[397] Statuts respectifs du TPIY et du TPIR, art. 8 § 2 ; art. 9 § 2.

Le Tribunal international pour le Rwanda a la primauté sur les juridictions nationales de tous les États. À tout stade de la procédure, il peut demander officiellement aux juridictions nationales de se dessaisir en sa faveur, conformément au présent Statut et à son Règlement de Preuve et de Procédure ».

De même, l'article 9 du Statut du TPIY dispose que « Le Tribunal international et les juridictions nationales sont concurremment compétentes pour juger les personnes présumées responsables de violations graves du droit international humanitaire commises sur le territoire de l'ex-Yougoslavie depuis le 1er janvier 1991.

Le Tribunal international a la primauté sur les juridictions nationales. À tout stade de la procédure, il peut demander officiellement aux juridictions nationales de se dessaisir en sa faveur, conformément au présent statut et à son règlement ».

Plusieurs considérations sont mises en avant pour justifier le principe de primauté. Il s'agit notamment, de la nécessité d'instaurer la paix, du refus de l'impunité et de la recherche d'une justice impartiale.

La primauté semble mieux adaptée pour garantir la paix qui est indissociable de l'idée de justice [398]. En clair, la primauté est la conséquence directe du mode de création des deux TPI *ad hoc* sur la base du chapitre VII de la Charte de l'ONU. Ces deux tribunaux ont été mis sur pied par le Conseil de sécurité des NU pour contribuer à assurer la paix et la sécurité dont le maintien est la mission première du Conseil de sécurité. Dès lors, les décisions des TPI *ad hoc* bénéficient de la même force contraignante que n'importe quelle décision dudit Conseil prise en vertu du chapitre VII de la Charte des NU. En effet, au sujet des mesures prises par le Conseil de sécurité des Nations unies, on distingue les recommandations qui n'ont qu'une valeur indicative et les décisions qui sont contraignantes. Ainsi, les décisions du Conseil de sécurité s'imposent à tous les États membres des NU [399]. C'est, notamment, le cas des mesures qui peuvent être décidées dans le cadre du chapitre VII de la Charte des NU[400].

---

398 Bazelaire J. Paul. et Cretin T, *La justice pénale internationale*, Paris, PUF, 2000, p. 95.

399 *Ibid.*, p. 97.

400 L''article 25 de la Charte des NU stipule que « les membres de l'Organisation conviennent d'accepter et d'appliquer les décisions du Conseil de sécurité conformément à la présente Charte ». Dans son avis consultatif du 21 juin 1971 sur les « conséquences juridiques pour les États de la présence continue de l'Afrique du

La nécessité de mettre fin à l'impunité constitue la raison principale de l'application du principe de primauté devant les tribunaux internationaux. En effet, il n'est guère possible de parler du juge pénal international et des procès régulièrement faits en matière de crime de génocide, crimes de guerre et crimes contre l'humanité depuis plus d'un demi-siècle sans évoquer le premier motif qui est toujours avancé, le refus de l'impunité.

Ce thème de refus de l'impunité est omniprésent dans les débats concernant la répression des violations du droit humanitaire. Le Centre international des droits de la personne et du développement économique (CIDPDE)[401] publiait jusqu'en février 1998 une revue intitulée *Info-impunité*. Le dernier numéro de la revue de cette organisation rassemble plusieurs articles sur le génocide perpétré au Cambodge par les Khmers rouges. Jean-Paul BAZELAIRE nous dit qu'on peut notamment y lire que la condition d'une vraie démocratie au Cambodge est le recours à un (ou plusieurs) authentique(s) procès, la justice étant le seul moyen de dépasser les haines et les arrière-pensées sur lesquelles il n'est pas possible de construire une paix durable.

Le 26 févier 1996, le Président du TPIY déclarait : « Nul ne saurait contester que la paix dans cette région de l'Europe doit s'accompagner de la justice. Il ne suffit pas de mettre un terme aux conflits armés, de

---

Sud en Namibie nonobstant la résolution 276(1970) du Conseil de sécurité », la CIJ a précisé que l'article 25 de la Charte des NU ne se limite pas aux décisions concernant des mesures coercitives mais s'applique « aux décisions du Conseil de sécurité » adoptées conformément à la Charte et que, si l'article 25 ne visait que les décisions du CS des NU relatives à des mesures coercitives prises en vertu des articles 41 et 42 figurant dans le chapitre VII de la Charte, l'article 25 serait superflu. (CIJ, Recueil (1971), p.53 §113). De ce qui précède, on déduit que seules les décisions du CS prises en vertu du chapitre VII de la Charte des NU intitulé «Action en cas de menace contre la paix, de rupture de la paix et d'acte d'agression » sont contraignantes. Or, par les résolutions 808(1993) et 955(1994) créant les deux TPI *ad* hoc, le CS des NU a toujours justifié qu'il agissait en vertu du chapitre VII de la Charte. Ces résolutions sont donc des décisions contraignantes. Dès lors, en tant qu'organes subsidiaires du CS des NU, « les décisions des TPI *ad hoc* bénéficient de la même force contraignante que n'importe quelle décision du CS » prise en vertu du chapitre VII de la Charte des NU.

401 Le CIDPDE est une organisation non gouvernementale qui milite pour la lutte contre les crimes contre l'humanité et les crimes de guerre. Il se qualifie lui-même d'agence d'information sur l'impunité. Son siège social est à Montréal (Canada). L'organisation a cessé la publication de son bulletin pour des motifs budgétaires, selon ce qu'indique l'adresse http://www.ichrdd.ca/Publications/impunite/Bull 9802. Html, consulté le 8 mars 2009.

réparer les édifices détruits ou d'organiser le retour des réfugiés ; il ne suffit pas non plus de rétablir l'ordre dans les rues, il faut encore rétablir l'ordre dans les esprits ».[402].

Le premier rapport annuel du TPIY à l'Assemblée générale et au Conseil de sécurité des Nations unies soulignait que : « l'impunité des coupables » ne ferait qu'attiser le désir de vengeance en ex-Yougoslavie, rendant précaire le retour à la légalité, la réconciliation et le rétablissement d'une paix digne de ce nom.[403]

L'application du principe de primauté vise ainsi à éviter que la vengeance ne prenne le pas sur la justice.

2. Portée du principe de primauté

425. Le principe de primauté comporte deux avantages principaux.

– D'abord, il contribue à favoriser une collaboration franche entre les deux ordres de juridictions que sont les TPI et les juridictions nationales[404].

– Ensuite, il contribue à réduire les cas d'impunité en permettant la poursuite devant la juridiction internationale de tous les individus susceptibles de bénéficier d'immunité ou de passe-droits devant les juridictions nationales[405].

---

[402] Laure Galtier (A.) et Guillemot (M.), « Typologie des qualifications », in Juristes sans frontières, *Le Tribunal pénal international de La Haye, op. cit.,* p. 68.

[403] Rapport annuel du TPIY à l'A.G et au C.S, A/49/342 ; S/1994/1007, 29 août 1994, §11 à 16.

[404] Dans l'audience de dessaisissement du 8 novembre 1994, le Procureur a estimé que la chambre de Ière instance du TPIY devait demander officiellement au gouvernement de la République fédérale d'Allemagne, ci-après RFA, de se dessaisir de ses poursuites contre Dusko Tadic. Dusko Tadic a été arrêté et mis en détention provisoire par la RFA le 13 février 1994 et mis en accusation le 3 novembre 1994. Transféré à La Haye le 24 avril 1995, « Tadic a été le premier prisonnier international » du TPIY.

[405] C'est ainsi que le 9 juillet 1996, la Cour de cassation belge (chambre de vacation) a rendu, par défaut, un arrêt de dessaisissement du juge d'instruction bruxellois Vandermeesch de son dossier N° 57/95 concernant Théoneste Bagosora. Celui-ci avait été arrêté et détenu au Cameroun sur mandat d'arrêt international lancé par l'auditorat militaire belge, relativement à la mort des dix casques bleus de la MINUAR et du chef des crimes de droit international commis au Rwanda en 1994. De son côté, le Procureur du TPIR avait demandé officiellement au gouvernement du Royaume de Belgique de se dessaisir en sa faveur de toutes les enquêtes et poursuites pénales menées à l'encontre de Bagosora ce qu'a repris le procureur général près la Cour de cassation belge en indiquant que le 17 mai 1996, le TPIR

Le principe de primauté implique le principe *non bis in,* le dessaisissement des juridictions pénales internes et le transfert des présumés coupables.

Ce principe qui veut que nul ne soit jugé deux fois pour la même infraction existe aussi bien en droit pénal interne qu'en droit pénal international. C'est une garantie judiciaire prévue par le Pacte international relatif aux droits civils et politiques[406].

Le principe est, de même, repris par les Statuts des TPI *ad hoc*. Aux termes de ces dispositions, nul ne peut être traduit devant une juridiction nationale pour des faits constituant de graves violations du DIH au sens du Statut s'il a déjà été jugé pour les mêmes faits par le Tribunal international[407]. Les Règlements de procédure et de preuve (RPP) des deux TPI *ad hoc* entérinent le principe dans leurs statuts. Ces statuts prévoient que dès que le tribunal est informé des poursuites pénales engagées contre une personne devant une juridiction interne pour une infraction pour laquelle l'intéressé a déjà été jugé par le Tribunal international, il rend, conformément à la procédure visée à l'article 10, *mutatis mutandis,* une ordonnance invitant cette juridiction à mettre fin définitivement aux poursuites[408]. Le Règlement ajoute que si cette juridiction s'y refuse, le Président peut soumettre la question au CS des NU[409].

En principe, la règle *non bis in idem* est valable dans les deux sens en ce sens qu'une personne jugée devant une juridiction nationale ne devrait plus être poursuivie pour les mêmes faits devant la juridiction internationale.

Mais dans les Statuts des TPI précités, des précautions ont été prises pour éviter « qu'une parodie de procès devant un tribunal complaisant

---

avait fait droit à une telle requête du Procureur du TPIR soumise à lui en vertu de l'article 8 paragraphe 2 de son Statut.

La Cour de cassation belge a confronté des motifs du mandat d'arrêt décerné par le juge d'instruction à Bruxelles, Vandermeesch, et des motifs de la demande de dessaisissement de la chambre de Ière instance du TPIR. Elle a donné droit à la demande du procureur général près la Cour de cassation belge en prononçant le dessaisissement de Vandermeesch, juge d'instruction à Bruxelles, de son dossier N° 57/95 en tant que ce dossier concerne T. Bagosora, mieux identifié.

406 Pacte international relatif aux droits civils et politiques du 16 décembre 1966, art. 14 point 7.

407 Statuts respectifs des deux TPI *ad hoc*, art.10 ; art.9.

408 RPP, art. 13 commun aux deux TPI *ad hoc*.

409 RPP, art. 13 *in fine* commun aux deux TPI *ad hoc*.

ne fasse écran à une punition méritée »[410]. Autrement dit, une personne déjà jugée par une juridiction nationale peut malgré tout, être poursuivie par un TPI *ad hoc*. Il en est ainsi dans les cas suivants[411] :

1° lorsque le crime pour lequel l'accusé a été jugé était qualifié de crime de droit commun ;

2 lorsque la juridiction nationale n'a pas statué de façon impartiale ou indépendante ;

3 lorsque la procédure engagée devant cette juridiction visait à soustraire l'accusé à sa responsabilité pénale internationale ;

4° lorsque la poursuite n'a pas été exercée avec diligence.

Bien entendu, ces conditions ne sont pas cumulatives. Il suffit que l'une d'elles soit démontrée pour que le Tribunal international se saisisse de l'affaire.

S'agissant du dessaisissement, il s'agit de toute demande officielle émanant de la juridiction internationale adressée à un État et visant à ce que la juridiction nationale se dessaisisse des enquêtes et poursuites pénales en faveur du Tribunal international. Par exemple, les Statuts des deux TPI *ad hoc* disposent que les Tribunaux pénaux internationaux et les juridictions nationales sont concurremment compétents pour juger les personnes présumées responsables de violations graves du DIH commises durant les conflits respectivement yougoslave et rwandais. Les mêmes Statuts ajoutent que les Tribunaux internationaux ont la primauté sur les juridictions nationales de tous les États et que, « à tout stade de la procédure », ils peuvent demander officiellement aux juridictions nationales de se dessaisir en leur faveur conformément à leurs Statuts et aux Règlements de procédure et de preuve (RPP)[412].

Le dessaisissement est à l'initiative du Procureur qui dépose, à cette fin, au Greffe une demande, laquelle est examinée par l'une des trois chambres de 1ère instance désignée par le Président du Tribunal[413]. On peut

---

410 PRALUS (Michel), « Étude de droit pénal international et un droit communautaire d'un aspect du principe *non bis in idem* », in *Revue de sciences criminelles et de droit pénal comparé,* n°3, juillet- septembre 1996, p. 556 cité par Arakaza (A.), p. 51.

411 Statuts, TPIY (art. 10 §2); TPIR (art. 9 § 2).

412 TPIY, art. 9 § 2 ; TPIR, art. 8 § 2.

413 RPP, art. 9 et 10 communs aux deux TPI *ad hoc*.

citer à cet égard, l'exemple de l'affaire Tadic, qui a été le premier prisonnier international du TPIY[414].

Suite à une requête du Procureur formulée lors de l'audience de dessaisissement du 8 novembre 1994, la chambre de Ière instance du TPIY a demandé officiellement au Gouvernement de la République fédérale d'Allemagne de se dessaisir de ses poursuites contre Dusko Tadic[415]. Conformément à la requête, ce dernier, qui avait été arrêté et mis en détention provisoire par la RFA le 13 février 1994, a finalement été transféré à La Haye le 24 avril 1995.

Ainsi, le dessaisissement qui doit être sollicité par le Procureur, est accordé si les conditions suivantes sont remplies :

– les crimes font objet d'une enquête du Procureur ;

– l'affaire présente un certain degré de gravité lié notamment, à la gravité des infractions ou à la qualité de l'accusé ;

– les crimes font objet d'un acte d'accusation devant le Tribunal international[416].

On peut aussi citer l'arrêt de dessaisissement du juge d'instruction bruxellois Vandermeesch, rendu le 9 juillet 1996 par Cour de cassation belge dans l'affaire Théoneste Bagosora. Celui-ci avait été arrêté et détenu au Cameroun sur mandat d'arrêt international lancé par l'auditorat militaire belge[417]. Au même moment, le Procureur du TPIR avait demandé officiellement au gouvernement du Royaume de Belgique de se dessaisir en sa faveur de toutes les enquêtes et poursuites pénales menées à l'encontre de Bagosora[418].

La Cour de cassation belge, saisie des deux procédures (le mandat d'arrêt international et la demande de dessaisissement), a ordonné le

---

414 Ascension (H.), « Les tribunaux *ad hoc* pour l'ex- Yougoslavie et pour le Rwanda », in (sous la dir. de) Ascension (H.), Decaux (E.), Pellet (A.), 2000, p. 729.

415 TPIY, *Decision in the Matter of a Proposal for a Formal Request for Deferral to the competence of the Tribunal*, IT-94-1-D.

416 RPP, art. 9.

417 Cour de Cassation belge (chambre de vacation), Réquisitoire du Procureur général demandeur de dessaisissement c. plaidant Me Luc De Temmerman, 21 juillet 1996, s.p. Consulté sur http://www. crimeshumanite. be/themes/Fiches. cfm ? ID, le 10 mai 2009.

418 TPIR, Théoneste Bagosora, Affaire n° ICTR-96-7-T, Décision de la chambre de 1ère instance sur la requête introduite par le Procureur aux fins d'obtenir une demande officielle de dessaisissement en faveur du TPIR dans le cadre de l'affaire T. Bagosora du 17 mai 1996, Recueil (1995- 1997), p. 87.

dessaisissement de Vandermeesch, juge d'instruction à Bruxelles en faveur du TPIR.

Le transfert d'accusé, qui est la troisième implication du principe de primauté, est la procédure par laquelle une juridiction pénale internationale se fait remettre par un État une personne qu'elle souhaite voir comparaître devant elle[419].

L'intérêt de la demande de transfert est que les juridictions pénales internationales ne peuvent pas se passer de la présence des accusés. En effet, ni les Statuts, ni les RPP des deux TPI *ad hoc* ne permettent, aujourd'hui, de juger un accusé en son absence. La remise des personnes mises en cause apparaît donc comme la condition, *sine qua non,* de l'efficacité de la justice pénale internationale.

Une fois émise par un Tribunal international *ad hoc,* la demande de transfert est transmise à l'État requis. Les Statuts utilisent les termes « sans retard » parce que les obligations des États vis-à-vis des TPI *ad hoc,* parmi lesquelles l'obligation de transférer les personnes réclamées par ces derniers, « prévalent sur tous les obstacles juridiques que la législation nationale ou les traités d'extradition auxquels l'État est partie pourraient opposer à la remise ou au transfert de l'accusé ou d'un témoin au Tribunal international »[420].

Dans un arrêt du 29 mai 1998, la chambre d'appel du TPIY a confirmé ce principe. Elle a jugé que certaines contraintes qui pèsent sur les États en matière d'extradition ne s'appliquent pas devant le Tribunal pénal international [421].

Au regard de tous les développements sur le principe de primauté, on prend l'exacte mesure de l'intérêt d'une telle règle dans le fonctionnement d'une juridiction pénale internationale.

Or, lors de l'élaboration du Statut des CAE, aucune disposition relative à la répartition des compétences entre les CAE et les juridictions nationales tchadiennes n'avait été prévue. Ce qui n'a pas manqué de déteindre sur la suite de la procédure.

---

419 Buchet, (Antoine), « Le transfert devant les juridictions internationales », in (sous la dir. de) Ascension (H.), Decaux (E.), Pellet (A.), *Droit international pénal*, 2000, p. 969.

420 RPP, art.58 commun aux deux TPI *ad hoc.*

421 TPIY,le Procureur c. Milan Kovacevic, IT-97-24-AR73, 29 mai 1998.

B. Les conséquences de l'absence du principe de primauté dans le Statut des CAE

426. Cette absence a contribué à alourdir les contraintes qui pesaient sur le déroulement de la procédure, tant sur la demande de transfèrement que sur la perception que l'opinion a eue du procès.

1. Sur l'examen de la demande de transfert des détenus tchadiens au Sénégal

À l'arrivée des membres des CAE à N'Djaména au Tchad le 26 juillet 2013, dans le cadre de l'exécution de la première CRI, il a été porté à leur connaissance qu'une procédure judiciaire avait été ouverte pour les crimes commis par des agents de la DDS sous le régime de Hissène Habré et qu'à ce titre, de nombreuses personnes avaient été placées sous mandat de dépôt. Certains parmi ces détenus étaient, précisément, visés par les poursuites ouvertes par les CAE. Le Procureur général a donc sollicité le transfèrement de ces derniers pour permettre leur audition dans le cadre de l'instruction ouverte devant lesdites chambres.

Mais, jusqu'au moment de la clôture de la phase d'instruction, cette question s'est révélée juridiquement insoluble, aucune disposition du Statut n'ayant traité du cas de compétence concurrente entre les CAE et les juridictions tchadiennes.

Il s'y ajoute que les dispositions de droit commun sur l'extradition ne pouvaient pas s'appliquer en l'espèce, en raison de la règle unanimement admise en droit pénal international selon laquelle un État n'extrade pas ses ressortissants.

En définitive, faute d'avoir pu obtenir le transfèrement souhaité, la Chambre d'instruction a sollicité l'inculpation, au Tchad, des deux personnes concernées par la commission rogatoire internationale. Mais cette ultime demande sera également rejetée par les autorités judiciaires tchadiennes au motif que les intéressés, déjà visés dans la procédure interne, ne pouvaient faire l'objet d'une double inculpation pour des faits supposés identiques.

L'existence d'une disposition prévoyant expressément la primauté des CAE sur les juridictions nationales tchadiennes, en cas de compétence concurrente, aurait eu le mérite de donner une base légale aux demandes de dessaisissement et de transfèrement maintes fois adressées aux autorités tchadiennes et restées sans suite.

Une telle disposition aurait permis de faire l'économie des longs débats qui ont été tenus entre les autorités judiciaires des deux pays sur la base légale du transfert de poursuites sollicité par les CAE tout au long de la procédure.

Bien entendu, rien ne garantit qu'avec l'inclusion de cette clause dans le Statut des CAE, les autorités tchadiennes auraient fait droit à ces demandes. Mais son absence a donné aux autorités tchadiennes l'occasion de tergiverser sur la demande de transfèrement, avant d'annoncer, finalement, que les deux détenus réclamés par les CAE ne viendraient pas à Dakar.

C'est, précisément, pour éviter de tels travers que, dans l'élaboration du Statut de la Cour pénale spéciale de la République centrafricaine, il a été prévu une disposition qui consacre la primauté de la Cour spéciale sur les juridictions nationales [422].

Outre ses conséquences négatives sur le déroulement de la procédure, l'absence de transfèrement des inculpés a aussi eu un impact réel sur la perception que l'opinion a pu avoir du procès tenu devant les CAE.

2. Sur la perception du procès

La présence, à l'audience, des deux autres co-accusés de Hissène Habré aurait non seulement permis de procéder à des confrontations utiles pour la manifestation de la vérité, mais, également, contribué à rendre la procédure plus crédible aux yeux de l'opinion.

Outre l'absence de la règle de la primauté, le Statut des CAE comporte une autre lacune relative au défaut d'élaboration d'un Règlement de procédure et de preuve.

---

422. Article 3 de la loi n°15.003 du 03 juin 2015 portant création, organisation et fonctionnement de la Cour pénale spéciale : « En cas de conflit de compétence avec une autre juridiction nationale, la Cour pénale spéciale a la primauté pour enquêter, instruire et juger les crimes et délits connexes qui relèvent de sa compétence. »
Article 36 de ladite loi : « Pendant la durée d'existence, telle que définie à l'article 70 de la présente loi, la Cour pénale spéciale a une primauté de compétence pour instruire et juger les affaires de son domaine d'intervention ». Il faut néanmoins préciser que le Statut a curieusement prévu qu'en cas de compétence concurrente entre la CPI et la CPS, c'est la compétence de la première qui devra prévaloir. (article 72 de la loi).

§ II. L'absence de Règlement de procédure et de preuve

427. Une brève analyse de l'utilité d'un tel document permet de deviner les conséquences de son absence sur le déroulement de la procédure.

A. L'utilité du Règlement de procédure et de preuve

Le Règlement de procédure et de preuve permet non seulement d'éviter les ambiguïtés préjudiciables au bon déroulement de la procédure mais, également, de garantir le respect de la légalité.

1. Le RPP, un moyen d'éviter les ambiguïtés

Il est de règle, dans les juridictions internationales, d'élaborer un document intitulé « Règlement de Procédure et de preuve » destiné à fixer les règles concernant divers aspects de la procédure tels que :

– la composition et le fonctionnement de la juridiction ;

– le Statut et les fonctions des différents organes de la juridiction ;

– le mode de saisine de la juridiction ;

– la procédure suivie devant la juridiction jusqu'au prononcé de la décision finale ;

– l'admissibilité des modes de preuve.

2. Le RPP, un moyen de faire respecter la légalité

En l'absence d'un RPP, les juges peuvent être tentés de faire œuvre jurisprudentielle.

Or, sur des questions de procédure comme sur celles touchant au fond, le principe de légalité exige du juge qu'il se fonde sur des règles préexistantes pour rendre ses décisions.

B. Les conséquences de l'absence de Règlement de procédure et de preuve au sein des CAE

428. En l'absence d'un tel document, concernant les CAE, c'est naturellement sur la loi sénégalaise qu'il a fallu se rabattre, conformément aux dispositions de l'article 16 du Statut précité.

Malheureusement, le renvoi à la loi nationale sénégalaise s'est avéré sans utilité, certaines questions n'étant traitées, ni par le Statut, ni par la loi sénégalaise. Il en est ainsi du fonctionnement de la Chambre d'instruction, et des modalités d'audition des témoins.

1. Sur le fonctionnement de la Chambre d'instruction

429. L'article 11 du Statut des CAE dispose que : « La Chambre africaine extraordinaire d'instruction sera composée de quatre juges titulaires de nationalité sénégalaise et de deux suppléants de nationalité sénégalaise nommés par le président de la Commission de l'Union africaine sur proposition du ministre de la Justice du Sénégal ».

À l'exception de cette disposition, le Statut n'a rien prévu concernant le fonctionnement de la juridiction. Or, bien d'autres aspects du fonctionnement de la Chambre auraient mérité d'être clarifiés. Il s'agit, entre autres, des questions suivantes :

– Les quatre juges devaient-ils cosigner tous les actes d'instruction posés ?

– Un seul juge pouvait-il accomplir des actes d'instruction au nom et pour le compte de la Chambre ? Si oui, de quels actes s'agissait-il et suivant quelle modalité cette représentation devrait-elle se faire ?

– Le nombre de juges titulaires étant pair (quatre), comment devait-on procéder en cas de désaccord et de partage des voix ?

430. Dans les juridictions internationales, ces questions sont traitées dans le document intitulé « Règlement de Procédure et de preuve ». Ainsi, pour ce qui est, par exemple, des CETC, c'est l'article 14 du Statut qui règle cette question en ces termes : « Le Bureau des Co-juges d'instruction est constitué en tant que bureau indépendant au sein des CETC. Il est composé des Co-juges d'instruction assistés du personnel nécessaire…

Sous réserve des actes qui doivent être accomplis conjointement en application de la loi qui régit les CETC et du présent Règlement, les Co-juges d'instruction peuvent déléguer à l'un d'entre eux, par décision écrite conjointe, le pouvoir d'accomplir un acte individuellement.

Sous réserve des actes qui doivent être accomplis personnellement en application de la loi sur les CETC, les Co-juges d'instruction peuvent déléguer, par commission rogatoire, l'exercice de leurs fonctions à leurs enquêteurs, sauf lorsque des mesures coercitives sont nécessaires, ou à la police judiciaire.

En cas d'absence d'un juge d'instruction, les actes qui doivent être accomplis personnellement, conformément au présent Règlement, peuvent l'être par des moyens de communication à distance ».

431. Concernant les CAE, ces questions étaient d'autant plus difficiles à résoudre que non seulement le Statut ne prévoyait rien, mais la loi sénégalaise, censée suppléer les carences ou silences du Statut, n'était d'aucun secours, non plus. En effet, dans le droit positif sénégalais, il n'existe pas de dispositions générales régissant le fonctionnement des juridictions d'instruction collégiales.

Finalement, au terme de plusieurs séances de discussion, la Chambre d'instruction a décidé d'agir de la manière suivante :

– tous les actes d'instruction, sans exception, devaient être accomplis et co-signés par les quatre juges la composant ;

– en l'absence de disposition conférant une voix prépondérante à l'un des quatre juges titulaires, toute décision devait recueillir l'avis favorable d'au moins trois, parmi les quatre juges composant la Chambre ;

– aucun des juges ne pouvait, individuellement, accomplir un acte d'instruction pour le compte de la chambre.

Cette démarche pouvait sans doute être source de lenteur. Mais c'était le prix à payer pour éviter des risques d'annulation pour défaut de compétence à agir.

432. Par comparaison, on peut faire observer que les experts qui ont rédigé la loi portant création de la Cour pénale spéciale de la Centrafrique se sont évertués à prévenir ces risques de blocage. En effet, plusieurs dispositions de ladite loi sont consacrées aux modalités de fonctionnement de la Chambre d'instruction [423].

433. L'absence de Règlement de procédure et de preuve s'est fait également sentir au stade de jugement quand il s'est agi de définir le calendrier d'audience.

---

[423] Article 41 de la loi : « Le juge national et le juge international en charge d'un cabinet d'instruction fonctionnent en collège. Ils apposent simultanément, avec le greffier d'instruction, leurs signatures respectives au bas de chaque acte de procédure concernant le fond de l'affaire.
Les actes de forme peuvent être le fait de l'un ou l'autre des juges composant le cabinet d'instruction ou du greffier. »
Article 42 de la loi : « En cas de désaccord entre les juges du même cabinet, les points de divergence sont consignés dans un procès-verbal et transmis, par l'intermédiaire du Procureur Spécial, à la Chambre d'Accusation Spéciale qui dispose d'un délai de cinq jours pour trancher. »

Dans le cadre de la conduite de l'audience, la Chambre d'assises a d'abord tenu des conférences de mise en état, avant de passer à la phase des auditions.

Compte tenu du nombre important de personnes qu'il fallait auditionner, d'une part, et d'autre part, du fait que plusieurs parmi les témoins et les experts, venaient de l'étranger, la conduite du procès rendait nécessaire une programmation minutieuse des différentes étapes de l'audience d'instruction. Pour bien accomplir son travail, la cellule chargée de l'organisation matérielle du procès devait recevoir, à l'avance, communication des informations relatives aux noms et à la date d'arrivée des principaux experts, témoins et victimes en provenance du Tchad ou d'autres pays.

434. Dans les juridictions internationales, cette programmation se fait à l'occasion des audiences de mise en état souvent mentionnées dans les Statuts sous l'appellation de « conférences de mise en état ». Ainsi, l'article 132 du Statut de la CPI prévoit que « Aussitôt après sa constitution, la chambre de première instance tient une conférence de mise en état pour fixer la date du procès... Elle notifie la date du procès à tous ceux qui participent à la procédure...

Pour faciliter le déroulement équitable et diligent de la procédure, la Chambre de première instance peut consulter les parties lors des conférences de mise en état, selon que de besoin ».

435. Concernant les CAE, par contre, rien de tel n'avait été prévu ni par le Statut, ni par la loi sénégalaise, laquelle, du reste, ne règlemente la mise en état que pour les affaires civiles.

Ainsi, la Chambre d'Assises a dû, pour des raisons tenant à la bonne administration de la justice, tenir des audiences de mise en état au cours desquelles l'ordre de passage des témoins, experts et parties civiles ainsi que la durée indicative du procès ont été fixés d'accord parties entre la Cour, les avocats et le Ministère public [424].

Le calendrier des audiences a été finalement établi au cours de deux audiences de mise en état tenues, respectivement, le 29 juin 2015 et le 16 décembre 2015. À la suite d'une réunion avec les parties concernées, un calendrier a été établi et leur a été communiqué.

---

[424] Les conseils de la défense commis d'office qui n'avaient pas participé à la première audience de mise en état ont sollicité et obtenu une nouvelle program-mation de celle-ci.

Cette initiative a permis aux différentes parties à la procédure de se préparer en conséquence. L'établissement de ce calendrier d'audience a également eu le mérite de faciliter la tâche à l'Administration des CAE qui a ainsi pu prendre les dispositions idoines pour assurer le déplacement et l'hébergement des victimes, témoins et experts en provenance de l'extérieur du pays.

Il convient de préciser que la tenue de ces audiences n'était prévue ni par le Statut des CAE, ni par la loi sénégalaise. Pour combler ce vide, la Chambre d'assises s'est inspirée de la pratique des juridictions internationales et, plus précisément, des dispositions régissant le TPIR et le TPIY.

2. Sur les modalités d'audition des témoins

436. La question de l'audition des témoins a également fait l'objet de divergences de vues relatives tant à la phase d'instruction qu'à celle de l'audience de jugement.

À propos de l'audition des témoins par la Chambre d'instruction, la Chambre d'Assises a relevé que : « La Chambre d'instruction a procédé à l'audition de témoins et victimes à Dakar, en présence du parquet général, mais sans en notifier au préalable les avocats de Hissène Habré, les privant ainsi de l'opportunité de participer à leur interrogatoire »[425].

Elle a donc considéré que le fait que les avocats de l'accusé n'aient pas été invités à assister aux auditions des témoins et parties civiles était constitutif d'une violation de leurs droits au regard des dispositions du code de procédure pénale, seules applicables en l'espèce du fait du silence du Statut.

Il convient de préciser qu'en application des dispositions du code de procédure pénale du Sénégal, ni les parties civiles, ni leurs avocats ne peuvent assister aux auditions de l'inculpé à moins qu'il ne s'agisse d'une confrontation [426]. De même, ni l'inculpé, ni ses avocats ne peuvent assister aux auditions d'une partie civile, si ce n'est pour une confrontation. Par contre, le Ministère public peut assister aux interrogatoires de l'inculpé ainsi qu'aux auditions de la partie civile, à condition d'en formuler la demande [427].

---

[425] CAE, jugement du 30 mai 2016, p. 58, paragr. 217.

[426] Art. 101 et suivants du CPP sénégalais.

[427] Art. 107 du CPP.

C'est ce qui s'est précisément fait, puisque le Ministère public avait expressément fait part à la Chambre d'instruction de son intention d'assister aux auditions des parties civiles.

437. En revanche, s'agissant des témoins, l'article 92 du CPP du Sénégal précise que leur audition se fait « par le juge en présence du greffier ». Ainsi, à moins qu'il ne s'agisse d'une confrontation, aucune disposition du CPP ne donne au Ministère public ou à l'une quelconque des parties la possibilité d'assister à leur audition ou de les interroger directement. C'est ce qui explique que, lors de l'audition de ces témoins, aucune des parties, pas même le Ministère public, n'ait été convoquée.

À cet égard, il faut souligner que dans le système inquisitoire en vigueur au Sénégal, l'instruction est en principe secrète et non contradictoire. À ce stade de la procédure, les témoins qui sont convoqués par le juge, ne sont pas ceux d'une partie, auquel cas on aurait pu envisager la possibilité d'un interrogatoire ou d'un contre-interrogatoire, mais plutôt des personnes supposées être suffisamment neutres pour contribuer à la manifestation de la vérité. Ce n'est qu'au stade du jugement, phase éminemment contradictoire, que le CPP consacre la possibilité pour chaque partie de citer des témoins à charge ou à décharge [428].

Concernant les auditions de témoins, il faut ainsi distinguer la phase de l'instruction, pendant laquelle les témoins sont convoqués et entendus par le juge, de la phase de jugement au cours de laquelle ils peuvent être cités et interrogés par les parties.

Ainsi, le fait que la Chambre d'instruction n'ait pas jugé utile d'adresser des convocations aux avocats de la défense lors de l'audition des témoins et des parties civiles ne constitue pas, à notre avis, une violation des droits de la défense. On ne saurait, non plus, en déduire une quelconque violation du principe du contradictoire dès lors que, le dossier ayant été en permanence mis à leur disposition, tout au long de la procédure, les avocats de Hissène Habré avaient tout le loisir et la latitude de le consulter, d'en examiner le contenu et de formuler, le cas échéant, les demandes qu'ils auraient jugé utiles ou nécessaires.

Il faut rappeler que le principe du contradictoire est présumé respecté, dès lors que la partie avait la possibilité de contester les éléments de preuve recueillis, même si, pour des raisons qui lui sont propres, elle n'a pas jugé nécessaire d'user de cette faculté.

---

[428] Art. 263 du CPP du Sénégal.

438. Par ailleurs, les modalités d'audition de certains témoins par la Chambre d'Assises ont été vivement critiquées par les conseils de la défense.

Au cours des observations orales qu'ils ont formulées à l'appui de leur appel, les avocats de l'accusé ont relevé que certains témoins ont été entendus sans avoir été isolés comme le prescrit l'article 307 du CPP sénégalais pour toute audition de témoin.

Nous pensons, cependant, que le problème réside moins dans le respect ou non de l'isolement que dans le choix qui a été fait d'auditionner ces personnes en qualité de témoins.

En effet, toutes ces personnes sont, en réalité, des victimes qui se sont constituées parties civiles au stade de l'instruction. Le Statut des CAE n'ayant rien prévu concernant les modalités d'audition, il fallait s'en référer aux dispositions de la loi sénégalaise. Or, l'article 409 du code de procédure pénale du Sénégal dispose très clairement que « La personne qui s'est déjà constituée partie civile ne peut plus être entendue comme témoin ».

On remarque ainsi que, sur cet aspect de la procédure, la Chambre d'Assises a voulu appliquer une pratique des juridictions pénales internationales consistant à entendre les victimes en qualité de témoin. Mais il fallait se conformer à la loi sénégalaise en s'assurant que les victimes ne s'étaient pas, au préalable, constituées parties civiles.

En définitive, l'absence de Règlement de procédure et de preuve a été à l'origine de beaucoup de divergences entre les acteurs du procès sur des questions clés, comme le fonctionnement de la Chambre d'instruction et les modalités d'audition de témoins.

En plus des cas d'omission ci-dessus évoqués, le déroulement de la procédure a également mis à nu les ambiguïtés de certaines dispositions du Statut des CAE.

Section II

Les ambiguïtés du Statut

439. En dépit des efforts appréciables apportés dans la rédaction du Statut des CAE, certaines de ses dispositions ne sont pas exemptes d'ambiguïtés. Il en est ainsi de celles relatives à la procédure d'appel et au mode d'intervention des juges sur le territoire tchadien.

§ I. – La procédure d'appel

Les dispositions du Statut des CAE relatives à l'appel comportent des particularités qui expliquent certaines difficultés rencontrées dans l'exercice du droit d'appel par l'accusé.

A. Les dispositions prévues par le Statut des CAE

Les dispositions du Statut des CAE sur la procédure d'appel se distinguent par leur particularité et leur caractère laconique.

1. Le libellé de l'article 25 du Statut des CAE

440. l'article 25 dudit Statut dispose que :

« 1. La Chambre africaine extraordinaire d'assises d'appel est compétente pour examiner en dernier ressort les appels interjetés par le Procureur ou les personnes condamnées ou les parties civiles quant à ses intérêts civils seulement par la chambre africaine extraordinaire d'Assises pour les motifs suivants :

a) une erreur de procédure ;

b) une erreur sur une question de droit matériel qui invalide la décision ; y compris une erreur sur la compétence ;

c) une erreur de fait qui a entraîné un déni de justice.

2. la Chambre africaine extraordinaire d'assises d'appel peut, selon le cas, confirmer, annuler ou réformer les décisions prises par la Chambre africaine extraordinaire d'assises.

3. les juges de la Chambre africaine extraordinaire d'appel d'assises peuvent s'inspirer de la jurisprudence des cours ou tribunaux pénaux internationaux.

4. les arrêts rendus par la Chambre africaine extraordinaire d'assises d'appel sont définitifs. Ils ne sont susceptibles d'aucune voie de recours même extraordinaire ».

2. La particularité de la procédure

441. La particularité de telles dispositions réside dans le fait que, contrairement à la procédure en vigueur dans les législations nationales, l'appel n'est ouvert que dans des cas précis. Sous ce rapport, la procédure d'appel ressemble à celle prévue pour le pourvoi en cassation avec les cas d'ouverture en cassation. Sous peine d'irrecevabilité, l'appelant doit viser le motif de l'appel et, surtout, le motiver en fait et en droit.

Or, l'application de ces dispositions a donné lieu à de réelles difficultés.

B. Les difficultés d'application

Des difficultés sont apparues sur deux aspects : la computation du délai d'appel et les modalités de la formalisation de l'appel.

1. La computation du délai d'appel

442. Lors du prononcé de la peine intervenu le 30 mai 2016, le président de la Chambre d'Assises avait précisé que l'arrêt n'était pas encore disponible. Finalement, ce document n'a été communiqué aux parties qu'après le prononcé de la décision sur les intérêts civils intervenu le 29 juillet 2016. Soit deux mois plus tard.

En l'absence d'indication de la durée du délai d'appel, c'est le délai de 15 jours prévu par l'article 367-6 du CPP du Sénégal qui a été appliqué, conformément aux dispositions de l'article 16 du Statut. Or, ce délai cadre mal avec la complexité et le volume de l'affaire Hissène Habré. Selon les règles en vigueur devant les juridictions nationales sénégalaises, la Cour, après le prononcé de la peine, statue au plus tard le lendemain, sur les intérêts civils. Les parties ont donc la possibilité d'attendre le prononcé de l'arrêt dans son intégralité (sur la peine et sur les intérêts civils) avant de formaliser leur appel. S'agissant, par contre, de l'affaire Hissène Habré, le volume du dossier faisait que la Cour avait annoncé que la décision sur les intérêts civils allait être rendue le 31 juillet 2016. Soit bien au-delà de la date d'expiration du délai d'appel de 15 jours. Dès lors se posaient certaines questions :

– devait-on considérer que le délai de 15 jours prévu pour l'appel courait à compter du prononcé de la peine ou à compter du prononcé de la décision sur les intérêts civils, date à laquelle l'intégralité de l'arrêt a été connu des parties ?

– quels devaient être les effets de l'appel interjeté à la suite de la décision sur la culpabilité ? Cet appel allait-il suspendre l'instance sur les intérêts civils ?

– dans le cas où l'une des parties interjetterait appel contre cette décision relative à la peine, allait-elle disposer d'un nouveau délai d'appel contre la décision qui serait rendue sur les intérêts civils ?

Finalement, à l'issue d'une conférence de mise en état tenue dans les locaux des CAE, les parties ont été invitées à interjeter appel dans les 15 jours de la décision sur la peine.

En prenant cette position, la Chambre considérait implicitement que le délai de 15 jours devait courir à compter de la date du prononcé de la décision sur la peine.

Cette position revenait à admettre l'existence de deux décisions : l'une sur la culpabilité, l'autre sur les intérêts civils. Or, il convient de faire observer que si certains Statuts comme celui de la CPI, prévoient qu'après avoir statué sur la culpabilité, la Chambre se prononce, par ordonnance, sur les demandes de réparation [429], la législation sénégalaise prévoit, en revanche, que le procès pénal doit aboutir à une seule décision par laquelle le juge statue tant sur l'action publique (déclaration de culpabilité et peine) que sur les intérêts civils alloués pour la réparation du préjudice allégué.

Par ailleurs, la Chambre s'est heurtée à un obstacle de taille à propos de l'obligation faite aux parties de motiver l'appel.

2. Les modalités de formalisation de l'appel

443. Compte tenu de l'obligation de motiver l'appel, les parties ne pouvaient le formaliser qu'en examinant les motifs de l'arrêt. Ce qui supposait que la décision leur ait été notifiée.

Or, jusqu'à l'expiration du délai d'appel de 15 jours, la décision n'était pas encore disponible.

Faisant état de cette difficulté, l'un des avocats de la défense, Maître Mbaye Sène, faisait observer que : « Si on n'a pas une décision disponible, comment peut-on la critiquer ? Ils nous poussent en quelque sorte à faire un appel au rabais parce que nous n'avons pas un jugement pour savoir comment le critiquer. N'est-ce pas là une violation des droits de la défense ? »[430]

Toutes ces difficultés auraient pu être évitées si on avait pris les mesures suivantes :

Soit prévoir un délai d'appel suffisamment long (deux mois par exemple) pour permettre à la Cour de se prononcer sur les deux aspects de la décision ; ce qui aurait permis aux parties de faire un appel unique sur le tout.

Soit préciser que le délai d'appel de 15 jours ne court qu'à compter du prononcé de l'arrêt sur les intérêts civils.

---

429 Art. 75 du Statut de la CPI.

430 Journal quotidien sénégalais *Enquête* du 30 juillet 2016, p. 7.

Une autre difficulté s'est révélée à propos du mode d'intervention des juges sur le territoire tchadien.

§ II. – Le mode d'intervention des juges sur le territoire tchadien

444. Une lecture combinée des dispositions du Statut et de l'Accord de coopération judiciaire signé entre le Sénégal et le Tchad fait ressortir très nettement les termes du problème auquel se sont confrontés les juges des CAE.

A. Les termes du problème

1. La distinction entre compétence et pouvoir

445. Dès l'entame de la procédure d'instruction, une question est apparue capitale : Dans l'exercice de leur mission, les juges de la Chambre africaine extraordinaire d'instruction pouvaient-ils agir directement sur le territoire du Tchad sans passer par leurs homologues tchadiens ou revenait-il à ces derniers d'accomplir les actes avec l'assistance de leurs homologues sénégalais ?

Cette question faisait ressortir en filigrane la distinction qu'il fallait opérer entre la compétence des CAE qui s'étendait aux faits commis sur le territoire tchadien et les pouvoirs des juges des CAE dont il fallait tracer les limites.

A priori, la réponse semblait couler de source au regard de certaines dispositions.

2. Les indications textuelles

D'une part, l'article 3 du statut des CAE dispose que : « Les Chambres africaines extraordinaires sont habilitées à poursuivre et à juger le ou les principaux responsables des crimes et violations graves du droit international, de la coutume internationale et des Conventions internationales ratifiées par le Tchad, commis sur le territoire tchadien durant la période allant du 7 juin 1982 au 1er décembre 1990 ».

D'autre part, l'article 16 de l'Accord de coopération précise que : « le Tchad autorise, dans les conditions prévues et aux fins du présent Accord, les autorités judiciaires sénégalaises à exécuter des commissions rogatoires internationales sur son territoire… Les juges des chambres africaines extraordinaires, assistés des enquêteurs de leur choix, seront autorisés à mener, sur le territoire de la République du Tchad, tout acte d'enquête ou d'investigation nécessaire à la conduite effective des affaires devant les Chambres africaines extraordinaires ».

B. La position des juges

446. De prime abord, ces dispositions semblent conférer aux juges le pouvoir de mener directement des enquêtes sur le territoire de l'État du Tchad.

Cependant, une lecture approfondie des dispositions du Statut et de l'Accord de coopération entre le Sénégal et le Tchad [431] aboutit à une conclusion contraire.

1. Le souci de la légalité

S'il est indéniable que les articles précités laissent apparaître que, du point de vue *rationae loci,* la compétence des CAE s'étend au-delà des frontières nationales du Sénégal et concerne les crimes commis au Tchad, rien, par contre, dans ces dispositions, ne confère aux juges des CAE un pouvoir d'agir directement sur le territoire tchadien. Cette position est confortée par les dispositions de l'Accord de coopération judiciaire susvisé. En effet, les modalités par lesquelles les juges des CAE pouvaient agir au Tchad sont traitées dans la rubrique intitulée « Des commissions rogatoires internationales ». Or, comme on le sait, une commission rogatoire internationale est un mandat donné par un juge national à un juge étranger pour accomplir un acte pour son compte.

En outre, il convient de rappeler que, concernant l'exécution des commissions rogatoires internationales, la règle communément admise est qu'il appartient aux autorités nationales d'accomplir les actes sollicités par la juridiction selon leur propre législation. Le principe étant qu'en matière judiciaire, les autorités nationales ont une compétence exclusive pour accomplir des actes au titre d'une coopération judiciaire. Il y a plus d'un siècle déjà, la juridiction suprême française affirmait que la loi du for s'applique aussi aux conditions de fond et de forme, des divers actes d'instruction, l'État requérant ne pouvant prétendre y substituer celle de son propre droit ni y subordonner la validité de l'acte étranger [432]. C'est précisément, ce principe dit d'assistance que les juges ont décidé d'appliquer.

---

[431] Accord de Coopération judiciaire signé le 3 mai 2013.

[432] Crim. 12 juin 1914, Bull. crim n° 276 ; 27 juin 2001, n° 01-82.578 ; 2 déc. 2015, n° 14-81.866, Dalloz actualité, 11 janv. 2016, obs. S. Fucini ; 19 oct. 2016, n°,16-81.920, Dalloz actualité 3 nov. 2016, obs. S Fucini ; AJ pénal 2016. 595, obs. J.-B. Thierry ; RSC 2017. 87, obs. A. Giudicelli).

2. L'option pour le principe d'assistance

447. Ce principe dit « d'assistance », fondé sur la souveraineté judiciaire de l'État requis[433], est consacré par la plupart des législations nationales et s'applique même à l'égard des juges de la CPI. Ainsi, l'article 627-2 du CPP français dispose que « les demandes d'entraide sont exécutées, selon le cas, par le Procureur de la République ou par le juge d'instruction de Paris qui agissent sur l'ensemble du territoire national en présence, le cas échéant, du procureur de la Cour pénale internationale ou de son représentant ou de toute autre personne mentionnée dans la demande de la Cour pénale internationale ».

Au Sénégal également, ce principe est consacré par l'article 677-3 du CPP qui dispose que : « le Procureur Général de Dakar est chargé de l'exécution de la demande sur l'ensemble du territoire de la République. En cas d'urgence, il peut être saisi directement des demandes en copies certifiées conformes, par tout moyen laissant des traces écrites. Les originaux sont ensuite transmis dans les formes prévues à l'alinéa premier du présent article ».

Il faut néanmoins relever que le principe d'assistance n'est pas appliqué de façon absolue. Il arrive en effet que, par le biais d'une clause spéciale, son application soit expressément écartée dans le cadre d'un accord entre un État et des juridictions internationales ou entre États.

Ainsi, l'article 18 du Statut du TPIY dispose par exemple, que « Le Procureur est habilité à interroger les suspects, les victimes et les témoins, à réunir des preuves et à procéder sur place à des mesures d'instruction. Dans l'exécution de ces tâches, le Procureur peut, selon que de besoin, solliciter le concours des autorités de l'État concerné ».

De même, l'article 17 du Statut du TPIR dispose que « Le Procureur est habilité à interroger les suspects, les victimes et les témoins, à réunir des preuves et à procéder sur place à des mesures d'instruction. Dans l'exécution de ces tâches, le Procureur peut, selon que de besoin, solliciter le concours des autorités de l'État concerné ».

448. Dans le même ordre d'idées, l'article 93-1 du CPP français dispose que « Si les nécessités de l'instruction l'exigent, le juge d'instruction peut, dans le cadre d'une commission rogatoire adressée

---

433 Dans le cadre de l'entraide judiciaire, il faut distinguer la souveraineté répressive exercée par l'État requérant de la souveraineté judiciaire que l'État requis exerce tout au long du déroulement de la procédure.

à un État étranger et avec l'accord des autorités compétentes de l'État concerné, se transporter avec son greffe sur le territoire de cet État aux fins de procéder à des auditions ».

Concernant les CAE, le principe d'assistance a été clairement affirmé par les dispositions de l'article 2 de l'Accord de coopération judiciaire précité. Cet article précise justement que « le Présent Accord n'habilite aucune partie à exercer sa compétence sur le territoire de l'autre partie, ni les fonctions réservées exclusivement aux autorités de l'autre partie selon sa législation interne ».

Ainsi, en l'absence d'une disposition spécifique donnant aux juges des CAE compétence pour agir directement au Tchad, il n'y avait pas d'autre choix que de s'en remettre aux règles classiques des CRI.

Au regard de ces dispositions, les magistrats et les officiers de police judiciaire des Chambres africaines extraordinaires devaient donc se conformer au principe d'assistance dans le cadre de l'exécution des différentes commissions rogatoires internationales.

Le mécanisme de répression des CAE n'a pas seulement souffert des lacunes et ambiguïtés ci-dessus exposées. Au cours du déroulement de la procédure, les juges se sont heurtés à des obstacles d'ordre pratique qui ont contribué à rendre leur tâche plus délicate que prévu.

Chapitre II

Les obstacles pratiques préjudiciables à l'efficacité des CAE

449. Deux principaux obstacles se sont dressés sur le chemin des juges :

– Les défaillances notées dans la coopération judiciaire des autorités tchadiennes ;

– L'ancienneté des faits.

Section I

Les défaillances notées dans la coopération judiciaire avec les autorités tchadiennes

450. En raison de plusieurs facteurs, la procédure ouverte au sein des CAE ne pouvait se dérouler convenablement sans une franche collaboration de l'État du Tchad.

En effet, c'est sur ce territoire que :

– les faits avaient été commis ;

– se trouvaient la quasi-totalité des victimes et des témoins ;

– se trouvaient les documents et autres éléments de preuve de commission des crimes.

C'est au regard de ces considérations qui faisaient du Tchad un acteur incontournable dans la conduite de la procédure que ce pays et le Sénégal ont signé le 3 avril 2013, un Accord de coopération judiciaire aux termes duquel tous deux s'engageaient à s'accorder la coopération la plus large possible.

Mais à l'épreuve de la pratique, l'application de cet Accord n'a pas été à la hauteur des engagements souscrits.

Les difficultés rencontrées concernent principalement deux aspects : la comparution des témoins et l'exécution des demandes de coopération formulées par la Chambre d'instruction.

§ I. – Refus de faire comparaître des témoins au Sénégal

451. À la simple lecture des dispositions du Statut relatives à la comparution des témoins, il était prévisible que certains témoins n'allaient pas comparaître.

A. Le défaut de comparution des témoins en phase d'instruction

Les témoins concernés appartiennent à plusieurs catégories, même si le motif de leur non comparution est le même.

1. Les témoins concernés

452. Il s'agit, tout d'abord, des témoins en liberté. L'article 11 dudit Accord dispose, à cet égard, que : « lorsque le Sénégal demande la comparution d'une personne sur son territoire pour déposer ou faire un rapport, le Tchad invite le témoin ou l'expert à comparaître volontairement et sans qu'il y ait besoin d'avoir recours à des mesures d'intimidation ou coercitives ».

Il s'agit ensuite des témoins en détention à propos desquels l'article 12 ajoute : « la personne sujette à une procédure pénale au Tchad, dont la comparution au Sénégal s'avère nécessaire en vertu de l'entraide visée dans le présent Accord, est transférée temporairement à cette fin au Sénégal dès lors que cette personne ainsi que le Tchad donnent leur consentement à ce transfert ».

Qu'il s'agisse de l'une ou de l'autre de ces catégories, le déroulement de la phase d'instruction a été marqué par le défaut de comparution de témoins dont l'audition paraissait pourtant essentielle pour la manifestation de la vérité. Le motif invoqué pour justifier cette absence était invariablement le même.

2. Le motif invoqué : défaut de consentement

453. En principe, la comparution des témoins devant une juridiction étrangère ou une juridiction internationale est soumise au respect de la règle du bénévolat.

La personne dont l'audition est sollicitée est entièrement libre de déférer à la demande et ne peut y être obligée.

C'est cette règle du bénévolat que l'on retrouve dans l'accord de coopération judiciaire signé entre le Sénégal et le Tchad le 3 mai 2013[434].

---

[434] Article 11 de l'Accord de coopération judiciaire précité.

De même, concernant les détenus invités à témoigner, l'article 12 du même accord précise que la demande de transfert n'est exécutée favorablement que « si la personne concernée et le Tchad donnent leur consentement au transfert ».

Lorsque, comme c'est souvent le cas, l'État requis a des raisons de redouter les résultats des investigations menées par la juridiction internationale ou étrangère, il peut être tenté d'opposer son refus à la comparution du témoin ou inciter ce dernier à refuser cette comparution.

C'est précisément ce qui est arrivé dans le cadre de la conduite de cette affaire devant les CAE.

En effet, dès l'annonce de la création des CAE, les personnes susceptibles d'être impliquées dans cette procédure ont été convoquées et placées sous mandat de dépôt par le Doyen des juges du tribunal de grande instance de N'Djamena [435].

Ces futurs témoins ne pouvaient ainsi être entendus sans l'aval de l'État du Tchad. Celui-ci venait, par ce biais, de se donner, en toute légalité, la possibilité de filtrer la liste des témoins qui devaient comparaître devant les CAE. Dès lors, le défaut de comparution de certains témoins ne pouvait guère surprendre.

454. C'est ainsi que la Chambre d'instruction s'est heurtée à des difficultés, tant pour les témoins qui devaient être auditionnés au Tchad, lors de l'exécution des CRI, que pour les auditions qui devaient avoir lieu à Dakar.

En effet, à l'occasion de chaque CRI, la liste des victimes et témoins que la Chambre souhaitait faire entendre était annexée au dossier qui était envoyé, pour la circonstance, aux autorités judiciaires tchadiennes.

Malheureusement, certains témoins, en raison de la position qu'ils occupaient dans l'appareil d'État tchadien, n'étaient jamais convoqués par les juges tchadiens chargés de faire exécuter la CRI.

S'agissant des auditions faites à Dakar, les inquiétudes que l'on pouvait légitimement nourrir sur l'usage qui allait être fait de ce « droit de veto » allaient se révéler justifiées lorsqu'à la demande de convocation de certains témoins, les autorités judiciaires tchadiennes

---

[435] Ces mises en détention ont abouti à un procès tenu devant la Cour criminelle de N'Djamena le 25 mars 2015. (Arrêt du 25 mars 2015, Ministère public et Ismael Hachim et autres contre Saleh Younous, Warou Fadoul et autres). Voir Reed Brody, « l'Affaire Hissein Habré », avril 2017, *Pain pour le monde*, p.15.

ont répondu que les concernés ne souhaitaient pas être entendus [436]. Concernant, par exemple le témoin Goukouni Weddeye [437] que la Chambre d'instruction avait souhaité faire entendre par le biais d'une CRI, les autorités judiciaires tchadiennes se sont contentées de notifier aux CAE le refus de comparaître du concerné. Finalement, sur la longue liste de personnes visées par la Chambre d'instruction, ils étaient nombreux à ne pas s'être présentés pour leur audition.

La même situation s'est reproduite durant la phase de jugement.

B. Le refus de faire comparaître les témoins au stade de jugement

Avant d'évoquer le motif invoqué pour justifier le défaut de comparution, il est important de relever les catégories de témoins concernées.

1. Les témoins concernés

455. Il s'agit, tout d'abord, de ceux déjà entendus par la Chambre d'instruction et que la chambre d'assises ou les parties ont jugé utile de faire entendre à nouveau.

Il s'agit, ensuite, des anciens responsables de la DDS arrêtés et jugés au Tchad et dont certains avaient, d'ailleurs, été entendus en qualité de témoins au Tchad.

Devant la juridiction de jugement, c'est un autre motif qui a été invoqué pour justifier la non convocation des témoins.

2. Le motif invoqué : la règle « non bis in idem »

456. Pour justifier leur refus de faire droit à la citation à comparaître que le Procureur général près les CAE avait adressée à certaines personnes, les autorités judiciaires ont invoqué la règle *non bis in idem* dans des termes qui laissent perplexe.

Elles ont, en effet, estimé que pour avoir été condamnées au Tchad, ces personnes étaient déchues de leurs droits civiques et n'étaient plus aptes à témoigner devant une juridiction [438]. Cette déduction que les autorités judiciaires ont tirée de la décision de condamnation prononcée

[436] Ce fut le cas de Goukouni Weddeye, ancien dirigeant du GUNT, acteur et témoin oculaire des évènements que le Tchad a connus entre 1980 et 1990.

[437] Figure historique du Tchad qui a été témoin et acteur des principaux évènements de l'histoire du Tchad et ancien dirigeant du Gouvernement d'Union nationale de transition (GUNT).

[438] Voir journal sénégalais *Le Quotidien*, du 15 septembre 2015, p. 3 « DEBY empêche la comparution de 12 témoins ».

par la Cour de N'Djamena ne se justifie nullement. Certes, la règle « non bis in idem » peut légitimement être invoquée pour s'opposer à la poursuite d'une personne déjà jugée pour les mêmes faits. En effet, la règle « non bis in idem », consacrée par toutes les législations pénales nationales ou internationales,[439] signifie simplement qu'une personne ne peut être poursuivie ou punie deux fois à raison des mêmes faits. Ainsi définie, la règle non bis in idem ne concerne que les personnes poursuivies et ne saurait s'appliquer ni aux témoins ni aux parties civiles.

Par conséquent, invoquer cette règle pour s'opposer à l'audition de témoins traduit, ni plus, ni moins, une volonté de faire obstacle à la manifestation de la vérité.

En plus du cas des témoins non convoqués, la coopération judiciaire des autorités tchadiennes s'est avérée particulièrement défaillante dans l'exécution des demandes d'entraide judiciaire.

§ II. – Le refus d'exécuter des demandes d'entraide judiciaire

457. Certes, il faut reconnaître que sur le plan logistique, la coopération des autorités tchadiennes a été très dynamique. D'une part, conformément à ses engagements pris dans le cadre de l'Accord de coopération judiciaire signé le 3 mai 2013 avec le Sénégal, le Tchad a assisté les magistrats des CAE dans l'exécution de leur mission. D'autre part, en plus de sa contribution financière substantielle, le Tchad a facilité l'exécution des CRI par les mesures suivantes :

– aménagement de locaux spécialement affectés aux travaux des CAE [440] ;

---

[439] C'est le cas de la Cour européenne des droits de l'Homme (CEDH) dont l'article 4 dispose que : « 1. Nul ne peut être poursuivi ou puni pénalement par les juridictions du même État en raison d'une infraction pour laquelle il a déjà été acquitté ou condamné par un jugement définitif conformément à la loi et à la procédure pénale de cet État. 2. Les dispositions du paragraphe précédent n'empêchent pas la réouverture du procès, conformément à la loi et à la procédure pénale de l'État concerné, si des faits nouveaux ou nouvellement révélés ou un vice fondamental dans la procédure précédente sont de nature à affecter le jugement intervenu. 3. Aucune dérogation n'est autorisée au présent article au titre de l'article 15 de la Convention. »

[440] C'est dans ces locaux désignés sous l'appellation de « Pool judiciaire », que les auditions ont été effectuées par les magistrats tchadiens assistés de leurs homologues sénégalais.

– nomination de trois magistrats chargés de procéder à l'exécution des CRI envoyées par les CAE [441] ;

– désignation d'un magistrat appelé « Point focal » chargé de jouer le rôle d'interface entre les CAE et les autorités judiciaires tchadiennes [442] ;

– mise à contribution d'une cinquantaine d'enquêteurs tchadiens qui ont procédé aux auditions des victimes avec l'assistance des enquêteurs sénégalais. Ce nombre important d'enquêteurs mobilisés a contribué à accélérer le rythme d'audition des victimes ;

– mise à disposition d'un personnel de sécurité pour les membres des CAE ;

– mise à disposition d'un hôtel où, pour des raisons de sécurité, tous les membres des CAE ont été logés[443] lors des trois premières missions ;

– mise à disposition d'un avion lors du déplacement au Nord du Tchad pour les besoins de l'exécution de la troisième CRI. Compte tenu de la distance (près de 1000 km entre N'Djamena et certaines régions visitées comme Iriba et Tine), de la vétusté du réseau routier et, surtout, de l'insécurité qui sévit dans la zone, un déplacement par véhicule était inenvisageable.

Cependant, cette mobilisation des moyens logistiques contraste avec les réticences notées dans le cadre de l'exécution de certains actes sollicités par la Chambre d'instruction.

A. Le refus d'exécuter les mandats d'arrêt

Il suffit d'analyser la nature des mandats d'arrêt décernés par la Chambre d'instruction pour réaliser à quel point leur défaut d'exécution a pu peser sur le déroulement de la procédure.

1. Les mandats d'arrêt décernés par la Chambre d'instruction

458. En plus de l'accusé Hissène Habré, cinq autres personnes avaient été visées par le réquisitoire introductif du Procureur Général

---

[441] Les trois premiers magistrats à être nommés pour cette mission sont : Amir Abdoulaye Issa, Youssou Tom et Nadjitessem Togoto Simplice.

[442] Il s'agit de Souleymane Abdoulaye Haroun.

[443] Les membres des CAE ont été logés dans l'hôtel Kempinsky lors des deux premières missions, puis dans l'hôtel Solux lors de la troisième CRI. Par contre, lors de la quatrième et dernière CRI, aucune disposition n'a été prise au sujet de leur hébergement.

près les CAE [444]. La Chambre, avait, dès l'entame de la procédure, délivré des mandats d'arrêt internationaux contre ces cinq personnes dont deux parmi elles en détention au Tchad. Ainsi, le 5 juillet 2013, elle a décerné des mandats d'arrêt internationaux contre les nommés Guihini Koreî et Abakar Torbo Rahama.

Le 11 octobre 2013, la Chambre a décerné des mandats d'arrêt internationaux contre les nommés Saleh Younous, Zakaria Berdeï et Mahamat Djibrine.

2. Le défaut d'exécution des mandats

459. Entre la date initiale d'émission des mandats d'arrêt et celle de la clôture de l'instruction survenue le 13 février 2015, il s'est écoulé près de deux ans. Durant toute cette période, la Chambre d'instruction n'a cessé d'interpeller les autorités judiciaires tchadiennes sur l'urgence qu'il y avait à exécuter les mandats d'arrêt. Malgré tout, il n'y a eu, en définitive, ni notification de mandats, ni procès-verbal de vaines recherches.

En outre, la seule solution qui restait, à savoir l'inculpation des détenus sur place au Tchad, demande qui avait été officiellement formulée, a été rejetée.

B. Le refus de faire inculper les détenus au Tchad

Les autorités judiciaires tchadiennes ont formellement refusé de faire droit à la demande d'inculpation sollicitée par la Chambre d'instruction.

1. La demande d'inculpation formulée par la Chambre d'instruction

460. Le 3 octobre 2014, au moyen d'une ultime CRI, la Chambre d'instruction a sollicité l'inculpation au Tchad, de Saleh Younous et de Mahamat dit Djibrine El Djonto.

Rappelons que la décision de renvoi devant une juridiction ne peut être prise contre une personne qui n'a été, ni inculpée, ni entendue. Lorsqu'il s'agit, comme c'était le cas en l'espèce, de mis en cause contre qui des mandats d'arrêt avaient été émis, le procès-verbal de recherches infructueuses qui tient d'acte d'inculpation, constitue un préalable nécessaire à toute décision de renvoi en jugement.

---

[444] Ces cinq personnes sont : Guihini Koreî, Saleh Younouss, AbakarTorbo Rahama, Mahamat Djibrine « El Djonto » et Zakaraia Berdeî.

Or, en dépit des multiples sollicitations qui leur ont été adressées, notamment dans le cadre de l'exécution des CRI, les autorités judiciaires tchadiennes n'ont, ni notifié les mandats, ni dressé de procès-verbal de vaines recherches.

C'est, précisément, pour contourner les difficultés liées à l'inexécution de tels mandats que la Chambre d'instruction avait sollicité, par CRI en date du 3 octobre 2014, l'inculpation et l'interrogatoire des deux mis en cause en détention au Tchad, à savoir Saleh Younouss et Mahamat Djibrine El Djonto.

Cette demande s'est heurtée au refus des autorités judiciaires tchadiennes.

2. Le refus opposé par l'autorité judiciaire tchadienne

461. En réponse à la demande formulée par les CAE, l'État du Tchad a estimé, par la voix de son autorité judiciaire, que les deux concernés avaient déjà été « inculpés par le juge tchadien en charge du dossier Habré et ses complices ».

Cette réponse était d'autant plus mal fondée que les infractions retenues contre les personnes concernées[445] étaient totalement différentes de celles pour lesquelles elles étaient poursuivies devant les CAE. Il ne pouvait d'ailleurs en être autrement puisque, à cette date, le Tchad n'avait pas encore intégré dans son droit positif, l'incrimination des crimes internationaux.

Juste avant de clôturer l'information, la Chambre d'instruction avait même sollicité l'intervention de l'Union africaine pour amener l'État du Tchad à coopérer. Mais, finalement, rien n'a évolué et la Chambre a dû, en définitive, se résoudre à constater l'impossibilité de procéder, sur le plan juridique, au renvoi des autres personnes mises en cause [446].

Les refus opposés aux demandes de transfèrement ainsi que l'inexécution de la CRI visant l'inculpation de Mahamat Djibrine « El Djonto » et de Saleh Younouss constituent, au-delà des arguments juridiques brandis pour la circonstance, l'illustration d'un manque de volonté de coopération de la part des autorités tchadiennes.

Pourtant, on aurait pu, malgré tout, penser que, compte tenu de la dimension internationale de cette affaire, l'Union africaine allait peser

---

[445] Assassinat, homicide, meurtre.

[446] Voir sur ce point, le dispositif de l'ordonnance de renvoi rendue par la Chambre d'instruction le 6 février 2015, consultable le site www. Chambres africaines.org.

de tout son poids pour amener l'État du Tchad à se conformer à ses engagements consistant à favoriser « l'assistance légale et judiciaire la plus large possible »[447]. C'est, d'ailleurs, forts de cette conviction que les juges avaient adressé une lettre à la Commission de l'Union africaine par le biais de l'Administrateur des Chambres africaines pour attirer l'attention de cette organisation sur les risques que l'attitude des autorités tchadiennes faisait courir à la procédure en cours. À la suite de cette correspondance, une mission de l'UA a été annoncée au Tchad et à Dakar. Peu de temps après, la délégation est effectivement arrivée au Sénégal avec à sa tête Monsieur Robert Dossou[448]. Malgré tout, aucune évolution de la situation ne s'est produite.

Cet épisode constitue une parfaite illustration de l'opinion très répandue selon laquelle les juridictions internationales sont « des bras non armés », tant elles sont dépendantes de la volonté des États.

L'enseignement qu'il faut tirer de cet épisode est que la réussite des procès internationaux dépend, au-delà des dispositifs juridiques, de la volonté politique des États mais aussi de la détermination de la communauté internationale à faire coopérer les États.

462. Au total, s'il faut reconnaître que, par les moyens logistiques et humains qu'il a mobilisés, le Tchad a incontestablement facilité la tâche aux membres des CAE, force est de reconnaître, cependant, que son refus de collaborer à l'exécution de certains actes a lourdement hypothéqué la crédibilité du procès. La présence d'une seule personne sur le banc des accusés, même s'il s'agit de l'ex-Chef d'État a, en effet, contribué à accréditer la thèse de l'acharnement que les conseils de l'accusé ont brandie en maintes occasions.

Le second obstacle d'ordre pratique auquel se sont heurtés les juges tient à l'ancienneté des faits.

Section II

Difficultés tenant à l'ancienneté des faits

463. Du point de vue de la légalité, l'ancienneté des faits ne constitue pas un obstacle aux poursuites. Il faut, en effet, rappeler que pour faire face à la récurrence de la commission d'atrocités aussi graves que les

---

447 Article premier de l'Accord de coopération judiciaire entre le Sénégal et le Tchad.

448 Robert Dossou, ancien Président de la Cour constitutionnelle du Benin et à l'époque, Représentant Spécial de la Présidente de la Commission de l'Union africaine.

crimes de guerre et les crimes contre l'humanité, la communauté internationale a très tôt, senti la nécessité d'en renforcer la répression. L'un des moyens utilisés fut de déclarer ces crimes imprescriptibles. Ce fut précisément l'objet de la Convention des Nations unies du 26 novembre 1968 qui a déclaré comme tels les crimes de guerre, y compris les infractions graves aux Conventions de Genève et les crimes contre l'humanité [449]. Cette règle concernant l'imprescriptibilité a été reprise dans de nombreuses législations nationales ainsi que dans les Statuts des juridictions pénales internationales. Il en est ainsi de l'article 9 du Statut des CAE qui dispose que « les crimes relevant de la compétence des Chambres Africaines extraordinaires sont imprescriptibles ».

Mais si l'on admet que cette règle permet d'éviter que des auteurs d'atrocités puissent échapper aux poursuites du seul fait de l'écoulement du temps, on ne peut considérer, pour autant, qu'elle a la vertu de lever tous les obstacles liés à l'ancienneté des faits.

En matière de justice internationale, il n'est pas rare de constater que des procédures judiciaires ont été engagées des dizaines d'années après la commission des faits. L'affaire Duch, du nom de l'ancien dirigeant des Khmers Rouges jugé par les Chambres extraordinaires cambodgiennes en est la parfaite illustration. En effet, les poursuites contre Monsieur

---

[449] L'article premier de la Convention sur l'imprescriptibilité des crimes de guerre et des crimes contre l'humanité du 26 novembre 1968 dispose que :
« Les crimes suivants sont imprescriptibles, quelle que soit la date à laquelle ils ont été commis :
a) Les crimes de guerre, tels qu'ils sont définis dans le Statut du Tribunal militaire international de Nuremberg du 8 août 1945 et confirmés par les résolutions 3 (I) et 95 (I) de l'Assemblée générale de l'Organisation des Nations unies, en date des 13 février 1946 et 11 décembre 1946, notamment les "infractions graves" énumérées dans les Conventions de Genève du 12 août 1949 pour la protection des victimes de guerre ;
b) Les crimes contre l'humanité, qu'ils soient commis en temps de guerre ou en temps de paix, tels qu'ils sont définis dans le Statut du Tribunal militaire international de Nuremberg du 8 août 1945 et confirmés par les résolutions 3 (I) et 95 (I) de l'Assemblée générale de l'Organisation des Nations unies, en date des 13 février 1946 et 11 décembre 1946, l'éviction par une attaque armée ou l'occupation et les actes inhumains découlant de la politique d'apartheid, ainsi que le crime de génocide, tel qu'il est défini dans la Convention de 1948 pour la prévention et la répression du crime de génocide, même si ces actes ne constituent pas une violation du droit interne du pays où ils ont été commis.

Duch ont été engagées en 1999 et concernaient des faits commis entre 1975 et 1979, soit plus de 20 ans auparavant [450].

Or, lorsque les poursuites ont été déclenchées plusieurs dizaines d'années après les faits [451], la mission du juge devient très délicate. Car, entre-temps, de nombreux éléments de preuve peuvent avoir disparu ou s'être détériorés rendant, du coup, les investigations difficiles, voire impossibles.

Dans le cas de l'affaire Hissène Habré, ces difficultés se sont manifestées sur deux aspects : les témoignages et les preuves documentaires.

§ I. – L'incidence de l'ancienneté des faits sur la preuve par témoignage

Les instances pénales internationales partagent avec les autres juridictions le recours aux moyens traditionnels de preuve : témoins, experts et preuves documentaires font partie de leur arsenal. Se conformant sur ce point à la pratique juridictionnelle internationale, les juges laissent une grande latitude aux parties dans la présentation des éléments de preuve qu'elles estiment pertinents. Toutefois, le témoignage demeure, pendant le procès, le moyen de preuve privilégié par les parties. Il est courant que des centaines de témoins défilent à la barre. Sur ce point, les instances pénales internationales s'éloignent des juridictions compétentes en matière de différends interétatiques qui favorisent, pour leur part, la preuve documentaire et devant lesquelles la phase probatoire dans le prétoire est, en général, plus limitée.

Deux types de témoins peuvent être distingués d'emblée : le témoin ordinaire qui relate les faits dont il a eu connaissance et qui sont susceptibles de s'insérer dans la démonstration recherchée et le témoin-expert [452]qui comparaît afin de donner une opinion sur une question précise de fait ou de droit.

---

450 Voir Ordonnance de renvoi rendue par les Chambres extraordinaires au sein des tribunaux cambodgiens (CETC) en date du 08 août 2008, pp. 2 et 3.

451. Comme dans la présente affaire qui concerne des faits commis entre 1982 et 1990.

452 Contrairement au témoin de fait, l'expert examine, constate et apprécie les faits relatifs au litige. Son rôle n'est pas de rapporter ce qu'il a vu ; il doit plutôt guider le Tribunal dans l'appréciation de la preuve par son opinion éclairée. Plus la science et la technologie se développent, plus juges et parties ont recours aux expertises pour traiter les questions y afférentes. Devant les instances pénales internationales, les experts affluent pour exposer leurs conclusions scientifiques dans de multiples domaines qui s'étendent notamment à la santé mentale de l'accusé, à la procédure

Dans le cas de la procédure des CAE, la preuve par témoins a été rendue plus difficile en ce sens qu'au moment de l'ouverture de la procédure, certains témoins étaient indisponibles, tandis que d'autres ne se souvenaient plus de certains détails.

A. L'indisponibilité des témoins

464. Certains témoins que la Chambre d'instruction envisageait de faire auditionner n'ont, finalement, pu déposer soit pour cause de décès, soit pour cause de vieillesse.

1. Pour cause de décès

465. Entre la date de commission des crimes au Tchad et celle du démarrage des investigations par les CAE, il s'est écoulé plus de vingt (20) ans. Dès le début de leur enquête au Tchad, les juges d'instruction se sont rendu compte que de nombreux témoins étaient décédés, laissant derrière eux des héritiers qui, souvent, n'avaient qu'une vague idée de ce qui s'était passé.

2. Pour cause de vieillesse

466. D'autres témoins étaient à ce point atteints par la vieillesse qu'il leur était devenu impossible de se déplacer. Dans les cas où ils résidaient non loin du siège des CAE, la Chambre a pu se déplacer pour les auditionner.

Ce fut précisément le cas du témoin Saria Asnègue Donoh [453], infirmier des lieux de détention de la DDS, qui a été entendu chez lui par des membres de la Chambre d'instruction.

Malheureusement, cette solution n'a pu être adoptée que de manière exceptionnelle. La durée relativement limitée des CRI (15 jours en moyenne), conjuguée au problème de la distance ne permettait pas de faire auditionner les témoins qui résidaient souvent à des centaines de kilomètres du siège du Pool judiciaire de N'Djamena.

En plus de l'indisponibilité des témoins, l'ancienneté des faits explique aussi l'imprécision de certains témoignages.

---

suivie pour son identification, à la puissance de frappe d'une arme donnée, aux charniers, à l'interprétation de textes législatifs ou constitutionnels nationaux, au contexte historique et à la nature d'un conflit armé, ainsi qu'à la qualification d'un groupe à titre de population ou d'entité nationale, ethnique, raciale ou religieuse.

453 Dossier Chambres africaines extraordinaires, voir en annexe, procès-verbal d'audition de Saria Asnegue Donoh du 27/08/2013 au Tchad pp. 2 et 3.

B. L'imprécision des témoignages

À la lecture de certains procès-verbaux d'audition, on est frappé par l'imprécision sur les dates et les lieux de commission des faits.

1. Imprécision de la date de commission de certains faits

467. En raison de l'ancienneté des faits, certains témoins n'ont pas été en mesure d'indiquer avec précision la date des événements sur lesquels ils déposaient. Or, la précision sur la date des faits était importante à un double titre.

D'abord, parce que l'histoire du Tchad a été jalonnée de périodes de conflits de toutes natures et que seule une précision sur la date des faits pouvait permettre d'éviter des confusions sur les événements passés.

Ensuite, il s'y ajoute que, aux termes de l'article 3 de leur Statut, la compétence des CAE est circonscrite aux crimes « commis sur le territoire tchadien durant la période allant du 7 juin 1982 au 1er décembre 1990 ». Il fallait donc s'assurer que pour chaque déposition, les faits évoqués entraient bien dans le cadre de la compétence des CAE. La tâche était d'autant plus délicate que l'imprécision concernait également les lieux de commission des faits.

2. Imprécision sur les lieux de commission de certains faits

468. Il arrivait souvent que des personnes, pourtant de bonne foi, donnent des indications qui, manifestement, ne correspondent pas à la réalité.

Pour éviter d'être induite en erreur, la Chambre d'instruction a pris le soin, pour chaque incident majeur rapporté par les témoins, de procéder à des recoupements avec les déclarations d'autres témoins et à des constatations faites au cours des transports effectués sur les lieux des crimes.

C'est le cas du site de Mabrouka, une localité située à Abéché, ville distante de plus de 900 km de N'Djaména. À la suite de la déclaration de plusieurs personnes faisant état du massacre et de l'enterrement de 18 personnes dans cette localité, la Chambre s'y est rendue le 27 mai 2014 en compagnie des experts anthropologues. Sur les indications du témoin, le nommé Ahmat Rakhit Haggar, les experts ont identifié les endroits supposés contenir des ossements et ont commencé leur travail de détection.

Mais au bout de deux jours de recherche, ils ont conclu à l'inexistence d'ossements ou de restes sur le site. Le même constat a été fait sur le site d'Amsalaya, une localité située à 25 km de la ville d'Abéché.

De même, les recherches effectuées par les juges dans la Ferme de Deli [454] sur les indications d'un témoin sont restées infructueuses pendant deux jours. Finalement, le recours à une pelleteuse mécanique a permis de retrouver neuf corps ensevelis dans une fosse commune située à l'entrée de ladite ferme. Il s'est avéré qu'en réalité, le témoin s'était trompé de quelques mètres sur l'emplacement exact de la fosse commune.

Ainsi, de nombreux témoins, du fait d'une mémoire défaillante, n'ont ainsi pu, plus de vingt ans après les faits se rappeler, avec toute la précision requise, de l'emplacement exact des lieux d'enterrement des victimes.

L'ancienneté des faits a également eu un impact sur l'état des preuves qui, dans certains cas, se sont détériorées.

§ II. – Dépérissement des preuves

469. Au cours de l'instruction, les juges ont constaté que plusieurs éléments de preuve avaient perdu leur intégrité du fait de l'écoulement du temps.

Ce dépérissement a affecté tant les preuves documentaires que celles dites scientifiques.

A. Dépérissement des documents

Dans le cadre de leurs investigations, les juges des CAE se sont évertué à exploiter les archives de la DDS[455]. Cependant, ce travail a été rendu difficile par le fait que certaines archives étaient introuvables, tandis que d'autres s'étaient tout simplement détériorées.

1. Archives introuvables

470. L'organisation Human Rights Words avait déjà, dans le cadre de ses recherches, rassemblé et classé des centaines de documents sur les pratiques au sein de la DDS. C'est d'ailleurs, en partie, sur la base de ces documents que les poursuites ont été déclenchées par le Procureur général près les CAE.

---

[454] Une ferme située au Sud du Tchad et connue pour avoir été le théâtre d'un massacre commis en 1984 sur les civils et des rebelles CODOS démobilisés.

[455] Direction de la Documentation et de la Sécurité.

Malgré tout, la Chambre d'instruction avait tenu à effectuer ses propres investigations. Malheureusement, par la suite, les archives ont été déplacées et entassées pêle-mêle dans les anciens locaux de la DDS sans aucun souci de classement.

2. Archives détériorées

471. Au cours de l'exécution des commissions rogatoires effectuées au Tchad, les juges se sont très tôt rendu compte que le temps avait commencé à détériorer bon nombre de documents de la DDS sur lesquels la Chambre comptait s'appuyer pour approfondir les investigations.

D'ailleurs, l'expert en comparaison d'écritures que la Chambre d'instruction avait commis dans le cadre de l'enquête avait dû admettre que, en raison de l'état défectueux dans lequel se trouvaient certains documents, il lui était impossible de déterminer avec précision l'identité de leur auteur.

L'effet du temps s'est également produit sur d'autres éléments de preuves que sont les ossements.

B. Dépérissement des ossements

472. Pour pallier l'absence ou l'insuffisance de preuve testimoniale, les CAE ont eu recours aux preuves dites scientifiques. C'est ainsi que, lorsqu'il s'est agi de prouver l'existence de massacres et de charniers humains allégués par certaines victimes, la Chambre d'instruction a désigné des experts de l'EAAF[456], avec pour mission d'identifier l'existence de charniers et, le cas échéant, de procéder à l'analyse des ossements découverts.

Mais, même avec l'intervention de ces experts, le recours à ce mode de preuve n'a pas toujours été concluant. Certains ossements avaient, en effet, disparu tandis que d'autres étaient devenus inexploitables.

1. Ossements introuvables

473. Dans le cas, par exemple, du site d'Amasalaya, certains témoins avaient soutenu qu'après le massacre, l'enterrement avait été fait à la hâte et que les cadavres avaient juste été déposés au pied des montagnes avant d'être recouverts de sable. À la suite du transport effectué sur les lieux et du constat de l'absence d'ossements, les experts anthropologues ont fait observer que, compte tenu du temps qui s'était écoulé, les

---

[456] Equipo Argentina d'Anthropologia Forense (EAAF).

ossements avaient pu être déplacés par les animaux ou charriés par les eaux de ruissellement [457].

Il a, également, été impossible de retrouver les ossements des personnes décédées alors qu'elles étaient détenues dans certains centres relevant de la DDS en raison d'une part, de la destruction de certains sites et d'autre part, de l'urbanisation [458]. Il en est ainsi de la prison dite « les locaux » et du « camp des martyrs » qui, au moment du passage des juges des CAE, avaient déjà été détruits pour les besoins de l'urbanisation.

2. Ossements inexploitables

474. À la suite de plusieurs déclarations de témoins et de victimes faisant état de morts ensevelis dans des fosses communes dans certains endroits comme Hamral Goz ou Ambing[459], la Chambre d'instruction a décidé de se rendre sur les lieux avec les experts qu'elle avait désignés. Mais, le transport effectué sur le site a permis de constater qu'en raison de l'urbanisation, une bonne partie de ce qui était supposé abriter des fosses communes avait été occupée par des habitations nouvelles et un cimetière. La proximité du cimetière et des fosses communes rendait toute expertise aléatoire et peu crédible. Il devenait, dès lors, quasi impossible de distinguer les ossements provenant de victimes de massacres de ceux concernant les individus décédés de mort naturelle.

Conclusion du Titre I

Le déroulement de la procédure a révélé certaines insuffisances du mécanisme de répression que constituent les CAE.

Ainsi, sur le plan textuel, il y a eu des omissions de taille, comme celle relative à l'absence de dispositions concernant la répartition de compétences entre les CAE et les juridictions nationales tchadiennes. En plus de ces omissions, certaines ambiguïtés notées au sujet du droit

---

[457] Rapport d'expertise de l'EAAF, p. 53, cote D 2796.

[458] C'est le cas de Hamral Goz , ancien lieu d'enterrement des personnes mortes en détention dans les locaux de la DDS et qui est devenu, par la suite, un lieu d'habitation.

[459] Ambing est une localité située à qulesques kilomètres de N'Djaména. L'enquête a révélé que 100 prisoniers y ont été amenés pour y être exécutés sommairement. Il n'y eut qu'un seul survivant, Bichara Djibrine Ahmad. Ce dernier a été entendu par la Chambre d'instruction qui s'est déplacée sur les lieux en compagnie des experts de EAAF.

d'appel et du mode d'intervention des juges, ont contribué à compromettre l'efficacité de la juridiction.

Sur le plan pratique, les magistrats des CAE se sont heurtés à deux principaux écueils :

La mauvaise volonté des autorités tchadiennes qui n'ont coopéré activement ni dans l'identification et la comparution des témoins, ni dans l'exécution des actes d'instruction.

De ces difficultés qui expliquent les résultats mitigés de l'expérience des CAE, on peut tirer un enseignement décisif : le modèle des CAE, pour avantageux qu'il paraisse à certains égards, ne peut garantir une répression efficace des crimes internationaux commis en Afrique. Pour lutter efficacement contre l'impunité, il est nécessaire d'allier la mise en place des juridictions pénales internationales à d'autres mesures à l'échelle régionale ou internationale.

Titre II. – Les mesures complémentaires nécessaires à l'efficacité du dispositif de la répression des crimes internationaux en Afrique

475. Pour garantir l'efficacité de la répression des crimes internationaux en Afrique, deux catégories de mesures nous paraissent indispensables :

– L'adaptation des législations nationales

– Le recours à des juridictions supranationales

Chapitre premier

Les adaptations à opérer par les États africains

476. On ne peut concevoir un succès dans la lutte contre l'impunité en Afrique sans une implication active des juridictions nationales. En effet, la prévention et la répression des crimes internationaux sont, avant tout, de la responsabilité des États en vertu de leur « responsabilité de protéger »[460].

La Communauté internationale a fait adopter plusieurs Conventions destinées à lutter contre la récurrence des crimes internationaux et a créé des juridictions pénales internationales qui ont contribué à enrichir le droit international pénal.

Mais peut-on réellement compter sur des systèmes judiciaires qui, pour la plupart, restent marqués par leur forte dépendance vis-vis de l'Exécutif ? L'expérience des CAE a mis au grand jour les faiblesses du système judiciaire national ainsi que la nécessité de les adapter pour une plus grande efficacité de la lutte contre l'impunité.

Section I

Adaptation nécessaire des législations nationales

477. En vertu de leur responsabilité de protéger, les États africains sont interpellés au premier chef dans la lutte contre l'impunité des crimes internationaux. Mais, pour faire face à leurs obligations, encore faudrait-il qu'ils en aient, juridiquement, les moyens. En effet, toute stratégie de répression des crimes internationaux doit se fonder sur une législation adéquate qui comporte toutes les dispositions processuelles et normatives nécessaires à la poursuite et à la condamnation des auteurs de crimes.

Or, en Afrique, l'analyse des textes tant communautaires que nationaux, révèle de sérieuses carences dans le domaine de la protection des victimes de crimes.

---

[460] I. Boisson de Chazourne, I. Condorelli, « De la responsabilité de protéger ou d'une nouvelle parure pour une notion déjà bien établie », *Revue générale de droit international public*, 2006, p. 16.

Certes, il existe des textes qui ont vocation à protéger les droits de l'Homme.

Il en est ainsi de l'Acte constitutif de l'Union africaine du 11 juillet 2000[461] qui manifeste l'adhésion de l'organisation panafricaine aux instruments de protection des droits de l'Homme[462] que sont les deux Pactes internationaux[463] du 16 décembre 1966[464].

On peut aussi citer la *Charte africaine des droits de l'Homme et des peuples* [465]. Mais si ces textes ont le mérite de promouvoir le respect des droits de l'Homme, leur efficacité reste limitée en raison du fait qu'ils privilégient les mécanismes diplomatiques destinés à la constatation des violations des droits de l'Homme au détriment des voies judiciaires menant à la sanction des coupables. Ainsi, c'est la Commission africaine des droits de l'Homme et des peuples qui a en charge la protection des droits de l'Homme et des peuples en Afrique [466], notamment, par médiation ou conciliation entre les parties [467]. Ce mécanisme est peu contraignant. D'abord, parce que la Commission ne peut faire que des recommandations aux États. Ensuite, parce qu'en tout état de cause, le suivi desdites recommandations dépend de la Conférence de l'Union, « organe suprême de l'Organisation » [468].

Compte tenu de la situation qui prévaut en Afrique, il paraît évident que, dans le cadre de la répression des crimes internationaux, les systèmes judiciaires nationaux ne peuvent tirer leur épingle du jeu

---

461 *Acte constitutif de l'UA* du 11 juillet 2000. Article 3 (e).

462 *Acte constitutif de l'UA* du 11 juillet 2000. Article 3 (h).

463 Pacte international relatif des droits civils et politiques et Pacte international relatif des droits économiques, sociaux et culturels.

464 L'une des innovations majeures de l'Acte a aussi consisté à prévoir le droit de l'UA à intervenir dans un État membre sur décision de la conférence, dans certaines circonstances graves, à savoir crimes de guerre, crimes de génocide ou crimes contre l'humanité. Mais outre que cette disposition ne précise les modalités d'intervention, elle ne définit pas, non plus, les notions de crimes internationaux évoqués. Ce qui veut dire que la mise en œuvre de ces dispositions nécessite l'adoption de règles juridiques complémentaires.

465 Adoptée le 27 juin 1981 et entrée en vigueur le 21 octobre 1986.

466 *Charte africaine des droits de l'Homme et des peuples*, article 30.

467 *Charte africaine des droits de l'Homme et des peuples*, article 52.

468 Acte constitutif de l'Union africaine, article 6, 2 « La Conférence est l'organe suprême de l'Organisation ». C'est cette Conférence, composée des Chefs d'État et de gouvernement, qui décide de la suite à donner au rapport établi par la Commission (articles 58-59). On imagine aisément que dans le cas où les violations mettraient en cause des dirigeants, le rapport n'aurait aucune chance de connaître une suite favorable.

qu'au prix d'une adaptation tant du point de vue normatif (§ I) que du point de vue institutionnel (§ II).

§ I. – Adaptation normative

Cette adaptation devrait porter sur deux points :

– la transposition, dans les législations nationales respectives, des normes du droit international pénal ;

– l'intégration, dans lesdites législations, de la règle de la compétence universelle.

A. Transposition des normes du droit international pénal dans les législations nationales

478. Pour réprimer avec efficacité les crimes internationaux, les États africains doivent commencer par prévoir dans leur droit positif des incriminations correspondant à ce type d'infraction. C'est une conséquence logique du principe de légalité que de subordonner toute poursuite à l'existence préalable des incriminations visées.

En Afrique, tous les États n'ont pas encore prévu dans leur législation les infractions relatives aux crimes internationaux.

L'Union africaine devrait donc s'atteler à inviter ses membres à combler cette lacune qui constitue le premier obstacle à la volonté sincère de réprimer les crimes internationaux.

Il est vrai que de nombreux États ont adhéré à certaines Conventions qui contiennent des dispositions relatives auxdits crimes [469]. Mais cette simple adhésion ne les dispense pas de l'obligation d'intégrer lesdites dispositions dans leur droit interne. À cet égard, on distingue trois principales méthodes d'intégration des normes internationales utilisées par les États, soit alternativement, soit cumulativement.

• ***La méthode analogique*** : Elle consiste à assimiler les crimes internationaux aux infractions visées dans le droit interne sous des appellations différentes. C'est cette conception que semble avoir adoptée l'autorité judiciaire tchadienne lorsque, à la demande de la Chambre d'instruction relative à l'inculpation de deux suspects détenus pour

---

[469] La ratification d'une Convention portant sur des crimes internationaux est, en soi, insuffisante puisqu'elle ne produit pas automatiquement des effets sur le plan interne. L'approbation doit être suivie de l'adaptation du système judiciaire interne ou plus précisément de l'intégration des dispositions internationales dans le droit positif.

crimes contre l'humanité et torture, elle soulignait que cette inculpation avait été déjà effectuée par le juge tchadien dans le cadre de la procédure interne. Les infractions de crimes contre l'humanité n'étant pas expressément visées dans le Code pénal tchadien, il va sans dire qu'aux yeux de l'autorité judiciaire tchadienne, ces incriminations étaient assimilables à celles visées dans le cadre de la procédure interne.

- ***La méthode du renvoi*** : Elle consiste à procéder, dans la législation nationale, à un renvoi aux dispositions des Conventions internationales qui définissent l'infraction.

- ***La méthode de l'incrimination spécifique*** : Elle consiste à reprendre, dans le droit national, l'énumération et la définition des infractions déjà visées dans les Conventions internationales. Cette méthode présente le précieux avantage de lever toute équivoque sur la base légale des poursuites et de faciliter la tâche au juge. C'est elle qui a été utilisée dans de nombreux pays comme le Sénégal [470] et la Belgique.

479. En plus des mesures relatives à l'incrimination, les États doivent également prévoir expressément leur compétence. En effet, étant donné que ces infractions portent atteinte à l'ordre public international et que chaque État a la responsabilité de les réprimer, il faudrait veiller à ce qu'aucun État ne puisse se réfugier derrière les règles de compétence territoriale pour refuser de réprimer. D'où la nécessité d'inviter les États africains à prévoir la compétence universelle pour ce type de crime. C'est précisément la voie que l'Union africaine a empruntée à travers l'élaboration d'une loi nationale-type sur la compétence universelle pour les crimes internationaux. Il reste à faire en sorte que cette loi soit intégrée par tous les États, de manière à éviter des divergences dans l'interprétation de cette notion de compétence universelle [471].

Les normes à transposer dans les législations nationales concernent aussi bien le droit substantiel que le droit procédural.

1. Transposition des normes du droit substantiel

480. La répression des crimes internationaux suppose que ces infractions soient prévues et punies par les législations nationales. C'est la conséquence logique du principe de légalité des crimes et délits que

---

[470] Voir les articles 431-1, 431-2 et 431-3 du Code pénal sénégalais qui traitent, respectivement, du crime de génocide, des crimes contre l'humanité et des crimes de guerre.

[471] Voir infra, page 295, numéros 484 et suivants, sur la notion de compétence universelle.

d'exiger des États qui entendent assumer leur responsabilité de protéger les populations qu'ils fassent adopter des lois d'incrimination sans lesquelles aucune poursuite ne peut être envisagée. Or, de nombreux pays africains n'ont pas, à ce jour, adopté des lois d'incrimination portant sur les crimes internationaux. Or, comme on a pu le souligner, l'incrimination est la première étape de la lutte contre l'impunité en ce sens que « la peine suffit à retenir sur la pente du crime un certain nombre de personnes » [472].

Dans le cadre des efforts qu'elle est en train de fournir pour la répression des crimes internationaux, l'Union africaine devrait considérer cet aspect comme un de ses chantiers prioritaires. À cet égard, de la même manière qu'elle a élaboré une loi de compétence universelle-type, il est souhaitable qu'elle en élabore une autre portant sur les crimes internationaux.

L'adoption d'une loi d'incrimination – type par les États membres de l'UA aurait un double avantage.

D'une part, elle faciliterait la coopération entre les États, en levant l'obstacle lié à l'absence de dispositions nationales réprimant les crimes internationaux.

D'autre part, elle éviterait des difficultés d'interprétation dues aux différences notées dans la définition des crimes internationaux.

En plus des lois portant incrimination des crimes internationaux, les législations des États africains devraient être enrichies de certaines dispositions destinées à faciliter les enquêtes et le jugement des crimes internationaux.

2. Transposition des normes du droit processuel

481. Pour gagner le pari de la crédibilité et donner un sens au principe de la complémentarité, les États africains n'ont pas d'autre choix que de renforcer leurs systèmes judiciaires de telle sorte qu'ils puissent garantir la tenue de procès justes et équitables. Au nombre de ces principes, figurent l'exigence d'indépendance et le respect des droits de la défense.

482. La particularité des crimes internationaux est que leur commission suppose, souvent, l'implication de hautes personnalités de l'État. Ce sont des procès dans lesquels l'État, loin d'être neutre, se montre particulièrement actif, pour ménager des intérêts ou des

---

[472] J. Larguier, *Le droit pénal*, Paris, PUF, 2001 (Que sais-je ?), p. 12.

carrières. D'où la nécessité pour les juges chargés de traiter ce genre d'affaires, de faire preuve d'une extrême rigueur, sous peine d'être instrumentalisés. Il est difficile, pour ne pas dire impossible, d'imaginer une répression efficace de ces crimes dans un contexte national caractérisé par la soumission de la justice au pouvoir exécutif. Ainsi, sans une réelle indépendance, les justices nationales africaines ne pourront jouer le rôle que l'on attend d'elles qui est de contribuer de manière décisive et satisfaisante, à la répression des crimes internationaux.

Or, dans bon nombre de pays africains, cette soumission de la justice au pouvoir exécutif s'explique par le pouvoir exorbitant que détient cette composante de l'État dans la nomination et la carrière des magistrats. Les affectations d'office en guise de représailles, ainsi que les promotions liées à la proximité avec le régime en place, sont des pratiques courantes qui sapent les fondements d'une véritable justice et contribuent à en faire un bras armé de l'Exécutif.

Ce manque d'indépendance peut compromettre le bon déroulement des procédures tant au stade des poursuites qu'à celui de l'enquête.

Au stade des poursuites, l'autorité chargée de les déclencher peut être tentée de viser uniquement des personnes appartenant à un camp politique particulier et de porter ainsi un sacré coup à la crédibilité de la procédure.

Au stade de l'enquête, le manque d'indépendance peut aussi aboutir à des investigations orientées exclusivement à charge.

Dans les nombreux pays africains où la justice souffre de ce mal, il faudrait, pour remédier à cette situation, procéder à des réformes en profondeur allant dans le sens d'une amélioration de la composition et du fonctionnement du Conseil supérieur de la magistrature ainsi que la reprise en main, par les magistrats, de la gestion de leur carrière.

Il est vrai que dans beaucoup de pays et particulièrement en Afrique, le Président de la République, en sa qualité de clé de voûte des institutions, nomme à tous les emplois civils et militaires.

Aussi, pour concilier ces prérogatives du Président de la République avec le respect de l'indépendance de la justice, devrait-on trouver le moyen de faire de telle sorte qu'à l'exception de l'acte formel de nomination, tous les autres aspects du déroulement de la carrière des magistrats soient dévolus à une entité indépendante du pouvoir exécutif. C'est précisément l'objet des Conseils supérieurs de la magistrature[473].

Mais il est important de relever que les atteintes à l'indépendance peuvent aussi provenir d'autres secteurs que l'Exécutif. Le juge peut, en effet, être soumis à des pressions venant de sa famille, de milieux religieux et même tout simplement, de l'opinion publique. Pour ces types de pression, le seul véritable rempart en mesure de protéger le juge est sa conscience professionnelle et son sens de la responsabilité. Sous ce rapport, l'indépendance est, incontestablement, une affaire de conviction personnelle.

Au total, on voit que l'indépendance ne peut se résumer à une question de comportement du juge. Car elle interpelle autant le magistrat que l'État. En plus d'exiger du juge un sens élevé de responsabilité, l'indépendance est aussi un devoir pour l'État qui est tenu de prendre les mesures destinées à rendre effectives les garanties statutaires prévues par les textes notamment par la Constitution.

La question de l'indépendance des tribunaux ne peut être résolue sans une reconfiguration du statut du Parquet qui, du point de vue pénal, est la vitrine de la justice pénale. En effet, c'est à travers les actes posés par les maîtres des poursuites que l'opinion se donne une opinion sur la justice.

---

473 Conseil de justice dans certains pays : l'article 2 de la Charte universelle du juge est assez édifiant sur le rôle et l'importance des CSM : il dispose que « Pour assurer l'indépendance des juges, sauf dans les pays ou par tradition cette indépendance est assurée par d'autres moyens, un Conseil de Justice, ou un autre organe équivalent, doit être institué.
Le Conseil de Justice doit être totalement indépendant des autres pouvoirs de l'État. Il doit comporter une majorité de juges élus par leurs pairs suivant des modalités garantissant la représentation la plus large de ceux-ci.
Le Conseil de Justice peut avoir pour membre des non-magistrats afin de représenter la diversité de la Société civile. Pour éviter toute suspicion, ces membres ne peuvent être des politiciens. Ils doivent avoir les mêmes qualités d'intégrité, d'indépendance, d'impartialité et de compétences que les juges. Aucun membre du gouvernement ou du parlement ne peut être en même temps membre du Conseil de Justice.
Le Conseil de Justice doit être doté des plus larges compétences en matière de recrutement, formation, nomination, promotion et discipline des juges.
Il doit pouvoir être consulté par les autres pouvoirs de l'État sur toutes questions relatives au statut de la magistrature et à la déontologie des juges, de même que sur tous les sujets relatifs à la détermination annuelle du budget de la Justice et l'allocation des ressources aux juridictions, à l'organisation, au fonctionnement et à l'image des institutions judiciaires ».

Le cas du Sénégal, dont l'analyse pourrait être appliquée à bien d'autres pays en Afrique, illustre éloquemment les limites de l'indépendance des tribunaux en Afrique.

Il suffit, pour s'en convaincre, d'analyser l'effet conjugué de l'étendue des pouvoirs dont dispose le Ministère public et l'influence que le ministre de la Justice peut exercer sur ce dernier.

Les pouvoirs du ministre doivent être appréciés à l'aune du principe de la subordination hiérarchique auquel est soumis le parquet.

Le statut des magistrats en son article 7 consacre cette subordination hiérarchique. Et l'article 28 du code de procédure pénale précise que « le garde des sceaux, ministre de la Justice peut dénoncer au Procureur général les infractions à la loi pénale dont il a connaissance, lui enjoindre d'engager ou de faire engager les poursuites, ou de saisir la juridiction compétente de telles réquisitions écrites que le ministre juge opportunes ».

Aux termes de l'article 25 du code de procédure pénale « Le ministère public est tenu de prendre des réquisitions écrites conformes aux instructions qui lui sont données dans les conditions prévues aux articles 28 et 29 ».

D'autre part, le Ministère public, qui peut recevoir des instructions écrites de la part du ministre, dispose d'énormes pouvoirs.

En effet, le Ministère public peut non seulement décerner mandat de dépôt en cas de flagrant délit, mais de manière générale, en matière de détention provisoire, le recours et les délais de recours du Ministère public, ordinaire comme extraordinaire, sont suspensifs d'exécution, avec toutes les incidences liberticides que cela peut impliquer.

Il s'y ajoute qu'aux termes de l'article 139 du code de procédure pénale « sur les réquisitions dûment motivées du ministère public, le juge d'instruction est tenu de décerner mandat de dépôt contre toute personne inculpée de l'un des crimes ou délits prévus par les articles 56 à 100 et 255 du Code pénal.

La demande de mise en liberté provisoire d'une personne détenue provisoirement pour l'un des crimes ou délits spécifiés à l'alinéa précédent sera déclarée irrecevable si le ministère public s'y oppose par réquisition dûment motivée ».

Autrement dit, dans ces cas spécifiques de détention provisoire, l'opposition du Ministère public prive l'inculpé de toute voie de recours.

Il apparaît ainsi que c'est le duo pouvoirs du Ministère public – subordination hiérarchique qui permet au ministre de la Justice de disposer, indirectement, du moyen de s'immiscer dans le traitement des affaires pénales. Ce qui, naturellement, pose un sérieux problème pour l'indépendance de la justice.

Il est possible de remédier à cette situation de deux manières :

– réduire les pouvoirs du ministère public, ce qui reviendrait à réduire, indirectement ceux du ministre[474] ;

– redéfinir les rapports entre le ministre de la Justice et le Ministère public en supprimant la possibilité reconnue à ce dernier de donner des instructions écrites dans les affaires individuelles[475]. L'interdiction des instructions dans les affaires individuelles permettrait de préserver l'image d'indépendance du parquet sans remettre en cause les prérogatives du Ministère public dans la définition de la politique pénale.

C'est d'ailleurs, cette solution que la France a appliquée à travers la Loi n° 2013-669 du 25 juillet 2013 relative aux « Attributions du garde des sceaux et des magistrats du ministère public en matière de politique pénale et de mise en œuvre de l'action publique ».[476]

À notre avis, cette dernière option devrait être retenue au Sénégal où les critiques contre la justice viennent très souvent du Parquet que l'opinion assimile très souvent à un bras armé du pouvoir exécutif.

Parmi les aspects qui gagneraient à être renforcés dans l'optique de garantir la tenue de procès justes et équitables, il y a celui des droits de la défense.

---

474 À cet égard, on pourrait envisager l'institution d'un juge des libertés et de la détention.

475 C'est cette dernière option qui a été retenue par l'Union des magistrats sénégalais lors du colloque qu'elle a organisé les 27 et 28 décembre 2017 à l'hôtel King Fahd Palace de Dakar. C'est aussi la solution qui a été retenue en France à travers la Loi n° 2013-669 du 25 juillet 2013 relative aux attributions du garde des sceaux.

476 L'article 1 de cette loi modifie l'article 30 du code de procédure pénale français ainsi qu'il suit : « Le ministre de la Justice conduit la politique pénale déterminée par le Gouvernement. Il veille à la cohérence de son application sur le territoire de la République. À cette fin, il adresse aux magistrats du ministère public des instructions générales. Il ne peut leur adresser aucune instruction dans des affaires individuelles. Chaque année, il publie un rapport sur l'application de la politique pénale déterminée par le Gouvernement, précisant les conditions de mise en œuvre de cette politique et des instructions générales adressées en application du deuxième alinéa. Ce rapport est transmis au Parlement. Il peut donner lieu à un débat à l'Assemblée nationale et au Sénat. »

483. Au nombre des droits de la défense qui doivent être préservés, figurent la présomption d'innocence et l'égalité des armes.

La présomption d'innocence est un principe essentiel dans tout procès[477]. Consacrée tant par les législations nationales[478] que par les textes internationaux[479], elle revêt un cachet tout particulier dans les procès de crime de masse où tout ou presque, concourt à accréditer l'idée d'une condamnation prononcée d'avance. En effet, à l'occasion de chaque procès pour crime international, on assiste à un véritable ballet médiatique de la part de la presse, des ONG et des organisations de défense des droits de l'Homme. Certes, le droit à l'information doit pouvoir être exercé et garanti, surtout quand il s'agit de juger des faits qui ont affecté des milliers de personnes, voire toute une nation. Pour autant, la lutte contre l'impunité, pour être crédible et efficace, ne doit pas se faire au détriment des droits individuels aussi fondamentaux que la présomption d'innocence. Comme le disait un auteur, l'exercice de la liberté d'information devrait « s'arrêter à la porte des droits immuables de l'individu pour éviter toute atteinte injustifiée à ses intérêts, à sa liberté, à son intimité, à son honneur, bref à l'ensemble de ses droits subjectifs qui lui sont garantis par les textes de loi en vigueur » [480].

La meilleure manière de garantir l'exercice de leurs droits par les accusés est de veiller à l'équilibre du procès. Ce souci d'équilibre, méconnu dans la plupart des législations nationales africaines, pourrait être satisfait par les mesures suivantes :

– Mise en place de bureaux de la défense dotés de moyens budgétaires garantissant, au minimum, le paiement des honoraires.

---

[477] Elle est consacrée à l'article 9 de la *Déclaration des droits de l'Homme et du citoyen de 1789* et réaffirmé à travers la *Déclaration universelle des droits de l'Homme de 1948* en son article 11. Selon ces textes « Tout homme est considéré comme innocent, tant qu'il n'est pas reconnu coupable ». Cette règle a été reprise dans plusieurs textes internationaux.

[478] En Angleterre, dans l'affaire Woolmington, la jurisprudence avait déclaré que « dans la toile du droit pénal anglais, ce fil d'or se voit toujours, que c'est un devoir du poursuivant de prouver la culpabilité du défendeur ». Affaire Woolminton, 1935, J Spencer, RIDP, 1992, p. 85.

[479] C'est le cas de *la Charte africaine des droits de l'Homme* dont l'article 7-2-b dispose que « Tout homme est présumé innocent jusqu'à ce qu'il ait été déclaré coupable ».

[480] Cheikh Diakhoumpa, Docteur d'État en droit, in « Traité théorique et pratique de procédure pénale, Tome I, La phase préparatoire du procès pénal », page 42.

– Consécration du droit d'être informé des étapes et des actes de la procédure.

– Introduction d'une dose de contradictoire dans la procédure d'instruction : Cela pourrait se faire par la consécration pour les parties, du droit de proposer des actes à accomplir par le juge, à l'instar du droit français.

Dans le cadre du renforcement des règles procédurales, un accent particulier devrait, à notre avis, être mis sur les mesures de protection des témoins.

Avant que le procès ne débute, il existe une panoplie de mesures que les juridictions pénales utilisent dans le but d'assurer la protection des témoins.

Il en est ainsi des mesures comme le report de la divulgation de l'identité du témoin au public et ce, afin de prévenir tout danger ou risque[481]. Les ordonnances émises à cet égard peuvent couvrir la totalité

---

[481] À cet égard, voir le statut de la CPI, art. 68, par. 1-2 ; RPP de la CPI, règles 88-89 ; RPP des TPI, art. 69*)*. La pratique de la non-divulgation s'est instaurée en raison du fait que des membres du public, y compris certains accusés, auraient obtenu copie de déclarations confidentielles de témoins prononcées dans le contexte d'autres affaires. Ces mesures visent à protéger contre de telles fuites.
Voir notamment pour les témoins de l'accusation : *Sikirica*, cas n° IT-95-8, ordonnance aux fins de mesures de protection (19 oct. 1999); *ibid.*, ordonnance relative à la requête du procureur aux fins de mesures de protection (10 juillet 2000) ; *Simic*, cas n° IT-95-9, ordonnance aux fins de protéger les victimes et les témoins (17 fév. 1998) ; *Jelisic*, cas n° IT-95-10, ordonnance aux fins de protéger les victimes et les témoins (17 mars 1998) ; *Dokmanovic,* cas n° IT-95-13a, décision relative à la requête du procureur aux fins de mesures de protection (6 fév. 1998) ; *Blaskic*, cas n° IT-95-14, décision sur les requêtes du procureur des 12 et 13 mai 1997 en matière de protection des témoins (6 juin 1997) ;*Aleksovski*, cas n° IT-95-14/1, ordonnance aux fins de protéger les victimes et les témoins (25 sept. 1997) ; *Kordic*, cas n° IT-95-14/2, ordonnance portant mesures de protection pour les victimes et les témoins (15 janv. 1999); *ibid.*, ordonnance aux fins du report de la communication des déclarations préalables et aux fins de mesures de protection (19 mars 1999); *ibid.*, ordonnance relative à la requête du procureur aux fins de mesures de protection (13 avril 1999) ; *ibid.*, ordonnance aux fins de protéger les victimes et les témoins (27 janv. 1998) ; *Kupreskic*, cas n° IT-95-16, décision relative à la requête du procureur aux fins de protection de victimes et de témoins (22 janv. 1998) ; *Furundzija,* cas n° IT-95-17/1, Décision on the Prosecutor's Motion for Spécial Protective Measures for Witnesses Under Tribunal Ordered Confidentiality and the Prosecutor's Motion to Protect Victims and Witnesses (29 avril 1998) ; *Kunarac*, cas n° IT-96-23, décision relative à la requête de l'accusation aux fins de protéger les victimes et les témoins (29 avril 1998) ; *Kovacevic*, cas IT-95-24, décision relative à la requête de l'accusation aux fins de

des témoins, sans qu'il ne soit nécessaire de les identifier nommément. En règle générale, elles ordonnent à l'Accusation et à la défense de ne divulguer au public, aux médias ou aux personnes apparentées ou associées ni l'identité des témoins, ni leurs déclarations. Ces mesures peuvent aussi consister à prescrire la tenue d'un registre indiquant les coordonnées de chaque personne qui reçoit une copie des déclarations communiquées[482]. Si des noms de témoins venaient à être divulgués, le registre serait utilisé aux fins d'identifier les personnes qui pourraient faire l'objet d'accusation pour outrage au tribunal.

D'autres mesures peuvent exempter l'Accusation de l'obligation de communiquer l'identité et la déclaration préalable d'un témoin à la défense jusqu'à ce que certaines mesures soient prises[483]. Dans l'affaire

---

protéger les victimes et les témoins (12 mai 1998) ; *Krnojelac*, cas n° IT-97-25, ordonnance relative à la requête du procureur aux fins de protection des victimes et des témoins (6 oct. 1998) ; *Kvocka*, IT-98-30, ordonnance aux fins de non-divulgation (30 sept. 1999) ; *Radic*, cas n° IT-98-30, ordonnance relative aux requêtes du procureur aux fins de protéger les victimes et les témoins (11 déc. 1998) ; *Brdanin*, cas n° IT98-36, décisions relatives aux requêtes (5) de l'accusation aux fins de mesures de protection (3 juillet) (22 août 2000) (27 oct. 2000) (8 nov. 2000) (15 nov. 2000) (15 nov. 2000) ; *ibid.*, décision relative à la requête de l'accusation aux fins de modification de la troisième décision portant mesures de protection (29 nov. 2000) ; *Musema*, cas n° ICTR-96-13, Décision on the Prosecutor's Motion for Witness Protection (20 nov. 1998).
Pour ce qui est des témoins de la défense, dans les cas où les chambres ont ordonné la divulgation des noms des témoins : *Dokmanovic*, cas n° IT-95-13a, décision autorisant l'application de mesures de protection à un témoin de la défense (8 juin 1998) ; *ibid.*, décision relative à la requête de la défense aux fins de protéger les témoins de la défense (13 mai 1998) ; *Blaskic*, cas n° IT-95-14, décision relative à la requête de la défense aux fins de mesures de protection en faveur des témoins à décharge (30 sept. 1998) ; *Nahimana*, cas n° ICTR-96-11, Décision on the Defence Motion for Witness Protection (25 fév. 2000) ; *Kajelijeli*, cas n° ICTR-98-44, Decision on juvenal Kajelijeli's Motion for Protective Measures for Defence Witnesses (3 avril 2001). Enfin, les chambres ont parfois émis des ordonnances couvrant les témoins des deux parties : *Celebici*, cas n° IT-96-21, ordonnance aux fins de non-divulgation de l'identité de témoins potentiels au public ou aux médias (29 nov. 1996).

482 *Meakic,* cas n° IT-95-4, décision aux fins de mesures de protection et en particulier le témoin « N », (14 avril 2000) ; *Sikirica,* cas n° IT-95-8, Order for Protective Measures (22 déc. 2000).

483 Voir *Dosen*, cas n° IT-95-8, ordonnance relative à la requête du procureur aux fins de mesures de protection (11 mai 2000) ; *Kupreskic*, cas n° IT-95-16, ordonnance aux fins de protéger les victimes et les témoins (9 juillet 1998) ; *Ibid.*, ordonnance aux fins de protéger les victimes et les témoins (16 juin 1998) ; *Kunarac*, cas n° IT-96-23, décision accordant des mesures de protection au témoin FWS-191 (20 nov.

Milosevic, la chambre de première instance constate que l'octroi de telles mesures de protection, d'abord conçu comme une pratique exceptionnelle, est presque devenu la norme dans les affaires portées devant le Tribunal[484]. Les chambres peuvent également adresser une demande formelle d'assistance à un État, aux forces armées multinationales ou de police internationale pour qu'ils participent à l'application des mesures de protection des témoins[485].

En règle générale, les informations qui n'ont pas été transmises à l'accusé devront l'être avant le commencement du procès et dans des délais suffisants pour lui permettre de préparer sa défense[486].

1998) ; *Kvocvka*, cas n° IT-98-30, ordonnance aux fins de divulgation et de mesures de protection (8 juin 1999).

484 *Milosevic*, cas n° IT-02-54, décision relative à la requête de l'accusation aux fins de mesures de protection provisoires en application de l'article 69 du règlement (19 fév. 2002), par. 28. La chambre précise que bien qu'il soit extrêmement important d'assurer une protection appropriée des victimes et des témoins, le droit de l'accusé à un procès équitable impose à la Chambre de première instance de n'accorder de mesures de protection que lorsqu'il est dûment prouvé, pour chacun des témoins concernés, que lesdites mesures sollicitées répondent aux critères établis dans le Statut et le Règlement du Tribunal, et repris dans sa jurisprudence. Ces critères sont mentionnés au paragraphe 26 de la décision. Il s'agit : 1) du risque que les témoins à charge fassent l'objet de pressions ou d'intimidation ; 2) de la mesure où les ordonnances de protection peuvent être utilisées pour contribuer à la mission de l'accusation consistant à traduire d'autres personnes devant le Tribunal ; 3) du délai, avant le procès, dans lequel il convient de communiquer à l'accusé l'identité des victimes et des témoins. Voir aussi *Brdanin*, cas n° IT-99-36, décision relative à la requête de l'accusation aux fins de mesures de protection (3 juillet 2000).

485 *Kupreskic*, cas n° IT-95-16, décision relative à la requête de l'accusation aux fins de reporter la communication des déclarations de témoins (20 mai 1998). La chambre ajoute qu'elle encourage également « la Bosnie-Herzégovine à prendre, par l'entremise de ses autorités locales, toutes les plaintes ou les occurrences présumées de pression sur les témoins ou d'intimidation de ceux-ci dans son ressort et pour engager d'éventuelles poursuites. » La même requête a été adressée à la SFOR et à la force de police internationale. Voir à cet égard : *ibid.*, requête aux fins d'assistance adressée à la Bosnie-Herzégovine (12 juin 1998) ; *ibid.*, requête aux fins d'assistance adressée à SFOR (12 juin 1998).

486 Les délais varient en fonction des affaires. Certaines chambres retiennent des délais de 10, 30 ou de plus de 30 jours avant le commencement du procès : à cet égard, voir *Banovic*, cas n° IT-95-8/1, Order for Protective Measures (13 dec. 2001) ; *Dosen*, cas n° IT-95-8, ordonnance relative à la requête du procureur aux fins de mesures de protection (11 mai 2000) ; *Kordic*, cas n° IT-94-14/2, ordonnance portant mesures de protection pour les victimes et les témoins, citée à la note 32, par. 2 ; *Kupreskic*, cas n° IT-96-16, ordonnance aux fins de protéger les victimes et les témoins (16 juin 1998) ; *Brdanin*, cas n° IT-99-36, décision relative à la requête

de l'accusation aux fins de mesures de protection, citée à la note 28, paragr. 38 ; *Krajusnik*, cas n° IT-00-39 et IT-00-40, Order for Protective Measures (9 juillet 2001) ; *Milosevic*, cas n° IT-02-54, décisions relative à la requête de l'accusation aux fins de mesures de protection (12 fév. 2002) (19 fév. 2002) ; *Ruzindana*, cas n° ICTR-95-1 et ICTR-95-10, décision quant à la requête du procureur concernant la protection des victimes et des témoins (4 mars 1997). Dans d'autres affaires, le délai a été fixé en fonction du moment où le témoin doit comparaître. Il peut être de 6 semaines: *Simic*, cas n° IT-95-9, Order for Disclosure of Identities of Protected Witnesses (23 mai 2001), ou de 35 jours : *Bagosora*, cas n° ICTR-98- 41, Decision and Scheduling Order on the Prosecution Motion for Harmonisation and Modification of Protective Measures for Witnesses (5 dec. 2001). D'autres décisions l'ont fixé à 21 jours : *Niyitegeka*, cas n° ICTR-96-14, Decision on the Prosecutor's Motion for Protective Measures for Witnesses (12 juillet 2000) ; *Nyiramasuhuko*, cas n° ICTR-97-21, Decision on the Prosecutor's Motion for Protective Measures for Witnesses (27 mars 2001) ; *Kabiligi*, cas n° ICTR-97-34, Decision on Motion by the Office of the Prosecutor for Orders and Protective Measures for Victims and Witnesses (19 mai 2000) ; *Kajelijeli*, cas n° ICTR-98-44, Decision on the Prosecutor's Motion for Protective Measures for Witnesses (6 juillet 2000) ; *Karemera*, cas n° ICTR-98-44, Decision on the Prosecutor's Motion for Protective Measures for Witnesses (6 juillet 2000) ; *Ngirumpatse*, cas n° ICTR-98-44, Decision on the Prosecutor's Motion for Protective Measures for Witesses (6 juillet 2000) ; *Nzirorera*, cas n° ICTR-98-44, Decision on the Prosecutor's Motion for Protective Measures for Witnesses (12 juillet 2000) ; *Rwamakuba*, cas n° ICTR-95-44, Decision on the Prosecutor's Motion for Protective Measures for Witnesses (22 sept. 2000) ; *Bicamumpaka*, cas n° ICTR-99-50, Decision on the Prosecutor's Motion for Protective Measures for Witnesses (12 juillet 2000) ; *Mugiraneza*, cas n° ICTR-99-50, Decision on the Prosecutor's Motion for Protective Measures for Witnesses (12 juillet 2000) ; *Muvunyi*, cas n° ICTR-2000-55, Decision on the Prosecutor's Motion for Orders for Protective Measures for Victims and Witnesses to Crimes Alleged in the Indictment (25 avril 2001). D'autres l'ont limité à 10 jours avant la comparution du témoin : *Kupreskic*, cas n° IT-95-16, décision relative à la requête de l'accusation aux fins de reporter la communication préalable d'un témoin (15 sept. 1998) ; *Kordic*, ordonnance aux fins du report de la communication des déclarations préalables et aux fins de mesures de protection, citée à la note 32. Pour ce qui est des témoins de la défense, voir notamment *Blaskic*, cas n° IT-95-14, décision sur la requête de la défense aux fins de mesure de protection pour les témoins D/H et D/I (25 sept. 1998) (deux jours avant comparution des témoins) ; *Celebici*, cas n° IT-96-21, décision relative à la requête de l'accusation aux fins de communication à l'avance de l'identité des témoins à décharge (4 fév. 1998) (7 jours avant comparution) ; *Kayishema*, cas n° ICTR-95-1, Decision on the Motion for the Protection of Defence Witnesses (6 oct. 1997) ; *Nyiramasuhuko*, cas n° ICTR-97-21, Decision on Arsène Shalom and Ntahobali's Motion for Protective Measures for Defence Witnesses (3 avril 2001) ; *Nzirorera*, cas n° ICTR-98-44, décision relative à la requête de la défense en prescription de mesures de protection pour les témoins à décharge (13 déc. 2000) ; *Ntagerura*, cas n° ICTR-99-46, Decision on the Motion by Emmanuel Bagambiki's Defence seeking Orders for Protective Measures for its

D'autres mesures de protection peuvent aussi être ordonnées au cours des débats d'audience. C'est le cas de l'anonymat[487].

La justice pénale internationale ne peut être rendue sans le respect de certaines normes dont celles évoquées ci-dessus. Mais elle implique aussi l'harmonisation des législations nationales sur la règle de la compétence universelle.

B. L'harmonisation nécessaire des législations nationales sur la règle de la compétence universelle

La nécessité d'harmoniser les législations nationales (2) sur ce point se justifie aisément au regard des enjeux liés aux difficultés d'application constatées dans la pratique (1).

1. Enjeux de la mise en œuvre de la règle de la compétence universelle

484. L'une des difficultés de mise en œuvre de la règle de la compétence universelle est que son application se concilie mal avec le respect de certains principes fondamentaux du droit international, comme celui de l'immunité de juridiction pénale étrangère dont bénéficient les représentants de l'État, lequel émane directement du principe d'égalité souveraine des États. À cet égard, lors de la 70e

---

Witnesses (7 sept. 2000) ; *Kamuhanda*, cas n° ICTR-99-54, Decision on Jean de Dieu Ka-muhanda's Motion for Protective Measures for Defence Witnesses (22 mars 2001) (21 jours avant comparution).

487 Il faut toutefois préciser que l'anonymat restreint le droit de l'accusé de contre-interroger les témoins à charge et est dès lors susceptible de porter préjudice à son droit à un procès équitable. Dans ces circonstances, elles ont considéré nécessaire d'imposer des directives en vue d'assurer le respect de ce droit. À cet égard, les chambres des TPI qui ont ordonné l'anonymat ont constamment rappelé le principe selon lequel tous les éléments de preuve doivent être produits en présence de l'accusé en audience publique, en vue d'un débat contradictoire, mais ont ajouté que l'intérêt dans la capacité de l'accusé à établir les faits doit être pondéré par l'intérêt de l'anonymat du témoin. L'équilibre de ces intérêts est intrinsèque dans la notion de « procès équitable ». Un procès équitable signifie non seulement le traitement équitable de l'accusé mais aussi du Ministère public et des témoins. Ainsi, lors des audiences, les juges doivent être en mesure d'observer le comportement du témoin et de connaître son identité. L'accusé doit aussi bénéficier de tout le temps nécessaire pour interroger le témoin sur des questions n'intéressant pas son identité ou son lieu de résidence. Si, après examen de l'ensemble de la procédure, la valeur probante des témoignages anonymes est largement inférieure aux exigences d'un procès équitable, les chambres, compte tenu de leur pouvoir souverain d'évaluer les preuves, pourront retirer ces témoignages du procès-verbal et ne pas en tenir compte pour parvenir à leur conclusion relative à la culpabilité de l'accusé.

session de l'Assemblée générale des NU[488], de nombreux pays, dont la Chine et le Groupe des États d'Afrique, ont rappelé que la compétence universelle devait respecter les principes d'égalité souveraine des États, la non-ingérence dans les affaires intérieures, mais aussi les immunités de juridiction dont bénéficient les représentants des États, notamment les chefs d'État et de gouvernement. Il a été aussi rappelé que la Cour internationale de Justice (CIJ) avait réaffirmé le principe absolu de l'immunité des chefs d'États et a dénoncé l'abus du recours à la compétence universelle par des tribunaux d'États non africains à l'encontre de dirigeants africains[489].

L'origine des récriminations des États africains était liée au traitement par les juridictions nationales européennes, de certaines affaires impliquant des officiels africains.

Ce fut, par exemple, le cas de l'affaire Abdoulaye Yérodia : le 11 avril 2000, un juge belge délivra un mandat d'arrêt international contre le ministre des Affaires étrangères du Congo, Abdoulaye Yérodia Ndombassi, pour crimes contre l'humanité. La République démocratique du Congo protesta devant ce qu'elle considérait comme une violation des immunités dont bénéficie son ministre et saisit la Cour internationale de justice (CIJ). Finalement, la CIJ donnera raison à la République Démocratique du Congo par arrêt rendu le 14 février 2002. Elle soulignera, en effet, que : « les fonctions d'un ministre des Affaires étrangères sont telles que, pour toute la durée de sa charge, il bénéficie d'une immunité de juridiction et d'une inviolabilité totales à l'étranger. Cette immunité et cette inviolabilité protègent l'intéressé contre tout acte d'autorité de la part d'un autre État qui ferait obstacle à l'exercice de ses fonctions »[490].

La décision de la CIJ, dans cette affaire, a contribué à relativiser la pertinence de la loi belge qui a consacré la compétence universelle dans sa version absolue[491].

Cette loi permettait en effet aux juridictions belges de juger des faits qualifiés de crimes de guerre, crimes contre l'humanité ou crime de génocide avec les caractéristiques suivantes :

---

[488] AG tenue le 20 octobre 2015.

[489] CIJ, affaire relative au Mandat d'arrêt du 11 avril 2000, « RDC c. Belgique », Arrêt du 14 fév. 2002, Recueil des arrêts, avis consultatifs et ordonnances, 2002, par. 60.

[490] CIJ, Affaire Yérodia du 14 février 2002, paragraphe 54.

[491] P. d'argent, "La loi du 10 février 1999 relative à la répression des violations graves du droit international humanitaire", *Journal des Tribunaux* 1999 : 549-555.

– la loi s'applique sans considération du lieu où l'auteur présumé peut être trouvé ;

– le mode de plainte est la simple constitution de partie civile ;

– l'immunité ne met pas fin aux poursuites.

À la suite de l'adoption de cette loi, des plaintes se sont multipliées devant les juridictions belges. Il y a eu ainsi des plaintes concernant le *génocide au Rwanda* [492]six condamnations, du Guatemala, le l'affaire Hissène Habré, l'affaire Pinochet, l'affaire *Sabra et Chatila*[493] ainsi que celle dirigée contre le général Tommy Franks de l'armée des États-Unis, pour des atrocités qui auraient été commises à l'occasion de l'invasion de l'Irak, Ariel Charon et Bush.

L'ouverture de ces nombreuses procédures a provoqué des critiques à l'égard de la Belgique. C'est ainsi que lors d'un discours tenu à l'*OTAN*, Donald Rumsfeld, alors secrétaire à la Défense dans l'Administration Bush, a proposé le déménagement du siège de l'organisation de Bruxelles vers un État de l'Europe de l'Est[494].

Sous le feu des critiques et des pressions politiques, la Belgique a fini par modifier les lois de 1993 et de 1999 et a adopté le 1er août 2003, une loi qui autorise le gouvernement à renvoyer la plainte devant les tribunaux d'un autre pays.

Ce fut aussi le cas, dans l'affaire des officiels rwandais : en février 2008, un juge espagnol émit un mandat d'arrêt contre quarante (40) responsables rwandais. En réaction à cette décision, le ministre rwandais de la Justice protesta et accusa les juges européens de vouloir recoloniser l'Afrique. En juillet 2008, à l'occasion de la 11e Conférence des Chefs d'État, l'Union africaine s'associa aux critiques, allant jusqu'à parler « d'abus dans l'exercice de la compétence universelle » et de « violation de la souveraineté et de l'intégrité des États africains » [495].

À y voir de près, on constate que ces malentendus proviennent moins d'une volonté de nuire que de divergences constatées sur, au moins, deux points fondamentaux : les immunités des représentants de l'État

---

[492] Affaire qui a donné lieu à six condamnations.

[493] Cette affaire a donné lieu à l'inculpation de Ariel Sharon.

[494] https://www.nato.int/docu/speech/2003/s030612g.htm: Donald Rumsfeld, Press Conference, 12 – june - 2003.

[495] Source Ex.CL/522 (XV) : rapport intérimaire de la Commission sur la mise en œuvre de la Décision de la Conférence sur l'utilisation abusive de la compétence universelle.

et la condition relative à la présence de l'accusé sur le territoire de l'État poursuivant.

En effet, s'agissant de l'affaire Yérodia, par exemple, la Belgique croyait être dans son bon droit puisqu'elle se fondait sur l'article 5 alinéa 3 de sa loi de 1999 qui disposait que « l'immunité attachée à la qualité officielle d'une personne n'empêche pas l'application de la présente loi ». Aux termes de cette loi, même les plus hauts responsables de l'État étaient susceptibles d'être poursuivis[496]. Il a fallu que la CIJ rappelle que le respect des immunités dont bénéficient les représentants de l'État constitue une norme coutumière et que la poursuite n'est envisageable que si l'État qu'ils représentent a décidé de lever cette immunité[497].

Elle a, à cet égard, précisé que « De même que les agents diplomatiques et consulaires, certaines personnes occupant un rang élevé dans l'État, telles que le Chef de l'État, le Chef du gouvernement ou le ministre des Affaires étrangères, jouissent dans les autres États, d'immunités tant civiles que pénales »[498].

Sans aller jusqu'à emboîter le pas à l'Union africaine et parler « d'abus de compétence universelle », nous pensons que ces précédents judiciaires rendent suffisamment compte de la nécessité d'harmoniser selon diverses modalités, les législations sur la compétence universelle.

2. Modalités possibles d'harmonisation

485. Le maintien des immunités personnelles, notamment celles que le droit coutumier reconnaît à certains responsables de l'État, constituerait, à notre avis, la meilleure manière de concilier les exigences des relations internationales avec celles de la justice pénale internationale. Comme cela a été si bien souligné, « permettre aux États d'arrêter et de poursuivre des hauts responsables en fonction ne peut que perturber gravement les relations internationales et compromettre la nécessaire coopération entre les États permettant d'atteindre l'objectif commun de la responsabilité pour les crimes les plus graves » [499].

---

[496] Pierre d'Argent, « la loi du 10 février 1999 relative à la répression des violations graves du droit international humanitaire », p. 552.

[497] CIJ, affaire Yérodia, 14 février 2002, paragraphe 61.

[498] CIJ affaire Yerodia, arrêt du 14 février 2002, paragraphe 51.

[499] Fannie Lafontaine, Faculté de Droit, université de Laval : « la compétence universelle et l'Afrique : ingérence ou complémentarité ? », *Revues Etudes internationales*, n° 1 mars 2014, p. 137.

Les Nations unies pourraient, à cet égard, élaborer une loi nationale-type qui tiendrait à la fois compte de la nécessité de réprimer les crimes internationaux et du souci de préserver la souveraineté des États. Dans ce sens, une priorité pourrait être reconnue aux États sur le territoire desquels les crimes ont été commis, de manière à ce que la compétence universelle ne puisse être exercée qu'à titre subsidiaire. Cette règle dite de la subsidiarité, a été fortement recommandée par le comité des experts de l'Union africaine qui a estimé en 2009, que : « Les États devraient avoir pour politique d'accorder la priorité au critère territorial comme base de poursuite »[500]. À cet égard, la loi nationale type de l'Union africaine sur la compétence universelle prévoit que : « Dans l'exercice de leur compétence, en vertu de cette loi, les tribunaux doivent accorder la priorité au tribunal de l'État sur le territoire duquel le crime est allégué avoir été commis, à condition que cet État ait la volonté et soit capable de poursuivre »[501].

Il reste entendu qu'il faudrait s'assurer que la subsidiarité ne constitue pas un moyen de différer la répression des crimes internationaux. La priorité à la subsidiarité devra, en effet, s'arrêter là où commence la mauvaise volonté ou l'incapacité de l'État territorial.

La règle de la compétence universelle demeure un outil fondamental pour combattre l'impunité et renforcer la justice internationale. Mais, pour être efficace, elle doit être utilisée de bonne foi et dans le respect des principes du droit international.

La répression des crimes internationaux étant de la responsabilité de tous les États, il nous semble ainsi urgent de travailler à l'uniformisation de l'instrument de lutte contre l'impunité que constitue la règle de la compétence universelle.

486. Les efforts d'uniformisation devraient être orientés vers deux points :

– l'exigence de la présence de l'accusé sur le territoire de l'État poursuivant ;

– le respect des immunités personnelles dont jouissent les représentants des États devant les juridictions nationales étrangères.

Si, au regard des développements qui précèdent, l'harmonisation des législations sur la compétence universelle apparaît comme un des axes

---

[500] Ex. CL/522 (XV) Rapport du groupe ad hoc d'experts techniques UA- UE sur le principe de compétence universelle.

[501] UA 2011, article 4 : 2.

majeurs de toute stratégie de répression des crimes internationaux, il faut, néanmoins, prendre la mesure de la relativité d'une telle option.

En réalité, les considérations politiques et diplomatiques qui pèsent sur les épaules des États rendent quelque peu illusoire toute probabilité d'assister au recours systématique à la règle de la compétence universelle pour lutter contre l'impunité.

Les exemples de la Belgique[502] et de la France[503], qui traduisent un certain usage de cette règle en sont la parfaite illustration.

En plus d'une adaptation normative, les systèmes judiciaires nationaux doivent aussi faire l'objet d'une adaptation institutionnelle.

§ II. – Adaptation institutionnelle

Dans le cadre de la mise en place d'un dispositif de répression des crimes internationaux, chaque État devrait veiller à instituer un organe judiciaire approprié et à renforcer les moyens de la justice.

A. La mise en place d'instances judiciaires appropriées

487. Deux options sont possibles :

– la répression par une juridiction de droit commun spécialisée[504] ;

– la répression par un tribunal spécial.

---

[502] La plainte déposée contre Ariel Sharon, Premier ministre israélien, avait, notamment, eu des conséquences fâcheuses sur les relations entre la Belgique et Israël. En instaurant un contrôle systématique des requêtes par le Procureur du Roi, la Belgique a cédé aux nécessités des relations diplomatiques.

[503] L'affaire Ely Ould Dah. Ce Mauritanien a échappé à la justice française en fuyant vers son pays d'origine et les autorités françaises ne semblent pas exercer de réelles pressions sur les autorités mauritaniennes à ce sujet (voir le site Internet de la FIDH). Voir aussi l'affaire du prêtre rwandais Wenceslas Munyeshyaka. La plainte contre ce prêtre a été déposée en France depuis de nombreuses années et l'affaire n'avance pas. Suite à une requête devant la CEDH, celle-ci a constaté le dépassement du délai raisonnable par les juridictions françaises et a condamné la France. Il ne semble pas, malgré tout, que des avancées aient été constatées. Cet immobilisme des autorités françaises face à la fuite d'Ely Ould Dah illustre le manque de volonté politique de poursuivre les criminels internationaux.

[504] Dans la nomenclature des juridictions, le terme droit commun s'oppose à spécial, mais pas à spécialisé. Une juridiction de droit commun ne peut donc être spéciale. Par contre, la loi peut reconnaître à une juridiction de droit commun des compétences spéciales. C'est le cas du TGI de Dakar auquel la loi a reconnu une compétence exclusive en matière de terrorisme, tant pour la poursuite, l'instruction que le jugement. (Articles 677-28 et suivants du CPP sénégalais).

1. La répression par une juridiction de droit commun spécialisée

488. Les juridictions pénales sont les juridictions chargées d'instruire, de juger les affaires pénales et de régler le contentieux de l'application des peines.

Dans la nomenclature des juridictions, on distingue les juridictions de droit commun, les juridictions d'attribution et les juridictions de droit spécialisées.

Les premières sont compétentes pour instruire ou juger les infractions dont la connaissance n'a pas été attribuée par la loi à une autre juridiction.

Les juridictions d'attribution ne sont compétentes que pour instruire ou juger les infractions dont la connaissance leur a été spécialement attribuée. C'est le cas du tribunal pour enfants.

Les juridictions de droit commun spécialisées, à la différence des juridictions d'attribution, disposent d'une extension de compétence. Il s'agit, en effet, de juridictions qui disposent d'une compétence territoriale étendue pour connaître de certaines infractions limitativement énumérées par la loi.

Au Sénégal, l'article 677-29 du CPP, relatif à la répression des actes de terrorisme, donne un exemple de juridiction spécialisée. Il dispose en effet que « Par dérogation aux dispositions de l'article 43 du présent Code, le cabinet d'instruction spécialisé du tribunal régional de Dakar est seul compétent pour conduire l'information ouverte contre les auteurs des infractions visées aux articles 279-1 à 279-3 ».

Les articles 677-31 et 677-32 prévoient, également, une compétence exclusive de la Chambre d'Accusation de Dakar et de la Cour d'appel de Dakar pour l'instruction et le jugement des actes de terrorisme.

La législation française a, également, prévu des exemples de juridictions de droit commun spécialisées. Ainsi, la loi n° 2003-706 du 1er août 2003 prévoit la compétence exclusive du tribunal de grande instance de Paris en matière de délits d'initiés et de manipulation de cours. De même, l'article 706-75 de la loi 2004-204 du 9 mars 2004 a instauré des juridictions interrégionales spécialisées (JIRS) compétentes pour connaître des infractions de délinquance organisée.

489. Le même procédé pourrait être reproduit pour la répression des crimes internationaux.

Le choix d'une telle juridiction pour la répression des crimes internationaux comporte des avantages non négligeables.

En premier lieu, c'est une option qui est, sur le plan pratique, facilement réalisable car il s'agit juste d'étendre la compétence d'une juridiction qui existe déjà.

En outre, cette solution ne requiert pas des dépenses de fonctionnement supplémentaires pour l'État qui l'adopte.

Toutefois, cette option présente l'inconvénient de ne pas garantir une répression efficace des crimes internationaux.

En effet, le propre de cette catégorie d'infractions est que, matériellement, ils ne peuvent être commis par des individus isolés. De par la nature des moyens déployés et le niveau de responsabilité des personnes impliquées, ces infractions nécessitent le plus souvent l'implication des plus hauts dirigeants de l'État. C'est d'ailleurs pour tenir compte de cette donnée que les Statuts des juridictions internationales ont tous prévu des dispositions relatives à la responsabilité du supérieur hiérarchique [505].

Or, devant ces juridictions de droit commun, la poursuite des dirigeants peut se heurter à des obstacles d'ordre juridique.

Au Sénégal par exemple, l'article 63 de la Constitution prévoit que les ministres qui ont commis des crimes ou délits dans l'exercice de leur fonction sont jugés par la Haute Cour de justice.

Même si, dans le cas de commission de crimes internationaux, la portée de ces privilèges de juridiction et leur applicabilité peuvent toujours être discutées, une certaine interprétation de la notion « d'actes commis dans l'exercice de la fonction »[506] pourrait ôter aux juridictions spécialisées l'efficacité souhaitée.

Certes, cet obstacle pourrait être contourné par l'insertion d'une disposition écartant expressément la compétence de la Haute Cour de Justice en cas de commission de crimes internationaux. Mais on peut toujours s'interroger sur la capacité des juridictions de droit commun, connues pour leur manque de moyens et leur déficit d'indépendance, à prendre en charge des procédures judiciaires qui concernent souvent de hauts dirigeants de l'État. D'où l'intérêt d'envisager une autre solution.

---

[505] Voir article 10 du Statut des CAE, article 6 du Statut du TPIR, article 7 du Statut du TPIY et article 28 du Statut de la CPI.

[506] Voir le cas de ce ministre de l'Emploi qui avait été considéré, comme agissant dans l'exercice de ses fonctions, en commettant le délit d'atteinte à l'autorité de la justice. Crim, 28 mai 1986, Bulletin criminel n° 180, JCP, 1987, II, 20734, note P. Chambon.

2. La répression par un tribunal spécial

490. L'autre solution serait d'instituer un tribunal doté d'un statut spécial qui exclurait tout privilège de juridiction. L'institution d'un tribunal spécial pourrait ainsi permettre de poursuivre et de juger toute personne impliquée dans la commission de crimes internationaux, nonobstant ses fonctions.

Il nous semble important de relever que, quelle que soit l'option choisie, force est d'admettre qu'en raison du statut particulier des acteurs impliqués dans la commission de ces crimes, la volonté de poursuivre risque d'être contrariée par des considérations d'ordre politique.

Il s'y ajoute qu'en Afrique, les maigres budgets alloués aux différents ministères de la Justice sont sans commune mesure avec l'importance des moyens d'investigation que de telles poursuites requièrent. D'où la nécessité de veiller à renforcer les moyens des juridictions.

B. Renforcement des moyens de la justice

Ce renforcement concerne tant les moyens budgétaires que les capacités du personnel.

1. Le renforcement budgétaire

491. L'une des difficultés de la tenue de procès portant sur des crimes internationaux réside dans leur coût particulièrement élevé.

En raison du nombre important de victimes et de la complexité technique de telles affaires, les juges doivent procéder à des centaines, voire des milliers d'auditions de victimes et de témoins, solliciter des expertises dans des domaines qui ne leur sont pas toujours familiers comme la balistique, la vérification d'écritures, l'analyse génétique, le test d'ADN, etc.

Les difficultés deviennent plus grandes encore lorsque, comme c'est souvent le cas, les faits ont été commis dans un territoire autre que celui où se tient le procès. Dans ce cas, en effet, il faut toujours envisager :

– des déplacements des juges et des experts dans le pays de commission des faits pour les besoins de l'enquête ;

– les frais d'honoraires à payer aux experts ;

– le transport et l'hébergement des victimes, des experts et des témoins au moment de la tenue du procès.

La tenue de tels procès nécessite ainsi des dépenses énormes, de même qu'une logistique que les modestes budgets alloués à la justice ne peuvent supporter.

Par exemple, le procès de Hissène Habré a nécessité un budget de plus de cinq milliards cinq cent vingt-sept millions trois cent quatre-vingt-dix-neuf mille trois cent trente (5.527.399.330) francs CFA [507], soit environ huit millions quatre cent vingt-six mille quatre cent soixante-six (8.426.466) euros.

Au-delà des moyens financiers, la prise en charge de la problématique des crimes internationaux implique également un renforcement de la capacité du personnel judiciaire africain.

2. La formation du personnel

492. Compte tenu du manque d'expérience des pays africains dans la tenue de procès portant sur des crimes internationaux, la formation doit constituer un volet incontournable dans la politique de répression de ces infractions.

Cette formation est une nécessité, non seulement, pour le personnel magistrat mais, également, pour les auxiliaires de justice.

L'expérience des CAE, quoiqu'étant enrichissante à plus d'un titre, ne saurait à elle seule, suffire pour combler le gap de formation qui existe dans un pays qui n'est pas habitué à mener des procès internationaux.

L'instruction et le jugement de l'affaire Hissène Habré ont fait ressortir la nécessité d'assurer la formation des magistrats sur, au moins, deux aspects de la procédure judiciaire : la maîtrise du contexte et la conduite du procès de crimes de masse.

493. Importance du contexte : Il s'agit tout d'abord de familiariser les magistrats avec « l'approche par le contexte » que requiert l'étude des éléments constitutifs des crimes internationaux.

À la lecture des définitions du crime de génocide et du crime contre l'humanité tirées du Statut du TPIR, on réalise l'importance du contexte dans le traitement des affaires relatives à des crimes de masse.

Article 2 du Statut du TPIR : Génocide

« 1. Le Tribunal international pour le Rwanda est compétent pour poursuivre les personnes ayant commis un génocide, tel que ce crime

---

[507] Annexe du 4e rapport d'activités de l'administrateur des Chambres africaines extraordinaires.

est défini au paragraphe 2 du présent article, ou l'un quelconque des actes énumérés au paragraphe 3 du présent article.

2. Le génocide s'entend de l'un quelconque des actes ci-après, commis dans l'intention de détruire, en tout ou en partie, un groupe national, ethnique, racial ou religieux, comme tel :

a. Meurtre de membres du groupe ;

b. Atteinte grave à l'intégrité physique ou mentale de membres du groupe ;

c. Soumission intentionnelle du groupe à des conditions d'existence devant entraîner sa destruction physique totale ou partielle ;

d. Mesures visant à entraver les naissances au sein du groupe ;

e. Transfert forcé d'enfants du groupe à un autre groupe ».

Article 3 du statut du TPIR : crimes contre l'humanité

« Le Tribunal international pour le Rwanda est habilité à juger les personnes responsables des crimes suivants lorsqu'ils ont été commis dans le cadre d'une attaque généralisée et systématique dirigée contre une population civile quelle qu'elle soit, en raison de son appartenance nationale, politique, ethnique, raciale ou religieuse :

a. Assassinat ;

b. Extermination ;

c. Réduction en esclavage ;

d. Expulsion ;

e. Emprisonnement ;

f. Torture ;

g. Viol ;

h. Persécutions pour des raisons politiques, raciales et religieuses ;

i. Autres actes inhumains ».

Il ressort de ces définitions que le crime international renvoie à des actes sous-jacents commis dans un contexte ou un but précis. Ainsi, un acte n'est constitutif de génocide que s'il entre dans le cadre d'une entreprise visant à détruire un groupe national, ethnique, racial ou religieux.

De même, un acte ne peut être qualifié de crime contre l'humanité que s'il est commis « dans le cadre d'une attaque généralisée et systématique dirigée contre une population civile ».

Dans le cadre d'une enquête portant sur des crimes de masse, le juge doit ainsi, non seulement élucider les modalités de la commission de l'acte matériel (meurtre, viol etc.) mais, également, les circonstances et le contexte général dans lesquels l'acte a été commis.

Car un même acte peut changer de qualification en fonction du contexte dans lequel il a été commis. Il en est ainsi de l'infraction d'homicide volontaire qui est citée dans le Statut des CAE comme pouvant être constitutif de crime contre l'humanité (art 6) ou de crime de guerre (art 7), selon qu'il a été commis en période de conflit armé ou non.

Dans le traitement de telles affaires, le juge est ainsi confronté à des questions auxquelles il doit trouver des réponses précises, sous peine de ne pouvoir caractériser le crime international. Ces questions sont par exemple :

– Comment déterminer le contexte des faits et situer avec précision les périodes de conflit armé ou la situation d'attaque généralisée ou systématique contre la population civile ? À titre d'illustration, dans l'affaire Laurent Gbagbo , poursuivi pour crimes contre l'humanité, la chambre de première instance de la Cour pénale internationale a évoqué, dans l'exposé des motifs de sa décision de relaxe rendue le 15 janvier 2019, l'absence de preuve de l'existence de cet élément contextuel en soulignant que le Procureur « n'a pas étayé l'allégation d'existence d'une politique ayant pour but d'attaquer une population civile sur la base des modes opératoires récurrents auxquels auraient répondu les violences et les autres éléments de preuve indirects cités à l'appui de cette allégation » [508] .

– Comment savoir si telle catégorie de la population, par exemple, les Tutsi et les Hutu du Rwanda, les Zaghawa, les Sara et les Hadjeraî au Tchad, constitue un groupe ethnique, racial, national ou religieux ?

Pour résoudre ces équations, le juge a besoin, au-delà de sa maîtrise des catégories juridiques, de données historiques et sociologiques que sa formation de juriste ne lui a pas forcément permis d'acquérir.

494. C'est à travers ces préoccupations que se mesure toute l'utilité des échanges d'expériences entre les différents systèmes juridiques en vigueur dans le monde. En effet, le droit anglo-saxon a développé une pratique inconnue du droit romano-germanique, mais qui semble

---

[508] Lire, à cet effet, le document intitulé « Motifs de la décision rendue oralement le 15 janvier 2019… », publié le 16 juillet 2019. https://www.icc-cpi.int

répondre parfaitement aux préoccupations que suscite le traitement des crimes internationaux : il s'agit de l'institution dénommée *amicus curiae*, expression latine qui signifie littéralement « ami de la Cour ».

L'*amicus curiae* est une personnalité ou un organisme non-partie à une procédure que le tribunal sollicite pour être éclairé sur des questions de fait ou de droit[509].

Dans le droit romano-germanique, les personnes qui interviennent pour éclairer le tribunal sont soit des témoins, soit des experts. Les premiers sont des personnes qui relatent ce qu'elles ont vu ou entendu, tandis que les seconds éclairent le tribunal sur des questions d'ordre technique telles que l'authenticité d'une écriture, le solde réel d'un compte-courant, etc…[510].

Pour dire si telle catégorie de la population constitue un groupe ethnique ou non, ou situer avec précision la période d'un conflit armé, il faut des personnes qui soient en mesure de se prononcer sur des événements historiques ou sur des réalités sociologiques, ce qui n'est pas la vocation d'un expert au sens *romano-germanique* du terme, encore moins celle d'un témoin.

C'est sans doute ce qui explique, par exemple, le succès d'une telle institution devant les juridictions internationales chargées de juger des crimes internationaux. Les *amicus curiae* sont souvent sollicités pour

---

509 L'*amicus curiae* est une institution familière pour les juristes du monde entier. Signifiant littéralement « ami de la Cour », cette expression latine désigne un mémoire présenté par une personne ou organisation qui n'est pas partie au litige mais qui, soit de sa propre initiative, soit à la demande de la Cour, présente des observations sur un point utile à la solution du litige. Elle permet aussi bien de présenter des observations juridiques (par exemple, des lumières sur l'interprétation de la loi) que factuelles (telle que des données sociologiques, un éclairage sur les conséquences pratiques de la solution, etc.).
La pratique de l'*amicus curiae* est à l'origine, un héritage du droit anglais -qui, d'après certaines sources, aurait repris cet usage du droit romain. Aux États-Unis, elle a commencé à se développer devant la Cour suprême au début du XIXe siècle, avant de prendre un essor particulier dans la deuxième moitié du XXe siècle. En parallèle, l'institution a été adoptée par de nombreuses juridictions internationales ou régionales comme la Cour européenne des droits de l'Homme. Elle a même été récemment acclimatée en France, où le décret du 22 février 2010 a officiellement introduit l'institution. Le Conseil d'État français a notamment fait usage de cette nouvelle procédure dans l'affaire Vincent Lambert, où le Conseil a sollicité les observations de l'Ordre des médecins et du Conseil national d'Éthique.

510 Aux termes de l'article 152 du CPP sénégalais, « la mission de l'expert ne peut avoir pour objet que l'examen de questions d'ordre technique ».

éclairer le juge international sur des questions techniques telle que la chaîne de commandement des Armées.

Cette notion est utilisée par la Cour européenne des droits de l'Homme ou l'organisation mondiale du commerce à travers l'organe de règlement des différends.

Certes, la position exprimée par l'*amicus curiae*, souvent appelé expert, n'est qu'un avis et ne dispense pas le tribunal de l'obligation de mener des investigations pour faire jaillir la vérité. Mais elle a, souvent, le mérite de constituer une base de réflexion et un axe de recherche extrêmement utile pour les juges chargés d'enquêter sur des crimes de masse.

Au cours de l'instruction de l'affaire au sein des CAE, les juges ont senti la nécessité de recueillir l'avis d'un expert sur la détermination du contexte historique et politique qui a prévalu au Tchad durant la période comprise entre 1982 et 1990. En l'absence de disposition expresse consacrant l'institution de l'*amicus curiae*, la Chambre d'instruction a fait œuvre jurisprudentielle en désignant comme expert un historien pour l'éclairer sur le contexte historique du Tchad [511].

Nous pensons que l'intégration d'une telle institution dans les législations nationales contribuerait à renforcer la capacité de ces dernières à faire face à la problématique de la répression des crimes internationaux.

Bien entendu, le recours à cette notion n'est pas toujours exempt de risques. En effet, ceci peut, si l'on y prend garde, être une occasion pour des groupements d'intérêts de s'introduire dans des procédures dans le but non pas d'éclairer le tribunal, mais de faire du lobbying. Il faudra donc veiller à encadrer l'utilisation de cette institution en définissant clairement le profil des personnes ou organismes susceptibles d'être sollicités en qualité d'*amicus curiae.*

495. La particularité des crimes internationaux est qu'ils mettent en jeu, non seulement, l'aspect criminologique des présumés auteurs, mais également les dimensions politiques, sociales voire sociologiques.

En effet, pour élucider des crimes contre l'humanité par exemple, il est nécessaire d'analyser la situation politique et sociale de la période de commission de crimes afin de déterminer si, à l'époque des faits, il

[511] Il s'agit de l'historien tchadien Arnaud Dingammadji.

y avait une politique de répression dirigée contre la population civile, une campagne de guerre, etc.

La détermination du contexte de commission des faits constitue ainsi, un préalable fondamental qui permet de prendre l'exacte mesure des actes incriminés. Or, cette analyse sur le contexte politique, social, voire religieux ne peut être effectuée par des juges. Même si ceux-ci font recours à des spécialistes, il est important de bien s'imprégner des sciences sociales avant de se livrer à une appréciation des faits criminels qui leur sont soumis.

Parlant de son expérience à la CPI, M. Bruno Cotte, ancien juge à la CPI de 2008 à 2014 a déclaré que : « le juge se trouve confronté à des situations géographiques et politiques totalement inédites. Il ne les connaît pas et il lui faut rapidement les appréhender s'il veut remplir correctement la mission qui lui est confiée.

Prendre en compte l'apport des sciences sociales et s'imprégner du contexte historique, géographique, politique, ethnique, religieux, sociologique, anthropologique du pays, voire de la région dans laquelle se sont produits les faits qu'il doit juger est nécessaire »[512].

496. En raison de la complexité des faits sur lesquels porte l'instruction des crimes internationaux, l'efficacité des juridictions internationales suppose l'existence, à côté du personnel judiciaire, d'experts suffisamment aguerris pour éclairer le tribunal dans des domaines pointus tels que l'analyse génétique, la vérification d'écritures, etc.

Certes, il est toujours possible de désigner des experts établis ailleurs qu'en Afrique. C'est d'ailleurs ce que la Chambre africaine d'instruction a fait en désignant des experts argentins pour procéder à des expertises en matière balistique, et en matière d'anthropologie médico-légale.

De même, la Chambre a désigné un expert en comparaison d'écritures dont les conclusions ont été capitales pour déterminer le rôle de Hissène Habré comme donneur d'ordre concernant les prisonniers de guerre malades détenus dans la maison d'arrêt de N'Djamena qu'il a privé de soins en interdisant leur transfert à l'hôpital, les condamnant du coup à une mort certaine.

Même si le recours à l'expertise étrangère n'est pas critiquable en soi, l'existence, au sein des juridictions nationales, d'experts rompus à

---

512 Interview accordée le 15 octobre 2015 à la « Rédaction Croix du Nord ».

la tâche contribuerait à renforcer l'efficacité et la crédibilité des systèmes judiciaires africains.

La nécessité de doter les juridictions de compétences pointues pour mener à bien la mission de répression des crimes internationaux a été perçue dans de nombreux pays. Ainsi, le Danemark, les Pays-Bas, la Norvège, la Belgique ont créé, au sein de leurs juridictions nationales respectives, des unités spécialisées dans l'instruction et le jugement des crimes internationaux. Ces unités sont composées d'enquêteurs, d'experts, d'historiens et d'anthropologues que les juridictions peuvent solliciter à tout moment.

Les juridictions africaines devraient s'inspirer de ce modèle, afin de disposer en permanence d'un pool d'experts dans divers domaines. Ce serait un excellent moyen de garantir plus de célérité dans la conduite des enquêtes et de réduire les coûts des expertises très souvent rendues onéreuses par le recours à des étrangers.

Les mesures ci-dessus évoquées concernent le contenu des législations nationales. Les adaptations proposées sont de nature à rendre les systèmes judiciaires plus aptes à faire face au défi de la répression des crimes internationaux.

Cependant, au regard du caractère transnational des infractions, toute stratégie de répression est vouée à l'échec si elle ne prend pas en compte la nécessité de renforcer la coopération judiciaire.

Section II

L'adaptation de la coopération judiciaire en Afrique

497. L'efficacité de la politique de répression des crimes internationaux requiert un renforcement des mécanismes de coopération judiciaire en Afrique[513].

Compte tenu de la complexité des procès internationaux et de la nécessité de solliciter la coopération d'autres pays[514], l'amélioration des

---

[513] André Huet et Renée Koering-Joulin, « Droit pénal international », PUF, 2005, p. 333.

[514] Parlant de cette nécessité pour les États de recourir de plus en plus aux mécanismes de coopération judiciaire, Bernard Rabatel fait observer que : "Il y a cinquante ans, ils pouvaient utiliser, dans la plupart des cas, des preuves obtenues au niveau local ou national. De nos jours, les activités criminelles (y compris la corruption) sont de plus en plus complexes. Les criminels sont plus sophistiqués et emploient des équipes de juristes hautement qualifiés." (Bernard Rabatel, "Legal challenges in

mécanismes de coopération entre pays africains constitue une condition sine qua non de la mise en œuvre de la justice pénale internationale en Afrique. En effet, la primauté de la justice internationale et le principe de complémentarité ne sauraient, à eux seuls, être en mesure de répondre aux exigences de la lutte contre l'impunité[515].

S'il paraît difficile, pour ne pas dire impossible, de gommer d'un trait tous les obstacles liés à la mise en œuvre du devoir de coopérer, il nous semble, en revanche, tout à fait possible d'atténuer les goulots d'étranglement qui compromettent la coopération judiciaire.

Cette amélioration pourrait se faire par le biais des instruments classiques de la coopération judiciaire que sont l'entraide judiciaire et l'extradition.

§ I. – Amélioration de l'entraide judiciaire

498. L'entraide judiciaire peut être définie comme « un ensemble de moyens par lesquels un État prête le concours de sa force publique ou de ses institutions judiciaires à l'instruction, au jugement ou à la répression d'une infraction par un autre État » [516] ou par une juridiction internationale. Comme le dit si bien un auteur, il s'agit « d'une prestation de services juridiques internationaux spontanée ou requise » [517].

Le développement de la criminalité organisée et son corollaire, le caractère de plus en plus complexe des infractions, l'implication d'un nombre élevé de personnes et la mobilité constante des auteurs de crimes contribuent à faire de l'entraide judiciaire un instrument incontournable dans la lutte contre l'impunité, en général, et les crimes internationaux en particulier [518]. Le développement de la coopération judiciaire se

---

mutual legal assistance", *in Denying Safe Haven to the Corrupt and the Proceeds of Corruption: Enhancing Asia-Pacific Cooperation on Mutual Legal Assistance, Extradition, and Return of the Proceeds of Corruption-Capacity-Building Program*, Initiative Banque asiatique de développement/ Organisation de coopération et de développement économiques de lutte contre la corruption en Asie et dans le Pacifique (Manille, BAD; Paris, OCDE, 2006), p. 38.

[515] Geoff Gilbert, "Crimes sans frontière : jurisdictional problems in England Law," *The British Yearbook of International Law*, *LXIII*, 1992 : 416-417.

[516] Claude Lombois, 2e edition, « Droit pénal international », Paris, Dalloz, 1979, p. 537.

[517] Bryan S. Baban, Collection Droit international « La mise en œuvre de la responsabilité pénale du chef d'État », Larcier, 2012, p. 384

[518] Objectivement, il n'est pas possible de conclure un traité bilatéral avec tous les pays du monde. Mais la mondialisation croissante de la criminalité impose aux États de disposer d'un moyen de coopération internationale avec toutes les parties du globe.

manifeste à travers l'adoption et le recours aux traités qui régissent cette matière.

Il existe actuellement de nombreux traités de ce type. Certains sont en place depuis quelque temps, produisant d'excellents résultats [519].

Malgré cette importance qui lui est reconnue, la coopération judiciaire peine à jouer pleinement son rôle en Afrique, en raison de plusieurs obstacles.

L'amélioration des mécanismes de coopération judiciaire passe par une analyse lucide d'un des problèmes auxquels les acteurs de la justice sont le plus souvent confrontés : le refus de coopérer.

A. La problématique du refus de coopérer

Au regard du fondement de l'obligation de coopérer (1), on peut essayer d'imaginer la gamme de sanctions (2) qu'il est possible d'appliquer aux États défaillants.

1. – le fondement de l'obligation de coopérer

499. La question du fondement ne se pose pas pour les États-parties à un traité instituant une juridiction pénale internationale. Car en acceptant de signer et de ratifier un traité, chaque État s'oblige à réunir les conditions de la mise en œuvre des dispositions de l'Accord. Or, il est évident que, s'agissant de la répression des crimes internationaux, les juridictions pénales internationales qui ne disposent pas de police n'ont pas les moyens d'agir sans l'appui des États qui sont les seuls à disposer d'une force publique.

Les juridictions internationales doivent pouvoir compter sur la collaboration de toutes ces entités vers lesquelles elles se tournent chaque fois qu'elles cherchent à accomplir effectivement un devoir d'enquête ou d'instruction sur les crimes, à rassembler les éléments de

---

Pour les États qui souhaitent se lancer dans la rédaction d'un traité avec un autre État ou, peut-être, une région, l'ONUDC a élaboré le Traité-type d'entraide judiciaire en matière pénale qui peut grandement aider les personnes chargées de rédiger les documents à boucler rapidement la procédure.

519 Voir, par exemple, la Convention interaméricaine sur l'entraide judiciaire en matière pénale et la Convention interaméricaine sur l'extradition. Ces deux conventions sont utilisées dans la région couverte par l'Organisation des États américains et sont facilitées par le Réseau continental d'échange d'informations pour l'entraide judiciaire en matière pénale et l'extradition, dont le but est de fournir aux États membres un portail pour l'échange d'informations concernant l'entraide judiciaire et l'extradition afin d'accroître l'efficacité de ces procédures

preuve qui pourraient être pertinents à l'élaboration de la ligne d'accusation, à citer les témoins à faire comparaître, à faire arrêter les accusés et obtenir leur transfèrement [520].

S'agissant des États tiers, c'est-à-dire ceux qui n'ont pas ratifié de traités instituant une juridiction pénale internationale, la situation est moins évidente.

En principe, le traité de Rome ne devrait pas lier les États tiers. Mais l'intervention du Conseil de Sécurité peut changer la donne dans la mesure où cet organe peut considérer que l'absence de coopération est constitutive d'une menace pour la paix et ouvrir ainsi la voie aux sanctions prévues dans le Chapitre VII de la Charte onusienne [521].

Certains estiment que dans cette hypothèse, les États tiers ont l'obligation d'apporter leur collaboration et l'entraide judiciaire nécessaire aux juridictions internationales dans la recherche et la répression des crimes internationaux[522]. En effet, dans sa Résolution déférant la situation du Darfour à la Cour pénale internationale, le Conseil de sécurité en avait décidé ainsi :

« (...) Décide que le gouvernement soudanais et toutes les autres parties au conflit du Darfour doivent coopérer pleinement avec la Cour et le Procureur et leur apporter toute l'assistance nécessaire, conformément à la présente résolution et, tout en reconnaissant que le Statut de Rome n'impose aucune obligation aux États qui n'y sont pas parties, demande instamment à tous les États et à toutes les organisations régionales et internationales concernées de coopérer pleinement (...) ».

Nous pensons, toutefois, qu'il faudrait nuancer le propos : une juridiction pénale internationale instituée par Traité, et donc fondée sur le libre consentement des États, ne saurait imposer des obligations à des États tiers, fût-ce au nom de la lutte contre l'impunité. Dans une telle hypothèse, le principe « *pacta sunt servanda* » doit s'appliquer dans toute sa rigueur.

---

520 I. Prezas, « La justice pénale internationale à l'épreuve du maintien de la paix : à propos de la relation entre la Cour pénale internationale et le Conseil de sécurité », R.B.D.I., 2006 : 77-78.

521 L. Condorelli, et S. Villalpando, « Les Nations unies et les juridictions pénales internationales », La Charte des Nations unies, Commentaire article par article, 3e éd., Paris, Economica, 2005, p. 230.

522 C'est le cas du professeur Cherif Bassiouni pour qui un crime ayant atteint le statut de norme *jus cogens* entraîne des obligations comme le devoir de poursuivre ou d'extrader, celui d'établir une compétence universelle, ainsi que celui de coopérer.

Par contre, lorsque la juridiction pénale internationale a été mise sur pied par Résolution du Conseil de Sécurité [523], l'autorité qui découle des décisions de cet organe justifie une obligation de coopération des États membres [524].

500. Cette obligation de coopérer s'étend à toutes les phases du procès pénal international. Il s'agit d'un devoir qui oblige les membres de la communauté internationale à agir, sur la base d'un lien de droit international, conjointement avec les juridictions pénales internationales aux fins de rechercher et de juger les auteurs des crimes internationaux. Le lien de droit international qui fonde le devoir de coopérer avec les juridictions pénales internationales résulte, en ce qui concerne les juridictions ad hoc, de la Charte des Nations unies et des résolutions portant création de ces juridictions. En ce qui concerne la Cour pénale internationale, cette obligation de coopérer résulte du Statut de Rome. L'obligation de coopérer recouvre précisément deux domaines : l'assistance judiciaire lors des enquêtes, pour la collecte et la protection des éléments de preuve, d'une part, et, d'autre part, la coopération en vue de la recherche, de l'arrestation et de la détention avant procès des suspects et des accusés.

Comme toute obligation juridique, l'obligation de coopérer peut justifier le prononcé de sanctions lorsqu'elle est violée par un de ses débiteurs.

2. – Sanction du refus de coopérer

501. Dans les relations entre États, la violation de l'obligation de coopération judiciaire est susceptible d'entraîner la responsabilité internationale de l'État défaillant. Cette responsabilité obéit aux règles classiques de la responsabilité des États.

Ainsi, l'État défaillant peut être attrait devant la CIJ pour violation de ses engagements internationaux contenus dans l'instrument de coopération judiciaire.

---

523 Les résolutions du Conseil de Sécurité prises en vertu du chapitre VII de la Charte peuvent être assimilées, en termes de primauté, aux dispositions de la Charte à la lumière de son article 103 : Jean Marc Thouvenin, « Article 103 », in Jean Pierre Cot, Alain Pellet et Mathias Forteau, « La Charte des Nations unies », p. 2146.

524 Antonio Cassesse, "On the Current Trends Towards Criminal Prosecution and Punishment of Breaches of International Humanitarian Law," *European Jornal of International Law*, *9*, 1998-1, p. 13.

Mais, conformément au « principe de libre choix des moyens » [525], l'État demandeur peut recourir à tout autre mode de règlement de différend accepté par son adversaire. Le différend peut ainsi être soumis à arbitrage, lorsque l'instrument de coopération le permet [526].

Les parties peuvent, également, trouver une solution négociée. Ce fut le cas dans l'affaire de l'attentat de Lockerbie où les États-Unis et le Royaume-Uni avaient demandé à la Libye d'extrader les deux Libyens suspectés d'y avoir participé. Finalement, les trois États ont convenu de les faire juger, non pas au Royaume-Uni, aux États Unis ou en Libye, mais dans un État tiers, à La Haye, par des juges écossais.

La mise en œuvre de la responsabilité de l'État, outre les longs délais d'attente qu'elle engendre, est loin de pouvoir compenser les effets néfastes de la violation de l'obligation de coopération. En effet, la sanction susceptible d'être prise ne peut être que le paiement de dommages-intérêts. Une sanction qui est loin de pouvoir compenser le préjudice découlant du blocage de la procédure judiciaire.

En réalité, lorsqu'un État refuse de coopérer, la solution ne peut être que politique [527]. C'est en effet, par la pression politique, voire les menaces de sanctions économiques, qu'un État peut être contraint à exécuter une mesure de coopération judiciaire [528].

502. Dans le cas de la coopération judiciaire entre un État et une juridiction internationale, c'est le Statut de cette dernière qui prévoit les mesures à prendre en cas de refus de coopérer constaté de la part du premier nommé.

Ainsi, s'agissant de la CPI, la Chambre qui a émis le mandat non exécuté par un État peut en informer le président de la CPI. Celui-ci peut, à son tour, dénoncer ce manque de coopération à l'Assemblée des

---

[525] *Déclaration de l'Assemblée générale des Nations unies* sur les principes de droit international touchant les relations amicales et la coopération des États, A/Rès.2625 (XXV), 24 octobre 1970).

[526] C'est le cas de la *Convention européenne pour la répression du terrorisme* dans son article 10.

[527] Bien que l'article 86 du Statut de Rome fasse injonction aux États-parties de coopérer pleinement avec la Cour et qu'un chapitre dudit statut soit consacré à cette question, la CPI ne dispose d'aucun moyen de pression pour faire exécuter ses demandes, si ce n'est une réprobation diplomatique.

[528] Le cas du Soudan prouve que même lorsque le Conseil de Sécurité use de son autorité pour saisir la CPI, il est difficile de contraindre un État à coopérer. voir F. Aumond, « La situation au Darfour déférée à la CPI : Retour sur une résolution « historique » du Conseil de Sécurité », *RGDIP*, 2008, p. 131.

États-parties [529]. Cependant, force est d'admettre que cette dénonciation ne garantit pas des résultats. À titre d'exemple, on peut citer le cas de l'Ouganda à propos des mandats émis en 2005 contre cinq membres de l'Armée de résistance du Seigneur [530]. Malgré la pression exercée par la CPI, ces mandats n'ont pas été exécutés.

Le Statut de la CPI prévoit une autre solution consistant, dans les affaires déférées à la juridiction par le Conseil de Sécurité, à saisir cette instance qui, en fonction de la gravité de la non-coopération, pourrait imposer des sanctions à l'État défaillant.

S'agissant des tribunaux ad hoc, la situation varie en fonction du mode de création.

Ainsi, les tribunaux qui ont vu le jour par le biais d'une résolution du Conseil de Sécurité bénéficient en quelque sorte de l'autorité dudit Conseil. En cas de non coopération, l'État s'expose aux sanctions imposées par le Conseil [531].

Par contre, les autres tribunaux internationalisés souffrent de la même tare qui affecte les juridictions pénales internationales qui est la dépendance vis-vis de la coopération des États. Les tribunaux hybrides y sont même plus sensibles que ne l'étaient les TPI, dans la mesure où aucun d'entre eux ne bénéficie de l'appui du chapitre VII de la Charte des Nations unies. En effet, ni l'autorité, ni la primauté des tribunaux hybrides sur les juridictions nationales ne s'étend aux États autres que celui sur le territoire duquel les crimes poursuivis ont été commis. C'est pour cette raison que les Panels spéciaux timorais n'ont pu poursuivre aucun des criminels réfugiés en Indonésie, à la suite du refus de cet État de les extrader.

Par ailleurs, dans le but de renforcer la coopération judiciaire, il est impératif de procéder à l'adaptation du mode de transmission des commissions rogatoires internationales.

---

[529] L'article 87, paragr. 7 dispose à cet effet : « Si un État partie n'accède pas à une demande de coopération de la Cour, contrairement à ce que prévoit le présent statut et l'empêche ainsi d'exercer les fonctions et les pouvoirs que lui confère le présent Statut, la Cour peut en prendre acte et en référer à l'Assemblée des États Parties ou au Conseil de sécurité, lorsque c'est celui-ci qui l'a saisie. »

[530] Il s'agit de Joseph Kony, Vincent Otti, Okot Odhiamba, Raska Lukwiya et Dominic Ongwen.

[531] Antonio Cassesse « On the Current Trend towards Criminal Prosecution and Punishment of Breaches of international Humanitarian Law » *European Journal of International Law*, vol. 9, 1998-1, p. 13.

B. Adaptation de la procédure de transmission des CRI

503. En Afrique, l'une des principales difficultés de la coopération judiciaire est liée à la lenteur constatée dans la transmission et l'exécution des demandes d'entraide. Le paradoxe est que, autant la frontière constitue un avantage pour le délinquant capable, en un temps record, de quitter un pays pour aller ouvrir un compte dans un autre pays, autant elle constitue un inconvénient pour le juge dont la demande d'entraide met souvent des mois, voire des années à être traitée. Tout compte fait, délivrer une commission rogatoire équivaut à jeter une bouteille contenant un message dans la mer, en espérant qu'elle finira entre les mains d'une bonne volonté disposée à lire le message et à apporter le secours sollicité. Autant dire qu'en Afrique, lenteur et aléa sont consubstantielles à la Commission rogatoire internationale.

Au Sénégal, il n'y a pas de normes générales applicables à la rédaction, la transmission et l'exécution des CRI.

Néanmoins, il existe quelques textes épars tels que l'article 30 de la loi 71-77 du 28 décembre 1971 sur l'extradition qui traite des modalités de réception des CRI émanant de pays étrangers.

Les modalités de rédaction et de transmission des CRI sont prévues par les différents *Accords de coopération judiciaires* conclus entre les pays.

Ainsi, l'Accord de coopération signé le 3 mai 2013 entre le Sénégal et le Tchad prévoit que : « Les commissions rogatoires seront adressées pour approbation par le ministère de la Justice de l'État requérant à celui de l'État requis. En cas d'urgence, elles peuvent être adressées directement par l'Autorité judiciaire compétente du Sénégal à l'Autorité judiciaire du Tchad »[532].

En principe, les documents officiels tenant lieu de CRI transitent par les ministères des Affaires étrangères des deux pays et mettent beaucoup de temps avant de parvenir à l'autorité judiciaire compétente. Certains Accords de coopération judiciaire suppriment le passage par le ministère des Affaires étrangères et prévoient que les documents sont transmis directement au ministère de la Justice de l'État requis [533].

Mais, malgré cette précaution, les délais de transmission des CRI restent très longs.

---

532 Article 16, alinéa 4 de l'*Accord de coopération.*

533. Voir article 14 de la Convention bilatérale du 29 mars1974 entre le Sénégal et la France.

Il s'y ajoute que lorsque les CRI arrivent à destination, leur délai d'exécution reste tributaire de la diligence dont peuvent faire preuve les acteurs concernés.

Dans la pratique, on constate, en effet, une très grande lenteur dans la transmission et l'exécution des CRI. L'exploitation de quelques dossiers a ainsi permis de constater que les CRI mettent facilement plus d'un an à être exécutées [534].

Cette lenteur tient à plusieurs facteurs, notamment :

– la complexité de certaines missions ;

– le manque de moyens logistiques des juges saisis et leur charge de travail ;

– le manque de suivi administratif.

Compte tenu de cette lenteur constatée dans la transmission et l'exécution des CRI et de la nécessité d'effectuer des missions au Tchad, il paraissait évident que si la procédure judiciaire ouverte devant les CAE devait être menée suivant les mêmes règles, on allait au-devant de grandes difficultés.

Pour parer à cette situation qui risquait d'être préjudiciable à la conduite des investigations, la Chambre d'instruction s'est entendue avec le Doyen des juges d'instruction du Tribunal de Grande Instance de N'Djamena [535], pour trouver les moyens d'assouplir les modalités de transmission de la CRI. Au terme des discussions menées avec cette autorité judiciaire du Tchad, il a été convenu que l'exécution de la CRI allait être entamée dès la réception de la copie envoyée par voie électronique et que le document original serait directement remis par l'autorité judiciaire du Sénégal à son arrivée sur le territoire tchadien, conformément à l'article 16 de l'*Accord de coopération judiciaire* du 3 mai 2013.

---

[534] Les données ci-après sont tirées de l'exploitation de quelques dossiers pendants au Cabinet du Doyen des juges d'instruction du Tribunal de grande instance de Dakar. CRI datée du 18/10/2011 émanant de France, transmise le 10/01/2012 non encore exécutée à la date du 31 décembre 2015 - CRI datée du 11/08/2011 et émanant d'Abidjan, transmise le 23/01/2012 non encore exécutée à la date du 31 décembre 2015 - CRI datée du 04/12/2011 Lomé et arrivée le 16/03/2012 exécutée et transmise le 20/11/2013.

[535] C'est le magistrat désigné officiellement par l'État du Tchad pour superviser l'exécution de toutes les CRI envoyées par les CAE.

504. Il faut préciser que, grâce à l'agent de liaison, chargé de la coopération internationale à l'Ambassade de France [536], le même procédé a été utilisé pour l'exécution de la CRI envoyée en France. En effet, dès la signature, le 21 octobre 2013, de la CRI relative à l'audition d'un témoin en France, la copie électronique dite « avancée » a été communiquée aux magistrats français par l'intermédiaire du magistrat de liaison. L'intervention de ces derniers a permis de procéder à l'audition souhaitée dès le 17 janvier 2015, soit bien avant l'arrivée en France du document original.

C'est donc grâce à ce procédé que, en dépit de leur relative complexité, les CRI effectuées au Tchad ont pu être transmises et exécutées avec célérité, comme en témoigne le tableau suivant.

CRI concernée	**Date d'envoi par voie électronique**	**Date d'exécution**	**Observations**
CRI du 25 juillet 2013 exécutée au Tchad	25 juillet 2013	Du 19 août au 4 septembre 2013	Délai d'exécution : 2 mois
CRI du 21/10/2013 exécutée au Tchad	21/10/2013	Du 2 au 20 décembre 2013	Délai d'exécution : 2 mois
CRI du 06/02/2014 exécutée au Tchad	06/02/2014	Du 9 mars au 5 avril 2014	Délai d'exécution : moins de 2 mois
CRI du 25/04/2014 exécutée au Tchad	25/04/2014	Du 17 mai au 15 juin 2014	Délai d'exécution : moins de 2 mois
CRI du 11/10/2013 exécutée en France	11/10/2013	Du 16 au 17 janvier 2014	Délai d'exécution : 2 mois

Naturellement, on peut expliquer cette célérité par les moyens exceptionnels mobilisés et la sensibilité de l'affaire. Mais elle tient aussi aux bonnes pratiques développées dans le cadre de la conduite de cette affaire. On peut parier que les mêmes diligences ne manqueront

536 Monsieur Dominique De Voglimaci.

certainement pas d'être reproduites ailleurs pour le plus grand bien de l'administration de la justice.

Par ailleurs, pour accélérer le délai de transmission et d'exécution des CRI, les mesures suivantes pourraient être envisagées.

1. L'usage des nouvelles techniques de l'information et de la communication (NTIC)

505. La prise en compte des NTIC pourrait contribuer à faciliter le processus de transmission de deux manières.

On pourrait, tout d'abord, prévoir que les commissions rogatoires internationales (CRI) peuvent être transmises par voie électronique et que l'État requis devra commencer l'exécution dès réception de la demande par voie électronique.

On pourrait, ensuite, impartir un délai raisonnable d'exécution à l'État requis. Dans la perspective de l'application du principe de complémentarité, ce délai pourrait servir de paramètre pour l'appréciation de la volonté ou de la capacité de l'État à poursuivre les auteurs de crimes internationaux.

L'expérience de certains pays dont les pratiques judiciaires ont fait la preuve de leur efficacité dans ce domaine, pourrait servir d'exemple [537].

La transmission des CRI pourrait aussi être mieux encadrée soit par la désignation d'agent de liaison, soit par le recours à l'Organisation internationale de la Police criminelle (Interpol).

2. Le recours à un magistrat de liaison ou aux services d'Interpol

506. Il s'agit de désigner quelqu'un chargé de faciliter le contact entre les autorités judiciaires de son pays et celles du pays d'accueil. Dans certains pays, cette fonction est dévolue à un magistrat dit de

---

[537] C'est le cas du Brésil qui a mis en place un système qui aide grandement à respecter les objectifs de communication rapide et permanente avec les États requis. Le système brésilien exige les éléments suivants pour chaque demande que l'autorité centrale reçoit d'autres organismes.

- Confirmation par lettre ou courriel officiel à l'organisme requérant que la demande a été effectivement transmise à l'État requis.
- Remplissage d'un formulaire de « système d'alerte ». Ce qui permet d'obtenir des rappels pour pouvoir contacter l'État requis tous les 30, 60 ou 90 jours (en fonction de l'urgence du dossier) pour un point sur l'exécution de la demande.
- Notification, à l'autorité requérante, du fait que des enquêtes ont été menées et incitation des autorités requise et requérante à utiliser la messagerie électronique ou d'autres technologies pour communiquer rapidement les résultats de la demande.

« liaison ». Il est installé dans l'ambassade de son pays et joue à la fois la fonction de juge et de diplomate [538].

Certains pays ont aussi mis en place un programme d'agents de liaison qui sont des personnes affectées à l'étranger pour assurer la liaison avec leurs homologues de pays ou de régions spécifiques [539].

L'institution du magistrat de liaison permet de disposer à l'étranger d'un canal de communication [540].

---

[538] La coopération judiciaire est en train de changer de nature. D'une entraide ponctuelle fondée sur les commissions rogatoires internationales propres aux relations entre États, la coopération judiciaire est devenue une coopération de proximité capable de reprendre, pratiquement en temps réel, le travail des magistrats et de faciliter leur compréhension réciproque en vue de la mise en œuvre de décisions cohérentes dans les différents dossiers individuels à caractère international.
Toutes ces conditions ont amené les autorités judicaires de l'Union européenne à chercher des moyens d'action immédiats et efficaces pour briser l'isolement et aller chez l'autre partenaire pour se faire accepter comme l'un des leurs et accueillir en échange leurs représentants. Et c'est ainsi, qu'au lendemain des attentats mafieux dirigés contre deux juges italiens, au cours de l'été 1992, la France et l'Italie décidèrent de donner une réponse à cette situation de crise en se donnant un outil opérationnel : le magistrat de liaison. Au mois de mars 1993, le premier magistrat de liaison prend ses fonctions à Rome et réciproquement, le premier magistrat italien prend les siennes à Paris. Cette expérience bilatérale a rapidement trouvé, sous l'impulsion française, une dimension plus large et de nouveaux postes de magistrats de liaison ont été ainsi créés par le Royaume-Uni et par l'Italie. D'autres nominations ont eu lieu avec des pays non européens : États-Unis, Canada puis avec les pays du sud de la Méditerranée, Maroc et dernièrement Algérie. Cette institution, où justice et diplomatie sont mêlées, ne semble pas jusqu'à présent être très bien connue.

[539] Ces agents possèdent, dans leur domaine d'activité, des connaissances telles que la structure de commandement des forces de police locales, la structure des administrations, y compris les tribunaux, et les éventuels problèmes géographiques ou politiques locaux, qui peuvent tous avoir une incidence sur la coopération internationale.
Ils peuvent également remplir une fonction utile d'information en tenant les autres participants informés des problèmes qui peuvent survenir dans le cadre d'une demande d'entraide judiciaire ou d'extradition. Nombre de ces agents sont des fonctionnaires de police qui sont également membres d'Interpol et ont, de ce fait, accès aux puissants outils d'investigation que cette organisation met à la disposition de ses membres.

[540] À cet égard, le magistrat de liaison peut :

- faire office de canal de communication avec l'autorité chargée d'exécuter les demandes reçues et avec les autres autorités centrales pour les demandes émises ;
- assurer la liaison avec les autorités judiciaires qui peuvent exécuter des demandes et suivre l'évolution des dossiers tout au long du système judiciaire de l'État requis ;

Elle présente aussi plusieurs autres avantages qui sont entre autres :

• Un représentant peut donner des avis et traiter une demande en temps réel pendant les heures d'ouverture des bureaux de l'État requérant ou requis.

• Un représentant peut interagir personnellement avec d'autres représentants, acquérant ainsi une précieuse connaissance de première main d'autres traditions et systèmes juridiques.

• Les représentants peuvent personnellement faire connaître leur propre système juridique aux autres lorsqu'ils fournissent de l'aide ou dans des cadres informels ou éducatifs.

507. De même, l'Organisation internationale de Police criminelle (Interpol) peut au besoin, être utilisée en cas d'urgence comme canal de communication pour l'entraide judiciaire [541].

Il est utile de connaître les services considérables qu'Interpol peut fournir aux États qui souhaitent communiquer efficacement en matière d'aide internationale. Dans ce domaine, il faut que la police, les magistrats et les avocats trouvent les moyens de se compléter aux fins d'enquête qui couvrent différents pays et traditions juridiques. La contribution d'Interpol à l'action des autorités centrales est le réseau parallèle de bureaux centraux nationaux. Ces bureaux, créés conformément à l'article 32 du Statut d'Interpol, sont les points focaux de chaque État membre pour ce qui est d'assurer la liaison avec les services dudit État, avec les bureaux centraux nationaux d'autres États et avec le secrétariat général d'Interpol.

Chaque bureau central national est relié au réseau I-24/7, qui permet de transmettre les demandes de coopération de manière rapide et sûre. Grâce à ce système, les demandes d'entraide judiciaire et d'extradition peuvent être transmises selon les modalités suivantes :

– de l'autorité nationale compétente (tribunal, par exemple) ou de l'autorité centrale au bureau central national du pays. Celui-ci transmet ensuite la demande au bureau central national de l'État requis, qui, à son tour, la transmet aux autorités compétentes. Actuellement, ce scénario est régulièrement appliqué par Interpol ;

• contacter les autres autorités centrales de manière informelle (réunions bilatérales, par exemple) ou formelle (visites régulières, par exemple) pour examiner les questions et affaires d'intérêt mutuel et ouvrir des canaux de communication.

[541] Le recours aux services d'Interpol est également encouragé dans les articles 26 à 29 de la Convention relatifs à l'exécution et à la coopération internationale.

– en étendant, conformément à la législation nationale et au cadre juridique d'Interpol, le système I-24/7 au-delà du bureau central national, aux autorités nationales compétentes habilitées à remplir le rôle d'institution publique faisant appliquer le droit pénal. Il pourra être utile, par conséquent, d'étudier au niveau national, la possibilité de relier les autorités centrales directement au système I-24/7 afin de diffuser les demandes d'entraide judiciaire.

Le système I-24/7 permet, également, aux enquêteurs de vérifier les informations dans les bases de données d'Interpol [542] (sur les antécédents criminels, l'ADN, les empreintes digitales et les documents de voyage volés ou perdus, par exemple).

L'autre mécanisme de la coopération que constitue l'extradition pourrait également être amélioré dans certains de ses aspects.

§ II. – Nécessité d'assouplir la procédure d'extradition

508. L'extradition est définie comme étant l'acte par lequel « un gouvernement livre un individu prévenu d'un crime ou d'un délit à un autre gouvernement qui le réclame pour le juger et le punir » [543]. C'est un outil de coopération judiciaire consacré par toutes les législations nationales [544].

---

[542] Les demandes de coopération diffusées par les canaux d'Interpol peuvent s'effectuer de plusieurs façons :

a) Par la publication de notices Interpol par le secrétariat général, à la demande d'un pays membre. Parmi les diverses notices que peut publier Interpol, les suivantes peuvent revêtir une importance particulière pour les demandes d'extradition et d'entraide judiciaire : i) notices rouges, par lesquelles il est demandé de rechercher l'emplacement d'une personne et de l'arrêter en vue de son extradition et qui, dans de nombreux pays membres d'Interpol, sont considérées comme des demandes valables d'arrestation provisoire dans l'attente d'une extradition; et ii) notices bleues, par lesquelles il est demandé d'obtenir des renseignements (emplacement, identification) sur une personne qui intéresse une enquête criminelle ;

b) Par un message appelé "diffusion", envoyé directement par un pays requérant à tous les pays membres d'Interpol ou à certains et enregistré dans les bases de données d'Interpol ;

c) Par un échange de messages au niveau bilatéral entre l'État requérant et l'État requis.

[543] C. Cavo, *Dictionnaire manuel de Diplomatie et de Droit International public et privé*, Clarke, USA, 2009, réédition de 1885, p 183.

[544] L'extradition est l'une des formes les plus anciennes de coopération internationale, ses racines remontant à l'Antiquité. Initialement conçue pour obtenir le retour de personnes soupçonnées d'avoir commis des délits politiques, elle s'est développée et a évolué pour couvrir aujourd'hui une pléthore d'infractions pénales, les

Le 14 décembre 1990, l'Assemblée générale de l'ONU a adopté, dans sa réunion plénière, quatre traités-types portant sur l'extradition [545], l'entraide judiciaire en matière pénale [546], le transfert des poursuites pénales [547] et le transfert de la surveillance des délinquants [548] bénéficiant d'un sursis à l'exécution de la peine ou d'une libération conditionnelle. L'existence de tels modèles rend suffisamment compte du souci partagé de mettre sur pied un cadre de référence pour l'élaboration des instruments de coopération judiciaire [549].

L'extradition, qui est un instrument de coopération qui se pratique entre États, doit être distinguée de la remise qui s'applique entre un État et une juridiction pénale internationale. Dans son article 2, le Statut de Rome définit la remise comme « le fait pour un État, de livrer une personne à la Cour » et désigne par extradition « le fait pour un État de livrer une personne à un autre État en application d'un traité, d'une Convention ou de la législation nationale » [550].

Contrairement à certains auteurs qui estiment que la distinction n'a pas sa raison d'être [551], nous pensons que, du point de vue de la souveraineté de l'État, il existe une différence notable. En effet, l'extradition, qui est une mise en œuvre normale de la souveraineté de l'État, exige la participation et l'accord de celui-ci [552]. Par contre, la remise est une obligation juridique soumise aux exigences internationales de coopération avec les juridictions internationales. C'est ainsi que les statuts du TPIY et du TPIR obligent les États à coopérer avec eux par

obligations qui s'y rattachent ayant été figées par des traités bilatéraux, régionaux et multilatéraux.

545 ONU, Assemblée générale, 45e session, A/RES/45/116, 14 décembre 1990.

546 ONU, Assemblée générale, 45e session, A/RES/45/117.

547 ONU, Assemblée générale, 45e session, A /RES/45/118.

548 ONU, Assemblée générale, 45e session, A/RES/45/119.

549 Robert Zimmerman, « La coopération judiciaire internationale en matière pénale », Berne, Stampfli Éditions SA, 2009, p. 11.

550 Robert Zimmerman, « La coopération judiciaire internationale en matière pénale », LGDJ, Éditions SA Berne, 2009, p. 336.

551 Robert Zimmerman souligne que « il s'agit en fin de compte de la même chose : livrer un fugitif à une autorité étrangère aux fins du jugement ou de l'exécution de la peine », « la coopération judiciaire internationale en matière pénale » Éditions Berne, 2009, p.336.

552 CIJ, affaire du droit d'asile (Colombie c. Pérou), 20 novembre 1950, Recueil des arrêts de la CIJ, 1950, p. 274.

le biais d'une résolution du Conseil de Sécurité prise en vertu du chapitre VII de la charte des NU [553].

En Afrique, ces demandes sont souvent fondées sur deux instruments de coopération judiciaire : les Conventions d'extradition de la CEMAC et celle de la CEDEAO datée du 6 août 1994 [554].

509. L'analyse de ces deux instruments fait apparaître plusieurs goulots d'étranglement. En effet, extrader un individu équivaut à un véritable chemin de croix car il faut toujours s'assurer de l'existence des cinq conditions suivantes [555] :

– les infractions, base de la poursuite, ne doivent pas être des infractions politiques [556] ; un auteur considère que cette pratique constitue une coutume internationale issue du mouvement d'idées libérales qui s'est manifesté à partir de la Révolution [557] ;

– la personne à extrader ne doit pas être exposée à la violation de ses droits fondamentaux. Ainsi, l'article 3 de la Convention contre la Torture et autres traitements cruels, inhumains et dégradants indique qu'aucun État n'extradera une personne vers un autre État où il y a des motifs sérieux de croire qu'elle risque d'être soumise à la torture [558] ;

– il doit exister un traité d'extradition entre l'État requérant et l'État requis ;

– les infractions visées dans l'acte de poursuite doivent être prévues dans le droit positif de l'État requis [559].

---

553 Article 29, parag. 2 du statut du TPIY et article 28, paragr. 2 du statut du TPIR.

554 Signée à Abuja, le 6 août 1994 et entrée en vigueur le 8 décembre 2005, conformément à l'article 36.

555 Articles 3 et suivants de la Convention de la CEDEAO sur l'extradition.

556 Article 4 de la Convention de la CEDEAO « L'extradition ne sera pas accordée si l'infraction pour laquelle elle est demandée est considérée comme une infraction politique ou comme une infraction connexe à une telle infraction ».

557 Jacques-Bernard Herzog, « Nuremberg : un échec fructueux ? », Paris, L.G.D.J., 1975, 209 pp. Un article de la revue Les *Cahiers de droit* (Volume 17, numéro 1, 1976, p. 73.

558 Article 5 de la Convention « L'extradition ne sera pas accordée si l'individu dont l'extradition est demandée a été ou serait soumis dans l'État requérant à des tortures et autres peines ou traitements cruels, inhumains ou dégradants. Il en sera de même lorsque l'individu n'a pas bénéficié ou est susceptible de ne pas bénéficier au cours des procédures pénales, des garanties minimales, prévues par l'article 7 de la Charte africaine des droits de l'Homme et des peuples ».

559 Article 3 de la Convention de la CEDEAO.

À cet égard, la Chambre d'accusation de la cour d'appel de Dakar a émis un avis défavorable à une demande d'extradition au motif que « les faits d'association de malfaiteurs et de fraude fiscale constatés sont, au sens du droit sénégalais, des infractions délictuelles dont la prescription triennale est acquise » [560].

- La personne devant être extradée ne doit pas être un ressortissant de l'État requis.

Une fois l'existence de ces conditions établie, l'extradition peut alors être effectuée suivant une procédure qui comporte deux phases assez illustratives de sa complexité.

A. La complexité de la procédure d'extradition

510. De manière générale, on remarque qu'il existe de grandes différences dans le Droit de l'extradition ; ce qui ne favorise pas la coopération judiciaire.

Une étude faite sur l'extradition faisait observer que : « Au niveau international, rien que par leur ampleur et leur portée, les variations qui existent dans le droit matériel et procédural créent actuellement les pires obstacles à une extradition juste, rapide et prévisible »[561].

La procédure suivie varie suivant qu'elle est envisagée du côté de l'État requérant ou de l'État requis.

Du côté de l'État requérant, l'autorité judiciaire devra faire parvenir la demande d'extradition à son ministre de la Justice. Cette demande est accompagnée des pièces justificatives comme la copie authentique de l'acte d'inculpation ou du jugement, du mandat d'arrêt ou de l'arrêt de renvoi. Le Garde des Sceaux remet le dossier à son collègue des Affaires étrangères qui l'achemine par la voie diplomatique. Le cas échéant, l'arrestation provisoire peut également être sollicitée par voie diplomatique ou, en cas d'urgence, par communication directe entre autorités judiciaires.

511. Du côté de l'État requis, la procédure comporte deux phases : l'une administrative et l'autre judiciaire.

---

[560] Chambre d'accusation CA Dakar, arrêt n° 107 du 13 mai 2014 Min. Pub contre Henry James Fitzsimon, in *Bulletin des arrêts rendus par la Cour d'Appel de Dakar en matière pénale*, année 2014.

[561] Rapport 2004 du Groupe de travail officieux d'experts sur les meilleures pratiques d'entraide judiciaire en matière d'extradition, paragr. 11.

1. Phase administrative

512. L'État étranger adresse, par voie diplomatique, au ministre des Affaires étrangères de l'État requis, sa demande accompagnée des pièces justificatives. Après examen, le ministre transmet ladite demande à son collègue Garde des Sceaux qui, à l'issue de la vérification de la régularité formelle de la demande, la fait parvenir par le biais du Procureur général au Procureur de la République du lieu où l'individu recherché a été signalé. Si l'individu est appréhendé, il est soumis à deux interrogatoires successifs. L'un par le Procureur de la République, l'autre par le Procureur général. Celui-ci notifie en même temps à la personne arrêtée, le titre en vertu duquel elle est détenue pour lui permettre de se défendre au cours de la phase judiciaire.

2. Phase judiciaire

513. La procédure se déroule devant la Chambre d'accusation où la personne concernée a le droit de se faire assister d'un avocat. Après avoir entendu le concerné, la chambre formule un avis sur la demande d'extradition présentée par l'État étranger [562]. Il faut préciser qu'au Sénégal et à l'instar de la France, la Chambre exerce un simple contrôle de la régularité externe de la procédure. Elle n'est donc pas fondée à se prononcer sur l'opportunité de l'extradition ou le bien-fondé des poursuites. Son examen terminé, la Chambre émet son avis qui est porté à la connaissance du Président de la République. Celui-ci décide, par décret, du sort de la demande d'extradition. Si l'avis est défavorable, le Président de la République est lié et ne peut accorder l'extradition. Par contre, s'il est favorable, le Président restera maître de sa décision d'accorder ou de ne pas accorder l'extradition.

La procédure ainsi décrite est dénoncée pour sa longueur et sa complexité. Les nombreuses conditions ainsi posées et la multiplicité des acteurs impliqués dans la procédure rendent l'extradition difficilement réalisable et cadrent mal avec les impératifs de célérité dans la répression des crimes internationaux. D'où la nécessité d'envisager des assouplissements.

---

[562] Contrairement à certains pays comme la Grande-Bretagne, les États-Unis ou la Grèce où le juge se prononce sur la gravité et la vraisemblance des charges qui pèsent sur l'individu.

B. Assouplissements à envisager

514. L'institution du mandat d'arrêt européen a permis d'introduire des innovations destinées à assouplir la procédure d'extradition. Ces innovations concernent tant la procédure de transmission [563] que les conditions de fond telles que la nationalité [564], la double incrimination [565] ou la nature de l'infraction[566].

Dans le but de faciliter la coopération judiciaire entre les pays africains, des mesures d'assouplissement pourraient être envisagées. À cet égard, si certaines des conditions comme celle tenant au caractère politique [567] de l'infraction peuvent se justifier, il en est d'autres dont le maintien paraît incompatible avec les exigences de la lutte contre l'impunité. C'est le cas des conditions relatives à la double incrimination et à la nationalité.

---

[563] La procédure est désormais dite accélérée : la décision finale concernant l'exécution du mandat d'arrêt européen doit être rendue dans un délai maximal de 90 jours suivant l'arrestation de la personne requise. Si cette personne consent à sa remise, la décision doit être rendue dans les 10 jours suivant l'assentiment de l'intéressé.

[564] Les États membres de l'Union européenne ne peuvent plus refuser de remettre leurs propres ressortissants ; ils peuvent, cependant, subordonner l'exécution à une garantie selon laquelle, après condamnation, la personne requise sera renvoyée à l'État dont elle détient la nationalité pour y purger sa peine.

[565] Suppression de la règle de double incrimination dans les cas prescrits : le principe de double incrimination n'est plus applicable pour 32 infractions énumérées passibles, dans l'État membre qui a émis le mandat, d'une peine maximale d'au moins trois ans de prison et définies par la législation de cet État. Dans le cas des infractions qui ne figurent pas sur la liste ou dans celui desquelles le seuil des trois ans n'est pas atteint, le principe de double incrimination demeure applicable.

[566] Suppression de l'exception tenant au caractère politique de l'infraction: cette exception n'est pas mentionnée comme motif obligatoire ou facultatif de refus d'exécution d'un mandat d'arrêt européen. Le seul élément restant de cette exception figure dans les considérants du préambule de la décision-cadre 2002/584/JAI du Conseil de l'Union européenne relative au mandat d'arrêt européen et aux procédures de remise entre États membres (douzième considérant) et revêt la forme d'une version modernisée d'une clause de non-discrimination.

[567] Comme le précise Henri Donnedieu de Vabres, le respect nécessaire de l'indépendance et de la souveraineté des États ainsi que le danger que constitue la possibilité d'immixtion dans les affaires des États s'opposent à la remise des auteurs d'infractions politiques. Henri Donnedieu de Vabres, les principes modernes du droit pénal international, Librairie du Recueil Sirey, 1928, p. 262.

1. Suppression de la condition liée à la double incrimination en cas de commission de crimes internationaux

515. Pour le moment, plusieurs pays africains n'ont pas encore prévu dans leur droit positif les dispositions portant incrimination des crimes internationaux. Le maintien de la condition tenant à la double incrimination risque donc de constituer un obstacle dans la mise en œuvre de la coopération judiciaire.

2. Assouplissement de la condition tenant à la nationalité

516. Il est de règle qu'un État n'extrade pas son ressortissant. Cependant, cette règle ne trouve sa justification que si tous les États se conforment à leur obligation de juger ou d'extrader. Ce qui est loin d'être le cas [568]. L'application systématique de cette règle conduit donc à garantir l'impunité à une catégorie d'individus, surtout si, comme c'est le cas dans beaucoup de pays appliquant le système de la Common Law, le jugement par contumace n'est pas admis. L'institut de Droit international a souligné, dans sa résolution de 1983 que « Si tout État devait, en principe, demeurer libre de refuser l'extradition de ses nationaux, il devrait alors juger l'infraction selon sa propre législation. L'extradition de nationaux sur une base de réciprocité, peut contribuer à réduire la criminalité » [569].

C'est dans le souci d'éviter ces dysfonctionnements que certains pays ont accepté, sous condition de réciprocité, d'extrader leurs ressortissants à condition qu'ils soient renvoyés postérieurement dans leur pays pour y purger leur peine. Une telle disposition existe dans la Convention de 1997 pour la répression des attentats terroristes à l'explosif dont l'article 8 précise que « Chaque fois, en vertu de sa législation interne, qu'un État n'est autorisé à extrader ou à remettre un de ses ressortissants qu'à la condition que l'intéressé lui soit remis pour purger sa peine… et que cet État et l'État requérant acceptent cette formule et les autres conditions qu'ils jugent appropriées, l'extradition ou la remise conditionnelle suffit pour dispenser l'État requis de l'obligation prévue au paragraphe 1 du présent article (obligation de juger) ».

---

568 Jean Graven, « Le difficile progrès du règne de la justice et de la paix internationales par le droit » in *Des origines des Nations*, Mélanges René Cassin, Paris, Pedone, 1970, p. 507.

569 IDI, Résolution relative aux nouveaux problèmes en matière d'extradition, 1er septembre 1983, AIDI, Session de Cambridge, vol. 60-11, 1983, p. 309.

Dans le même sillage, certains traités comportent des dispositions destinées à éviter que, par le subterfuge de la naturalisation, des auteurs de crimes internationaux ne parviennent à échapper au glaive de la justice.

Dans le cadre de l'élaboration d'un accord-type en matière d'extradition, l'Union africaine pourrait prévoir une disposition similaire.

Par ailleurs, du fait que bon nombre d'États n'ont pas conclu entre eux des accords en matière d'extradition, cette condition est susceptible de faire échec à la répression des crimes internationaux.

L'élaboration d'une Convention-cadre applicable à tous les membres de l'UA pourrait permettre de contourner ces difficultés liées à l'absence de traité bilatéral entre État requérant et État requis.

On pourrait également envisager la possibilité de transmettre la demande directement à l'autorité judiciaire de l'État requis. Cette solution rendrait la procédure plus rapide et contribuerait à l'efficacité de la répression des crimes. Dans le cadre de l'instruction de l'affaire Hissène Habré, c'est cette modalité de transmission, expressément prévue par le Statut des CAE [570], que la chambre a utilisée. Ce qui a permis de réduire notablement le délai de transmission et d'exécution des CRI.

Renforcer la coopération judiciaire constitue un préalable nécessaire à l'efficacité de la lutte contre les crimes internationaux en Afrique.

Sous ce rapport, les mesures ci-dessus exposées permettraient, sans aucun doute, d'améliorer l'efficacité des juridictions nationales et d'améliorer la coopération judiciaire. En Europe, la nécessité de faire évoluer le droit de l'extradition a conduit à l'adoption d'autres instruments jugés plus efficaces et plus adaptés aux exigences de la lutte contre l'impunité. C'est dans cette optique qu'a été adopté le mandat d'arrêt européen [571].

---

[570] Art. 16, alinéa 4 de l'accord de coopération judiciaire entre le Sénégal et le Tchad.

[571] Le mandat d'arrêt européen se définit comme toute décision judiciaire rendue dans un État membre en vue d'obtenir l'arrestation ou la remise de la personne recherchée par un autre État membre afin de mener des poursuites pénales ou d'exécuter une peine privative de liberté ou une ordonnance de détention. Ce mandat peut être délivré pour des actes sanctionnés, conformément à la législation de l'État membre qui l'a délivré, par une peine privative de liberté dont le maximum est fixé à 12 mois au moins ou, lorsqu'une condamnation a été présentée et qu'il a été rendu une ordonnance de détention, d'une peine d'une durée d'au moins quatre mois.

C'est aussi dans le même souci qu'a été consacré le principe de reconnaissance mutuelle des décisions judiciaires [572].

517. Il nous semble, néanmoins, important de préciser que l'efficacité de la coopération judiciaire ne tient pas uniquement à la perfection des techniques mises en place. L'aspect humain est aussi fondamental. Comme le disait un auteur, « Une mise en œuvre efficace, cependant, ne se limite pas à la législation et à l'administration. Cela va bien plus loin. Un pays peut avoir un excellent programme législatif et conventionnel d'entraide et des procédures administratives établies et être pratiquement dans l'impossibilité d'apporter une aide efficace, parce que le meilleur système ne vaut que ce que valent les gens qui l'utilisent dans la pratique. Souvent, le succès de l'entraide dépend presque entièrement de la connaissance et, plus fondamentalement, de la souplesse des autorités qui demandent et, plus important encore, qui fournissent l'aide » [573].

Au demeurant, il serait illusoire de penser que, par le seul biais des juridictions nationales et d'une coopération judiciaire, l'efficacité de la répression des crimes internationaux serait garantie. De toute évidence, le recours à d'autres juridictions supranationales constitue une condition sine qua non de la réussite de toute stratégie de lutte contre les crimes internationaux.

---

[572] Le principe de reconnaissance mutuelle des décisions judiciaires remplace le système traditionnel d'extradition entre États membres de l'Union européenne. Il exige que chaque autorité judiciaire nationale, agissant comme autorité d'exécution, reconnaisse la demande de remise d'une personne formulée par l'autorité judiciaire d'un autre État membre (autorité judiciaire émettrice).

[573] Kimberley Prost, "Breaking Down the Barriers: International Cooperation in Combating Transnational Crime," www.oas.org/juridico/mla/en/can/en_can_prost.en.html, consulté le 29 novembre 2015.

Chapitre II

La nécessaire coopération avec les juridictions supranationales

518. Les exigences de la répression des crimes internationaux nécessitent une coopération avec d'autres mécanismes au service de la justice internationale. À cet égard, on pense naturellement, en premier lieu, à la CPI [574].

Mais on pourrait aussi envisager la mise en place d'une Cour pénale africaine telle que proposée par l'Union africaine lors du sommet tenu à Malabo en juillet 2014.

Section I

La nécessité de coopérer avec la CPI

519. En raison de la charge passionnelle qu'il véhicule, le débat sur la CPI est souvent biaisé et mal posé. De nombreux intellectuels africains, se sentant offusqués par le traitement, à leur avis sélectif, des dirigeants du continent, réduisent la problématique en une alternative entre retrait ou maintien au sein de la CPI. Or, il nous semble que, posé en ces termes, le débat risque de passer à côté de la préoccupation essentielle : la protection des victimes de crimes internationaux. Au-delà des revendications de dignité et de respectabilité dont tout le monde doit reconnaître le bien-fondé, l'intérêt supérieur des victimes doit, de notre point de vue, être le baromètre de toute stratégie de répression des crimes internationaux en Afrique.

Le véritable défi est de parvenir à mettre en place des mécanismes de répression qui soient de nature à garantir à la fois la protection des victimes et le respect de la dignité des Africains.

À cet égard, rejeter la CPI sans avoir mis en place un mécanisme de répression crédible, c'est laisser les populations à leur triste sort et les livrer à l'arbitraire des dirigeants.

---

[574] Robert Badinter, « Pour une Cour criminelle internationale », dans *Boutros-Boutros-Ghali Amicorium Discipulorumque Liber, Paix, développement, démocratie*, Vol. 1, Bruxelles, Bruyant, 1998, p. 109.

Dans le contexte actuel caractérisé par les nombreuses insuffisances des systèmes judiciaires nationaux, il nous semble plus sage de conserver la possibilité de la saisine de la CPI. Ce qui ne veut pas dire qu'il faille, pour autant, fermer les yeux sur les dysfonctionnements de celle-ci. Bien au contraire, une bonne collaboration avec la CPI passe par un diagnostic sans complaisance de son action en Afrique. Une analyse objective des griefs communément retenus contre la Cour (paragraphe I) permet de se rendre compte que le retrait préconisé par certains dirigeants est loin d'être une vraie solution (paragraphe II).

§ I. – Les griefs de l'Afrique vis-à-vis de la CPI

520. L'Afrique a été très active dans le processus de mise en place de la CPI, tant au moment de la ratification que dans le déclenchement des procédures judiciaires. La période de lune de miel entre l'Afrique et la CPI a cédé la place à une dégradation des relations qui se manifeste de trois manières : le retard dans la mise en œuvre des lois d'adoption du Statut de Rome[575], le refus d'exécuter les demandes de coopération[576] et la conclusion des accords d'impunité avec les USA[577].

Ainsi, l'engouement des premières heures des États africains vis-à-vis de la CPI va très vite, céder la place au scepticisme, voire à la défiance alimentée par une critique majeure : l'acharnement contre les dirigeants africains[578].

---

[575] Une des obligations qui incombent aux États parties au Statut de Rome n'est autre que celle de se doter des lois de mise en œuvre de ce texte. Outre l'introduction des crimes relevant de la compétence de la Cour dans la nomenclature des infractions, ces lois devraient également organiser la coopération entre la Cour et les juridictions internes.

[576] On peut citer les cas de la République démocratique du Congo et de l'Ouganda qui ont refusé d'exécuter les demandes de coopération de la Cour relatives à l'arrestation et à la remise respectivement de Bosco Ntanganda et d'autres personnes poursuivies devant la Cour pénale internationale.

[577] Dans la foulée des mesures qu'ils ont prises à l'encontre de la Cour pénale internationale, les États-Unis ont initié les accords dits d'impunité. Aux termes desdits accords, les États-parties s'engagent, entre autres, à ne pas coopérer avec la Cour pénale internationale pour l'arrestation et la remise des sujets américains se trouvant sur leur territoire. Au mépris de leur obligation de coopération avec la Cour pénale internationale, certains États, y compris africains, n'ont pas hésité à conclure lesdits accords.

[578] F. Pigeaud, « l'Afrique décide de quitter la CPI », en ligne, Mediapart, 3 février 2017 https://www.mediapart.fr/journal/international/030217l-afrique-decide- de-quiter-la-cpi, conculté le 6 septembre 2017.

A. Le grief tenant à la sélectivité

521. Les critiques dirigées contre la CPI semblent coller à cette boutade de La Fontaine selon laquelle : « Selon que vous serez puissant ou *misérable*, les jugements de la cour vous rendront blanc ou noir » [579].

Il est, précisément, reproché à la CPI de diriger ses poursuites exclusivement contre des africains et de fermer les yeux sur des crimes commis ailleurs.

1. Les poursuites ciblées contre des africains

522. La CPI a été instituée le 17 mai 1998 avec la signature du Statut de Rome par les représentants de 120 pays. En une décennie et demie de fonctionnement, elle semble avoir porté un intérêt tout particulier pour le continent africain.

En effet, sur les dix enquêtes ouvertes à travers le monde, les huit [580] concernent des États africains : il s'agit du Soudan, de la RDC, de l'Ouganda, de la Centrafrique, du Kenya, de la Libye, de la Côte d'Ivoire et du Mali. Ses quatre premières condamnations concernent toutes des Africains [581].

En outre, la CPI a délivré treize mandats d'arrêt internationaux qui visent tous, des Africains dont cinq Soudanais, quatre Congolais ressortissants de la République démocratique du Congo ainsi que trois Soudanais.

Par ailleurs, ce n'est qu'en Afrique que des Chefs d'État en exercice ont été poursuivis par la CPI. Le premier cas concerne le Soudan où la CPI a engagé, en 2009, des poursuites contre Omar El Béchir[582],

---

579 Jean de la Fontaine « Les animaux malades de la peste ».

580 L'enquête ouverte sur la Géorgie est la seule à ne pas concerner le continent africain.

581 Les Congolais Thomas Lubanga Dyilo (en 2012), Germain Katanga (en 2014), Jean Pierre Bemba (en 2016) et le malien Ahmad al Faqi al Mahdi (en 2016).

582 Bien qu'initialement signataire, le Soudan n'a jamais ratifié le Statut de Rome de la Cour pénale internationale (« Statut de Rome »). Ne pouvant pas se saisir elle-même de la situation au Darfour[582], la CPI a dû attendre l'intervention du Conseil de sécurité des Nations unies en date du 31 mars 2005 pour entamer le processus. Le 4 mars 2009, la CPI a délivré un mandat d'arrêt à l'encontre d'Omar El Béchir, le président en exercice du Soudan. Censé être la mise en œuvre de la résolution 1593 du Conseil de sécurité des Nations unies prise en vertu du chapitre VII de la Charte des Nations unies, et renvoyant la situation au Darfour depuis le 1er juillet 2002 à la CPI conformément à l'article 13 (b) du Statut de Rome, ce mandat d'arrêt demeurera lettre morte. Un second mandat sera émis par la CPI le 12 juillet 2010, après que le Procureur ait apporté plus de preuves relativement au génocide. À ce jour, le

président en exercice du Soudan, pour crimes contre l'humanité, crimes de guerre et génocide.

Si le cas soudanais avait, à ce point, irrité l'Union africaine, c'était non seulement parce que la personne poursuivie était un Président en exercice, mais aussi en raison du fait que le Soudan n'était pas partie au traité de Rome. L'intervention de la CPI était ainsi perçue comme une atteinte à la souveraineté du Soudan[583]. Après un bras de fer avec le Soudan qui l'accusait directement de s'acharner sur les Africains [584], la CPI finira par annoncer une suspension des poursuites.

Le second cas est relatif aux violences électorales qui ont eu lieu après le scrutin présidentiel de 2007 au Kenya [585]et qui ont entraîné plus de 1000 morts [586].

Avec un tel bilan, il est, naturellement, difficile d'écarter le reproche qui est fait à la Cour de rendre une justice sélective et de s'acharner sur les Africains [587].

---

président El Béchir n'a toujours pas fait l'objet d'une arrestation, bien que ce dernier se soit rendu à plusieurs reprises sur le territoire d'États parties auxquels une demande de coopération avait été envoyée.

583 Africa Report N° 152, "Sudan: Justice, peace and the ICC", www.crisisgroup.org, 17 juillet 2009, p. 10.

584 J.-B. Harelimana, « La Cour pénale internationale et la paix en Afrique », 10 juin 2009, www.multipol.org

585 Lors des élections kenyanes de 2007, Uhuru Kenyatta et William Ruto s'affrontaient dans l'arène politique. Provenant de groupes ethniques différends, ils étaient alors tous deux des membres influents de mouvements politiques opposés et étaient perçus au sein de leurs communautés respectives comme des leaders du fait de leur statut social et politique avantageux. À la suite des crimes commis lors des violences postélectorales de 2007-2008 au Kenya, ils ont tous deux été inculpés par la CPI sous des chefs d'accusation de crimes contre l'humanité. Par la suite, ces deux anciens adversaires politiques se sont alliés lors d'une campagne présidentielle au terme de laquelle ils ont été élus respectivement président et vice-président du Kenya au début de 2013.
La CPI a décidé d'y ouvrir une enquête qui a abouti à l'inculpation, en 2012, d'Uhuru Kenyatta, de William Ruto et de Joshua Sang. En mars 2012, Uhuru Kenyatta sortait victorieux de l'élection présidentielle. Le 8 octobre 2013, il devenait ainsi le premier président en exercice à comparaître, en cette qualité, devant la CPI.

586 Celle-ci finira, dans ce cas également, par annoncer l'abandon des poursuites le 5 décembre 2014. En effet, les poursuites à l'encontre du président kenyatta et du vice-président Ruto ont été retirées par la suite en 2014 en raison du manque de preuves.

587 S. Koebel et J. Pulhl « this is our continent not yours » (en ligne), Spiegel Online, 10 juin 2016, "http://www.spiegel.de/international/world/interview-with-ugandan-president-yoweri-museveni-a-1096932.html, consulté le 17 août 2017.

Les poursuites engagées contre ces deux Présidents en exercice ont été très mal perçues par les dirigeants africains qui voyaient là une atteinte à la souveraineté des États africains et une menace portée à leur stabilité. Certains ont estimé que la poursuite des Chefs d'États et des hauts dirigeants africains est susceptible de contrecarrer les efforts de paix. À travers ces critiques, estime un auteur, « C'est l'articulation même des rapports entre droit et politique qui doit être réintroduite dans le débat. À la fois en tant que dynamique de constitution et de légitimation des champs nationaux de pouvoir d'État mais également dans la structuration de l'international en tant qu'arène de projection de guerres de palais nationales et d'institutionnalisation » [588].

Ces critiques ont semblé trouver un écho favorable auprès de l'Union africaine puisque celle-ci a décidé de tenir, les 11 et 12 octobre 2013, un sommet extraordinaire sur la CPI. Au cours de cette rencontre, elle a demandé l'arrêt de toute poursuite à l'égard des présidents en exercice.

Cependant, ce serait réducteur de vouer aux gémonies la CPI au motif que seuls des Africains ont, jusqu'ici, été visés dans son collimateur et ce pour deux raisons.

523. D'une part, le mode de fonctionnement de la CPI ne lui permet pas d'imposer sa compétence aux États. En effet, la CPI fonctionne sur la base du principe de complémentarité [589]. Autrement dit, elle n'intervient que s'il est avéré que l'État sur le territoire duquel les faits ont eu lieu, n'a pas la volonté ou la capacité de déclencher des poursuites.

Ainsi, l'article 17 alinéa 2 du Statut de la CPI dispose que « Pour déterminer s'il y a manque de volonté de l'État dans un cas d'espèce, la Cour considère l'existence, eu égard aux garanties judiciaires reconnues par le droit international, de l'une ou de plusieurs des circonstances suivantes :

a- La procédure a été ou est engagée ou la décision de l'État a été prise dans le dessein de soustraire la personne concernée à sa respon-

---

[588] Sara Dezaly, in « L'Afrique contre la Cour pénale internationale ? Éléments de sociogenèse sur les possibles de la justice internationale », *Politique africaine*, mars 2017 p. 173.

[589] Bien que la CPI ait été instituée par traité international, son pouvoir est limité par le principe de complémentarité. La juridiction nationale agit en premier lieu avant la CPI. Le fondement de ce principe repose sur le souci de concilier le respect de la souveraineté des États membres avec le devoir de poursuivre les responsables de crimes internationaux. Paragrape 6 du Statut de Rome.

sabilité pénale pour les crimes relevant de la compétence de la Cour visés à l'article 5 ;

b- La procédure a subi un retard injustifié qui, dans les circonstances, dément l'intention de traduire en justice la personne concernée ;

c- La procédure n'a pas été ou n'est pas menée de manière indépendante ou impartiale mais d'une manière qui, dans les circonstances, dément l'intention de traduire en justice la personne concernée ».

L'élément déterminant pour caractériser le manque de volonté est donc lié à la sincérité [590] de l'État qui doit être appréciée selon les critères objectifs ci-dessus indiqués [591].

Le second critère prévu par l'article 17 alinéa 3 du Statut de Rome est l'incapacité de l'État. Pour caractériser cette incapacité, la Cour vérifie « si l'État n'est pas en mesure, en raison de l'effondrement de la totalité ou d'une partie substantielle de son propre appareil judiciaire ou de l'indisponibilité de celui-ci, de saisir l'accusé, de réunir les éléments de preuve et les témoignages nécessaires ou de mener autrement à bien la procédure » [592].

Ce n'est que si l'une de ces conditions est réunie, que la CPI peut exercer sa compétence sur des faits de crimes commis. Autrement dit, la Cour ne peut intervenir que si l'État sur le territoire duquel les faits ont été commis décide de lui déférer la situation. Or, c'est précisément le cas pour la plupart des procédures initiées contre des Africains [593].

En effet, pour l'essentiel, ce sont les États africains qui ont décidé librement de déférer des situations à la CPI, en lui demandant de bien vouloir examiner les cas présumés de commission de crimes internationaux.

Ce fut le cas notamment à la République démocratique du Congo dont le président soulignait dans une lettre adressée à la CPI que : « En

[590] Louise Arbour et Morten Bergsmo, « Conspicuou Absence of jurisditional overreach « *International Law Forum*, 1999 : 13-19.

[591] Grégory Berkovicz, « La place de la Cour pénale internationale dans la société des États », Paris, L'Harmattan, 2005, p. 197.

[592] Pour illustrer le défaut de capacité, les experts indiquent plusieurs faits relativement objectifs et vérifiables tels que : le manque de personnel nécessaire comme les juges et les enquêteurs, le manque d'accès à la justice, le régime des amnisties : voir Darryl Robinson « Serving the interest of justice : Amnesties, Truth Commission and the Criminal Court », EJIL, vol. 14, 2003, p. 500,

[593] C. Chatelot, « Quand on pense justice africaine, on pense justice au rabais », in *Le Monde*, 6 novembre 2015.

raison de la situation particulière que connaît mon pays, les autorités compétentes ne sont malheureusement pas en mesure de mener des enquêtes sur les crimes (...) ni d'engager les poursuites nécessaires sans la participation de la CPI. Cependant, les autorités de mon pays sont prêtes à coopérer avec cette dernière dans tout ce qu'elle entreprendra à la suite de la présente requête »[594].

Ce fut, également, le cas avec l'Ouganda qui a saisi la CPI par lettre datée du 16 décembre 2003[595].

524. D'autre part, le grief tenant à la menace contre la paix doit être relativisé.

Certes, il est vrai que rendre la justice, dans une situation de conflit armé, peut s'avérer délicat. Non seulement en raison des contraintes liées à la nécessaire protection des victimes et témoins ainsi que des difficultés de rassemblement des preuves [596], mais aussi et, surtout, parce que des mesures d'arrestation peuvent entraîner la radicalisation des acteurs du processus de paix [597].

Par exemple, les conséquences négatives du renvoi de la situation du Darfour à la CPI, et plus encore le mandat d'arrêt délivré à l'encontre d'Al Béchir, ont eu, sur le terrain, de nombreuses conséquences néfastes telles que le durcissement des hostilités et la dégradation des conditions de travail des ONG[598]. Plusieurs d'entre elles ont d'ailleurs, été exclues du Soudan après l'annonce du mandat d'arrêt [599].

De manière générale, l'Union africaine qui considère que son rôle de maintien de la paix implique aussi une recherche de solutions appropriées [600], a jugé certaines procédures de la CPI incompatibles

---

594 Requête de la RDC pour l'ouverture d'une enquête de la CPI en RDC signée par le président Kabila, (lettre du 3 mars 2004).

595 L'Ouganda en 2003, la République centrafricaine en 2004 et le Mali en 2012 ont tous saisi la CPI.

596 Christine. A. E. Bakker, « Le principe de complémentarité et les « auto-saisines » ; un regard critique sur la pratique de la Cour pénale internationale », un regard critique sur la pratique de la Cour Pénale Internationale, *Revue générale de droit international public*, ISSN 0373-6156, Vol. 112, N° 2, 2008, p. 37.

597 Africa Report n° 152, "Sudan: Justice, peace and the ICC", p. 15.

598 A. Ciampi, "The proceedings against President Al Bashir and the prospects of their suspension under Article 16 ICC Statute", novembre 2008, p. 891.

599 L. Oette, "Peace and Justice, or Neither?", *Journal of International Criminal Justice, Volume 8, Issue 2, May 2010, page* p. 349.

600 Acte constitutif de l'Union africaine, article 3 (f).

avec la recherche de la paix [601]. Plus précisément, l'exécution des mandats d'arrêt contre certains dirigeants a été considérée comme susceptible de freiner le processus de paix enclenché respectivement en Côte d'Ivoire (entre le Nord musulman et le Sud chrétien), en Libye et au Soudan où venait d'être signé un accord de paix fragile [602].

Cependant, il ne nous semble pas, pour autant, pertinent d'opposer paix et justice. Car les atrocités de la guerre ne sont, en général, que le résultat de politiques publiques ou d'actes politiques contraires à l'intérêt général et générateurs de révolte.

Ce n'est donc pas l'action de la justice, mais plutôt le sentiment d'impunité qui, par les situations d'injustice qu'il favorise, déstabilise les États, sème les germes de la violence et du coup, sape les fondements de la paix. La situation au Soudan en constitue une parfaite illustration. À la suite de son arrivée au pouvoir à la faveur d'un coup d'État le 3 juin 1989, Le Président Oumar El Bechir a engagé son pays dans une guerre féroce contre le Mouvement de Libération du Peuple soudanais (MPLS). Au lendemain de l'Accord de paix intervenu entre les belligérants en janvier 2005, le gouvernement n'a entrepris aucune mesure pour traduire en justice les responsables de crimes qui ont fait plus de deux millions de morts. Bien au contraire, il a refusé de faire sanctionner M. Ahmed Haroun et Ali Kushaib, deux des présumés responsables de crimes qui étaient poursuivis par la CPI. Pire, le 15 mars 2006, il a ordonné l'expulsion du territoire de Jan Pronk, représentant spécial du Secrétaire général de l'ONU juste parce que celui-ci avait osé dénoncer la dégradation de la situation au Darfour. Dans le même sillage, les ONG qui apportaient aide et assistance aux populations civiles ont été priées de quitter le Soudan. Ces différents actes posés par le gouvernement du Soudan ont contribué à installer un climat de terreur et un sentiment d'impunité qui ont fait le lit de la violence. Ce qui a fait dire à un auteur que « C'est l'absence de justice qui est une des causes profondes de la longue guerre civile de vingt ans qui a ravagé le Sud du Soudan avec son cortège de malheurs et de souffrances pour les populations civiles » [603].

---

[601] Il s'agit notamment des poursuites dirigées contre les présidents El Béchir du Soudan, le colonel Khadafi de la Libye et Laurent Gbagbo de la Côte d'Ivoire.

[602] Accord de paix signé entre le Nord et le Sud Soudan le 9 janvier 2005. Voir M. Chiche E. Dupuy « la France et l'Europe ». Centre d'études politiques et de sécurité (CEPES), *Points de mire*, 2007, p. 4.

[603] Sidiki Kaba, in « La justice universelle en question », Edition L'Harmattan, mai 2010, p. 55.

D'ailleurs, l'expérience des tribunaux pénaux internationaux ad hoc prouve qu'il faut relativiser le caractère néfaste que l'on veut, parfois, prêter au processus judiciaire. En effet, lors de la création du TPIY, les mêmes craintes liées aux effets présumés négatifs de l'action de la justice sur le processus de paix, avaient été exprimées. Celles-ci ont redoublé lors de l'émission des mandats d'arrêt délivrés contre Radovan Karadjic et Ratko Mladic ou encore Slobodan Milosevic. Et pourtant, fait observer un auteur, « Tous ces critères se sont avérés mal fondés. Les mandats d'arrêt internationaux émis contre Karadjic and Mladic les ont éjectés du pouvoir et les ont dissuadés de faire des apparitions publiques les rendant étrangers dans leurs propres pays »[604].

Toutefois, malgré ce bémol que l'on peut apporter aux griefs adressés à la CPI, force est d'admettre que les critiques adressées à la CPI comportent une part de vérité.

L'indignation ressentie par bon nombre d'Africains se justifie aisément, lorsque l'on constate que l'institution censée incarner la justice universelle fait du « deux poids deux mesures » : les crimes commis en Afghanistan, en Tchétchénie et en Palestine n'étant pas soumis à la même rigueur de la part de la CPI.

2. L'absence de poursuite pour les crimes internationaux commis sur d'autres continents

525. L'un des arguments les plus avancés contre la CPI consiste à affirmer qu'elle pèche par un parti pris manifeste au détriment de l'Afrique.

La CPI a, certes, ouvert des enquêtes ailleurs qu'en Afrique, notamment en Amérique du Sud. Mais il faut, tout de même, admettre que jusque-là, ce n'est qu'en Afrique que des arrestations ont été opérées. « Comme si rien ne se passait ailleurs, en Irak, à Gaza, en Colombie ou dans le Caucase » [605] a fait observer Jean Ping, alors président de la Commission africaine.

---

[604] V. Popovski, "International Criminal Court: A Necessary Step Towards Global Justice," *Security Dialogue*, 2000, pp. 406-407.

[605] Propos rapportés par Marianne Meunier, « Cette Cour qui fait peur à tout le monde », *Jeune Afrique*, 9 mars 2009, https://www.icc-cpi.int/iccdocs/doc/ doc639078.pdf, 4 *Mars 2009*, consulté le 1/01/2016.

Aussi longtemps que la CPI n'aura pas mis fin à cette politique de « deux poids deux mesures », il lui sera difficile, pour ne pas dire impossible, de gagner la bataille de la crédibilité[606].

La CPI n'est pas seulement accusée d'acharnement contre les Africains. Il lui est aussi reproché d'être assujettie au Conseil de sécurité.

B. Le grief tenant au manque d'indépendance vis-à-vis du Conseil de Sécurité

526. Le Conseil de Sécurité bénéficie d'un large pouvoir d'appréciation, en matière de poursuite. L'article 39 de la Charte dispose que le Conseil de Sécurité peut, le cas échéant, constater l'existence d'une menace contre la paix, d'une rupture de la paix ou d'un acte d'agression. En tant qu'organe politique, le Conseil de Sécurité ne devrait pas, en principe, pouvoir influencer le fonctionnement d'une juridiction[607].

Ce manque d'indépendance se manifeste à travers les pouvoirs qui sont reconnus au Conseil de sécurité au stade de l'ouverture des enquêtes et par rapport aux possibilités de suspension.

1. Pouvoir du Conseil de Sécurité dans l'ouverture des enquêtes par la CPI

527. L'article 13 du Statut de la CPI prévoit que le Conseil peut déférer une situation à la CPI, lorsqu'il estime qu'il y a une menace à la paix ou à la sécurité internationale [608]. C'est au titre de ce pouvoir que les situations au Darfour et en Libye ont été déférées à la CPI, en vertu des Résolutions 1593 du 31 mars 2005 et 1970 du 26 décembre 2011.

---

606 La procureure Fatou Bensouda, sans doute consciente de cette donnée, a annoncé sa volonté d'élargir les poursuites vers d'autres terrains que celui de l'Afrique, notamment sur le rôle des forces militaires américaines et britanniques en Afghanistan. Voir S. Maupas, « ICC Prosecutor at a Turning Point » ? https://www.icc-cpi.int/?ln=fr>, consulté le 22 mai 2017.

607 Les possibilités d'influence du Conseil de Sécurité sur la CPI sont d'autant moins admissibles que la composition, qui est le résultat du rapport de force établi au lendemain de la Seconde Guerre mondiale, fait la part belle à certains pays puissants détenteurs du droit de véto. Voir Majid Benchick ; « Article 23 », in Jean Pierre Cot, Alain Pellet et Mathias Forteau, *La Charte des Nations Unies*, p. 868.

608 Jean Marc Sorel " Le caractère discrétionnaire des pouvoirs du Conseil de sécurité : remarque sur quelques incertitudes » Arès, n°55, Volume XXI, mai 2005, pp. 13-29 ; Paru également dans la *Revue belge de droit international*, 2004/2 (paru en 2006), pp. 462-483. p. 474.

Ainsi, lorsque l'État sur le territoire duquel les faits ont été commis n'est pas partie au Traité et n'a pas décidé de déférer la situation à la CPI, c'est le Conseil de Sécurité, et non l'Assemblée générale des Nations unies, qui peut saisir la CPI.

Au regard de la composition de ce Conseil de Sécurité dont certains membres ne sont même pas parties au traité de Rome[609], il est évident que ce pouvoir de saisine peut parfois obéir davantage à des considérations politiques que judiciaires.

En effet, les membres permanents de ce Conseil disposent du droit de veto qui leur permet de s'opposer à toute poursuite susceptible de gêner leurs intérêts du moment ou ceux de leurs alliés. À moins qu'il ne soit procédé à une réforme des textes régissant la CPI, il serait illusoire de s'attendre à ce que des crimes commis dans certains pays, situés hors de leur continent, puissent donner lieu à des poursuites[610].

Comme le soulignait un auteur, « La saisine des juridictions internationales ou mixtes est strictement verrouillée. Les principales puissances en détiennent les clés, notamment dans la mesure où elles tiennent le Conseil de sécurité des Nations unies… on ne s'étonnera donc pas de l'usage très politique et particulièrement sélectif que ces puissances font de la justice : tout se passe comme si actuellement, les criminels internationaux appartenaient exclusivement au tiers-monde. D'ailleurs, une fois saisie, on ne saurait en attendre qu'une certaine vérité : opportune, partielle et distordue » [611].

Il s'y ajoute que, dans la pratique, on assiste à un dépassement de pouvoirs de la part de la CPI. En effet, le choix du terme « situation » n'est pas anodin et se distingue du terme « affaire », où un individu est nommément visé par des charges bien spécifiques, afin de garantir l'indépendance du Procureur [612]. Ainsi, c'est à cette autorité judiciaire qu'il revient de déterminer les individus qui devraient être renvoyés

---

609 C'est le cas des USA.

610 C'est le cas des crimes dénoncés en Palestine.

611 G. de la Pradelle, 2011, « l'impossible justice pénale internationale », in B. Badie, D. Vidal, « Nouveaux acteurs, nouvelle donne. L'état du monde », 2012, Paris, La Découverte, pp.153, p 155.

612 F. Aumond, « La situation au Darfour déférée à la CPI : Retour sur une résolution « historique » du Conseil de Sécurité », RGDIP, 2008, p. 121.

devant la CPI [613]. De même, il apprécie librement l'opportunité d'ouvrir une enquête et n'est donc jamais tenu de le faire [614].

Or, dans certaines affaires, le Conseil de Sécurité défère non pas seulement une situation [615], mais des personnes. Ce fut le cas avec la résolution 1658 relative à l'arrestation de l'ex-président libérien Charles Taylor, de même que dans la résolution 1970 [616] portant mesures de contraintes contre le colonel Kadhafi et ses enfants. Dans cette dernière affaire, le CS ne s'est pas contenté de dénoncer de façon impersonnelle une situation objective comme le prévoit l'article 13 de son Statut. Elle a aussi dénoncé « l'incitation à l'hostilité et à la violence émanant du plus haut niveau du gouvernement libyen et dirigée contre la population civile » [617]. Les termes de cette résolution vont beaucoup plus loin qu'une simple dénonciation et s'apparentent à un véritable réquisitoire. Le fait que le Conseil de sécurité, qui est un organe politique, puisse s'arroger le pouvoir de désigner des individus présumés responsables constitue une sérieuse entorse non seulement aux dispositions du Statut de Rome, mais aussi aux principes qui garantissent une justice indépendante et impartiale. Néanmoins, nous pensons que dans un tel cas de figure, les juges de la CPI gardent une certaine liberté d'appréciation dans la mesure où ils peuvent rejeter la demande d'ouverture d'enquête ou orienter les investigations vers d'autres personnes que celles visées par le Conseil.

D'autre part, cette modalité de saisine laisse les coudées franches aux membres permanents du Conseil de Sécurité et aboutit à une impression de « deux poids deux mesures » dans la mesure où les poursuites peuvent se heurter à l'exercice du droit de veto [618]. Comme

---

613 F. Berman, "The relationship between the International Criminal Court and the Security Council", in The International Criminal Court: Challenges to Achieving Justice and Accountability in the 21st Century, Newyork, Idebate Press, 2008, p. 275.

614 D. Becheraoui, « L'exercice des compétences de la Cour pénale internationale », *RIDP*, 2005, p. 357.

615 Ce fut le cas avec le renvoi de la situation du Darfour au Procureur de la CPI, par le biais de la résolution 1593.Voir Résolution 1593 (2005) adoptée par le Conseil de sécurité le 31 mars 2005, S/RES/1593 (2005), www.un.org.

616 ONU, Conseil de sécurité, résolution 1970, doc, S/RES/1970, 26 février 2011, paragr. 15622, annexes 1-11.

617 ONU, Conseil de sécurité, résolution 1970, doc, S/RES/1970, 26 février 2011, préambule.

618 L. Yang, "Some critical remarks on the Rome Statute of the International Criminal Court", CJIL, 2003, p. 603.

le disait le professeur Emmanuel Decaux, ce système explique « le grief communément entendu à l'encontre des membres permanents de pratiquer des "doubles standards" de mettre en cause les autres États, sans courir le risque de se voir eux-mêmes mis en question »[619].

L'auteur poursuit en dénonçant le risque de « réflexe de clientélisme » qui permettrait de protéger, en utilisant leur droit de veto [620], leurs partenaires commerciaux [621].

528. Par ailleurs, l'intervention du Conseil de Sécurité peut, également, être déterminante dans l'ouverture d'une enquête, lorsqu'il s'agit du crime d'agression. En effet, le Conseil de Sécurité a le pouvoir de déterminer si un État est auteur d'un acte d'agression constitutif d'une violation de la Charte des Nations unies [622].

La portée de ce pouvoir a fait l'objet de divergences, dès le début des discussions sur la procédure à adopter en cas d'agression [623]. Certains prétendaient que le Conseil de Sécurité a une compétence exclusive. Autrement dit, aucune enquête ne serait possible sans qu'il ait, préalablement, qualifié la situation d'acte d'agression [624].

D'autres estimaient, en revanche, qu'en cas d'abstention de la part du Conseil de Sécurité, rien n'empêcherait la Cour de procéder à des investigations [625].

---

619 E. Decaux, « Actions au regard de la souveraineté des États et moyens d'investigation », Actes du Colloque *Droit et démocratie*, La Cour pénale internationale, Paris, La documentation française, 1999, p. 84-85

620 Notons que dans le cas du Soudan, certains membres se sont abstenus alléguant qu'un tel renvoi nuirait au processus de paix : I. Prezas, « La justice pénale internationale à l'épreuve du maintien de la paix : à propos de la relation entre la Cour pénale internationale et le Conseil de sécurité », RBDI, 2006 p. 59.

621 E. Decaux, « Actions au regard de la souveraineté des États et moyens d'investigation », Actes du Colloque *Droit et démocratie*, La Cour pénale internationale, Paris, La documentation française, 1999, p. 85.

622 G. Gaja, "The long journey towards repressing aggression", The Rome Statute of International Criminal Court: A commentary, Oxford University Press, 2002, pp.432-433.

623 P. d'Argent, J. d'Aspremont Lynden, F. Dopagne et R. Van Ssteenberghe , « Article 39 », La Charte des Nations unies, Commentaire article par article, 3e éd., Paris, Economica, 2005, p. 1139.

624 C. Kreb et L. von Holtzendorff, "The Kampala Compromise on the crime of Aggression", J.I.C.J., 2010, p. 1194.

625 E. Greppi, "State responsibility for acts of aggression under the United Nations Charter: A review of cases", International Criminal Justice, Surrey, Ashgate, 2010, p. 505.

529. En réalité, cette question devait être analysée en rapport avec les compétences de la CPI. Il ne faut pas perdre de vue que celle-ci n'est compétente qu'à l'égard des personnes physiques [626]. Or, étant donné que le crime d'agression constitue avant tout, un crime commis par un État [627], toute initiative de poursuite contre des individus suppose une analyse et une qualification du comportement de l'État auteur de la situation d'agression.

L'intervention du Conseil de Sécurité doit donc être considérée comme un préalable nécessaire au déclenchement des poursuites devant la CPI [628].

C'est en cela, justement, que cette situation pose problème du point de vue de l'indépendance de la justice. Car telle que posée, la règle instituée à travers l'article 16 du statut de la CPI subordonne l'intervention d'une juridiction à l'avis donné par un organe éminemment politique [629]. Ce qui veut dire qu'une éventuelle abstention du Conseil de Sécurité est susceptible d'entraîner une paralysie de la Cour [630]. La Conférence de Kampala, qui s'est tenue en juin 2010 [631], a permis

---

[626] L'article 25 du Statut de Rome dispose que « la Cour a compétence à l'égard des personnes physiques ».

[627] Le crime d'agression est davantage un crime collectif commis par « l'appareil étatique » alors que la C.P.I. n'est compétente que pour réprimer les actes commis par des personnes physiques : voir [61] S. Sur, « Vers une Cour pénale internationale : la Convention de Rome entre les ONG et le Conseil de sécurité », RGDIP, 1998, p. 41.

[628] I. Prezas, « La justice pénale internationale à l'épreuve du maintien de la paix : à propos de la relation entre la Cour pénale internationale et le Conseil de sécurité », RBDI, 2006, p.96.

[629] G. Gaja, "The long journey towards repressing aggression", The Rome Statute of International Criminal Court: A commentary, Oxford University Press, 2002, p. 434.

[630] D. Saroosh, "The peace and justice paradox: the International Criminal Court and the UN Security Council", in The Permanent International Criminal Court Legal and Policy issues, Oregon, Hart Publishing, 2004, p. 112-113.

[631] Le 14 juin 2010, la Conférence de révision du Statut de Rome, instaurant la Cour pénale internationale (CPI), s'est achevée à Kampala, en Ouganda. La Conférence a fondé la définition du crime d'agression sur la résolution 3314 de l'Assemblée générale de l'ONU, datée du 14 décembre 1974. Est ainsi qualifié « d'agression », un crime commis par un dirigeant politique ou militaire qui constitue une violation manifeste de la Charte de l'ONU, en raison de sa nature, de sa gravité et de son ampleur. Tout en reconnaissant le rôle du Conseil de sécurité pour constater l'existence d'un acte d'agression, la Conférence de Kampala a décidé d'autoriser aussi le Procureur à ouvrir une enquête de sa propre initiative ou à la demande d'un État partie. Au préalable, il devra avoir obtenu l'autorisation de la Section préliminaire de la CPI.

de trouver un consensus sur cette interaction entre le Conseil de Sécurité et la CPI [632].

Une distinction a été faite, selon que le renvoi de l'affaire est effectué par un État, le Procureur, de sa propre initiative,[633] ou le Conseil de Sécurité [634]. Ainsi, le Procureur s'assure, d'abord, que le Conseil de Sécurité a constaté qu'un acte d'agression avait été commis par l'État en cause et avise le Secrétaire Général de l'ONU du lancement de la procédure judiciaire [635] ;

Lorsqu'un tel constat n'est pas fait dans les six mois suivant la date de l'avis, le Procureur peut mener une enquête pour crime d'agression, à condition que la Section préliminaire de la CPI ait autorisé l'ouverture d'une enquête pour crime d'agression, conformément à l'article 16 du Statut de Rome [636]. C'est par ce biais qu'on est arrivé à préserver le respect du rôle du Conseil de Sécurité tout en mettant en œuvre les moyens destinés à prévenir une éventuelle paralysie [637].

Si la CPI est suspectée d'allégeance vis-à-vis du Conseil de Sécurité, ce n'est pas seulement par rapport aux modalités d'ouverture de l'enquête, mais aussi en raison du pouvoir de suspension dont dispose ledit Conseil.

2. Le pouvoir de suspension de l'enquête

530. En vertu de l'article 16 du Statut de la CPI, « Aucune enquête ni aucune poursuite ne peuvent être engagées ni menées pendant les douze mois qui suivent la date à laquelle le Conseil de Sécurité a fait une demande en ce sens à la Cour dans une résolution adoptée en vertu du chapitre VII de la Charte des Nations unies ; la demande peut être renouvelée par le Conseil dans les mêmes circonstances ».

---

632 Résolution adoptée par l'Assemblée des États parties au Statut de Rome relative au crime d'agression le 11 juin 2010, RC/RES. 6, www.icc-cpi.int.

633 Art. 15 bis du Statut de Rome.

634 Art. 15ter du Statut de Rome.

635 Paragr. 6.

636 Paragr. 8.

637 F. Lafontaine et A.-G. Tachou-Sipowo, « Tous les chemins ne s'arrêtent pas à Rome : la révision du Statut de la Cour pénale internationale à l'égard du crime d'agression ou la difficile conciliation entre justice pénale internationale et sécurité internationale », *Revue belge de droit international*, (RBDI), 2009, p. 105.

Ainsi, cet article prévoit la possibilité pour le Conseil de Sécurité de suspendre l'activité de la CPI dans une affaire précise [638].

L'article 16 du Statut de Rome permet plus précisément, au Conseil de Sécurité, de suspendre une enquête ou une poursuite pendant un an renouvelable, pour des considérations relatives au maintien de la paix et de la sécurité internationale. Considérations dont le Conseil est seul juge.

La résolution de suspension devra, à nouveau, répondre aux exigences de l'article 39 de la Charte des Nations unies : existence d'une menace contre la paix, d'une rupture de la paix ou d'un acte d'agression et utilisation de mesures adéquates.

L'article 16 ne laisse aucun pouvoir d'appréciation, quant à l'opportunité de la décision, éminemment politique, du Conseil de Sécurité. D'où la critique d'atteinte à l'indépendance de la justice [639].

Cette disposition est le résultat d'un compromis, dit de Singapour, entre ceux qui défendaient le respect absolu de l'indépendance de la Cour et ceux qui estimaient que le Conseil devrait pouvoir suspendre l'activité de la Cour lorsqu'il se pose une question de menace de la paix [640]. L'action de la justice peut, en effet, s'avérer contre-productive dans le cas de conflit en cours. Ainsi, lorsque, par exemple, les mandats d'arrêt délivrés concernent les personnes qui sont assises à la table des négociations [641], l'action de la justice peut compromettre la réussite du processus de paix.

Par ailleurs, dans le cas de conflits en cours, le déroulement de la procédure judiciaire peut être perturbé par des obstacles liés entre autres, à la sécurité et à la protection des enquêteurs et des témoins, aux problèmes de logistique ou à la participation des victimes [642].

L'article 16 susvisé vise, précisément, à concilier les impératifs de paix et de justice et aussi à permettre au Conseil de Sécurité de faire

---

638 Joannis Prezas « la justice pénale internationale à l'épreuve du maintien de la paix ; à propos de la relation entre la Cour pénale internationale et le Conseil de Sécurité, RBDI 1/2006 - p. 57.

639 L. Condelleri et A. Ciampil, "Comments on the Security Council referral of the situation in Darfur to the ICC", JICJ, 2005, p. 648.

640 [58] J.-F. Dobelle, « Positions des États dans la négociation » in Actes du Colloque Droit et démocratie, *La Cour pénale internationale*, Paris, La documentation française, 1999, p. 21.

641 N. Grono, "Justice in Conflict? The International Criminal Court and peace processes in Africa", www.crisisgroup.org, OP/ 11 octobre 2007.

642 R. Blattmann et K. Bowman, "Achievements and Problems of the International Criminal Court", JICJ, 2008, pp. 723-724 et 728.

prévaloir, pour un temps limité [643], la logique de paix sur celle de répression. L'article 16 a été invoqué à plusieurs reprises [644] notamment par Singapour [645], le Costa Rica [646] et le Canada [647].

531. La première mise en œuvre de l'article 16 fut effectuée à travers la Résolution 1422 par laquelle les États-Unis ont utilisé l'article 16 du Statut de Rome afin de protéger leurs soldats participant aux missions onusiennes d'une action devant la CPI [648].

C'est ainsi que, quelques jours après l'entrée en vigueur du Statut de Rome et avant même que la Cour ne soit opérationnelle, le Conseil de Sécurité a pris une décision en se prévalant de l'article 16. La résolution 1422, adoptée le 12 juillet 2002 et renouvelée sans modification un an plus tard avec la résolution 1487, constitue l'une des décisions les plus controversées que le Conseil de sécurité ait jamais adoptées sous l'empire du Chapitre VII de la Charte [649].

En effet, la résolution 1422 annonçait l'intention de renouveler cette suspension « aussi longtemps que cela sera nécessaire » [650]. Commentant cette décision, un auteur a souligné que « la menace contre la paix

---

643 Le terme « suspension » renvoie à un gel possible de l'activité de la C.P.I. par le Conseil de Sécurité et non à un arrêt définitif ; cette faculté du Conseil de Sécurité n'implique donc pas l'impunité des acteurs concernés. Voir S. Sur, « Vers une Cour pénale internationale : la Convention de Rome entre les ONG et le Conseil de sécurité », RBDI, 1998, p. 44.

644 Il en est ainsi des résolutions 1593 et 1970 du Conseil de sécurité : voir Darryl Robinson « Serving the interest of justice : Amnesties, Truth Commissions and the international criminal Court », EJIL, vol, 14, 2003, p. 502.

645 Doc. ONU A/AC.249/WP.51, proposition de Singapour pour l'article 23, soumise au comité préparatoire le 27 août 1996.

646 Doc. ONU Non paper/wg. 3/N0.2, 11 août 1997, proposition soumise au comité préparatoire par le Costa Rica.

647 Doc. ONU Non paper/wg. 3/N0.18, 18 août 1997, proposition soumise au comité préparatoire par le Canada.

648 M. Zwanenburg, "The Statute for an International Criminal Court and the United States: Peacekeepers under fire?", E.J.I.L., 1999, p. 126.

649 En vertu de cette résolution, le Conseil de sécurité « Demande, conformément à l'article 16 du Statut de Rome, que, s'il survenait une affaire concernant des responsables ou des personnels en activité ou d'anciens responsables ou personnels d'un État contributeur qui n'est pas partie au Statut de Rome à raison d'actes ou d'omissions liés à des opérations établies ou autorisées par l'Organisation des Nations unies, la Cour pénale internationale, pendant une période de 12 mois commençant le 1er juillet 2002, n'engage ni ne mène aucune enquête ou aucune poursuite, sauf si le Conseil de Sécurité en décide autrement ».

650 Résolution 1422 (2002) adoptée par le Conseil de sécurité le 12 juillet 2002, S/RES/1422 (2002), www.un.org.

justifiant la suspension de la compétence de la CPI fait défaut, sauf à admettre qu'elle provient du refus d'un État, en l'occurrence les États-Unis, de contribuer avec ses troupes aux opérations de paix, s'il ne s'assure que ses ressortissants seront à l'abri de la CPI, ce que la résolution paraît toutefois implicitement suggérer » [651].

En réalité, tout semble indiquer qu'en l'espèce, la menace de la paix était liée au fait que les États-Unis avaient menacé de mettre un terme à la mission de l'ONU en Bosnie-Herzégovine et de compromettre ainsi les opérations de maintien de la paix en n'y participant plus [652].

L'adoption de la Résolution constitue ainsi une violation de la lettre et de l'esprit de l'article 16, puisqu'en réalité, elle ne visait qu'à soustraire une catégorie de personnes, à la compétence de la CPI [653].

L'Union africaine a tenté de faire usage de cette disposition pour suspendre les effets du mandat d'arrêt émis contre le président soudanais El Béchir [654].

532. Ce pouvoir attribué aux membres du Conseil de Sécurité dans le déroulement d'une procédure en cours devant la CPI paraît d'autant plus paradoxal que trois d'entre eux, et non des moindres, n'ont pas ratifié le Traité de Rome [655].

Le moins qu'on puisse dire est que cet article 16 porte atteinte au principe fondamental de l'indépendance de la magistrature, tel qu'il est consacré par les instruments protecteurs des droits de l'Homme [656].

Cette disposition est, en effet, contraire aux règles de droit garantissant la tenue d'un procès équitable, règles que la Chambre d'appel du TPIY et le Comité des droits de l'homme ont qualifiées de règles impératives

---

[651] I. Prezas, « La justice pénale internationale à l'épreuve du maintien de la paix : à propos de la relation entre la Cour pénale internationale et le Conseil de Sécurité », RBDI, 2006, p. 89.

[652] N. Jain, "A Separate Law for Peacekeepers: The Clash between the Security Council and the International Criminal Court," *E.J.I.L.*, 2005, p. 244.

[653] Dans le même sens, cet auteur a estimé que: « l'article 16 ne doit pas être considéré comme un moyen d'exempter une catégorie de personnes de la compétence de la CPI. »; Neha, Jain, "A separate law for peacekeepers: the clash between the Security Council and the International Criminal Court", the European journal of International Law, vol, 16, n°2, 2005 , p. 247.

[654] Union africaine, Conseil de paix et de sécurité, communiqué de la 175e réunion, 6 mars 2009, paragr. 2.

[655] Il s'agit des USA, de la Chine et de la Russie.

[656] Art. 10 de la Déclaration universelle des Droits de l'Homme, Art.14, §1 du Pacte International relatif aux Droits civils et politiques.

du droit international. Elle paraît, également, en porte-à-faux avec le principe qui veut que le Conseil de sécurité agisse « conformément aux buts et principes des Nations unies », lesquels comprennent le respect des « principes de justice et du droit international » [657].

Aux termes des principes fondamentaux relatifs à l'indépendance de la magistrature, « les magistrats règlent les affaires dont ils sont saisis impartialement, d'après les faits et conformément à la loi, sans restrictions et sans être l'objet d'influences, incitations, pressions, menaces ou interventions indues, directes ou indirectes, de la part, de qui que ce soit et pour quelque raison que ce soit », d'une part et d'autre part, « La justice s'exerce à l'abri de toute intervention injustifiée ou ingérence [...] ».

En dépit de ces critiques, somme toute, fondées, l'élaboration de l'article 16 peut s'expliquer, à défaut d'être justifiée. En effet, cet article reflète la recherche d'un équilibre entre, d'une part, le respect des prérogatives du Conseil de Sécurité en matière de maintien de la paix et, d'autre part, la volonté d'instaurer une CPI qui soit réellement indépendante et affranchie des considérations politiques. L'enjeu était de parvenir à reconnaître dans le statut, la responsabilité principale du Conseil en matière de maintien de la paix et de la sécurité internationale, sans pour autant, autoriser une interférence excessive de celui-ci dans le fonctionnement de la Cour [658].

Concrètement, le Conseil de Sécurité doit demander la suspension des enquêtes et poursuites à la CPI.

Cette demande suppose le vote d'une résolution à la majorité des membres du Conseil de sécurité et, surtout, l'absence d'exercice du droit de veto. En l'absence d'une résolution adoptée sur base du Chapitre VII, la CPI continue ses investigations. Autrement dit, un seul

---

657 Principes adoptés par le 7e Congrès des Nations unies pour la prévention du crime et le traitement des délinquants, Milan, 26 août-6 septembre 1985, approuvés par l'Assemblée générale des Nations unies, A/Rés. 40/146, 13 décembre 1985.

658 "Supposons une situation dans laquelle, à la demande d'un État arabe, des poursuites seraient engagées contre Israël, ou inversement, et où ces poursuites risqueraient réellement de provoquer une nouvelle guerre au Moyen-Orient, est- ce-que le conseil de sécurité n'aurait pas compétence pour suspendre ces poursuites ? Je crois que oui, et indépendamment de la clause insérée dans la convention" Intervention de M. G. Guillaume, juge à la CIJ au cours de l'émission "Quelle justice internationale ?" France Culture "Le grand débat", 25 janvier 1999, in A. Dulait "La Cour pénale internationale" Rapport d'information 313, p.14 mais aussi P. Weckel "La Cour pénale internationale : présentation générale" in *RGDIP.*, 1998, p.983-993.

véto permettra à la Cour de poursuivre ses activités. Comme le faisait remarquer Roland Adjovi, cet article offre « une utilisation inédite du droit de veto qui fonctionne en l'espèce dans un sens favorable à la communauté internationale » [659].

A. Pellet estime pour sa part, qu'il est « totalement inenvisageable qu'un membre permanent, ou six autres États membres ne s'opposent pas à une décision de ce type lorsqu'est en cause l'un des crimes à l'égard desquels la Cour est compétente » [660].

Il est donc permis de considérer que l'intervention du Conseil de Sécurité dans les enquêtes et poursuites du Procureur de la CPI ne serait ni « indue » ni « injustifiée », dès lors qu'elle est fondée sur le Chapitre VII de la Charte des Nations unies.

533. Néanmoins, le risque d'abus demeure réel dans la mesure où il n'y a pas de limite quant au nombre de renouvellements possibles. Ce qui signifie que la Cour pourrait de facto, être empêchée d'exercer sa juridiction [661].

La réflexion sur les interactions entre la CPI et le Conseil de Sécurité fait ressortir trois importantes dispositions : l'article 13 qui accorde au Conseil de Sécurité le pouvoir de saisir la CPI, l'article 16 qui, en sens inverse, lui permet de geler l'activité de la Cour et l'article 5 qui concerne la répression du crime d'agression au regard des compétences du Conseil de Sécurité en matière de maintien de la paix.

L'analyse de ces trois dispositions implique un constat amer : les membres permanents du Conseil de Sécurité jouissent d'un pouvoir considérable qui leur permet de faire obstacle à l'action de la CPI à l'égard de leurs ressortissants ou des États alliés.

Cette considération est inconciliable avec le principe d'égalité des citoyens devant la loi.[662] Sous ce rapport, les relations entre la CPI et le Conseil de Sécurité semblent être le reflet d'une tendance majeure des relations internationales caractérisées par la prééminence des

---

[659] Roland Adjovi « le Conseil de Sécurité des Nations unies et la Cour pénale internationale » African Yearbook of international Law, vol, 13, 2005 : 187-211.

[660] A. Pellet, « Compétence matérielle et modalité de saisine », in Actes du Colloque Droit et démocratie, La Cour pénale internationale, Paris, La documentation française, 1999, p. 52.

[661] D. Becheraoui, « L'exercice des compétences de la Cour pénale internationale », *RIDP*, 2005, p. 357.

[662] V. Gowland-Debbas, "The relationship between the Security Council and the projected International Criminal Court", J.C.S.L., 1998, p. 109.

considérations politiques sur les exigences juridiques. Comme le fait observer F. Lafontaine, « Le droit international, même pénal, demeure profondément soumis aux contradictions des relations internationales ».[663]

Dans le même sillage, on peut craindre que la CPI ne soit détournée de sa mission initiale au profit des intérêts des grandes puissances et au détriment de la paix[664].

S'agissant du crime d'agression, l'article 15 bis dispose que : « Lorsque le Procureur conclut qu'il y a de bonnes raisons de mener une enquête pour crime d'agression, il s'assure d'abord que le Conseil de Sécurité a constaté qu'un acte d'agression avait été commis par l'État en cause… Lorsque le Conseil de Sécurité a constaté un acte d'agression, le Procureur peut mener l'enquête sur ce crime »[665].

Il ressort de la lecture de cet article que la compétence de la CPI à l'égard du crime d'agression, lorsqu'elle est saisie par l'État-partie ou par le Procureur lui-même agissant proprio motu, est subordonnée au constat préalable de l'acte d'agression par le Conseil de Sécurité. C'est en effet à celui-ci que revient la responsabilité principale du maintien de la paix et de la sécurité internationale ainsi que le pouvoir de constater l'acte d'agression.

Néanmoins, ce pouvoir de constat préalable de l'acte d'agression confié au Conseil de Sécurité compromet l'indépendance de la CPI, dès lors que la compétence de cette dernière est subordonnée au constat de l'acte d'agression par le Conseil de Sécurité.

Si le Conseil de Sécurité n'a pas procédé à la constatation de l'acte d'agression, la Cour ne peut pas mener l'enquête sur ce crime.

Pour y faire face, le Statut de Rome prévoit que lorsque le constat du Conseil de Sécurité n'est pas fait dans les six mois, le Procureur peut mener une enquête pour crime d'agression, à condition que la section préliminaire ait autorisé l'ouverture d'une enquête pour crime

---

663 F. Lafontaine et A.-G. Tachou--Sipowo, « Tous les chemins ne s'arrêtent pas à Rome : la révision du Statut de la Cour pénale internationale à l'égard du crime d'agression ou la difficile conciliation entre justice pénale internationale et sécurité internationale », R.B.D.I., 2009, p 110.

664 « The threat of prosecutions becomes another policy tool in the hands of the SC members and would not be an end in its own right, even where the Council had initially adopted a justice approach". L. Oette, "Peace and Justice, or Neither?" , op. cit., p. 356.

665 Article 15 bis, 6 du Statut de Rome et Article 15 bis, 7 du Statut précité.

d'agression selon la procédure fixée à l'article 15 et que le Conseil de sécurité n'en décide autrement.

Le fait que le Conseil de Sécurité soit un organe politique, par opposition à la CPI, organe judiciaire, a soulevé des protestations quant à un quelconque rôle de celui-ci dans la procédure.

Cet argument est, il est vrai, difficilement contestable : Le Conseil de Sécurité va, dans sa détermination, être guidé par des considérations d'ordre politique et non juridique.

À ce titre, un passage de l'opinion dissidente du Juge Schwebel, dans l'affaire des activités militaires et paramilitaires au Nicaragua mérite d'être cité :

« De plus, si le Conseil est habilité à constater l'existence d'un acte d'agression, ce n'est pas en tant que juridiction. Il peut conclure à l'existence d'une agression, ou, plus fréquemment, refuser de conclure dans ce sens pour des considérations plus politiques que juridiques. Si décisifs que soient les faits susceptibles de constituer l'agression, le Conseil de Sécurité n'outrepasse pas ses droits en décidant qu'une constatation d'un acte d'agression ferait régresser la cause de la paix au lieu de la promouvoir. En bref, le Conseil de Sécurité est un organe politique guidé par des motifs politiques. Il peut tenir compte de considérations juridiques mais, à la différence d'un tribunal, n'est pas tenu de les appliquer »[666].

C'est en raison de l'ensemble de ces griefs reprochés à la CPI que certains pays ont brandi la menace du retrait de cette juridiction[667].

§ II. – L'utilité du maintien de la coopération avec la CPI

534. Les menaces de retrait se sont intensifiées ces dernières années même si, à l'exception du Burundi, elles n'ont pas été suivies d'effet[668].

---

666 CIJ « Affaire des activités militaires et paramilitaires au Nicaragua (Nicaragua C. États-Unis d'Amérique) Arrêt du 27 juin 1986 (Fond).
Lang (C), *L'affaire Nicaragua / États Unis devant la Cour Internationale de* Justice, Paris, L.G.D.J., 1990, pp. 247-248.

667 Sara Dezalay, « L'Afrique contre la justice pénale internationale ? Éléments de sociogenèse sur les possibles de la justice internationale », in *Politique Africaine* n°145, mars 2017, p. 167.

668 La décision du président sud-africain Jacob Zuma a été déclarée contraire à la Constitution par la Haute Cour à Pretoria. En Gambie, le nouveau président Adama Barrow a annulé la décision de retrait annoncée par son prédécesseur.

Cependant, au regard des dispositions prévues par le Statut de Rome, une décision de retrait n'entraîne pas aussitôt des effets positifs pour l'État concerné.

En effet, non seulement la portée d'une telle décision peut s'avérer toute relative, mais elle peut avoir des conséquences néfastes pour les victimes.

A. La portée relative d'une décision de retrait de la CPI

535. À la lecture des dispositions du Statut de la CPI, on réalise à quel point un retrait de cette juridiction est d'une portée purement symbolique. Cet effet relatif peut s'apprécier par rapport au sort des enquêtes en cours et à la possibilité pour la CPI d'initier d'autres procédures dans un pays qui a décidé de se retirer du Statut de Rome.

1. Le maintien des enquêtes déjà ouvertes par la CPI

536. Aux termes de l'article 127 du statut de la CPI, « Tout État-partie peut, par voie de notification écrite adressée au Secrétaire général de l'Organisation des Nations unies, se retirer du présent Statut. Le retrait prend effet un an après la date à laquelle la notification a été reçue, à moins que celle-ci ne prévoie une date postérieure.

Son retrait ne dégage pas l'État des obligations mises à sa charge par le présent Statut alors qu'il y était Partie, y compris les obligations financières encourues, et n'affecte pas, non plus, la coopération établie avec la Cour à l'occasion des enquêtes et procédures pénales à l'égard desquelles l'État avait le devoir de coopérer et qui ont été commencées avant la date à laquelle le retrait a pris effet ; le retrait n'affecte en rien la poursuite de l'examen des affaires que la Cour avait déjà commencé à examiner avant la date à laquelle il a pris effet ».

Au regard de ces dispositions, la relativité d'une décision de retrait apparaît à un double niveau :

D'une part, le retrait ne peut être que le fait d'un État pris individuellement. En effet, ce sont les États, et non des organisations régionales, qui ont adhéré au statut de Rome. Par parallélisme des formes, le retrait ne peut être décidé que par l'État. Une décision de retrait que prendrait par exemple l'UA n'aurait aucune portée juridique, puisque cette organisation n'est pas partie au Statut de Rome.

D'autre part, une décision de retrait, même devenue effective, n'affecterait pas les enquêtes déjà entamées. Ce qui veut dire que les enquêtes concernant certains dirigeants devraient pouvoir continuer même en cas de retrait des États concernés.

Par ailleurs, la lecture combinée des articles 12 et 23 du Statut de Rome laisse apparaître qu'une décision de retrait ne met pas forcément un État hors de portée de la CPI.

Aux termes de l'article 12 du Statut de Rome :

« Dans les cas visés à l'article 13, paragraphes a) ou c), la Cour peut exercer sa compétence si l'un des États suivants ou les deux sont Parties au présent Statut ou ont accepté la compétence de la Cour conformément au paragraphe 3 :

a) L'État sur le territoire duquel le comportement en cause a eu lieu ou, si le crime a été commis à bord d'un navire ou d'un aéronef, l'État du pavillon ou l'État d'immatriculation ;

b) L'État dont la personne accusée du crime est un ressortissant.

3. Si l'acceptation de la compétence de la Cour par un État qui n'est pas Partie au présent Statut est nécessaire aux fins du paragraphe 2, cet État peut, par déclaration déposée auprès du Greffier, consentir à ce que la Cour exerce sa compétence à l'égard du crime dont il s'agit. L'État ayant accepté la compétence de la Cour coopère avec celle-ci sans retard et sans exception conformément au Chapitre VII ».

L'article 13 du Statut dispose que « La Cour peut exercer sa compétence à l'égard d'un crime visé à l'article 5, conformément aux dispositions du présent Statut :

a) Si une situation dans laquelle un ou plusieurs de ces crimes paraissent avoir été commis est déférée au Procureur par un État-partie, comme prévu à l'article 14 ;

b) Si une situation dans laquelle un ou plusieurs de ces crimes paraissent avoir été commis est déférée au Procureur par le Conseil de sécurité agissant en vertu du chapitre VII de la Charte des Nations unies ; ou

c) Si le Procureur a ouvert une enquête sur le crime en question en vertu de l'article 15 ».

537. Au regard de ces dispositions, même lorsqu'un État n'est pas partie au Statut de Rome, le Conseil de Sécurité peut, en vertu du chapitre VII de la Charte des Nations unies, déferer la situation à la Cour.

Autrement dit, aucun État africain ne peut se réfugier derrière une décision de retrait pour prétendre échapper à une possibilité de saisine de la CPI par rapport à des crimes commis sur son sol.

Comme on le voit, le retrait de la CPI constitue une mesure de portée extrêmement relative outre le fait qu'il s'agit d'une solution qui peut être lourde de conséquences pour les victimes.

2. Les conséquences négatives d'une décision de retrait pour les victimes

538. Un retrait ne résoudrait pas, loin s'en faut, la problématique de l'impunité et de la protection des populations africaines contre les nombreux crimes internationaux qui sont, malheureusement, trop souvent commis en Afrique. Dans ce continent, les poursuites pour crimes internationaux sont rares et dans les cas où elles existent, les résultats sont mitigés. Dans ce contexte, la CPI apparaît comme une bouée de sauvetage pour bon nombre de victimes. Quelque imparfaite qu'elle puisse être, la justice rendue par la CPI reste, de loin, préférable à l'absence de justice et à l'impunité qui prévaudrait sans elle. Se retirer de la CPI sans au préalable mettre sur pied des solutions alternatives, c'est laisser les populations africaines à la merci de l'arbitraire.

539. La véritable solution consiste donc à trouver le moyen de mettre fin à l'impunité en Afrique sans donner l'impression de faire du continent un jouet entre les mains des puissances occidentales. Cela passe par une amélioration du mode de coopération avec la CPI.

B. Les conditions d'une véritable coopération avec la CPI

Le renforcement de l'indépendance de la CPI et la réorientation de sa stratégie de poursuite peuvent contribuer à donner plus de crédibilité à la CPI et à améliorer la coopération de cette juridiction avec les pays africains.

1. Le renforcement nécessaire de l'indépendance de la CPI vis-à-vis du Conseil de Sécurité

Le Conseil de Sécurité, perçu comme un organe politique incarnant la domination des grandes puissances, fait l'objet de nombreuses critiques[669].

---

669 Michel Struett, The Politcs of construing the international Court, New York, Palgrave Macmillan, 2008, p. 240.

De plus en plus de voix s'élèvent pour réclamer davantage d'indépendance de la CPI vis-à-vis dudit conseil.[670] Afin de préserver son indépendance, la CPI devrait pouvoir :

– contrôler la légalité du pouvoir exercé par cet organe et vérifier l'existence d'une menace contre la paix et la sécurité internationales ;

– délimiter temporellement la période de suspension de l'activité de la CPI quand cela s'avère nécessaire ;

– exercer son contrôle sur la procédure judiciaire dans le cas de crime d'agression.

540. La CPI doit disposer d'un pouvoir d'appréciation sur certaines décisions du Conseil de Sécurité.

S'il est admis que le Conseil de Sécurité peut formuler une demande de sursis, il doit être entendu qu'il appartient à la CPI de donner suite à une telle requête, après en avoir librement examiné les motifs. Autrement dit, la CPI garde la possibilité de procéder à un contrôle de la légalité et de l'opportunité de la demande formulée par le Conseil de Sécurité [671].

Dans ce cas, la CPI s'emploierait à vérifier si les conditions posées par l'article 16 sont réunies, avant de surseoir à statuer. Cette proposition a l'avantage de permettre à la CPI d'avoir le dernier mot dans l'application de la procédure de l'article 16 du Statut de Rome, plutôt que de subir la décision du Conseil de Sécurité.

541. Comme déjà indiqué, l'article 16 susvisé permet au Conseil de sécurité de geler l'activité de la CPI pendant douze mois renouvelables.

Il en résulte que le Conseil de Sécurité peut, lorsqu'il le désire, paralyser indéfiniment l'activité de la Cour.

Pour éviter un tel blocage, il est nécessaire de limiter temporellement la durée de suspension, en la ramenant à une année non renouvelable. Cela permettrait à la Cour de poursuivre l'instruction d'une affaire ayant fait l'objet de suspension. De nombreux auteurs ont défendu cette idée. Ainsi, Flavia Lattanzi, a souligné que : « sans une limite temporelle au

---

[670] Voir Kersten, « How the Words could change the ICC-Africa Relactionship » en ligne, justice in Conflict », 9 mai 2017, https://justiceinconflict.org/2017/05/09/how-three-words-could-change-the-icc(african-relationaship-more-7344, consulté le 30 mai 2017.

[671] L'article 19, §1er reconnaît à la Cour le pouvoir de s'assurer qu'elle est compétente pour connaître de toute affaire portée devant elle.

pouvoir du Conseil, il y a [...] le risque que la décision soit renouvelée à l'indéfini : il ne s'agirait non pas d'une suspension, mais de blocage de l'activité de la Cour et donc d'une dangereuse dépendance *d'un* organe juridictionnel pénal par rapport à un organe politique »[672].

542. Dans l'hypothèse, tout d'abord, où le Conseil de Sécurité aurait considéré qu'un État a commis un acte d'agression, conformément à l'article 39 de la Charte des Nations unies, quel serait, ensuite, le rôle de la CPI, et comment son indépendance serait-elle préservée ?

Pour répondre à cette question, le Statut de Rome prévoit que « Le constat d'un acte d'agression par un organe extérieur à la Cour est sans préjudice des constatations que fait la Cour elle-même en vertu du présent statut ».

Il résulte de cette disposition que le constat fait par le Conseil de sécurité des Nations Unies ne lie pas la Cour dans son appréciation de la responsabilité pénale individuelle.

Autrement dit, même lorsque le Conseil de Sécurité aura affirmé qu'un État a commis un acte d'agression, il appartiendra à la Cour de dire si l'accusé a planifié ou commis cet acte d'agression.

De même, si le Conseil de Sécurité conclut qu'un État n'a pas commis un acte d'agression, la CPI ne devrait pas être liée par cette décision.

En résumé, nous estimons que la prérogative reconnue au Conseil de Sécurité de qualifier « d'agression » le comportement d'un État, ne devrait pas avoir comme conséquence d'ôter à la CPI son pouvoir de déterminer, souverainement, la responsabilité pénale des personnes physiques dans la conception, la planification, la préparation, le déclenchement, la conduite et l'exécution d'une agression.

Outre le renforcement de l'indépendance de la CPI vis-à-vis du Conseil de Sécurité, l'amélioration de la collaboration entre l'Afrique et cette juridiction passe par une réorientation de la stratégie de poursuite.

2. La réorientation nécessaire de la stratégie de poursuite de la CPI

543. La CPI devrait, à notre sens, revoir sa stratégie de poursuite sous deux angles. L'ouverture d'enquêtes sur les territoires autres que l'Afrique et la mise en œuvre de la complémentarité positive.

---

672 F. Lattanzi, Compétence de la Cour Pénale internationale et consentement des États, in RGDI, n° 2, 1999, p. 443.

544. Ce n'est point un hasard si l'allégorie représentative de la Justice renvoie à l'image de Thémis, une déesse de la mythologie grecque aux yeux bandés et qui porte entre ses mains une balance et un glaive. L'autorité et la crédibilité d'une juridiction tiennent pour l'essentiel, à sa capacité à incarner les valeurs d'impartialité, d'équilibre et de puissance auxquelles renvoie cette allégorie. Or, en s'abstenant d'ouvrir des enquêtes sur d'autres continents où se commettent des crimes, la CPI se met en porte-à-faux par rapport à telles valeurs, compromettant du coup, sa crédibilité et sa légitimé.

On peut néanmoins penser qu'au sein de la CPI, les autorités judiciaires ont pris l'exacte mesure du défi qu'il leur faut relever. C'est du moins la déduction que l'on peut tirer de l'évolution que vient de connaître la situation de la Palestine. En effet, à propos des exactions commises sur la bande de Gaza, qui faisaient l'objet d'un examen préliminaire depuis janvier 2015, la Procureure de la CPI a annoncé son intention d'ouvrir une enquête. En prenant une telle décision, en dépit de l'opposition farouche des États-Unis, la CPI entend certainement démontrer sa volonté d'exercer ses prérogatives en toute indépendance et rendre une justice véritablement universelle et impartiale. Il faut souhaiter que cette dynamique se poursuive car c'est à ce prix que l'idéal de justice incarné par la CPI pourra être sauvegardé.

545. Le second volet sur lequel la CPI devrait procéder à un réajustement est relatif aux modalités de mise en œuvre du principe de complémentarité.

La CPI est autorisée à intervenir uniquement lorsque l'État ne veut pas ou ne peut pas mener réellement des enquêtes et des poursuites. C'est cette notion, appelée principe de complémentarité, qui est la pierre angulaire de la justice pénale internationale symbolisée par la CPI. Cette prééminence nationale repose sur l'idée que l'exercice de police et la répression pénale des violations du droit international humanitaire sont une prérogative de l'État et que les juridictions internes devraient avoir la primauté sur la Cour.[673] Il est donc du devoir de chaque État « de soumettre à sa juridiction criminelle les responsables de crimes internationaux »[674].

---

[673] Itsouhou Mbandiga « Variation des rapports entre les juridictions pénales internationales et les juridictions nationales dans la répression des crimes internationaux » *Revue trimestrielle des droits de l'Homme*, n° 56, octobre 2003, p. 1241.

[674] Statut de Rome de la *Cour pénale internationale*, préambule, al. 6.

Le paragraphe 10 du préambule du Statut de Rome dispose que : « la Cour pénale internationale dont le présent Statut porte création est complémentaire des juridictions pénales nationales » ; l'article 1 du Statut précise en ces termes : « [...] Elle est complémentaire des juridictions pénales nationales. Sa compétence et son fonctionnement sont régis par les dispositions du présent Statut ». L'ex-Procureur de la CPI a déclaré, que « le principe de la complémentarité représente la volonté expresse des États-parties de créer une institution qui a une portée mondiale tout en reconnaissant la responsabilité première des États eux-mêmes »[675].

Ainsi, la complémentarité n'est pas définie dans le Statut de Rome dont elle constitue pourtant la pierre angulaire. Il faut se référer à l'article 17-1-a et c pour comprendre le sens de cette notion. En substance, cette disposition régit la question de l'évaluation de la recevabilité d'une affaire. Elle prévoit que la Cour est fondée à dénoncer l'irrecevabilité d'une affaire même d'office, si elle le juge opportun dans l'exercice des fonctions judiciaires conformément à l'article 19-1 dans certains cas précis[676].

La chambre d'appel de la CPI a décliné les différentes étapes de l'analyse, du moins pour ce qui concerne l'article 17-1-a et b, en soulignant que « pour dire si une affaire est irrecevable au regard des alinéas a et b de l'article 17-1 du Statut, il est nécessaire d'examiner au préalable :

1) Si elle fait l'objet d'une enquête ou de poursuite ;

2) si elle a fait l'objet d'une enquête par le passé et que l'État ayant compétence en l'espèce a décidé de ne pas poursuivre la personne concernée. Ce n'est qu'en cas de réponse affirmative qu'il échet de se

---

[675] Bassiouni (M.), *La création de la Cour pénale internationale et du Statut de Rome*, *op. cit.*, *p.* 143.

[676] Dans quatre cas précisément :

1- L'affaire fait l'objet d'une enquête ou de poursuite de la part d'un État ayant compétence en l'espèce, à moins que cet État n'ait pas la volonté ou soit dans l'incapacité de mener véritablement à bien l'enquête ou les poursuites.

2- L'affaire a fait l'objet d'une enquête de la part d'un État ayant compétence en l'espèce et que cet État a décidé de ne pas poursuivre la personne concernée, à moins que cette décision ne soit l'effet du manque de volonté ou de l'incapacité de l'État de mener véritablement à bien des poursuites.

3- La personne concernée a déjà été jugée pour le comportement faisant l'objet de la plainte et qu'elle ne peut être jugée par la Cour en vertu de l'article 20, paragr. 3.

4- L'affaire n'est pas suffisamment grave pour que la Cour y donne suite.

pencher sur la deuxième partie des alinéas a et b et que se pose la question du manque de volonté et de l'incapacité »[677].

Le principe directeur de complémentarité de la CPI est fondé sur l'idée que la justice internationale doit, dans le cours normal des événements, être appliquée dans les systèmes judiciaires nationaux.

La complémentarité s'inscrit dans la volonté de respecter et de responsabiliser les juridictions nationales dans l'exercice de leurs compétences. La Commission du droit international a déclaré que « le droit international n'oblige pas les États à reconnaître les jugements rendus en matière pénale dans un autre État » et que si une juridiction nationale n'a pas statué de façon impartiale ou indépendante ou si la procédure vise à soustraire l'accusé à sa responsabilité pénale internationale, « la communauté internationale ne devrait pas être tenue de reconnaître une décision résultant d'un tel détournement de la justice pénale »[678]. Le statut de Rome veille ainsi à ce que les jugements rendus sur le plan national ne soient pas des simulacres de justice ayant pour but de faire échapper les auteurs de ces crimes à la compétence de la CPI [679].

L'application effective du principe de complémentarité implique non seulement que les États ratifient le Statut de Rome, mais également qu'ils intègrent ces dispositions dans leurs corpus juridiques internes. Elle implique également l'allocation de ressources suffisantes aux personnes et aux organismes dotés, d'une part, de l'expertise nécessaire, et d'autre part, chargés de mener des enquêtes et des poursuites relatives à des crimes de masse.

Une bonne mise en œuvre du principe de complémentarité devrait donc, en principe, aboutir à une responsabilisation effective des juridictions nationales [680].

---

677 CPI, Situation en République démocratique du Congo, le Procureur c. Germain Katanga et Mathieu Ngudjolo Chui, Affaire n° ICC-01/04-04-01/07-1497, chambre d'appel ; arrêt relatif à l'appel interjeté par Germain Katanga contre la décision rendue oralement par la chambre de première instance II le 12 juin 2009 concernant la recevabilité de l'affaire, 25 septembre 2009, paragr. 78.

678 Rapport, Affaire de la 48e session de la CDI, tenue du 6 mai au 26 juillet 1996 ; Doc, ONU A/51/10, 1996.

679 A. Cassesse, "The Statute of the International Criminal Court: Some preliminary reflections", EJIL, 1999, p. 159.

680 Antonio Cassesse, « The Statute of the International Criminal Court : Some Preliminary Reflection » European Journal of International Law, vol., 10, 1999 : 144-171.

Mais il nous semble important de relever la distinction qui est faite entre complémentarité passive et complémentarité positive.

La complémentarité est dite passive lorsque, du fait de l'application des critères d'admissibilité prévus par l'article 17[681] de son Statut, la CPI est amenée à pallier le défaut de réaction des juridictions nationales[682].

La CPI ne se substitue en aucun cas aux systèmes judiciaires nationaux pour connaître des crimes relevant de sa compétence. Le principe de complémentarité envisagé dans son aspect passif laisse les tribunaux locaux juger les crimes internationaux dès lors qu'ils peuvent garantir des enquêtes « promptement menées ». Le travail de la CPI procède ainsi d'une intervention complémentaire dans le cas où l'incapacité ou le manque de volonté de l'État habilité à agir est démontré. Sous ce rapport, on comprend que le principe de complémentarité n'est pas une simple question de priorité entre les juridictions nationales et la CPI[683]. Il permet aussi de mettre la CPI devant ses responsabilités de prise en charge des crimes relevant de sa compétence.

Compte tenu des ressources limitées de la CPI, la mise en œuvre du principe de complémentarité apporterait une avancée significative dans la lutte contre l'impunité si les crimes les plus graves étaient en grande partie jugés sur le plan national. Pour y parvenir, il faudrait renforcer les capacités des systèmes judiciaires nationaux afin qu'ils soient à la hauteur de cette tâche. Dans cette perspective, la CPI ne doit pas se limiter à évaluer l'incapacité ou le manque de volonté des États pour

---

681 Aux termes de l'article 17 (1) alinéa (a), « une affaire est jugée irrecevable par la Cour si elle fait objet d'une enquête ou de poursuites au niveau national par un État ayant compétence en l'espèce à moins que cet État n'ait pas la volonté ou soit dans l'incapacité de mener véritablement à bien l'enquête ou les poursuites ».
Quant à l'alinéa (b), il en ressort que si après avoir effectué une enquête sur une affaire, un État compétent tire la conclusion de ne pas poursuivre la personne concernée, l'affaire en question ne pourra pas être recevable devant la CPI.
L'autre motif d'irrecevabilité prévu à l'article 17 concerne le principe *non bis in idem*. Sur ce point, l'article 17 (1) alinéa (c) stipule qu'« une affaire est jugée irrecevable par la CPI si la personne concernée a déjà été jugée pour le comportement faisant l'objet de la plainte et qu'elle ne peut être jugée par la Cour en vertu de l'article 20.

682 Luis-Moreno Ocampo, « The meaning of complementarity », dans *The International Criminal Court and Complementarity: From Theory to Practice*, I, Carsten STAHN and Mohamed M. Elzeidy, 2011, p. 21, à la page 32.

683 Jessy Gélinas, « Complémentarité et coopération, en route vers la 12e Assemblée des États Parties de la CPI », *Clinique de droit international pénal et humanitaire* (20 novembre 2013).

pouvoir enquêter sur les crimes de génocide, crimes contre l'humanité et crimes de guerre[684]. Elle devrait également jouer un rôle plus actif en encourageant et en assistant les systèmes judiciaires nationaux dans les enquêtes sur ces crimes à l'échelle nationale. C'est précisément, dans ce sens que l'on parle de complémentarité positive.

L'émergence du concept de « complémentarité positive » en droit pénal international s'inscrit dans l'optique de remédier aux lacunes du *Statut de Rome* quant à la définition de l'assistance globale pour le renforcement des capacités des systèmes judiciaires nationaux. En effet, pas plus que la complémentarité passive, la complémentarité positive n'est pas non plus définie dans le *Statut de Rome*. Celui-ci se limite à consacrer la forme et les modalités d'une assistance que la Cour peut fournir aux tribunaux nationaux[685]. À cet égard, l'article 93 dispose que si elle reçoit une demande en ce sens, la Cour peut coopérer avec l'État-partie qui mène une enquête ou un procès concernant un comportement constituant un crime relevant de la compétence de la Cour ou un crime grave au regard du droit interne de cet État, et prêter assistance à cet État. Cette assistance comprend notamment :

– la transmission de dépositions, documents et autres éléments de preuve recueillis au cours d'une enquête ou d'un procès menés par la Cour ;

– l'interrogatoire de toute personne détenue par ordre de la Cour ;

– la transmission des documents et autres éléments de preuve obtenus avec l'assistance d'un État requiert le consentement de cet État ;

– la transmission des dépositions, documents et autres éléments de preuve fournis par un témoin ou par un expert se fait conformément aux dispositions de l'article 68.

La Cour peut, dans les conditions énoncées au présent paragraphe, faire droit à une demande d'assistance émanant d'un État qui n'est pas Partie au présent statut.

Selon Carsten Stahn, « Dans la pratique actuelle, la complémentarité positive est considérée comme un moyen de renvoyer l'exercice de la complémentarité aux pays. Les définitions mettent l'accent sur la

---

[684] Olympia Bekou, « Positive Complementarity : A suitable basis for capacity building », dans *The law and practice of the International criminal court*, Carsten Stahn ,Oxford University Press, 2015, p. 1252.

[685] *Statut de Rome*, préc., note 4, art. 93. al. 10.

dimension "capacitation" de la complémentarité et son impact sur les États »[686].

En ce sens, dans la mise en œuvre de la complémentarité positive, la CPI n'ouvre aucune enquête. Elle laisse ce soin aux systèmes judiciaires nationaux.

Cette forme de complémentarité se recoupe avec le préambule du Statut de Rome qui prévoit que le rôle premier dans le combat contre l'impunité des crimes qui touchent l'ensemble de la communauté internationale revient aux systèmes judiciaires nationaux[687]. À cet égard, lors de la première Conférence de révision du Statut de Rome, tenue en Ouganda du 31 mai au 11 juin 2010, l'ancien Président de la CPI, le juge Sang-Hyun Song a déclaré que le développement des capacités nationales relève en premier lieu de la responsabilité des États[688]. La Cour joue juste un rôle limité de catalyseur ou de facilitateur dans l'échange d'informations uniquement.

Autrement dit, la complémentarité positive repose sur l'entraide entre les États et le soutien que la CPI et la Société civile apportent à ces derniers pour enquêter sur les crimes internationaux à l'échelle nationale. Ce processus est qualifié de « réappropriation nationale du jugement des crimes internationaux ».

En fait, l'idée principale de la complémentarité positive est de donner les moyens nécessaires aux systèmes judiciaires nationaux pour que la lutte contre l'impunité des crimes graves puisse être menée efficacement sur le plan national. À cette fin, on met l'accent sur l'assistance apportée à un État par d'autres États, les Organisations publiques ou privées de droit international ou national, la Société civile et la CPI aux fins de lutte contre l'impunité des crimes graves commis sur le territoire national.

---

686 Carsten Stahn, « Taking complementarity seriously », dans *The International Criminal Court and Complementarity: From Theory to Practice*, Cambridge University Press, I, New York, Carsten Stahn and Mohamed M.Elzeidy, 2011, p. 233 à la page 282.

687 *Statut de Rome*, préambule, al. 4.

688 Communiqué de presse ICC-CPI-20100603-PR537, 03 juin 2010, Conférence de révision : Le Président et le Procureur de la CPI participent à des conférences débats sur la coopération et la complémentarité cité, en ligne : https://asp.icccpi.int/fr_menus/asp/reviewconference/pressreleaserc/Pages/review-20conference_icc president-prosecutor-participate-20 in panels.complem.aspx, (consulté le 15 janvier 2016).

Dans le cadre de la complémentarité positive, trois types d'assistance peuvent être fournis aux systèmes judiciaires nationaux.

Selon le document du Bureau de l'Assemblée des États-parties à la CPI sur la complémentarité, l'assistance aux juridictions nationales peut être législative, technique ou consister en une mise en place d'infrastructures physiques[689].

L'assistance législative peut se traduire par un accompagnement du Bureau du Procureur dans les procédures de ratification de textes internationaux relatifs à la répression de crimes internationaux [690] ou d'Accords de coopération[691].

Elle peut aussi consister à aider à la mise en place des lois nationales actualisées, efficaces et conformes aux instruments juridiques internationaux[692].

Quant à l'assistance technique, elle concerne le renforcement des capacités des systèmes judiciaires nationaux. Elle comprend, entre

---

689 Bureau de l'Assemblée des États parties, *Bilan de la situation sur le principe de complémentarité: éliminer les causes d'impunité*, ICC-ASP /8/51, Cour pénale internationale, 2010, en ligne : <ww.icc-cpi.int/iccdocs/asp_docs/ ASP8R/ICC-ASP-8-51-FRA.pdf> (consulté le 15 septembre 2014).

690 On peut citer à cet égard le Statut de Rome, les Conventions de Genève et leurs protocoles additionnels, la Convention pour la prévention et la répression du crime de génocide, la Convention contre la torture et le Pacte international relatif aux droits civils et politiques qui sont des illustrations des instruments juridiques internationaux qui pourraient contribuer à la prévention et à la répression des crimes les plus graves.

691 C'est le cas de *l'Accord sur les privilèges et immunités* de la CPI qui est est un traité international, ouvert à tous les États Parties ou non à la CPI. Il est conclu dans l'optique de reconnaître internationalement des privilèges et immunités aux officiers et au personnel de la CPI afin qu'ils exercent en toute sérénité et indépendance leurs activités judiciaires. En ce sens, il offre une protection aux officiels de la CPI pour leurs actions dans le cadre d'appui et d'encouragement des juridictions nationales. À cet effet, les juges, le Procureur, les procureurs adjoints et le Greffier de la Cour jouissent de l'immunité absolue de juridiction pour les actes accomplis dans l'exercice de leurs fonctions officielles.

692 Un exemple qui pourrait illustrer cette assistance législative concerne un projet de promotion et de renforcement de la juridiction de la Cour pénale internationale en Colombie réalisé conjointement par *Avocat sans frontières Canada* et *Avocats sans frontières à Bruxelles*. Dans le cadre de ce projet, ces organisations appuient la Colombie dans la transposition du *Statut de Rome* en droit colombien. Avec ce projet, les crimes de génocide, les crimes contre l'humanité et les crimes de guerre seront définis en droit colombien. La mise en œuvre du *Statut de Rome* en droit colombien mettra ainsi à la disposition des tribunaux colombiens un instrument juridique fiable pour juger ces crimes.

autres, la formation du personnel de police, des services d'enquêtes et du ministère public, la protection des témoins et des victimes, le perfectionnement des compétences en matière de médecine légale, la formation des magistrats et des avocats de la défense[693].

La troisième forme d'assistance, relative aux infrastructures physiques, se traduit par l'aménagement de salles d'audience, d'établissements pénitentiaires et d'autres types d'infrastructures pouvant faciliter les procédures judiciaires en lien avec les violations graves des droits humains.

Tout ce dispositif part du postulat selon lequel la responsabilité de rendre justice aux victimes incombe en premier lieu aux États [694].

L'exercice de la justice pénale est partie intégrante de la souveraineté de tout État. Par conséquent, rendre la CPI complémentaire aux juridictions nationales a pour but d'inciter les États à renforcer leur appareil judiciaire [695].

La République démocratique du Congo est un exemple d'application du principe de complémentarité positive. En effet, l'intégration de ces dispositions a eu un impact certain sur la répression des auteurs des violations graves du droit humanitaire en RDC. Se basant sur la compétence qui leur est reconnue par ce code, les juridictions militaires basées dans quelques provinces ont pu juger des cas des crimes de guerre et des crimes contre l'humanité en faisant une application directe du Statut de Rome. Plus d'une douzaine des procès [696] ont été tenus

---

693 Sous cette rubrique, on pourrait citer l'exemple de la formation de 70 magistrats et avocats maliens, en théorie et pratique de traitement des crimes graves. Cette formation a été initiée par la Mission des Nations unies pour la stabilisation du Mali en collaboration avec l'Organisation internationale de la francophonie et le Bureau du Procureur de la CPI. L'objectif principal de cette formation était d'outiller les magistrats et les avocats maliens des techniques et connaissances qui leur permettront de prendre en charge de façon efficiente les procédures judiciaires relatives aux cas graves des violations des droits humains. (Lutte contre l'impunité: 70 magistrats et avocats maliens formés », *Mali jet* (26 septembre 2014), en ligne : <http://malijet.com/la_societe_malienne_aujourdhui/actualite_de_la_nation_malienne/112633-lutte-contre-l'impunité 70-magistrats-et-avocats-maliens-formès (consulté le 3 mai 2016).

694. L. Condorelli, « La Cour pénale internationale : Un pas de géant (pourvu qu'il soit accompli…) », RGDIP, 1998, p. 20.

695 L. Yang, "On the principle of complementarity in the Rome Statute of the International Criminal Court", CJIL, 2005, pp. 122-123 and 125.

696 Dans sa publication, « Étude de la jurisprudence : l'application du Statut de Rome de la Cour pénale internationale par les juridictions de la République démocratique

entre 2005 et 2008. Le plus connu du public reste certainement celui de Songo Mboyo [697]. C'est dans ce procès que les juges congolais ont pu, pour la première fois, faire application directe du Statut de Rome et ont alors condamné les soldats pour des meurtres, des viols massifs et des violences sexuelles constitutifs de crimes contre l'humanité. D'autres procès sur des crimes internationaux ont emboîté le pas et se sont inspirés de la jurisprudence de Songo Mboyo. En 2008, divers procès du genre ont été tenus dans des zones opérationnelles à la suite des opérations militaires dus à la résurgence du conflit à l'Est de la RDC.

546. Cependant, il nous semble important de préciser que cet exemple congolais ne doit pas être l'arbre qui cache la forêt.

En effet, sur les 34 États africains qui ont ratifié le Statut de Rome, seuls quelques-uns ont adopté la législation nécessaire pour mettre en œuvre les obligations découlant du Statut, et garantir la poursuite des crimes internationaux devant les tribunaux nationaux. De plus, la pratique nationale reste rare. À l'exception du TSSL hybride et du Tribunal pour le Rwanda, la plupart des États africains n'ont pas été actifs dans la poursuite des crimes internationaux au niveau national et ce, malgré de nombreuses occasions offertes pour le faire. Plus particulièrement, les États africains ont été réticents à exercer leur compétence universelle à l'égard des crimes commis dans les pays voisins.

Or, la meilleure manière de se prémunir contre l'action de la CPI est d'appliquer le principe de complémentarité. Comme le disait l'ancien procureur de la CPI, « En raison de la complémentarité, le nombre de cas examinés par la Cour ne doit pas être perçu comme un indice de son efficacité. Au contraire, l'absence de procès devant la Cour, étant une conséquence du fonctionnement régulier des institutions nationales, représente un grand succès » [698].

Au regard des développements qui précèdent, on peut considérer que, pour garantir l'efficacité dans la répression des crimes inter-

---

du Congo », parue en mars 2009, Avocats Sans Frontières a recensé 13 cas. Néanmoins, étant donné que les décisions judiciaires en RDC ne sont pas systématiquement publiées en raison du manque de ressources, il est difficile de déterminer le nombre exact de procès dont les causes concernent les crimes internationaux.

697 Tribunal Militaire de Garnison de Mbandaka, *Affaire Songo Mboyo,* RPA 615/2006 (12 avril 2006).

698 Luis Moreno-Ocampo à la cérémonie de Prestation de serment du Procureur en chef de la Cour pénale internationale (16 juin 2003).

nationaux en Afrique, la coopération avec la CPI et surtout, la mise en œuvre du principe de complémentarité sont des atouts non négligeables. Toutefois, on ne peut perdre de vue le fait que l'œuvre de justice ne se fonde pas uniquement sur des considérations techniques. L'appropriation de la justice par les populations auxquelles elle est, en définitive destinée, suppose aussi la prise en compte des dimensions sociales, éthiques, voire philosophiques. Sous ce rapport, les complaintes des Africains qui voient d'un mauvais œil leurs dirigeants traînés devant des juridictions étrangères sont de nature à justifier la mise en place d'une juridiction pénale régionale africaine.

Section II

Le recours à une juridiction pénale africaine permanente

547. La création d'une Cour sur le sol africain pour juger des crimes de droit international n'est pas un projet récent. Cette idée a été proposée pour la première fois au début des années 1980 lors de l'élaboration de la Charte africaine des droits de l'Homme et des peuples [699]. En effet, la Guinée avait suggéré la mise en place d'une Cour africaine des droits de l'Homme pour juger des violations des droits humains de même que des crimes du droit international [700]. Ce fut, finalement, la Commission africaine des droits de l'Homme et des peuples qui a été créée. Il s'agit d'un organe de suivi des traités quasi-judicaire constitué de 11 commissaires. Néanmoins, la création d'une Cour avait été envisagée comme une future possibilité dans le cas où cela apparaîtrait comme « une idée bonne et utile que l'on peut intégrer dans l'avenir grâce à l'ajout d'un Protocole à la Charte » [701].

L'idée de mettre en place une Cour pénale africaine a refait surface en juillet 2004, lorsque la question de l'élection des juges au niveau de

699 9 OUA CAB/LEG/67/3 rev. 5, 21 ILM 58 (1982), entrée en vigueur le 21 octobre 1986.

700 Réunion des ministres, 7-19 janvier 1981, citée dans F. Ouguergouz, *La Charte africaine des Droits de l'Homme et des Peuples*, Paris, Presses Universitaires de France, 1993, p. 72.

701 Le projet de la Charte africaine des droits de l'Homme et des peuples, préparé pour la réunion des experts à Dakar, Sénégal, 28 novembre – 8 décembre 1979, OAU/CAB/LEG/67/1, introduction, § 4 ; réimprimé dans C. Heyns (sous la direction de), Human Rights Law in Africa 1999, Kluwer Law International, p. 65.

la Cour africaine des droits de l'Homme et des peuples a été portée devant la Conférence de l'Union africaine [702].

Le projet de mise en place d'une juridiction pénale africaine peut susciter des interrogations quant à ses justifications. Mais c'est surtout la question des défis qui attendent un tel projet qui mérite attention.

§ I. – Enjeux et défis

548. À l'occasion du sommet de l'Union africaine tenu à Malabo en juin 2014 [703], les Chefs d'États africains ont adopté un projet portant modification du Statut de la Cour africaine de justice, des droits de l'homme et des peuples. (CAJDHP).

La CAJDHP, qui n'est pas encore opérationnelle, est née de la volonté des États membres de l'UA de fusionner la Cour de justice de l'UA créée par le Protocole de Maputo en 2002 et la Cour africaine des droits de l'homme établie par le Protocole de Ouagadougou en 1998 [704]. Cette fusion a donné lieu à deux sections :

---

702 À ce moment-là, l'Union africaine connaît deux importantes évolutions institutionnelles. Tout d'abord, elle a adopté, environ un an plus tôt, le Protocole de la Cour de justice de l'Union africaine fixant le cadre juridique pour l'opérationnalisation de la Cour africaine de justice en tant que « principal organe judiciaire de l'Union » . Ensuite, en janvier de la même année (2004), le Protocole de la Charte africaine pour l'établissement d'une Cour africaine des droits de l'Homme et des peuples est entré en vigueur, ouvrant la voie à l'élection des juges. La Cour africaine des droits de l'Homme avait, comme fonction principale, de compléter le mandat de protection de la Commission africaine en examinant des affaires et en émettant des jugements contraignants au regard de violations des droits humains. L'élection des juges à la Cour africaine des droits de l'Homme n'a pas eu lieu en juillet 2004, en raison du faible nombre de candidats nommés. Les débats à la Conférence de l'Union africaine ont pris, en revanche, une tournure différente et inattendue. Le président nigérian Olusegun Obasanjo, alors président de la Conférence, a proposé que la Cour africaine de justice et la Cour africaine des droits de l'Homme pourraient fusionner en une seule instance. Dans son discours, il a fait allusion à la possibilité d'attribuer une compétence en matière de droit pénal à la Cour qui résulterait de la fusion. Dans sa déclaration, le président Obasanjo affirmait : « Pourquoi la Cour de justice ne pourrait pas s'associer avec la Cour des droits de l'Homme et des peuples pour déboucher sur une Cour de justice qui aura une section, si vous voulez, responsable des questions frontalières, une section responsable des questions de droits humains, une autre sur les questions pénales trans-frontalières, etc. ».

703 Décision sur les projets d'instruments juridiques, Assembly/AU/Dec.529(XXIII).

704 En janvier 2006, la Conférence de l'Union africaine a mis en place un comité de juristes afin que celui-ci conseille l'Union africaine sur les options disponibles pour traduire en justice l'ancien président du Tchad, Hissène Habré. Ce comité a préparé un rapport qui porte non seulement sur la façon de gérer *l'affaire Hissène Habré*

– Section des affaires générales chargée de régler les différends entre États ;

– Section des droits de l'homme.

Le Protocole de Malabo a institué une troisième Section chargée de statuer sur les questions de droit international pénal.

La création de cette section est l'illustration de la volonté de l'Afrique ou, à tout le moins, de ses dirigeants, de disposer d'une juridiction pénale permanente. En somme, la section compétente en droit pénal international de la CAJDHP devrait faire office de Cour pénale africaine au niveau régional. La CAJDHP devrait fonctionner de la même manière que la Cour pénale internationale (CPI), mais sur une zone géographique plus étroite et couvrant une liste très élargie de crimes. Les principes et les valeurs sur lesquels s'appuie le Protocole sont louables. Parmi ceux-ci, figurent :

– le respect des droits humains et le caractère sacré de la vie ;

– la condamnation et le rejet de toute forme d'impunité ;

– le renforcement de l'engagement de l'Union africaine à promouvoir durablement la paix, la sécurité et la stabilité ;

– la prévention des atteintes graves et massives aux droits humains [705].

Le projet d'élargissement du mandat de la Cour africaine de justice et des droits de l'Homme afin d'y inclure une compétence en matière pénale serait probablement mort-né, s'il n'y avait pas eu des événements particuliers qui ont poussé l'Union africaine à y penser plus sérieusement. Il s'agit en effet des événements suivants :

– les mandats d'arrêt émis par certains pays européens à l'encontre de hauts responsables d'États africains pour des crimes relevant du droit international [706] ;

---

mais aussi sur la façon dont l'Union africaine devrait faire face, dans l'avenir, aux crimes relevant du droit international. À cet égard, le comité a recommandé que la Cour en projet, qui résulterait d'une fusion, soit habilitée à juger des crimes relevant du droit international. Voir rapport du Comité d'éminents juristes africains sur l'affaire Hissène Habré, § 35 et 39. Le rapport est disponible sur https://www.hrw.org/legacy/french/themes/CEJA_Report 050 6fr.pdf (consulté le 5 janvier 2016).

705 Protocole de Malabo, préambule, paragraphes 9, 10, 11, 12 et 16.

706 En 2007, un juge français a inculpé un certain nombre de responsables militaires et de personnalités politiques de l'État rwandais pour leur rôle présumé dans le génocide de 1994. Cela a donné lieu, entre autres, à l'arrestation en novembre 2008

– l'inculpation et le mandat d'arrêt de la CPI à l'encontre du président El-Béchir du Soudan[707] ;

– l'accusation et le procès devant la CPI du président Uhuru Kenyatta du Kenya et son vice-président William Ruto[708].

La lecture de ce nouveau Statut laisse apparaître plusieurs innovations que les initiateurs du projet de Malabo ont entendu mettre en exergue.

A. Les principales innovations du Protocole de Malabo

549. Le Protocole a fait preuve d'innovation en consacrant, à travers son article 46 C, la responsabilité des entreprises. À côté de la responsabilité individuelle posée par l'article 46 B, le Statut du Protocole de Malabo consacre la responsabilité des personnes morales. En effet,

---

en Allemagne de Rose Kabuye, le Chef du protocole du président rwandais Paul Kagame. En février 2008, un juge espagnol a de la même façon, émis des mandats d'arrêt internationaux à l'encontre de 40 hauts responsables de l'État rwandais pour leur participation présumée au génocide de 1994. Pour une liste détaillée des accusations émises par les Cours européennes à l'encontre des hauts responsables africains, voir UA-UE, le Rapport du groupe d'experts sur le principe de compétence universelle, Conseil de l'Union européenne (UE), Bruxelles, 16 avril 2009, 8672/1/09. REV 1, disponible en version anglaise sur www.africa-eupartnership.org /sites/default/files/documents/rapport_expert_ua_ue_competence_universelle_en_0 .pdf (consulté le 5 janvier 2016)

[707] La CPI a émis un premier mandat d'arrêt à l'encontre du président soudanais Omar Hassan Ahmad El Béchir le 4 mars 2009. Par la suite, elle a émis un second mandat d'arrêt contre lui le 12 juillet 2010. Le président El Béchir est suspecté d'avoir commis, en tant que coresponsable indirect, des actes s'apparentant à des crimes contre l'humanité, des crimes de guerre et à un génocide dans la région du Darfour au Soudan. La situation au Darfour a été déférée devant la CPI par le Conseil de Sécurité des Nations unies le 31 mars 2005. La CPI a pris la décision d'ouvrir une enquête le 6 juin 2005.

[708] Le 31 mars 2010, la CPI a donné l'autorisation au Procureur d'ouvrir une enquête sur la situation au Kenya le 31 mars 2010. Ceci a conduit à l'inculpation de six ressortissants kenyans pour leur rôle présumé dans les violences post-électorales de 2007/2008. Finalement, des poursuites ont été engagées contre trois des personnes initialement inculpées : Muigai Uhuru Kenyatta, l'actuel président du Kenya, William Samoei Ruto, l'actuel vice-président du Kenya et le journaliste Joshua Arap Sang. Le 13 mars 2015, la CPI a abandonné les poursuites contre le président Kenyatta sur demande du Procureur. Le président Kenyatta a été l'objet de poursuites de meurtres, de déportations ou de transferts forcés de population, de viols, de persécutions et d'autres actes inhumains qui sont constitutifs de crimes contre l'humanité. Le procès de William Ruto et de Joshua Arap Sang est en instance devant la CPI. MM. Ruto et Sang sont poursuivis de meurtres, de transferts forcés et de persécutions, constitutifs de crimes contre l'humanité.

l'article 46 C dispose que « aux fins du présent Statut, la Cour exerce ses compétences sur les personnes morales, à l'exception des États ».

Selon l'alinéa 1 du même article, « l'intention d'une entreprise peut être établie sur la preuve que c'était la politique de l'entreprise de commettre des actes constitutifs de cette infraction ».

L'alinéa 6 précise toutefois que « la responsabilité des personnes morales n'exclut par celles des personnes physiques qui sont les auteurs ou les complices des mêmes crimes ».

En dehors de la responsabilité des personnes morales, on retrouve deux principales innovations que sont l'élargissement des compétences de la Cour à la matière pénale et l'immunité accordée aux dirigeants et hauts fonctionnaires.

1. L'élargissement des compétences de la Cour

550. Le Protocole de Malabo a prévu une gamme très large d'infractions. Certains de ces crimes relèvent du droit international pénal. D'autres avaient déjà été prévus dans des Conventions internationales [709].

L'article 28 A du projet de protocole [710], traitant de la compétence internationale pénale de la Cour, fixe la compétence matérielle à travers les incriminations suivantes :

- génocide ;
- crimes contre l'humanité ;
- crimes de guerre ;
- crime relatif au changement anticonstitutionnel de gouvernement ;
- piraterie ;
- terrorisme ;
- mercenariat ;
- corruption ;

---

[709] Il s'agit des traités suivants : Convention pour l'élimination du mercenariat en Afrique, adoptée le 3 juillet 1977 et entrée en vigueur le 22 avril 1985 ; Convention de l'OUA/UA sur la prévention et la lutte contre le terrorisme, adoptée le 1er juillet 1999 et entrée en vigueur en décembre 2002 ; Convention sur la prévention et la lutte contre la corruption, adoptée le 1er juillet 2003 et entrée en vigueur le 5 août 2006 ; Convention de Bamako sur l'interdiction d'importer en Afrique des déchets dangereux et sur le contrôle des mouvements transfrontaliers et la gestion des produits dangereux produits en Afrique, adoptée le 30 janvier 1991 et entrée en vigueur le 22 avril 1998.

[710] Projet de Protocole sur les amendements relatifs au protocole portant Statut de la Cour africaine de justice et des droits de l'Homme et des peuples, Doc, Exp/Min/IV/Rev.7 du 25 mai 2012 et Doc Ex.CL/731 (XXL)-a du 13 juillet 2012.

– blanchiment d'argent ;
– traite des personnes ;
– trafic illicite de stupéfiants ;
– trafic illicite de déchets dangereux ;
– exploitation illicite de ressources naturelles ;
– le crime d'agression.

Le texte donne pouvoir à la Conférence des chefs d'État d'étendre cette compétence en tenant compte de l'évolution du droit international [711].

L'analyse de ces dispositions laisse apparaître une volonté très affirmée de l'UA de tenir compte du contexte africain dans la détermination des infractions érigées en crimes internationaux. En effet, à côté des crimes classiques que l'on retrouve dans tous les Statuts des juridictions pénales internationales[712], l'article 28A vise des infractions spécifiques comme celles relatives au changement anticonstitutionnel de gouvernement, à la corruption, à la traite des personnes, au blanchiment d'argent ou à l'exploitation illicite de ressources naturelles.

551. Ces infractions spécifiques peuvent être rangées en deux catégories, selon qu'elles relèvent de considérations politiques ou économiques. Parmi les infractions qu'on pourrait qualifier de politiques, on pourrait citer le crime de changement anticonstitutionnel de gouvernement. Aux termes de l'article 28 E, ce crime renvoie au fait d'accéder ou de se maintenir illégalement au pouvoir dans un État. Il s'agit notamment, du putsch militaire, du renversement d'un gouvernement démocratiquement élu et du refus de remettre le pouvoir au terme d'une défaite électorale. L'incrimination de tels faits traduit une prise de conscience des effets néfastes des changements anticonstitutionnels sur la stabilité et les perspectives de développement des pays africains. De nombreux pays africains ont basculé dans la violence, voire la guerre civile, du fait d'une mauvaise gestion du processus de transition au sommet de l'État. Le changement anticonstitutionnel est considéré comme « l'une des causes essentielles d'insécurité, d'instabilité, et de violents affrontements en Afrique » [713]. Il faut donc se féliciter de cette innovation qui pourrait contribuer à dissuader certaines attitudes anti-démocratiques [714].

---

711 Le Statut amendé de la CAJDH, article 28(A) (2).
712 Crime de génocide, crimes de guerre et crimes contre l'humanité.
713 Charte africaine de la démocratie, des élections et de la gouvernance, préambule, §6.
714 Selon l'Office des Nations unies contre la drogue et le crime (ONUDC), le conflit, qui sévit depuis longtemps en Somalie, est un facteur important susceptible

Parmi les infractions de nature économique, on pourrait citer l'exploitation illicite de ressources naturelles et la corruption. L'un des paradoxes de l'Afrique est qu'en dépit de ses immenses ressources naturelles, elle reste encore le continent le plus pauvre. Cette situation s'explique, en partie, par la persistance de pratiques de prédation des ressources au profit d'une minorité [715]. Ces pratiques vont de la conclusion de contrats d'exploitation de ressources par fraude ou corruption à l'exploitation desdites ressources sans base contractuelle [716].

L'ensemble de ces infractions spécifiques que le protocole de Malabo a visées dans le Statut de la future Cour africaine contribue à justifier ce que certains ont appelé la « régionalisation du droit international pénal ». Pour le professeur Abdoulaye Soma, ces infractions « trouvent leur raison d'être dans le cadre régional africain parce qu'elles traitent de problèmes qui se posent avec une acuité particulière à la communauté continentale africaine dans son ensemble comme les coups d'État » [717]. Au regard de la situation qui prévaut en Afrique, l'opportunité de la création d'une Cour pénale africaine ne fait pas l'ombre d'un doute. Comme indiqué dans le rapport de l'ONG Amnesty international « Le cri des victimes pour la justice se fait entendre clairement et fortement au travers du continent. Toutefois, l'impunité est un dénominateur commun dans les conflits en Afrique, les personnes soupçonnées d'être responsables pénalement pour des crimes au regard du droit international étant rarement amenées à rendre des comptes. Les gouvernements nationaux sont trop souvent réticents ou incapables de mener des enquêtes rapides, indépendantes, impartiales et efficaces sur des allégations de crimes de droit international et à terme de traduire en justice toutes les personnes dont la responsabilité pénale serait engagée,

---

d'expliquer la piraterie maritime le long de la côte somalienne et le trafic de migrants de la Somalie vers le Yémen et l'Arabie Saoudite. Voir ONUDC, *Transnational organized crime in Eastern Africa: A threat assessment*, septembre 2013, disponible sur www.unodc.org/documents/data-and-analysis/Studies/TOC_East_Africa_2013.pdf (consulté le 6 janvier 2015).

715 Voir par exemple International Alert, *The role of the exploitation of natural resources in fuelling and prolonging crises in the Eastern DRC*, 2009, disponible sur www.internationalalert.org/sites/default/files/publications/Natural_Resources_Jan_10.pdf (consulté le 7 janvier 2015).

716 En septembre 2015, Amnesty International a publié un rapport qui démontre comment l'industrie du diamant, en République centrafricaine (RCA), finance les groupes armés dans le pays.

717 Abdoulaye Soma, « L'africanisation du droit international pénal » *in* « L'Afrique et le droit international pénal », Paris, Pedone, 2015, p. 29.

dans le cadre de procès équitables devant des tribunaux civils ordinaires et sans recours à la peine de mort. Ainsi, une Cour pénale régionale, telle qu'envisagée dans le Protocole de Malabo pourrait combler les lacunes en matière d'obligation de rendre des comptes qui sont manifestes au niveau des tribunaux nationaux » [718].

La seconde innovation est relative à la clause d'immunité prévue pour les Chefs d'État et les hauts fonctionnaires.

2. La clause d'immunité pour les Chefs d'État et les hauts fonctionnaires

Au sein de l'UA, la première réunion ministérielle des Comités techniques spécialisés (CTS) sur la justice et les affaires juridiques qui a eu lieu le 15 et 16 mai 2014 à Addis-Abeba, en Éthiopie, était consacrée à l'examen du projet de Protocole de 2014.

À cette occasion, il a été convenu d'une décision majeure, du reste la plus controversée du Protocole de Malabo : celle d'octroyer l'immunité, par rapport à la compétence pénale de la CAJDHP, non seulement à tous les chefs d'État et de gouvernement mais aussi à la catégorie des « hauts fonctionnaires ». [719]

552. La clause du Protocole, qui stipule que « Aucune procédure ne peut être initiée ni poursuivie à l'encontre d'un Chef d'État ou de gouvernement en exercice de l'UA, ou toute personne agissant en lieu et place ou mandaté à cet effet, ou tout autre fonctionnaire de haut rang pendant qu'il ou elle est encore en poste » [720].

Cette mesure, qui est destinée à éviter la répétition des cas d'Omar El Béchir et d'Uhuru Kenyatta, a été diversement appréciée. Ses défenseurs estiment qu'elle permet de concilier justice et paix en évitant des poursuites susceptibles de déstabiliser des États et de contrarier des processus de paix en cours.

En revanche, d'autres considèrent qu'une telle disposition, qui ne protège que le temps de l'exercice des fonctions, risque d'inciter les

---

[718] Voir Amnesty International, Crying for justice: Victims' perspectives on justice for the post-election violence in Kenya (Index: AFR 32/001/2014), juillet 2014.

[719] Voir par exemple, Amnesty International, Lettre ouverte aux chefs d'État et de gouvernement de l'Union africaine, Ref: AFR 01/012/2014; Human Rights Watch 'Statement regarding immunity for sitting officials before the expanded African Court of Justice and Human Rights, disponible sur www.hrw.org/news/2014/11/13/statement-regarding-immunity-sitting-officials-expanded-african-courtjustice-and (consultation le 4 janvier 2016).

[720] Article 46 A bis du Statut.

dirigeants à vouloir se maintenir indéfiniment au pouvoir, quitte à mettre en péril la stabilité des institutions étatiques.

Nous estimons que cette clause constitue un net recul par rapport à la tendance générale qui est à l'exclusion de toute forme d'immunité au nom de la lutte contre l'impunité [721]. Une tendance qui s'est renforcée à travers le statut de la Cour pénale internationale [722].

En outre, cette décision de prévoir des immunités est en porte-à-faux avec les objectifs proclamés et les principes directeurs de l'Union africaine.

En effet, l'objectif principal de Union africaine est de promouvoir et de protéger les droits humains, tel qu'il est énoncé dans la Charte africaine et dans d'autres instruments en matière de droits humains. Ainsi, l'article 4 (h) de l'Acte constitutif de l'UA donne le droit à l'Union africaine d'intervenir dans un État membre si des crimes de guerre, des actes de génocide et des crimes contre l'humanité y sont commis. De même, l'article 4 (m) dispose que l'Union africaine respecte les droits humains, alors que l'article 4(o) exige que l'UA veille au caractère sacro-saint de la vie humaine et rejette l'impunité.

En définitive, l'analyse des dispositions du Statut de Malabo suscite un sentiment ambivalent. Autant on peut se féliciter de la générosité et de l'ambition du projet, autant la clause dite d'impunité peut justifier des inquiétudes sur le caractère opérationnel et efficace de la future Cour. Mais tout en réalité, dépendra de la capacité de ses concepteurs à relever les défis qu'il soulève.

B. Les défis de la mise en œuvre du projet

553. L'opérationnalité et l'efficacité de la future juridiction internationale dépendent de la manière dont seront traitées certaines questions majeures comme :
– le financement de la juridiction ;
– le défi de la crédibilité.

---

[721] Le Tribunal spécial pour la Sierra Leone, dans le cadre du cas de Charles Taylor a tenu, par exemple, que « Le principe semble maintenant établi que l'égalité souveraine des États n'empêche pas un chef d'État d'être poursuivi par une Cour ou un Tribunal pénal international » voir. Tribunal spécial pour la Sierra Leone *Procureur c. Charles Ghankay Taylor*, Cas No. SCSL-2003-01-I, Chambre d'appel, Décision sur l'immunité de la juridiction (31 mai 2004), § 52.

[722] Voir article 27 2) du Statut de Rome qui dispose que : « Les immunités ou règles de procédure spéciales qui peuvent s'attacher à la qualité officielle d'une personne, en vertu du droit interne ou du droit international, n'empêchent pas la Cour d'exercer sa compétence à l'égard de cette personne. ».

1. Le défi du financement

554. Un des défis majeurs de la future Cour pénale africaine sera, à n'en pas douter, son mode de financement.

Les difficultés que rencontrent les organismes régionaux africains n'incitent guère à un optimisme sur cette problématique de financement[723]. En effet, il existe sept organismes qui constituent les piliers de la Communauté économique africaine :

– le Marché commun de l'Afrique orientale et australe (COMESA), composée de 20 membres ;

– la Communauté des États sahélo-sahariens (CEN-SAD), composée de 18 membres ;

– la Communauté économique des États de l'Afrique de l'Ouest (CEDEAO) composée de 15 membres ;

– l'Union du Maghreb arabe (UMA) composée de 5 membres ;

– la Communauté des États de l'Afrique centrale (CEEAC), composée de onze membres ;

– l'Autorité intergouvernementale pour le développement de la Corne de l'Afrique et de la partie Nord de l'Est, qui compte 7 pays ;

– la Communauté de développement austral, composée de 14 membres.

Toutes ces organisations sous-régionales connaissent des difficultés de fonctionnement liées à leur financement. L'insuffisance de leurs ressources financières plombe leurs activités et crée un écart énorme entre les ambitions et la réalité.

L'expérience montre que ces organisations parviennent rarement à couvrir leurs besoins financiers. D'où la nécessité d'imaginer des modes de financement alternatifs.

Au regard de ce contexte d'austérité qui place les organisations régionales dans un état de dépendance financière, est-il possible de garantir une autonomie de financement à la future juridiction pénale africaine ?

De toute évidence, dans la mesure où la création de cette future Cour procède d'une volonté de s'affranchir de la tutelle jugée pesante et

---

[723] Pour que le Protocole entre en vigueur, il faut qu'il soit ratifié par quinze États membres. À ce jour, neuf seulement l'ont signé et aucun ne l'a ratifié.

injuste des pays occidentaux, il est impératif de se donner les moyens de la financer.

555. Car l'implication la plus évidente de l'élargissement de la compétence de la CAJDHP concerne la capacité financière de l'Union africaine à rendre opérationnelle et à appuyer la Cour de façon efficace. Ainsi, la Commission de l'Union africaine a été sollicitée à deux occasions durant l'élaboration du Protocole de Malabo afin d'examiner les implications financières et structurelles de l'élargissement de la compétence de la CAJDHP[724].

Lors de la 26e session ordinaire en janvier 2015, le Conseil exécutif de l'Union africaine a insisté sur la nécessité de « *rendre rapidement opérationnelle* » la Cour tout en soulignant « le besoin de garantir des financements prédictibles et durables »[725].

Le Conseil exécutif de l'Union africaine a aussi décidé de mettre en place un « Fonds spécial » et de convoquer une conférence pour la mobilisation de ressources afin de lever des fonds permettant de démarrer et de soutenir le fonctionnement de la CAJDH[726]. Malgré ces dispositions prises, il est peu probable que ces ressources de financement puissent être durables. L'engagement financier des États-parties ou de l'Union africaine sera certainement la source idéale de financement. Cependant, l'Union africaine a toujours eu du mal à financer suffisamment le fonctionnement de ses propres institutions, dont les organes de surveillance des traités relatifs aux droits humains ;

Amnesty International a dénoncé cette situation en soulignant que : « La Commission africaine et la Cour africaine se sont toujours montrées inquiètes au sujet des maigres ressources qui leur sont affectées par l'UA. Depuis sa création, la Commission africaine souffre en permanence du manque de ressources. Pendant près de deux décennies, le budget de la Commission africaine était inclus dans celui du département des

---

724 129 Décision sur le Protocole portant amendements au Protocole relatif au Statut de la Cour africaine de justice et des droits de l'Homme.
Assembly/AU/Dec.427 (XIX), § 2 ; Décision sur la proposition de Protocole portant amendements au Protocole portant Statut de la Cour africaine de justice et des droits de l'Homme, EX.CL/Dec.766 (XXII) § 2.

725 Décision sur le rapport d'avancement de la Commission sur la mise en œuvre des décisions précédentes sur la Cour pénale internationale, EX.CL/Dec.868 (XXVI), § xii.

726 Décision sur le rapport d'avancement de la Commission sur la mise en œuvre des décisions précédentes sur la Cour pénale internationale, EX.CL/Dec.868 (XXVI), § xiv(b).

Affaires politiques de la Commission de l'UA. En juillet 2007, le Conseil exécutif a demandé à la Commission africaine de commencer à présenter et à défendre son propre budget devant le Comité des représentants permanents (COREP)[727]. Ainsi depuis que la Commission africaine a commencé à obtenir, en 2008, ses propres dotations budgétaires de l'Union africaine, ces dernières se sont accrues. En 2008, la Commission africaine a reçu 6 millions USD, représentant une hausse significative par rapport au 1,2 million USD qu'elle avait obtenu en 2007[728]. Le budget de la Commission a augmenté jusqu'à 7, 9 millions USD en 2011[729], mais il est tombé à 6, 3 millions en 2014[730]. Ce montant de 6, 3 millions USD alloué à la Commission africaine en 2014 ne comprenait pas les fonds pour les activités du programme. De même, l'Union africaine n'a accordé aucun financement pour les activités du programme de la Commission dans son budget 2015[731]. Ceci signifie que pour les années 2014 et 2015, la Commission africaine a compté exclusivement sur les bailleurs de fonds pour mettre en œuvre ses activités de programme[732] ».

Bien que la Cour africaine des droits de l'Homme dispose de plus de ressources que la Commission africaine, les fonds qu'elle reçoit ne sont à la hauteur ni de la tâche qui lui est confiée, ni de ses besoins en matière de ressources. Le budget de la Cour africaine des droits de l'Homme représentait en 2014, près de 9 millions de USD, composé de 6, 6 millions de USD provenant des contributions des États et 2, 2 millions USD des partenaires financiers[733]. Mais ce financement paraît dérisoire comparé à celui d'autres juridictions régionales comme la Cour européenne des droits de l'Homme (CEDH). En 2014, le budget de la

---

[727] Décision dans le 21e Rapport d'activité de la Commission africaine des droits de l'homme et des peuples, EX-CL/Dec.344 (X), § 2(iv).

[728] 23e Rapport d'activités de la Commission africaine des droits de l'Homme et des peuples, § 113 ; 24e Rapport d'activités de la Commission africaine des droits de l'Homme et des peuples, § 246.

[729] 37e Rapport d'activités de la Commission africaine des droits de l'Homme et des peuples, § 48.

[730] Les 32e et 33e Rapport d'activités de la Commission africaine des droits de l'Homme et des peuples, EX.CL/782(XXII) Rev. 2, § 49.

[731] Les 32e et 33e Rapport d'activités de la Commission africaine des droits de l'Homme et des peuples, EX.CL/782(XXII) Rev. 2, § 549.

[732] Les 32e et 33e Rapport d'activités de la Commission africaine des droits de l'Homme et des peuples, EX.CL/782(XXII) Rev. 2, § 49.

[733] Le rapport annuel de la Cour africaine des droits de l'homme et des peuples, 2013.

CEDH s'est élevé à 67, 650, 400 euros[734]. La même année, la CEDH a reçu une contribution volontaire supplémentaire de plus de 2 000 000 d'euros de la part des États membres.

Lors du sommet XXVe sommet de l'UA tenu en 2015 à Johannesburg, le Président kenyan Uhuru Kenyatta, qui était l'un des premiers chefs d'État à signer le protocole de Malabo instituant la Cour africaine de justice et des droits de l'Homme, avait annoncé que le Kenya allait contribuer pour un million de dollars afin de rendre la Cour opérationnelle.

Cette annonce, qui tarde encore à être suivie d'effets, est un indicateur des difficultés auxquelles la Cour réformée pourrait être confrontée.

En tout état de cause, il ne servirait à rien de se retirer de la CPI pour mettre sur pied une Cour dont le fonctionnement serait tributaire de la générosité des pays occidentaux. Ce serait, en effet, paradoxal de compter sur les pays occidentaux pour financer une juridiction censée incarner l'autonomie judiciaire de l'Afrique[735]. L'expression « l'Afrique juge l'Afrique » ne doit pas être un simple slogan. Elle implique aussi des sacrifices financiers à la hauteur des ambitions que ce continent a publiquement déclinées.

Mais l'Afrique en a-t-elle les moyens ?

Au regard de l'expérience des juridictions pénales internationales, on peut légitimement s'interroger sur la capacité de l'Union africaine à faire face aux coûts que nécessite la mise en place d'une telle Cour régionale. En effet, l'expérience de la CPI et des tribunaux pénaux internationaux montre que le coût de fonctionnement d'une juridiction pénale internationale est énorme. Le Tribunal spécial pour la Sierra

---

[734] La Cour européenne des droits de l'Homme, Rapport annuel de 2014, p. 14, disponible sur : http://www.echr.coc.int/Documents/Annual_report_2014_FRA.pdf (consulté le 9 janvier 2016).

[735] D'ailleurs, le représentant de l'Union européenne a clairement exprimé ses réserves par rapport au projet de Malabo ; Lors du Dialogue judiciaire africain en novembre 2015, il a en effet déclaré :

« Au sujet de l'élargissement des compétences d'une Cour africaine, je confirme à nouveau que l'Union européenne n'a pas l'intention d'appuyer le Protocole de Malabo avec la création de la chambre pénale supplémentaire dans la mesure où d'une part, il comporte une disposition prévoyant l'immunité des chefs d'État et des hauts responsables publics en exercice et d'autre part, il n'y a pas de complémentarité avec la CPI ». Déclaration du représentant de l'UE au Dialogue judiciaire africain, 6 novembre 2015 à Arusha en Tanzanie, disponible en anglais sur http://eeas.uropa.eu/delegations/african_union/documents/press_corner/eu-statement-judicial-dialogue-06-11-2015_en.pdf (consulté le 13 janvier 2016).

Leone (TSSL) a dépensé une moyenne de 30 millions de USD par année pendant que le TPI pour le Rwanda a dépensé au total près d'un milliard de USD. Entre 2002 et 2016, la CPI a reçu environ 1,33 milliard d'euros de crédits budgétaires[736].

Nous estimons que la crédibilité du projet de création de la future Cour pénale africaine dépendra de la manière dont cette question du financement aura été résolue.

Certes, on peut penser qu'en choisissant de réformer une juridiction déjà existante au lieu d'en créer une nouvelle, les dirigeants africains ont voulu amoindrir les coûts du projet.

Il reste que malgré tout, comme toute autre juridiction pénale, la CAJDHP version Malabo devra faire face à des dépenses importantes inhérentes aux enquêtes pénales sur les crimes de masse. L'efficacité de cette future Cour dépendra donc nécessairement des moyens qui seront mis à la disposition de ceux qui vont l'animer.

556. À cet égard, le financement de la future Cour pourrait trouver un début de solution avec la mise en œuvre de la décision adoptée lors du sommet de l'Union africaine tenu à Kigali le 17 juillet 2016. À cette occasion, l'UA a, en effet, pris la décision historique d'adopter le principe d'une taxe dite taxe à l'importation de l'UA destinée à assurer l'autonomie financière de l'institution. Fixée à 0,2 % de la valeur CAF (coût, marchandises, frêt) des marchandises importées des États non membres de l'Union africaine et destinées à la consommation, cette taxe vise à fournir à l'UA des ressources stables, suffisantes et prévisibles pour la mise en œuvre de ses programmes de développement et d'intégration ainsi que pour le financement de ses opérations de maintien de la paix et de la sécurité.

À défaut de pouvoir financer intégralement une nouvelle juridiction, l'UA pourrait, avec cette nouvelle taxe, contribuer de manière significative à la réalisation du projet [737].

---

[736] Sur la base de dotations budgétaires prévues dans les résolutions relatives au budget annuel adoptées par l'Assemblée des États-parties de la CPI, qui se lisent comme suit : 2002-2003 : 30 893 500 €, 2004 : 53 071 846 € ; 2005 : 66 784 200 € ; 2006 : 80 417 200 € ; 2007 : 88 871 800 € ; 2008 : 90 382 100 € ; 2009 : 101 229 900 € ; 2010 : 103 623 300 € ; 2011 : 103 607 900 € ; 2012 : 108 800 000 € ; 2013 : 115 120 300 € ; 2014 : 121 656 200 € ; 2015 : 130 665 600 € ; 2016 : 139 590 600 €. Total : 1 334 714 446 €.

[737] La mise en œuvre de cette taxe est susceptible de se heurter à des difficultés.

Au regard de toutes interrogations, force est d'admettre que la réalisation du projet de mise en place d'une juridiction pénale africaine nécessitera des moyens matériels et surtout, une réelle volonté politique de mettre fin à l'impunité.

En outre, même si les Africains parviennent à relever ce défi, la lutte contre l'impunité n'en sera pas, pour autant, gagnée. L'efficacité de la mise en œuvre de la justice pénale internationale dépend, en effet, d'autres facteurs tenant à la crédibilité de la future juridiction.

2. Le défi de la crédibilité : entre « africanisation » et instrumentalisation

557. La possibilité de poursuivre des dirigeants constitue l'une des plus grandes avancées de la justice pénale internationale.

En effet, l'adoption de l'article 27 du Statut de la CPI a constitué une avancée remarquable dans la lutte contre l'impunité [738]. En logeant à la même enseigne chefs d'État et subalternes, le Statut de la CPI illustre à merveille, la symbolique de l'égalité des hommes devant la loi dans son expression la plus achevée. Même si, dans les faits, la poursuite contre un chef d'État en exercice s'apparente à un véritable chemin de croix, il n'en demeure pas moins que l'exclusion de toute forme d'immunité pour les chefs d'État et les hauts responsables constitue la meilleure manière de préserver le symbole d'une justice égalitaire et dissuasive.

Par conséquent, la disposition du projet de Malabo marque un net recul par rapport à ces acquis obtenus de haute lutte par les organisations de défense des droits de l'Homme.

Même si on peut légitimement s'interroger sur les considérations réelles qui font que jusque-là, parmi les dirigeants en exercice, les Africains soient les seuls à avoir été poursuivis devant la CPI, cela ne justifie point l'immunité accordée aux chefs d'État dans le Statut de la future Cour.

La première tient au fait que certains États non membres de l'UA ont signé des accords de détaxation avec les pays africains dans le cadre des accords de partenariat économiques (APE). Il faudrait donc envisager soit l'exclusion de ces États de la liste des États concernés par la taxe UA, soit la révision des APE.
La seconde est relative à la crainte de voir le prix des produits concernés par la taxe, connaître une hausse préjudiciable au pouvoir d'achat des consommateurs.

738 L'article 27(2) dispose que : « Les immunités ou règles de procédure spéciales qui peuvent s'attacher à la qualité officielle d'une personne, en vertu du droit interne ou du droit international, n'empêchent pas la Cour d'exercer sa compétence à l'égard de cette personne. »

Instaurer des immunités sous le prétexte de préserver la stabilité des États, c'est, ni plus ni moins, procéder à un nivellement par le bas du système de protection des victimes.

Dans ce contexte, les démarches actuelles pour la création d'une Cour africaine paraissent davantage motivées par la volonté de soustraire les dirigeants africains à la rigueur de la justice pénale internationale que par un souci de faire régner une justice équitable sur le continent.

Ne serait-ce que par souci de cohérence, les États africains qui dénoncent l'interventionnisme de la CPI dans ce continent devraient imaginer un système de protection des victimes, au moins, aussi protecteur que celui qu'offre le Statut de Rome.

Quelle solution faudrait-il alors, envisager ?

558. Faut-il maintenir la possibilité de poursuivre les dirigeants en exercice, comme c'est le cas avec l'article 27, alinéa 2 du Statut de la CPI, ou faut-il exclure toute possibilité de poursuite à leur égard au nom de la préservation de la paix et de la stabilité des États ?

Pour répondre de façon satisfaisante à ces interrogations, il nous semble important de faire observer que l'introduction d'une disposition similaire à celle de l'article 27 alinéa 2 du Statut de la CPI n'ouvrirait pas nécessairement la porte à une liberté totale de poursuite. En effet, la portée d'une telle disposition varie en fonction de la juridiction concernée.

Devant les TPI qui ont été créés par une Résolution du Conseil de Sécurité, les immunités ne peuvent être invoquées par aucun dirigeant, en raison du fait que tous les États ont adhéré à la Charte des Nations unies sur la base de laquelle le Conseil de Sécurité agit. Ainsi, à chaque fois qu'il s'agit d'une juridiction mise sur pied par le Conseil de Sécurité dans le cadre des pouvoirs qu'il tient du chapitre VII de la Charte des Nations unies, les dispositions statutaires prennent le pas sur les législations nationales.

Par contre, lorsqu'il s'agit d'une juridiction créée par voie de traité, les dispositions du Statut ne s'appliquent qu'aux États-parties. En effet, en vertu de l'article 2 de la Convention de Vienne, « Un traité ne crée ni obligations ni droits pour un État tiers sans son consentement ».

Par conséquent, une juridiction mise sur place par un groupe d'États ne peut exercer sa compétence sur les organes d'un État tiers. Autrement dit, même si le Statut de la Cour devait comporter une telle clause, seuls les dirigeants des États signataires seraient soumis à cette disposition.

Une telle question avait été soumise à la Chambre préliminaire de la CPI à propos du mandat d'arrêt émis contre le président du Soudan Oumar El Béchir. L'État du Soudan avait estimé qu'en sa qualité d'État tiers n'ayant pas encore adhéré au Statut de Rome, il ne pouvait être soumis à l'autorité de la CPI. Pour justifier le mandat d'arrêt émis contre le chef de l'État du Soudan, la Chambre préliminaire a rappelé que la situation du Darfour a été déférée à la CPI par une Résolution du Conseil de Sécurité[739] et que cela suffisait à habiliter la Cour à exercer sa compétence sur tout auteur présumé de crimes internationaux, y compris les dirigeants.

On pourrait donc déduire du raisonnement de la Cour qu'en dehors des cas où la Cour est saisie par le Conseil de Sécurité, ses compétences ne s'exercent qu'à l'égard des États-Parties.

Une telle position est d'ailleurs confortée par les propres dispositions du Statut de la CPI. L'article 98 dudit Statut dispose en effet que « La Cour ne peut présenter une demande d'assistance qui contraindrait l'État requis à agir de façon incompatible avec les obligations qui lui incombent en droit international en matière d'immunités des États ou d'immunités diplomatique d'une personne ou de biens d'un État tiers, à moins d'obtenir au préalable la coopération de cet État en vue de la levée de l'immunité ».

Au regard de ces considérations, on peut considérer que la suppression de la clause d'immunité contenue dans le Statut de la future juridiction pénale africaine permettrait, certes, de la rendre plus crédible et constituerait un signal fort dans la lutte contre l'impunité. Mais l'efficacité de la Cour n'en serait pas, pour autant, totalement garantie étant donné que les dispositions statutaires ne pourraient s'appliquer qu'à l'égard des États-parties.

Malgré tout, nous pensons qu'il est préférable de supprimer l'immunité accordée aux dirigeants et ce, pour deux raisons.

D'abord, la possibilité, même théorique, d'exercer des poursuites contre des dirigeants, serait synonyme de signal fort dans le cadre de la lutte contre l'impunité en Afrique.

Ensuite, l'existence de cette immunité constitue de fait, un obstacle aux poursuites et justifierait l'intervention de la CPI. En effet, en imposant une limite à la compétence de la CAJDHP à l'égard des chefs d'État en exercice, on donnerait à la CPI, une raison valable d'exercer

---

739 La résolution 1593.

sa compétence en considérant que les juridictions nationales n'ont pas la capacité de poursuivre.

559. Par ailleurs, l'efficacité de la future Cour sera tributaire de la nature du système judiciaire qui y sera appliqué. L'Afrique étant composée de plusieurs pays aux traditions juridiques différentes, le choix du système judiciaire peut, en effet, se révéler très délicat [740]. Lequel de ces systèmes sera adopté au sein de la future Cour ?

La question est loin d'être anodine, au regard des implications de l'un quelconque de ces choix.

Le système accusatoire est caractérisé par la prééminence de la procédure sur le fond (*justice before truth*). C'est un affrontement entre les parties sous l'arbitrage d'un juge censé être neutre et passif.

Ce modèle de justice, qui se veut contradictoire, public et oral, représente la tradition de la Common Law.

Le système inquisitoire correspond à une procédure écrite, secrète et non contradictoire. Le juge y est le véritable maître d'œuvre de l'enquête qu'il dirige en instruisant à charge et à décharge. C'est une conception de la justice qui fait primer les règles de fond sur les règles de forme.

L'analyse des Statuts des juridictions internationales laisse apparaître une primauté du modèle accusatoire, même si, de plus en plus, on tend vers l'institution d'une figure mixte, fruit de la confrontation des diverses expériences nationales.

Cette influence du modèle accusatoire apparaît à travers plusieurs dispositions des Statuts du TPIY et du TPIR, notamment :

– le caractère public de la procédure (Art 20 Statut TPIY et 19 TPIR) ;

– l'absence d'un juge d'instruction et l'exercice par le Parquet, des fonctions de poursuite et d'instruction (Art 16 Statut TPIY et 15 TPIR) ;

– l'institution de l'amicus curiae (Art 74 Statut TPIY) : une Chambre pouvant ainsi inviter ou autoriser un État, une organisation ou une personne à faire un exposé sur un aspect de fait ou de droit afin d'éclairer le tribunal ;

– le plaidoyer coupable ou aveu de culpabilité ;

---

740 Certains pays pratiquent le système dit de la « Civil Law » tandis que d'autres ont consacré celui de la « Common Law ».

– l'impossibilité de juger par défaut ou par contumace. L'absence de l'accusé étant considérée comme faisant obstacle au caractère contradictoire du procès, pierre angulaire du système accusatoire.

Dans une excellente contribution sur le statut de la victime dans le procès international, Jean Baptiste Harelimana résumait ainsi les deux systèmes[741] : « Ainsi, par opposition à la conception du régime inquisitoire selon laquelle il existe une vérité, le régime accusatoire a une conception relativiste, dialectique de la vérité : celle-ci doit naître de la confrontation entre deux thèses, celle de l'accusation et celle de la défense, Le pilier de la procédure est le débat (phase du procès proprement dit). La priorité absolue est donnée au débat, lieu où l'accusation sera dite et où l'accusé pourra se défendre. La question posée au juge sera : l'accusation a-t-elle suffisamment établi la culpabilité ? Et non : l'accusé est-il coupable ? Le débat doit être dialectique. Pour qu'il fonctionne correctement, il faut assurer l'égalité des armes. Le système accusatoire est public, oral et contradictoire ».

Il est très difficile, voire impossible, de dire lequel des deux systèmes convient le mieux au procès international. Tant il est vrai que chacun des deux présente des avantages et des inconvénients.

Les partisans du système inquisitoire reprochent au système accusatoire sa tendance à favoriser la lenteur des procès.

Ces reproches ne sont pas dénués de fondement, car la pratique du TPIY et du TPIR a, effectivement, fait ressortir deux inconvénients majeurs du modèle accusatoire : la lenteur des procédures judiciaires et le déséquilibre noté entre les parties principales que sont le Procureur et la défense.

Outre le caractère très technique des infractions, cette lenteur trouve son explication dans l'application systématique de l'oralité à toutes les phases de la procédure accusatoire. Cette exigence a, effectivement, donné lieu à des phases d'instruction longues, rythmées par des échanges de preuves à répétition et des auditions et contre-interrogatoires de dizaines, voire de centaines de témoins. Le tout sous le regard impuissant d'un juge réduit à un rôle d'arbitre.

Quant au déséquilibre entre le Procureur et la défense, il résulte d'une part, de la situation d'un Procureur qui concentre entre ses mains

---

[741] Jean Baptiste Harelimana « La reconnaissance du statut de la victime : un nouveau chapitre de la justice pénale internationale ». *Miskolc journal of International law*, volume 6, 2009, no. 1 : 35-59.

l'essentiel des moyens (ressources humaines et budgétaires) et des pouvoirs (poursuite et enquête) et, d'autre part, de celle de l'accusé souvent obligé de compter sur la bienveillance et la bonne foi du Procureur pour obtenir la communication des éléments du dossier.

C'est, précisément, pour corriger ces dysfonctionnements que les Règlements de procédure et de preuve ont fait l'objet de modification dans le sens du renforcement des pouvoirs des juges et de l'assouplissement de la règle de l'oralité. Parmi ces réformes, on peut citer :

- la création de l'institution d'un juge de la mise en état chargé de « coordonner les échanges entre les parties, lors de la phase préparatoire du procès… ». En outre, ce juge « s'assure que la procédure ne prend aucun retard injustifié et prend toutes les mesures nécessaires, afin que l'affaire soit en état pour un procès équitable et rapide »[742] ;
- le contrôle des activités du Procureur par le pouvoir conféré au juge de refuser de confirmer certains actes d'accusation[743] ;
- l'assouplissement de la règle de l'oralité par la possibilité donnée aux juges de recueillir certaines dépositions par écrit, si « l'intérêt de la justice le commande »[744].

560. Lors de l'élaboration du Statut de la CPI, ce souci d'efficacité a été pris en compte et a conduit à la mise en place d'un modèle mixte destiné à renforcer les pouvoirs des juges et à garantir une plus grande participation des victimes. On peut, ainsi, relever les innovations suivantes :

- création d'une Chambre préliminaire à qui revient le rôle de décerner les mandats d'arrêt et de prendre l'acte d'accusation final [745] ;
- consécration du rôle actif du juge qui dirige le procès à la place des parties[746] ;
- reconnaissance du droit de participer et d'obtenir réparation pour les victimes[747].

Concernant le modèle à appliquer dans la future CPA, nous pensons que c'est dans cette optique qu'il faut s'inscrire.

---

742 Art. 65ter du RPP du TPIY.
743 Art. 28 RPP du TPIY.
744 Art. 89 RPP du TPIY.
745 Art. 58 Statut CPI.
746 Art. 64 et 69 du Statut de la CPI, art 140 RPP de la CPI.
747 Art. 68 et 75 du Statut de la CPI.

Plus qu'une simple question de choix entre deux systèmes dont aucun, à l'analyse, n'est exempt de défaut, il s'agit surtout du choix d'un modèle de justice.

L'instauration d'une justice efficace parce que rapide, respectueuse des droits des parties et en particulier de ceux de l'accusé et de la victime doit être le seul objectif qui mérite d'être recherché.

L'ensemble des mesures ci-dessus indiquées permettrait, sans aucun doute, de renforcer l'efficacité de la répression des crimes internationaux en Afrique.

Toutefois, de telles mesures, à supposer qu'elles soient effectives, n'autoriseraient pas, pour autant, un repli de l'Afrique sur elle-même. L'indépendance que réclament, à juste titre, les africains, ne doit pas, en effet, conduire à une sorte d'autarcie qui ne s'accommoderait ni avec l'interdépendance des nations, ni avec la dimension internationale des crimes qui implique une coopération judiciaire entre tous les États.

Autrement dit, une stratégie réaliste de répression des crimes internationaux ne peut se concevoir sans une prise en compte de cette dimension internationale.

§ II. La coordination entre les différentes juridictions impliquées dans la répression des crimes internationaux en Afrique

La mise en place d'une Cour pénale régionale nécessitera de la part de cette juridiction, un travail de coordination avec d'une part, les juridictions nationales et d'autre part, la Cour pénale internationale.

A. Entre la future Cour pénale africaine et les juridictions nationales

L'avènement de la juridiction pénale africaine est susceptible de faire naître des conflits auxquels il faudrait, d'ores et déjà, songer. Sans prétendre être exhaustif, nous pouvons relever quelques questions de compétence qui pourraient se poser devant les juges.

1. Les risques de conflit de compétence entre la future cour pénale africaine et les juridictions nationales

561. Avec la tendance générale des États à intégrer les dispositions du droit pénal international dans leur droit positif, les possibilités de compétence concurrente vont, inévitablement se multiplier. Ce conflit peut se manifester soit avant toute saisine soit après saisine d'une juridiction.

L'une des conséquences de l'adoption de la règle de compétence universelle est qu'en cas de commission de crimes internationaux, on se retrouverait devant des faits susceptibles d'être jugés tant par la future Cour pénale africaine que par les juridictions nationales. Dans un tel cas de figure, laquelle des deux juridictions (nationale ou régionale) devrait alors, avoir la priorité sur l'autre ?

En outre, avec la mise en œuvre souhaitée du principe de complémentarité par les États, la future Cour pourrait être saisie de faits ayant des liens de connexité avec une affaire pendante devant des juridictions nationales. Devrait-on, dans ce cas, maintenir la compétence des deux ordres de juridictions ou songer à une possibilité de dessaisissement ? Le cas échéant, laquelle des juridictions devrait se dessaisir au profit de l'autre ?

2. Solution envisagée par le Statut de Malabo : la reconnaissance d'un principe de complémentarité

562. Les auteurs du projet de Statut de la future Cour pénale africaine n'ont pas perdu de vue la nécessité de définir les rapports entre celle-ci et les juridictions nationales. Ainsi, le Statut dudit Protocole dispose que : « La juridiction de la Cour est complémentaire à celle des juridictions nationales et, éventuellement à celle des communautés économiques régionales, quand cela est expressément prévu par lesdites communautés »[748].

La solution préconisée par les rédacteurs du projet de Malabo est donc identique à celle prévue par le Statut de Rome. En effet, l'article 1er dudit Statut prévoit que : « Il est créé une Cour pénale internationale ("la Cour") en tant qu'institution permanente, qui peut exercer sa compétence à l'égard des personnes pour les crimes les plus graves ayant une portée internationale, au sens du présent Statut. Elle est complémentaire des juridictions pénales nationales. Sa compétence et son fonctionnement sont régis par les dispositions du présent Statut ».

Cette solution comporte des limites qui peuvent donner lieu à des difficultés d'application.

L'article 17 du Statut de Rome précise qu'une affaire est jugée irrecevable si elle « fait l'objet d'une enquête ou de poursuites de la part d'un État ayant compétence en l'espèce, à moins que cet État n'ait pas

---

[748] Le Statut amendé de la CAJDH, article 46(H).

la volonté ou soit dans l'incapacité de mener véritablement à bien l'enquête ou les poursuites ».

La définition de critères permettant de savoir si un État a engagé des poursuites sérieuses a permis à la CPI de donner un contenu au principe de complémentarité. Or, le projet de Malabo n'a rien précisé à ce sujet.

On ne trouve pas, non plus, dans le projet de Malabo, des dispositions concernant le cas de connexité.

Sous réserve de ces limites que les praticiens devraient pouvoir facilement combler, il est permis d'affirmer que la mise en œuvre de ce principe de complémentarité comporte deux avantages :

– d'une part, elle permet de s'assurer du respect par chaque État de son obligation d'engager des poursuites pour des faits commis sur son territoire ;

– d'autre part, elle constitue un moyen de garantir que des procédures ouvertes dans un État n'aboutiront pas, par leur longueur excessive ou leur manque de transparence, à une impunité de fait et à une négation du droit à un procès équitable reconnu aux victimes et aux accusés.

B. Entre la future juridiction pénale africaine et la CPI : le réaménagement nécessaire du principe de complémentarité

1. Possibilité de compétence concurrente entre la CPI et la future Cour africaine

563. Une lecture attentive du Statut de la CPI permet de se rendre compte que l'érection d'une juridiction pénale africaine ne constituerait pas un obstacle à l'intervention de la CPI en Afrique.

En effet, l'article 1er du Statut de la CPI qui traite de la complémentarité ne s'applique que dans les rapports entre la CPI et les juridictions nationales. Il y est bien dit que la CPI « est complémentaire des autres juridictions nationales ».

En outre, l'obligation de coopérer avec la CPI qui pèse sur les États africains parties au Statut de Rome resterait, en tout état de cause, intacte. Aucune règle de droit ne donne prééminence à la Cour pénale africaine sur la CPI [749]. Il s'y ajoute que le fait que le Protocole de Malabo accorde une immunité à un grand nombre de personnes qui n'en

---

[749] On ne trouve pas de solution dans le Statut de Rome, non plus, car l'article 90 qui prévoit des demandes concurrentes entre la CPI et un autre État pour la remise d'une personne, n'indique pas comment un État membre doit gérer la demande concurrente de remise entre la CPI et une autre Cour internationale.

disposent pas au regard du Statut de Rome signifie que la compétence de la CAJDHP ne remettrait pas en cause la recevabilité de certaines affaires devant la CPI.

Ainsi, en dépit de l'existence d'une juridiction pénale régionale africaine, la CPI pourrait se déployer dans le continent, dès lors qu'il est établi qu'un État n'a pas « la volonté ou est dans l'incapacité de mener véritablement à bien l'enquête ou les poursuites »[750].

Le chevauchement de compétences entre la CPI et la future cour pénale africaine a une autre conséquence : il rend nécessaire l'adoption par les États-parties, d'une législation nationale qui soit conforme à la fois au Statut de Rome et à celui du Protocole de Malabo. En effet, le Protocole de Malabo contient quelques variantes dans sa façon de définir les crimes [751] visés par le Statut de Rome de même qu'il liste des crimes qui ne figurent pas dans le Statut de Rome[752]. Les États-parties à ces deux statuts devraient par conséquent, effectuer un travail d'harmonisation pour mettre en conformité leurs lois nationales avec les Statuts de la CPI et de la future Cour régionale.

2. Solution envisageable : révision du traité de Rome

564. Pour éviter toute confusion dans les actions des deux juridictions et donner du sens à l'existence de la future Cour africaine, il faudrait envisager une modification de l'article premier du Statut de la CPI et prévoir que l'action de la CPI est complémentaire des juridictions pénales nationales et régionales. C'est précisément dans cette voie que s'est engagée l'Union africaine à travers le « Projet de décision sur la relation de l'Afrique avec la Cour pénale internationale (CPI) » émanant de la session extraordinaire de l'Union africaine tenue le 12 octobre 2013. Selon ce projet, l'Union africaine : « Propose que les États africains parties au Statut de Rome présentent des amendements au Statut de Rome visant à reconnaître des mécanismes judiciaires régionaux comme

[750] La CPI et la CAJDH sont toutes les deux issues de traités et, par conséquent, aucune n'a, a priori, primauté sur l'autre.

[751] S'agissant par exemple du crime de génocide, l'article 28B (F) du Statut amendé de la CAJDH, des actes de « viols ou autres formes de violence sexuelle » commis dans l'intention de détruire, en tout ou en partie, un groupe national, racial ou religieux, en tant que tel, constituent un génocide. Une disposition comparable n'existe pas dans le Statut de Rome.

[752] Des crimes comme le mercenariat, le terrorisme, la corruption, le blanchiment d'argent et le trafic de déchets dangereux sont définis dans le cadre de traités existants de l'Union africaine.

compétents pour poursuivre des crimes internationaux conformément au principe de complémentarité »[753].

C'est dans l'optique de ce projet[754] que le Kenya a proposé, le 7 novembre 2013, une modification du préambule du paragraphe 10 du Statut de Rome se lisant comme suit : « Soulignant que la Cour pénale internationale, dont le présent Statut porte création, est complémentaire des juridictions pénales nationales et régionales »[755].

565. Si une telle modification voit le jour, la CPI se réserverait le droit de se saisir d'une affaire toutes les fois qu'elle constatera que les juridictions nationales et la Cour régionale n'auront pas manifesté, dans un temps raisonnable, la volonté de poursuivre les auteurs de crimes internationaux.

Le principe de complémentarité, ainsi reformulé pourrait préserver l'utilité de la future Cour, tout en garantissant le droit à l'accès à la justice aux victimes de crimes internationaux. À cet égard le Statut de Rome permet au Procureur ou à la Cour de « chercher à coopérer ou à se faire aider par les États non parties, les Cours internationales et régionales et les partenaires de coopération de l'Union africaine… »[756].

Une reformulation des rapports entre la Cour pénale et la CPI semble d'autant plus opportune et pertinente que le Statut de Rome prévoit déjà une coopération entre la CPI et « des organisations régionales »[757].

Bien entendu, la réalisation de cette solution n'est pas chose aisée. Elle risque de se heurter à des difficultés relatives aux modalités de révision du Statut de la CPI.

Il faudrait, à cet égard, envisager un accord entre les États-parties. En effet, aux termes de l'article 123 du Statut de la CPI, « À tout moment par la suite, à la demande d'un État-partie et aux fins énoncées au paragraphe 1, le Secrétaire général de l'Organisation des Nations unies,

---

753 Projet de décision sur les relations de l'Afrique avec la Cour pénale internationale (CPI), 12 octobre 2013, § 3(viii).

754 Toutefois, les termes ont été changés dans la résolution finale de cette session de l'UA laquelle « invite les États africains parties au Statut de Rome à présenter des amendements au Statut de Rome, en vertu de l'article 121 dudit Statut ». Voir la Décision sur les relations de l'Afrique avec la Cour pénale internationale (CPI), Ext/Assembly/AU/Dec.1 (octobre 2013), § 10(vI).

755 Voir le rapport du Groupe de travail sur les amendements, ICC-ASP/13/31, 7 décembre 2014, p. 17.

756 Voir l'article 46 L (3).

757 Articles 54(3) (c) et 87(6) du Statut de Rome.

avec l'approbation de la majorité des États-parties, convoque une conférence de révision. L'adoption et l'entrée en vigueur de tout amendement au Statut examiné lors d'une conférence de révision sont régies par les dispositions de l'article 121, paragraphes 3 à 7 ». L'article 121 précise que : « L'adoption d'un amendement lors d'une réunion de l'Assemblée des États-parties ou d'une conférence de révision requiert, s'il n'est pas possible de parvenir à un consensus, la majorité des deux tiers des États-parties ».

À défaut de parvenir à un amendement, il n'y aura, alors, d'autre solution que de faire en sorte que la Cour africaine fonctionne de façon optimale et de rendre ainsi l'intervention de la CPI sans objet. Car, même si le principe de complémentarité ne joue que dans les rapports entre la CPI et les juridictions nationales, une intervention de la CPI n'aurait plus sa raison d'être, si les présumés auteurs de crimes sont systématiquement poursuivis et jugés de façon impartiale par la future Cour pénale africaine.

Conclusion titre II

Ces quelques développements sur les mesures complémentaires nécessaires à l'efficacité du dispositif de répression des crimes internationaux rendent compte d'une réalité : la lutte contre l'impunité est à la fois l'affaire des États et de la Communauté internationale dans son ensemble.

S'il est vrai que la mise en place d'une juridiction pénale à caractère international peut aider à réaliser les objectifs de punition et de dissuasion, il n'en demeure pas moins qu'aucun résultat durable ne peut être atteint sans l'implication active des États. Une telle implication passe par l'amélioration du dispositif légal ainsi que celle des mécanismes de coopération judiciaire.

Mais la lutte contre l'impunité exige plus qu'une implication des différents acteurs concernés. Elle appelle aussi de leur part, un sens élevé de la collaboration.

Sous ce rapport, l'amélioration de la coopération avec la CPI devrait permettre aux États africains de mieux faire face à leur responsabilité de premiers garants de la sécurité et du bien-être de leurs populations.

Conclusion de la deuxième partie

L'un des principaux enseignements à tirer de l'expérience des CAE est que l'efficacité de la répression ne peut être garantie par le seul recours à une juridiction pénale internationale ad hoc.

En effet, les États, pris individuellement, doivent assumer leur part de responsabilité dans l'œuvre de protection des victimes de crimes internationaux et ce, sur deux aspects :

D'abord en adaptant leurs législations nationales respectives.

Ensuite, en améliorant les mécanismes de coopération judiciaire pour faciliter l'instruction et la répression des crimes internationaux.

En plus de l'intervention des États, la répression des crimes internationaux rend nécessaire le recours aux juridictions supranationales. Il est apparu que, compte tenu des limites objectives de leurs possibilités d'action, tant du point de vue juridique que financier, les juridictions nationales ne peuvent se passer de l'appui et de la coopération de la communauté internationale.

L'amélioration des méthodes de coopération avec la CPI, de même que la mise en œuvre du projet de création d'une Cour pénale africaine constituent, à cet égard, des pistes de solution à exploiter.

Le projet de création d'une Cour pénale africaine suscite des interrogations légitimes sur la stratégie de l'Union africaine par rapport à la problématique de la répression des crimes internationaux. Mais qu'on ne s'y trompe pas !

Le débat entre répression nationale ou internationale ne se pose pas en termes d'opposition, mais de complémentarité. S'il faut reconnaître aux juridictions nationales la primauté dans la lutte contre l'impunité, la nécessité d'offrir le maximum de garanties aux victimes et le souci de prévenir les situations d'impunité commandent la mise en place d'un système de répression qui favorise la synergie des actions, tant au plan national, régional qu'international.

CONCLUSION GÉNÉRALE

En entreprenant cette étude, notre ambition était de jeter un regard critique sur l'expérience des CAE et d'en tirer les enseignements utiles pour l'avenir.

Cette étude n'aura sans doute pas été exhaustive, loin s'en faut.

Mais elle aura atteint ses objectifs si elle contribue un tant soit peu, à enrichir la réflexion sur cet instrument inédit que constituent les CAE et au-delà, sur la problématique de la lutte contre l'impunité.

Dans un exercice pareil où on est amené à se prononcer sur le fonctionnement d'un organe ou d'une institution, on peut être tenté de conclure par une appréciation sur l'échec ou la réussite de l'expérience étudiée.

Nous tenons cependant à rappeler que l'objet de cette étude n'était pas d'étudier isolément, les CAE et de nous prononcer sur son échec ou sa réussite.

Il s'agissait davantage, à partir des aspects positifs et négatifs relevés dans le fonctionnement des CAE, d'apporter notre modeste contribution à la réflexion sur les stratégies de répression des crimes internationaux en Afrique.

Sous réserve de ces quelques observations, il nous semble utile de rappeler les fonctions assignées à la justice pénale internationale et de voir dans quelle mesure les CAE ont pu contribuer à en remplir quelques-unes.

La justice pénale internationale n'a pas fondamentalement changé les fonctions de la justice pénale nationale dans ses missions classiques de rétribution et de dissuasion. Mais elle en a ajouté d'autres comme :

– l'établissement de la vérité et la préservation du devoir de mémoire ;

– la restauration de la paix et de la réconciliation nationale ;

– le renforcement du système judiciaire national.

C'est au regard de ces différentes missions qu'il faut apprécier le bilan des CAE.

Les CAE et la fonction de rétribution et de dissuasion de la justice

Traduire en justice et sanctionner les responsables de crimes internationaux constitue la première raison d'être de la création des juridictions pénales internationales. En rappelant dans son fameux « attendu » que : « Ce sont des hommes et non des entités abstraites qui commettent des infractions dont la répression s'impose comme sanction du droit international », le TMI de Nuremberg avait donné une indication claire sur la fonction de rétribution qu'il devait remplir.

Sous ce rapport, les CAE dont l'article 3 du statut dispose que « Les Chambres africaines extraordinaires sont habilitées à poursuivre et juger le ou les principaux responsables des crimes et violations graves du droit inter-national, de la coutume internationale et des conventions internationales ratifiées par le Tchad, commis sur le territoire tchadien durant la période allant du 7 juin 1982 au 1er décembre 1990 », avaient également pour rôle de satisfaire ce désir de justice par la punition des coupables.

Certes, sur les six personnes visées dans le réquisitoire du Procureur des CAE, seul Hissène Habré a été renvoyé et jugé. Cela est révélateur des difficultés rencontrées par les magistrats des CAE pour traduire en acte la volonté affichée de punir les responsables de crimes internationaux commis sur le territoire tchadien entre le 7 juin 1982 au 1er décembre 1990.

Toutefois, cette insuffisance doit être replacée dans le contexte d'une justice pénale internationale qui est encore fortement marquée par les réflexes souverainistes des États. On ne dispose pas encore, à l'échelle internationale, d'une autorité supérieure qui légifère et sanctionne les contrevenants. Les États, qui restent jaloux de leur prérogative, rechignent souvent à se soumettre aux décisions des juridictions pénales internationales. L'incapacité de la CPI à faire exécuter ses mandats d'arrêt délivrés contre les présidents Omar El Béchir et le sort réservé à la procédure ouverte contre Uhuru Kenyatta sont à cet égard, assez révélateurs de cette inaptitude.

Le refus des autorités tchadiennes d'exécuter les CRI ordonnées par les magistrats des CAE ne doit donc pas être perçu comme une faillite de cette juridiction. Il constitue plutôt l'expression d'une limite propre à la justice pénale internationale qu'il faudrait travailler à combler.

Par conséquent, nous estimons que du point de vue de l'objectif de sanction des responsables et en dépit des insuffisances ci-dessus évoquées, le résultat atteint a été satisfaisant, pour deux raisons :

– d'abord, parce que, compte tenu du statut d'ancien chef d'État de l'accusé Hissène Habré ainsi que des moyens financiers et logistiques que nécessitait un tel procès, l'éventualité de la tenue d'un procès pénal paraissait utopique aux yeux de plusieurs observateurs. Réussir à organiser ce procès et le mener à terme constitue donc une prouesse ;

– Ensuite, eu égard à l'ancienneté des faits, la tenue de ce procès constitue un message envoyé à tous les dirigeants et conforte la conviction que quelque long puisse être le règne d'un dirigeant tortionnaire, le glaive de la justice finit toujours par le frapper. Ce caractère inéluctable de la sanction, dont Beccaria disait qu'il constitue l'essence de la fonction de dissuasion de la peine[758], nous autorise à considérer que les CAE ont valablement rempli les fonctions de rétribution et de dissuasion.

Les CAE et la fonction d'établissement de la vérité

C'est le propre de tout procès de favoriser la manifestation de la vérité.

D'ailleurs, il n'y a point de justice sans vérité car juger consiste à établir la vérité des faits et à leur attribuer une qualification. Ainsi, tout procès est censé être l'écho d'une réalité. Le procès est un ensemble d'actes (enquêtes, témoignages, expertises, transport sur les lieux, prestation de serment) et de règles (respect du contradictoire, publicité) destinés à favoriser la manifestation de la vérité.

Dans le procès pénal international, la recherche de la vérité revêt une portée particulière du fait que les enjeux ici, dépassent le sort des individus traduits en justice et rejaillissent sur la conscience collective.

En effet, la recherche de la vérité sur les circonstances de commission de crimes est un impératif non seulement pour la restauration de la « vérité historique », mais également pour la préservation du devoir de mémoire de la collectivité.

Sous ce rapport, nous considérons que les CAE ont, indéniablement contribué à faire jaillir la lumière sur une partie de l'histoire du Tchad.

Grâce aux enquêtes effectuées par les CAE, à travers les CRI et les multiples auditions de témoins et de victimes, l'existence de prisons secrètes où des personnes étaient détenues sans jugement et parfois

---

758 C. Beccaria, « Des délits et des peines », publié en 1764, Éditions Flammarion, 1991, paragr. XII, p. 87.

torturées pendant des années, l'élaboration et la mise à exécution d'un système élaboré de répression de certaines ethnies comme les Hadjerai et les Zaghawa font désormais partie intégrante d'une vérité judiciairement établie.

Certes, des enquêtes antérieures en avaient déjà fait état. Mais les archives constituées à travers la procédure des CAE ont eu le mérite de leur conférer un cachet international et de participer à la préservation du devoir de mémoire des populations tchadiennes.

Les CAE et la place des victimes dans le procès pénal international

L'une des lacunes de la justice pénale internationale est relative à l'insuffisante prise en compte des droits des victimes.

Souvent, l'accent est mis davantage sur la lutte contre l'impunité à travers la sanction des auteurs que sur la réparation des torts causés aux victimes.

Le statut de témoins qui est réservé aux victimes dans la plupart des juridictions pénales internationales illustre de façon éloquente, le caractère marginal du rôle qui leur est reconnu.

La victime ne peut véritablement jouer un rôle important dans le procès pénal que s'il lui est reconnu la qualité de partie civile. C'est précisément le mérite de certaines juridictions pénales mixtes comme les CETC ou les CAE[759] d'avoir pu donner aux victimes l'opportunité de jouer pleinement leur rôle au cours du déroulement du procès.

Pour ce qui est de la procédure devant les CAE, la somme globale de quatre-vingt-deux milliards deux cent quatre-vingt-dix millions de francs CFA (82.290.000.000 FCFA) a été allouée aux 7396 parties civiles déclarées recevables et appartenant ou non aux trois associations de

[759] Article 14 des CAE « La constitution de partie civile peut avoir lieu à tout moment au cours de l'instruction et se fait par demande écrite de la victime ou son ayant droit au greffier. Le greffier communique la demande à la Chambre compétente, ainsi qu'au ministère public et à la défense ».
Article 27 du Statut : « Les Chambres africaines extraordinaires peuvent décider que l'indemnité accordée à titre de réparation soit versée par l'intermédiaire du fonds visé à l'article 28 du présent Statut ».
Dans le même ordre, l'article 28 indique : « Un fonds est créé, au profit des victimes de crimes relevant de la compétence des Chambres africaines extra-ordinaires et de leurs ayants-droit. Ce fonds est alimenté par des contributions volontaires de gouvernements étrangers, d'institutions internationales, d'organi-sations non gouvernementales et d'autres sources désireuses d'apporter un soutien aux victimes. »

victimes, avec une clé de répartition individuelle basée sur la catégorie d'infraction subie[760]. Après avoir rejeté les demandes en réparations collectives ou morales, la Chambre d'assises d'appel a invité les différentes associations de parties civiles et le fonds à « travailler de concert pour mettre en place des mesures de réparation collective destinées à réparer le préjudice moral subi par les victimes et les communautés »[761].

Indépendamment de l'aspect pécuniaire, la possibilité donnée à toutes ces victimes de faire face au principal responsable des crimes commis contre leurs proches constitue incontestablement, une victoire dans la lutte contre l'impunité en Afrique.

Les CAE et la lutte contre l'impunité en Afrique

L'un des grands mérites des CAE est d'avoir su apporter du sang neuf et de la valeur ajoutée dans la mise en œuvre de la justice pénale internationale.

Une originalité qui s'est exprimée à travers le rôle éminent de l'Union africaine dans la création d'une juridiction pénale à caractère international.

Une particularité qui s'est aussi manifestée par le fait que pour la première fois, il a été procédé en Afrique, au jugement d'un ancien chef d'État africain pour des faits de violations massives des droits humains.

Certes, par le passé, d'anciens chefs d'État africains ont été jugés. Mais ce fut souvent dans leur propre pays. Il en est ainsi de Mengistu Hailé Mariam, ancien Chef d'État de la République populaire démocratique d'Éthiopie[762], de Jean Bedel Bokassa, Chef d'État de la République centrafricaine, puis Empereur Bokassa 1er[763], de Moussa Traoré ex-Président de la République du Mali[764], du Pasteur Bizimungu, ancien Président du Rwanda[765].

Ces dernières années, d'anciens chefs d'État africains ont été jugés par des juridictions internationales ad hoc siégeant ailleurs qu'en

---

760 Arrêt du 27 avril 2017, Chambre africaine extraordinaire d'assises d'appel, Situation en République du Tchad, le Procureur général c. Hissène Habré : 221 n° 927, pages 223 à 224, n° 938.

761 Arrêt du 27 avril 2017, Chambre africaine extraordinaire d'assises d'appel, Situation en République du Tchad, le Procureur général c. Hissène Habré, page 208 n° 873.

762 Condamné par contumace en décembre 2006.

763 Condamné à mort en juin 1987 puis amnistié des années plus tard.

764 Condamné à la peine de mort en 1993 puis gracié en mai 2002

765 Condamné en 2004 à une peine d'emprisonnement de 15 ans avant de bénéficier d'une grâce.

Afrique. Il en est ainsi de Charles Taylor, ancien Président du Libéria, qui fut le premier ancien Chef d'État à être jugé et condamné par une juridiction pénale internationale ad hoc, le Tribunal spécial pour la Sierra Leone. Il en est de même de Laurent Gbagbo, ancien Président de Côte d'Ivoire, transféré à la Cour pénale internationale depuis novembre 2011 et qui a finalement été acquitté. De ce point de vue, on peut admettre que les CAE ont été véritablement « extraordinaires »[766].

Au regard de tous les développements qui précèdent, force est d'admettre que, en dépit de limites évidentes, les CAE ont indéniablement, contribué à l'affirmation de l'idéal de justice en Afrique.

Toutefois, le plus important, à notre avis, n'est pas ce qui s'est passé mais ce qu'on va faire de cette expérience. Car si les CAE sont à présent dissoutes, la lutte contre l'impunité doit en revanche continuer. Sous ce rapport, l'enseignement majeur qu'il faut tirer de l'expérience des CAE est que le seul recours à une juridiction pénale à caractère international, pour utile qu'il puisse être, ne peut, à lui seul, garantir une répression efficace des crimes internationaux en Afrique. Ainsi, la prise en charge adéquate de la problématique de la lutte contre l'impunité en Afrique suppose la mise en synergie de plusieurs actions tant aux plans national, régional, qu'international.

Aucune stratégie de répression des crimes internationaux ne peut prospérer si elle n'est adossée à la responsabilité des États. Or, en Afrique, et à quelques exceptions près, les juridictions nationales ont pour dénominateur commun le manque de moyens financiers et logistiques et surtout, un déficit d'indépendance. En outre, le refus de coopérer de la part de l'État du Tchad, perceptible à travers tout le déroulement de la procédure des CAE, ne rassure guère sur l'existence d'une réelle volonté des dirigeants africains de lutter contre l'impunité à travers la tenue de procès justes et équitables.

D'où l'impérieuse nécessité de travailler, à l'échelle nationale, au renforcement de l'indépendance et des moyens de la justice, à la mise en conformité des normes et pratiques avec les standards d'une justice indépendante et impartiale afin que les États soient à même de jouer le rôle de premiers garants du respect des valeurs universelles.

---

[766] Les Chambres extraordinaires au sein des tribunaux sénégalais, quoi de si extraordinaire ? Par Raymond Ouigou Savadogo.
https://www.erudit.org/fr/revues/ei/2014-v45-n1-ei01412/1025 (consulté le 21 août 2018).

Par ailleurs, compte tenu de la gravité et de la complexité des crimes internationaux ainsi que de la menace que leur généralisation fait peser sur la paix et la sécurité internationale, la stratégie de répression doit, sous peine d'échec programmé, s'appuyer sur une culture de la coopération tant au plan régional qu'au plan international.

Ainsi, l'amélioration des mécanismes de coopération judiciaire entre les pays africains et le renforcement de la coopération avec la Cour pénale internationale pourraient jeter les bases d'un partenariat, seul gage de succès dans le cadre de la lutte contre l'impunité.

À cet égard, il faut souhaiter que le projet dit de Malabo visant la mise en place d'une chambre pénale au sein de la CAJDHP ne soit pas un mort-né et que la dynamique de coopération avec la CPI soit renforcée dans le sens d'une complémentarité véritablement positive.

En un mot, c'est par l'action conjuguée du renforcement des systèmes judiciaires nationaux, l'amélioration de la coopération judiciaire entre États, la mise en place d'une juridiction pénale permanente et un réajustement de la coopération avec la CPI que l'on peut arriver à réprimer, de manière efficace, les crimes internationaux en Afrique.

Ces exigences rendent suffisamment compte de la grandeur du défi que représente la question des crimes internationaux dans le continent africain.

Quoi qu'il en soit, les africains n'ont pas d'autre choix que de trouver les moyens de réussir le pari. Car de la manière dont ils auront réussi à relever ce défi dépendront, en grande partie, le sort de nombreuses populations africaines ainsi que l'image et la crédibilité des institutions judiciaires du continent.

Au-delà des africains, cette problématique des crimes internationaux doit interpeller toute la communauté internationale. Car la persistance des situations de crise humanitaire en Afrique et son cortège de massacres de populations civiles produisent des dommages bien au-delà du continent. Aussi, est-il de l'intérêt de tous que des mesures idoines soient prises afin que par le règne de la justice, la raison et la conscience puissent, toujours, prévaloir sur les errements et la bêtise humaine.

Comme le disait si bien le penseur Hegel, « *Fiat justitia ne pereat mundus* »[767].

---

[767] « Que justice soit faite, sinon le monde périra », HEGEL, 1821.

RÉFÉRENCES BIBLIOGRAPHIQUES

➢ Ouvrages généraux, Manuels, Précis

ALEDO Louis Antoine (2014). *Le Droit international public*, Paris, Dalloz, 3e éd.

ARON Raymond (2006). *Paix et guerre entre les nations*, Paris, Calmann – Levy, 3e éd., 794 p.

BATTISTELLA Dario (2009). *Théories des relations internationales*, Paris, Presses de Sciences Po, 3e éd., 694 p.

CHARPENTIER Jean (2012). *Institutions internationales*, Paris, Dalloz, 18e éd., 152 p.

COMBACAU Jean et SUR Serge (2014). *Droit international public*, Paris, LGDJ, 11e éd., 820 p.

COMBACAU Jean et SUR Serge (2012). *Droit international public*, Paris, Montchrestien, 10e éd., 822 p.

CONTE Philippe, MAISTRE DU CHAMBON Patrick (2004). *Droit pénal général,* Paris, Armand Colin, 7e éd., 394 p.

CURRAT Philippe (2006). *Les Crimes contre l'humanité dans le Statut de la Cour pénale internationale,* Bruxelles, Bruylant, Paris, LGDJ et Zurich, Schulthess, 838 p.

DUPUY Pierre-Marie (2004). *Droit international public* Paris, Dalloz, 7e éd., 811 p.

DE FROUVILLE Olivier (2012). *Droit international pénal*, Paris, A. Pedone, 488 pages.

GUINCHARD Serge, BUISSON Jacques (2014). *Procédure Pénale*, Paris, Lexis Nexis, 10e éd. 1510 p.

LARGUIER Jean (2005). *Droit pénal,* Paris, PUF, 16e éd., 127 p.

LOMBOIS C. (1979). *Droit pénal international*, 2e éd., Paris, Précis Dalloz.

PIN Xavier, PRADEL Jean (2014). *Droit pénal général*, Paris : Cujas, 777 p.

PRADEL J. (1974). Droit pénal général/Jean Pradel... /20e édition revue et augmentée/Paris : Ed. Cujas, DL 2014, cop.

PRADEL J. (2002-2003). *Procédure Pénale* 11e édition Cujas 2002-2003, 890 *pages*.

PRADEL Jean (2014). *Droit pénal*, 20e éd., Paris, Cujas, 777 p.

QUOC DINH N'Guyen, PELLET Alain *et al.* (2009). *Droit international public,* Paris, LGDJ, 8e éd., 1708 p.

RENAUT Marie-Hélène (2007). *Histoire du droit international public*, Paris, Ellipses Marketing, 190 p.

ROUSSEAU Charles (1977). *Droit international public*, tome 3 : *Les compétences*, Paris, Sirey, 635 p.

RUZIE David (2006). *Droit international public*, Paris, Dalloz-Sirey, 18e éd., 287 p.

SOYER J.-C., J.-C. SOYER (2000). *Droit pénal et procédure pénale*, 15e éd., Paris, L.G.D.J., 448 *pages*.

➢ **Ouvrages spécialisés et Monographies**

L'AFRIQUE ET LE DROIT INTERNATIONAL PENAL, ÉDITIONS A. PEDONE (2015), 5ACTES DU TROISIEME COLLOQUE ANNUEL).

ANDERSSON Nils (*et alii*) (2007). *Justice internationale et impunité, le cas des États-Unis*, Paris, L'Harmattan, 303 p.

ARONEANU Eugène (1961). *Le Crime contre l'humanité*, Paris, Dalloz, 322 p.

ASCENSIO Hervé, LAMBERT-ABDELGAWAD Elisabeth, Sorel Jean-Marc (*et alii*) (2006). *Les Juridictions pénales internationalisées (Cambodge, Kosovo, Sierra Leone, Timor Leste),* Paris, Société de législation comparée, volume 11, 383 p.

ASCENSIO Hervé, DECAUX Emmanuel, PELLET Alain (dir.) (2000). *Droit international pénal*, Paris, A. Pedone, 1053 p.

ASCENSIO Hervé, DECAUX Emmanuel, PELLET Alain (dir.) (2012). *Droit international pénal*, 2e éd. révisée, Paris, A. Pedone, 1280 p.

AZE KERTE A. (2016). *L'Affaire Hissein Habré. Une première tentative de mise en œuvre de la compétence universelle en Afrique,* Paris, L'Harmattan.

BASSIOUNI Chérif (2002). *Introduction au Droit pénal international*, Bruxelles, Bruylant, 343 p.

BAZELAIRE Jean-Paul, CRETIN Thierry (2000). *La Justice pénale internationale : son évolution, son avenir, de Nuremberg à La Haye*, Paris, PUF, 261 p.

BEMMELEN Jacob Maarten Van (1965). *Le Droit pénal international*, Mélanges J.M Van Bemmelen, Leyde I.J, Brill, 257 p.

BENGONA Alain, BERLAND Onana (2015). *L'Opportunité des poursuites devant la Cour Pénale Internationale*, Éditions universitaires européennes, 108 p.

BERKOVICZ Grégory (2005). *La Place de la Cour pénale internationale dans la Société des États*, Paris, L'Harmattan, 395 p.

BOSSARD André (1988). *La Criminalité internationale*, Paris, PUF, collection, Que sais-je ?, 127 p.

BOURDON William, DUVERGER Emmanuelle (2000). *La Cour pénale internationale : le Statut de Rome introduit et commenté*, Paris, Seuil, 364 p.

BOURDON William (2000). *La Cour pénale internationale*, Paris, Seuil, 364 p.

BABAN Bryar S. (2012). *La Mise en œuvre de la responsabilité pénale du chef d'État*, Paris, Larcier, 531 p.

CALVO-GOLLER Karin (2012). *La Procédure et la jurisprudence de la Cour pénale internationale*, Lextenso éditions, Gazette du Palais, 392 p.

CASSESE Antonio *et al.* (2010). *Les Grands Arrêts du droit international pénal général*, 1re éd., Paris, Dalloz.

CASSESE Antonio, DELMAS-MARTY Mireille *et al.* (2002). *Crimes internationaux et Juridictions internationales,* Paris, PUF, 1ère éd., 267 p.

CASSESE Antonio, DELMAS-MARTY Mireille *et al*. (2002). *Juridictions nationales et crimes internationaux,* Paris, PUF, 1re éd., 856 p.

CHEMILLIER-GENDREAU Monique (1995). *Humanité et souveraineté : essai sur la fonction du droit international*, Paris, La Découverte, 383 p.

CICR, *Les Protocoles additionnels aux Conventions de Genève du 12 août 1949.*

CISSE A. (2002). « Droit sénégalais », *in* A. CASSESE et M. DELMAS-MARTY (dir.), *Juridictions nationales et crimes internationaux*, Paris, PUF, pp. 437-446.

COHEN-JONATHAN Gérard *et al.* (2004). *Droit international, droits de l'Homme et juridictions internationales*, Bruxelles, Bruylant, 152 p.

CURRAT Philippe (2006). *Les Crimes contre l'Humanité dans le Statut de la Cour pénale internationale*, Paris, LGDJ, 778 p.

DANGNOSSI Issaka (2015). *La Cour pénale internationale à l'épreuve de la répression en Afrique*, Paris L'Harmattan, 208 p.

DIAKITE Kémoko (2014). *La Justice pénale internationale en Afrique. Aspects juridiques, défis et perspectives*, Paris, L'Harmattan, 234 p.

KAZADI MPOYI DESIRE Israël (2012). *La Cour pénale internationale, les États-Unis et l'Afrique : Approche critique d'une juridiction face à l'hypocrisie des puissances et un continent partagé entre boycott et adhésion,* Éditions universitaires européennes, 144 p.

DIOP Mamadou Falilou (2013). *Essai de construction de poursuites des auteurs de crimes internationaux à travers les mécanismes nationaux et régionaux*, La Montagne, Fondation Varenne, 516 p.

DONNEDIEU DE VABRES Henri (2005). *Les Principes modernes du droit pénal international*, réédition de 1928, Paris, Éditions Panthéon-Assas, 469 p.

FATONDJI Jean-Paul (2012). *La Cour Pénale Internationale face à la souveraineté des États : La CPI et l'influence des États*, Éditions universitaires européennes, 92 p.

FERNANDEZ Julian (2010). *La Politique juridique extérieure des États-Unis à l'égard de la Cour pénale internationale*, A. Pedone, 650 p.

FOFE DJOFIA MALEWA Jean-Pierre (2006). *La Cour Pénale Internationale : Institution nécessaire aux pays des Grands Lacs africains : La Justice pour la Paix et la Stabilité en R-D Congo, en Ouganda au Rwanda et au Burundi*, Paris, L'Harmattan, 232 p.

FOUCHARD Isabelle (2014). *Crimes internationaux entre internationalisation du droit pénal ou pénalisation du droit international*, Bruxelles, Bruyant, 550 p.

FRANKLIN Kuty (2005). *L'Impartialité du juge en procédure pénale : de la confiance décrétée à la confiance justifiée*, Faculté de droit — Ecole des sciences criminologiques Léon Cornil, 800 p.

FROUVILLE Oliver de (dir.) (2012). *Punir les crimes de masse : entreprise criminelle commune ou coaction ?*, Limal (Belgique), Anthémis, 234 p.

DE FROUVILLE Olivier (2012). *Droit international pénal, Sources, incrimination et Responsabilité,* Paris, A. Pedone, 523 p.

GABORIAU Simone *et al.* (2002). *La justice pénale internationale*, Presses universitaires de Limoges, 614 p.

GALUP Irina-Alexandra (2014). *La Saisine de la Cour Pénale Internationale par le Conseil de Sécurité : Quelles conséquences pour les États non parties au Statut de la CPI ?,* Éditions universitaires européennes, 104 p.

GAURIER Dominique *et al.* (2005). *Histoire du Droit international : Auteurs, doctrine et développement de l'antiquité à l'aube de la période contemporaine*, Rennes, Presses universitaires de Rennes, 525 p.

GILBERT Guillaume (2003). *La Cour internationale de justice à l'aube du XXIe siècle : le regard d'un juge*, Pedone, 331 p.

GILBERT Guillaume (2003). *La Justice internationale à l'aube du XXIe siècle, Le regard d'un juge*, Paris, A. Pedone, 335 p, http : //www.idi-iil.org/idiE/annuaireE/2011/Guillaume.pdf.

GUILLET Sarrah (1995). *Nous peuples des Nations unies, l'action des ONG au sein du système de protection international des droits de l'homme*, Paris, Montchrestien, 175 p.

HENNAU Christiane (2003). VERHAEGEN Jacques, *Droit pénal général*, 3e éd., Bruxelles, Bruylant, 626 p.

KABA Sidiki (2010). *La Justice universelle en question, justice des blancs contre les autres* ? Dakar, L'Harmattan, 300 p.

KADONY Nguway Kpalainghu (2007). Une *introduction aux relations internationales africaines*, Paris, L'Harmattan, 210 p.

LA ROSA Anne-Marie (2003). *Juridictions pénales internationales : La procédure et la preuve,* Paris, PUF, 1re éd., 507 p.

NGA ESSOMBA Séraphine Tergalise (2012). *La protection des droits de l'accusé devant la Cour pénale internationale,* Paris, L'Harmattan, 658 p.

PEYRO LLOPIS Ana (2003). *La Compétence universelle en matière de crimes contre l'Humanité,* Bruxelles, Bruylant, 178 p.

PRADEL Jean, VARINARD André (2013). *Les Grands arrêts du droit pénal général*, 8e éd., Paris, Dalloz, 522 p.

PREZAS I. (2006). « *La Justice pénale internationale à l'épreuve du maintien de la paix : à propos de la relation entre la Cour pénale internationale et le Conseil de Sécurité* », *RBDI*, pp. 77-78.

ROUSSEAU Charles (1983). *Le Droit des conflits armés*, Paris, A. Pedone, 629 p.

SALL A. (2013). *L'Affaire Hissein Habré. Aspects judiciaires nationaux et internationaux*, Paris, L'Harmattan, 93 P.

SFDI (1998). Colloque de Strasbourg, *La Protection des droits de l'Homme et l'évolution du droit international*, Paris, Pedone, 344 p.

TINE Alioune (2000). *La Cour Pénale Internationale : l'Afrique face aux défis de l'impunité,* Dakar, Éditions RADDHO, 199 p.

ZOLO Danilo (2009). *La Justice des vainqueurs. De Nuremberg à Bagdad*, Paris, Éditions Jacqueline Chambon, 232 p.

➢ **Contributions, Articles et autres documents**

ADJOVI Roland, DELAMORTE Gabriel (2003). « La notion de procès équitable devant les Tribunaux pénaux internationaux » *in* Hélène RUIZ FABRIZ, *Procès équitable et enchevêtrement des espaces normatifs*, Paris, Société de Législation comparée de Paris, pp. 209.

ADJOVI Roland (2009). « L'Afrique et le droit international pénal », in *African Yearbook of international Law*, vol. *17*, pp. 3-11.

ALBALA Nuri (2007). « La compétence universelle pour juger les crimes contre l'humanité : un principe inacceptable pour les plus puissants », *in* Daniel IAGOLNITZER, *Justice internationale et impunité, le cas des États-Unis*, Paris, L'Harmattan, pp. 218-223.

AMBOS Kaï (1999). « Les fondements juridiques de la CPI », *Revue trimestrielle des droits de l'Homme*, pp. 739-772.

ARBOUR Louise (2006). "Statement by Justice to the Preparatory Committee on the Establishment of an International Criminal Court, 8 December 1997", in *International Criminal Justice: Tightening up the Rules of the Game", International Review of the Red Cross*, *88*, 861, pp. 133-144.

ASCENSIO Hervé, MAISON Raphaëlle (2004). « L'activité des juridictions pénales internationales (2003-2004) », *AFDI*, 2004, pp. 417-468.

ASCENSIO Hervé, PELLET Alain (1995). « L'activité du Tribunal pénal international pour l'ex-Yougoslavie (1993-1995) », in *Annuaire Français de Droit international*, *XLI*, pp. 101-136.

ASCENSIO Hervé (2000). « L'immunité internationale du Chef d'État », *La Nouvelle lettre de la FIDH*, n° 32 pp. 24-25.

ASCENSIO Hervé (2001). « La justice pénale internationale de Nuremberg à La Haye », *in La justice pénale internationale,* Actes du colloque organisé à Limoges les 22-23 novembre 2001, Limoges, Pulim, pp. 29-44.

ASCENSIO Hervé (2003). « La répression internationale des crimes internationaux », *in Questions internationales : justices internationales*, n° 4, Paris, La documentation française, pp. 19-25.

ASCENSIO Hervé (2007). « Souveraineté et responsabilité pénale internationale », in *Apprendre à douter, questions de droit, questions sur le droit*, Études offertes à Claude Lombois, Limoges, Pulim, pp. 604-619.

ASCENSIO Hervé (2003). « La répression pénale des crimes internationaux », *Questions internationales*, n° 4, p. 19.

APTEL Cécile (2007). « Justice pénale internationale : entre raison d'État et État de droit », *Revue internationale et stratégique*, n° *67*, pp. 71-80.

ARAJÄRVI Noora (2007). « Le rôle du juge pénal international dans la formation du droit international coutumier », *European Journal of Legal Studies*, vol. *1*, pp. 2-35.

AUMOND F. (2008). « La situation au Darfour déférée à la CPI : Retour sur une résolution "historique" du Conseil de Sécurité », *RGDIP*, *112*, n° 1, pp. 111-133.

BADINTER Robert (2000). « De Nuremberg à la Cour pénale internationale », *Pouvoirs* n° *92*, 2000, pp. 155-164.

BADINTER Robert (2007). « La marche vers une justice pénale internationale », *in* G. COHEN MARCELO (dir.), *La promotion de la justice, des droits de l'Homme et du règlement des conflits par le droit international*, Liber Amicorum Lucius Caflisch, Leiden, Koninklijke Brill NB, pp. 33-54.

BADINTER Robert, Projet de loi constitutionnelle relatif à la Cour Pénale Internationale (n° 318/1998-99), Paris, Sénat.

BADJI Corneille (2014). « Place du droit international pénal dans la formation des professionnels du droit », Séminaire de formation des Conseils et Avocats de la CPI, Dakar.

BAKKER A.E. Christine (2008). « Le principe de complémentarité et les auto-saisines : un regard critique sur la pratique de la Cour pénale internationale », *RGDIP*, *112*, n° 2, pp. 361-378.

BARTRAM S. Brown (1998). “Primacy or Complementarity: Reconciling the Jurisdiction of National Courts and International Criminal Tribunals”, *Yale Journal of International Law*, vol. *23*, n° 2, pp. 383-389.

BASDEVANT Jules (1936). « Règles générales du droit de la paix », Académie de droit international de La Haye, *Recueil des Cours*, vol. III, pp. 471-715.

BASSIOUNIM Chérif (1998). “The Journey to a Permanent International Criminal Court”, in *Boutros Boutros-Ghali Amicorum Discipulorumque Liber. Paix, développement, démocratie*, vol. I, Bruxelles, Bruylant, pp. 151-172.

BASSIOUNI Cherif (1981). « Le droit pénal international : son histoire, son objet, son contenu », *Revue internationale de droit pénal*, pp. 41-82.

BASSIOUNI Cherif (2003). « Reconnaissance internationale des droits des victimes », *in* Ghislaine DOUCET (dir.), SOS *Attentats, Terrorisme, victimes et responsabilité pénale internationale*, Paris, Calmann-Lévy, pp. 134-185.

BASSIOUNI Chérif (1981). « Projet de Code pénal international *», Revue International du Droit pénal (RIDP),* ERES.

BAUDOUIN Patrick (2009). « La compétence universelle et les problèmes de son application », *in Justice internationale aujourd'hui. Vraie justice ou justice à sens unique ?,* Paris, L'Harmattan, pp. 38-46.

BAZELAIRE, Jean-Paul, CRETIN Thierry (2000). *La Justice internationale, son évolution, son avenir, de Nuremberg à La Haye*, Paris, PUF, 261 p.

BECHERAOUI Doreid (2006). « L'exercice des compétences de la Cour pénale internationale », *Revue internationale du droit pénal*, vol. *76*, Issue 3-4, pp. 341-374.

BEDJAOUI Mohammed (1995). « Un contrôle de la légalité des actes du Conseil de Sécurité est-il possible ? », Société française pour le droit international, Colloque de Rennes, *Le chapitre VII de la Charte des Nations unies, 50e anniversaire des Nations unies*, Paris, Pedone, pp. 255-297 et 299-309.

BEDJAOUI Mouhamed (conclusions générales) (2003). « La juridictionnalisation du droit international », XXXVIe Colloque de Lille, 12-14 septembre 2002, Lille, Paris, A. Pedone, 548 p.

BERKOVICZ Gregory, « Le juge pénal international entre droit de la défense et devoir de justice », Université de Caen, Basse Normandie, consulté le 25 janvier 2013 sur :

https : //www.unicaen.fr/puc/images/crdf0208berkowicz.pdf,

BLAISE Noémie (2011). « Les interactions entre la Cour pénale internationale et le Conseil de Sécurité : justice *versus* politique ? », *RIDP*, vol. *82*, pp. 421-444.

BLANQUAERT Femke (2005). « Le procès de Slobodan Milosevic », *AFRI*, pp. 168-179.

BOISSON DE CHAZOURNE I., CONDORELLI I. (2006). « De la responsabilité de protéger ou d'une nouvelle parure pour une notion déjà bien établie », *Revue générale de droit international public*, pp. 11-18.

BOSLY Henri-D (2010). « Juridictions pénales internationales et crimes internationaux », *Revue de droit international et de droit comparé*, n° 2, pp. 191-222.

BOURDON William, « *Tout reste à faire* » in *La route ne s'arrête pas à Rome*, *Rapport de la FIDH*, http : //www.fidh.org/rapports/r266.htm, consulté le 1er novembre 2014.

BOURDON William, « Amnistie et crimes internationaux », http : //www.humansecurity.info/#/vol61-bourdon/4527390222, consulté le 29 mai 2010.

BOURDON William (2003). « Un ordre juridique international au-delà des États : ombres et lumières », *Revue internationale et stratégique*, n° *49*, pp. 189-196.

BOURGORGUE-LARSEN Laurence (2003). « Le fait régional dans la juridictionnalisation du droit international », *in La juridictionnalisation du droit international*. Actes de colloque de Lille, *SFDI*, Paris, A. Pedone, pp.31-32.

BOYE A.K., « Vers des déconvenues juridiques »

http://www.rewmi. com/vers-des–deconvenues-juridiques-par-abdel-kader-boyea73933.htmlstash.WPBZxvck.dpuf, consulté le 10 septembre 2015).

BRAMMERTZ Serge (2004). « Le droit des victimes », *Bulletin du Groupe de travail*, n° 1, p. 2.

CALVO-GOLLER Karin, « La procédure et la jurisprudence de la Cour pénale internationale », http : //www.lextenso editions.com/ ouvrages/document/2336757, consulté en octobre 2013.

CAMARA Ousmane (2013). « Pourquoi j'avais refusé de présider la CREI », in *L'Observateur* numéro 0854-786.

CASSESE Antonio (2001). "*The Statute of the International Criminal Court: Some Preliminary Reflections*", *EJIL 10*, 1999, *in* Marc HENZELIN, *La Cour Pénale Internationale*, Genève, RPS.

CASSESE Antonio « Confirmation des principes de droit international reconnus par le Statut du Tribunal de Nuremberg », http : //untreaty.un.org/cod/avl/pdf/ha/ga_95-I/ga_95-I_f.pdf, consulté le 28 avril 2010.

CASSESE Antonio (2003). « Quelques réflexions sur la justice pénale internationale » in *la justice pénale internationale dans les décisions des Tribunaux ad hoc*, *in* E. FRONZA et S. MANOCORDA, (dir.), Paris, Dalloz, pp. 283-291.

CAVARE Louis (1956). « La notion de juridiction internationale », *Annuaire français de droit international*, *2*, pp. 496-509 ;

CHAUMONT Charles (1970). « Cour général du droit international public », *RCADI*, *129*, p. 335-527.

CHAMPY Guillaume (1997). « Inquisitoire-accusatoire devant les juridictions pénales internationales », in *Revue internationale de droit pénal*, vol. *68*, n° 1-2, Association internationale de droit pénal, Erès, p. 175.

CHICOT Pierre-Yves (2003). « L'actualité du principe du règlement pacifique des différends : essai de contribution juridique à la notion de paix durable », *Revue québécoise de droit international*, pp. 19-66.

COMTOIS-DINE Evelyne (2006). « La fragmentation du droit international : vers un changement de paradigme ? », *Lex Electronica*, vol. 11, n° 2, pp. 2-20.

CONDORELLI Luigi (1999). « La Cour pénale internationale : un pas de géant (pourvu qu'il soit accompli…) », *RGDJP*, *103*, n° 1, pp. 7-21.

CONDORELLI Luigi, « La répression des crimes et la Cour pénale internationale : une innovation majeure en droit international », *in* Ben Achour RAFAA et Slim LAGHMANI (dir.) (2000). *Justice et juridictions internationales*, Paris, Pedone, pp. 147-159.

CONDORELLI Luigi (1984). « L'imputation à l'État d'un fait internationalement illicite », *RCADI*, VI, pp. 9-222.

CONFORTI Benedetto (1988). « Cours général de droit international public », *RCADI*, *212*, p. 92 et s.

COTE Luc (2006). « Justice pénale internationale : vers un resserrement des règles du jeu », *RICR*, vol. *88*, pp. 51-63.

CRETIN Thierry (2003). « Immunité, impunité : rien qu'une consone de différence ? L'immunité pénale des Chefs d'État : entre coutume et évolution », *in* Ghislaine DOUCET (dir.), SOS *Attentats, Terrorisme, victimes et responsabilité pénale internationale*, Paris, Calmann-Lévy, pp. 475-484.

DANIEL Flore, THOMAS F. (1993). « La régionalisation du droit pénal international », *RDPC*, vol. *73*, n° 2, pp. 121-139.

DAVID Éric (1978-1979). « L'excuse de l'ordre supérieur et l'état de nécessité », *RBDI*, pp. 65-84.

DECHENAUD David, « L'égalité en droit pénal », Collection Thèse, *in* http : //www.lgdj.fr/popup_sommaire.php?_Ouvrage=225125, visité le 13 octobre 2013.

DELLA MORTE Gabriele (2002). « Les frontières de la compétence de la Cour pénale internationale : observations critiques », *Revue internationale de droit pénal*, vol 1-2.

DELMAS-MARTY Mireille (1994). « Le crime contre l'humanité, les droits de l'homme et l'irréductible humain », *RSC*, (3), pp. 477-490.

DELMAS-MARTY Mireille, « Les interactions entre droit interne et international », http : //www.cairn.info/resume.php?ID_ARTICLE= CRITI_768_0390, consulté le 5 juin 2014.

DIAKHATE Mamadou (2014). « La place du droit pénal international dans la formation des professionnelle*s* » in Séminaire de formation des conseils et professionnels du droit de la CPI, Dakar.

DOBELLE Jean-François (1998). « La Convention de Rome portant Statut de la Cour pénale internationale », in *Annuaire français de droit international*, vol. *44*, pp. 356-369.

DONNEDIEU DE VABRES Henri (1947). « Le procès de Nuremberg devant les principes modernes du droit pénal international », *RCADI*, *70*, pp. 481-581.

DONNEDIEU DE VABRES Henri (1951). « Les leçons de l'histoire et le progrès du droit pénal international », *RSC*, pp. 373-393.

DONNEDIEU DE VABRES HENRI (1947). « Le procès de Nuremberg devant les principes modernes du droit pénal international », *RCADI*, vol. *70*, pp. 481-581.

DUGAR John (1998). « Combler la lacune entre droits de l'homme et droit humanitaire : la punition des délinquants « *Revue internationale de la Croix-Rouge, 831*.

FAVOREU Louis (1965). "Récusation et administration de la preuve devant la Cour internationale de Justice. À propos des affaires du Sud-Ouest Africain (Fond)", in *Annuaire français de droit international*, vol. *11*, pp. 233-277.

FERLET Philippe, SARTRE Patrice (2007). *"La Cour pénale internationale à la lumière des positions américaines et françaises"*, in *Revue des revues*, disponible sur http : //www.diplomatie.gouv.fr/fr/IMG/pdf/1003_Ferlet_Sartre_fr.pdf.

FERNANDEZ Julien (2008). "L'expérience mitigée des Tribunaux pénaux internationaux : les limites de la justice pénale internationale", *AFRI*, pp. 224-240.

FREDIAN Sophie (1998). "La route ne s'arrête pas à Rome", Rapport de la Fédération de la Ligue des droits de l'homme, *Rapport de position n° 3* FIDH, n° 266.

de FROUVILLE Olivier (2000). "La Cour pénale internationale : une humanité souveraine ?", *Temps modernes*, n° *610*, pp. 257-288.

FRULLI Micaela (2002). "Le droit international et les obstacles à la mise en œuvre de la responsabilité pénale pour crimes internationaux", *in* Antonio CASSESE et Mireille DELMAS-MARTY (dir.), *Crimes internationaux et juridictions internationales*, Paris, PUF, pp. 215-253.

GARAPON Antoine (1999). "De Nuremberg au TPI : naissance d'une justice universelle ?", in *Critique internationale*, n° 5, pp. 167-180.

GARAPON Antoine (2005). "La justice pénale internationale : humiliation ou dynamisation de la souveraineté des États ?", *in* Gilles ANDREANI et Pierre HASSNER (dir.), *Justifier la guerre ? De l'humanitaire au contre-terrorisme*, Paris, Presses de Science Po, pp. 289-30.

GLASER Stefan (1952). "Culpabilité en droit pénal international", *RCADI*, vol. *99*, pp. 467-594.

GROTIUS Hugo (1724). *Le droit de la guerre et de la paix*, nouvelle traduction par Jean de BARBEYRAC, Amsterdam, Pierre de Coup, vol. I, pp. 639-660.

GUINCHARD Serge (2002). "La justice pénale internationale entre le devoir d'exister et le droit de pardonner", *in* Simone GABORIAU et Hélène POLIA (dir), *La justice pénale internationale*, Limoges, Presses universitaires de Limoges.

HARMON Mark B. (2007). "The Pre-Trial Process at the ICTY as a Means of Ensuring Expeditious Trial*s*", *Journal of International Criminal Justice*, vol. 5, n° 2, pp. 377-393.

HENZELIN Marc (2011). "*La Cour pénale internationale, organe supranational ou otage des États", RPS*, pp. 221-238.

HERZ John (1950). "Idealist Internationalism and Security Dilemma", *World Politics*, *5*, no 2, pp. 157-80.

HUYSE Luc (2009). *Tout passe sauf le passé*, publié par AWEPA, 72 p.

ITSOUHOU MBANDIGA Moussounga (2003). "Variation des rapports entre les juridictions pénales internationales et les juridictions nationales dans la répression des crimes internationaux" *Revue trimestrielle des droits de l'homme*, n° *56*, pp. 1221-1246.

HOURQUEBIE Fabrice (2009). "La notion de justice transitionnelle a-t-elle un sens ?", *LPA*, n° *90*, pp. 6-8.

JADALI Safinaz (2009). "Dix ans après l'adoption du Statut de Rome de 1998 Quelques remarques sur les imperfections du fonctionnement de la Cour pénale internationale", *Lex Electronica,* vol. 13 n° 3.

JORDA Claude, "Dix ans après sa création, la Cour pénale internationale en question", in http : //www.tv5monde.com/cms/chaine-francophone, visité le 5 avril 2013.

JOUANNET Emmanuelle (2000). "Regard sur un siècle de doctrine française du droit international", *Annuaire française du droit international*, vol 46, Paris, CNRS, pp. 1-57.

KABA Sidiki, Réflexions sur la notion "intérêts de la justice", au terme de l'article 53 du Statut de Rome, FIDH in https : //www.fidh.org/IMG/pdf/cpi20062005f.pdf visité le 7 juin 2012.

KABA Sidiki (2014). "Séminaire sous régional des conseils et de la profession juridique de la CPI", inédit, Dakar.

Kamara Mactar (2011). "de l'applicabilité du Droit international des droits de l'homme dans l'ordre juridique interne" in Revue juridique et politique des États francophones, pp 76-127.

KAUL Hans-Peter (2013). "La CPI, un jouet aux mains des pouvoirs politiques", *in* Conférence internationale Les Chefs d'État devant les Tribunaux : Les procédures à l'encontre de chefs de gouvernement en exercice en Afrique marquent-elles une étape importante dans la justice pénale internation*ale », FES*, Berlin.

KEITA Xavier Jean, BASILA Jean Pierre K. (2014). Conseils de la défense devant la CPI in *le «* Séminaire de formation des Conseils et Professionnels du droit de la CPI » Dakar.

KELSEN Hans (1932). « Théorie générale du droit international public », *RCADI*, vol. *42*, La Haye.

KHELIFA J., « Chambres extraordinaires africaines au Sénégal, modèle ou exception ? » https://chroniquesinternationalescolla.wordpress.com/2013/12/15/chambres-extraordinaires-africaines-au-Senegal-modele-ou-exception (consulte le 10 septembre 2015).

KHERAD Rahim (2000). La Compétence de la CPI, Paris, Dalloz, n° 39, pp. 587-594.

KOLBV Robert (1998). « La bonne foi en droit international public *», Revue belge de droit international* Bruxelles, Bruylant, 2e éd., pp. 771-732.

KUNZ Joseph (1955). « La crise et les transformations du droit des sens », *Recueil des Cours de l'Académie de droit international*, *88*, pp. 9-101.

LAFONTAINE Fannie (2014). « La compétence universelle et l'Afrique : ingérence ou complémentarité ? », *Revue Etudes internationales*, *45*, n° 1, pp. 129-151.

LA ROSA Anne-Marie, (2006). « La contribution des Tribunaux internationalisés au droit commun du procès pénal international : le cas du Tribunal spécial pour la Sierra Leone », in Hervé ASCENSIO, Élisabeth LAMBERT-ABDELGAWAD, Jean-Marc SOREL (dir.), *Les juridictions pénales internationalisées* (Cambodge, Kosovo, Sierra Leone, Timor Leste), Société de Législation Comparée (SLC), pp. 159-188.

LATTANZI Flavie (1999). « Compétence de la Cour pénale internationale et consentements des États *», RGDIP*, n° *2*.

LAUCCI Cyril (2000). « Projet de tribunal spécial pour la Sierra Leone : vers une troisième génération de juridictions internationales ? », *L'observateur des Nations Unies*.

LAUCCI Cyril (2006). « Quoi de spécial au Tribunal de Rwanda », *AADI*, vol. *14*.

LAUCCI Cyril (1999). « Compétence et complémentarité dans le Statut de la future Cour Pénale Internationale », in *L'Observateur des Nations Unies*, n° *7*.

Law Report of Trials of War Criminals selected and prepared by The United Nations War Commission, London: HM's Stationery Office, vol. 4, London 1948,

LAWRENCE J. T. (2012). Principles of International Law, Mac Millan and Co, 2012 [1ère éd., 1895], 772 p.

LEFRANC Sandrine (2008). « La justice transitionnelle n'est pas un concept », *Mouvements*, n° *53*, pp. 61-69. DOI : 10.3917/mouv.053.0061.

LEMASSON A-T. (2014). « Justice internationale pénale (Procédure) », *Rep. dr. pen. et proc. pen.*, Paris, Dalloz, n° 294.

LESCURE Karine (1994). « Le Tribunal pénal international pour l'ex-Yougoslavie », *Etudes internationales*, Paris, Montchrestien, n° 6, 203 p.

LOUNICI David (2007). « La procédure préliminaire mise en œuvre par les Chambres préliminaires de la Cour Pénale International », Bâle, Helbing & Lichtenhahn, pp. 267-309.

MAAOUIA Sarra, « Les garanties des droits de la défense devant la Cour pénale internationale », Université du 7 novembre à Carthage in http : //w3.uniroma1.it/dottoratodu/public/editor/Droits%20de%20la%20defense%20CPI-%20MAAOUIA.pdf visité le 15 mars 2014

MARTIN P. M. (2009). « Un différend entre la Belgique et le Sénégal : l'affaire Habre », p. 2125.

MARTRES Jean-Louis, « De la nécessité d'une théorie des relations internationales l'illusion paradigmatique » *in* http : //www.uqac.ca/jmt-sociologue/visité le 10 octobre 2013.

MASSÉ, Michel (2013). « Chronique du droit international pénal », in *Revue de science criminelle et de droit pénal comparé*, pp. 447-461.

MBOKANI Jacques, « L'impact de la stratégie de poursuite du Procureur de la Cour pénale internationale sur la lutte contre l'impunité et la prévention des crimes de droit international » in *Droits fondamentaux*, n° 7, janvier 2008, décembre 2009, 46 p. Consulté sur :

http://droits-fondamentaux.u-paris2.fr/article/2009/impact-strategie-poursuite-du-procureur-cour-penale-internationale-lutte-contre

MEOUCHY Marie-Denise (2005). « Les droits fondamentaux en droit pénal international », in *Les droits fondamentaux : inventaire et théorie générale*, Colloque de Beyrouth, 6 et 7 novembre 2003/Centre d'Études des Droits du Monde Arabe (CEDROMA),

Faculté de Droit et des Sciences politiques de l'Université Saint-Joseph (Beyrouth), Société de Législation comparée, pp. 75-101.

MERLE Marcel (1949). *Le Procès de Nuremberg et le Châtiment des criminels de guerre,* Paris, A. Pedone, 185 p.

MICHEL Nicolas (2011). « La justice pénale internationale : un bilan », *AFRI*, pp. 191-196.

MONROE Leigh (2011). "The United States and the Statute of Rome*",* *American Journal of International Law*, Vol. *95*, Numéro 1, pp. 124-135.

MOUANGUE KOBILA James (2012). *L'Afrique et les juridictions pénales internationales*, *Cahiers Thucydide*, n° 10, 59 p.

MUBIALA Mutoy (2012). « Chronique de droit pénal de l'Union africaine. Vers une justice pénale régionale en Afrique », *RIDP*, vol. *83*, pp. 547-557.

MUBIALA Mutoy (1995). « Le Tribunal international pour le Rwanda. Vraie ou fausse copie du Tribunal international pour l'ex-Yougoslavie », *RGIDP*, pp. 929-954.

NDIAYE A. (2001). « Crime contre l'humanité. Compétence juridictionnelle », Note sous Cass. crim. n° *14*, Souleymane GUENGUENG et autres c/Hissène HABRE, in *La Balance*, août 2002, pp. 37 et s.

NOLLEZ-GOLDBACH Raphaëlle (2008). « Le crime contre l'humanité et la protection de la vie », in *Revue ASPECTS,* n° 2, pp. 85-95.

OPPETIT Bruno (1999). *Philosophie du droit*, Paris, Dalloz.

PAZARTZIS Photini (2003). « Tribunaux pénaux internationalisés : une nouvelle approche de la justice pénale internationale » in *Annuaire français de droit international*, vol. *49*, pp. 641-661.

PELLET Alain (1997). « Le projet de Statut de Cour criminelle internationale permanente vers la fin de l'impunité *?* », *in Hector Gros Espiell Amicorum Liber, Personne humaine et droit international*, vol. II, Bruxelles, *éd. Bruylant*.

PELLET Alain (2003). « L'agression », *Le Monde*, pp. 11-12.

PELLET Alain (1994). « Le Tribunal criminel international pour l'ex-Yougoslavie : poudre aux yeux ou avancée décisive ? », *RGDIP*, n° *17*, pp. 7-60.

PERRIELLO Tom, WIERDA Marieke. « Le Tribunal spécial pour la Sierra Leone sur la sellette », *Centre international pour la justice traditionnelle (ICTJ)*, in droitcultures.revues.org › Numéros › 56, visité le 8 avril, 2006.

PILLAY Navi (1995). « The Role of the International Criminal Courtinan Emerging System of International Justice », *Revue internationale de la Croix-Rouge, 828.*

POISSONNIER G. (2012). « Affaire Hissène Habré : Le Sénégal devra juger ou extrader l'ancien chef d'État tchadien », p. 2184.

POLITI Mauro (1999). « Le Statut de Rome de la CPI : le point de vue d'un négociateur », *Revue générale de droit international public*, 103, n° 4, pp. 817-850.

PREZAS Ioannis (2006). « La justice pénale internationale à l'épreuve du maintien de la paix : à propos de la relation entre la Cour pénale internationale et le Conseil de Sécurité », *RBDI*, pp. 57-98.

QUENEUDEC Jean-Pierre, « Un arrêt de principe : l'arrêt de la CIJ du 14 février 2002 », en ligne : *Actualité et Droit international* <http : //www.ridi.org/adi>.

RAMEL Frederich (2005). « Diplomatie de catalyse et création normative : le rôle des ONG dans l'émergence de la Cour pénale internationale », *in Annuaire français des relations internationales*, Paris, A. Pedone, pp. 878-890.

RANJEVA Raymond (1990). « La juridiction internationale et l'Afrique », *in* Jean DU BOIS DE GAUDUSSON et Gérard CONAC (dir.), *La justice en Afrique*, Numéro spécial *Afrique Contemporaine* n° *156*, pp. 284, 288.

ROBERGE Marie-Claude (1998). « La nouvelle Cour pénale internationale : évaluation préliminaire, in *Revue internationale de la Croix-Rouge, 832.*

https : //www.icrc.org/fre/resources/documents/misc/5fzg78.htm

ROBERT Marie-Pierre (2008). « La responsabilité du supérieur hiérarchique basée sur la négligence en droit pénal international *», Les Cahiers de droit*, vol. *49*, n° 3, pp. 413-453.

RUIZ-FABRI Hélène (2002). La Convention de Rome créant la Cour pénale internationale : questions de ratification, Revue internationale de droit comparé, vol. *54*, n° 2, pp. 441-463.

SAVADOGO R. O. (2014). « Les Chambres africaines extraordinaires au sein des tribunaux sénégalais. Quoi de si extraordinaire ? », *Etudes internationales*, vol. *45*, n° 1, Institut québécois des hautes études internationales, pp. 105-127.

SCHABAS W. (1999). "Article 67 Rights of the Accused" Commentary on the Rome Statute of the International Criminal Court, Triffterer ed., p. 867.

SEROUSSI J. (2006). « L'internationalisation de la justice transitionnelle : l'affaire Hissene Habre », *Critique internationale*, n° *30*, pp. 83-101.

SUR Serge (1999). « Vers une Cour pénale internationale : la Convention de Rome entre les ONG et le Conseil de Sécurité », *RGDIP*, tome *CIII*, pp. 29-45.

SZUREK Sandra, « Historique. La formation du Droit international pénal », *in* Hervé ASCENSIO, Emmanuel DECAUX et Alain PELLET (dir.), *Droit international pénal*, p. 21-36.

TACHOU-SIPOWO Alain-Guy (2011). « Chef d'État à Khartoum et criminel de guerre au Darfour : la responsabilité pénale du fait d'un intermédiaire en droit pénal international », le cas Hassan Omar Al Bashir devant la Cour pénale internationale, *Revue québécoise de droit international*, vol. *24*, pp. 183-216.

TAVERNIER Paul (21 997). « L'expérience des Tribunaux pénaux internationaux pour l'ex-Yougoslavie et le Rwanda », *RICR*, pp. 647-663.

TCHIKAYA Blaise (2004). « L'entrée historique des pays d'Afrique dans la jurisprudence internationale », *Journal of international Law*, Vol. 2, pp. 242-258.

TRACOL Xavier (2008). « Les pratiques du Tribunal pénal international pour l'ex-Yougoslavie en matière d'enquêtes, de présentation, de protection et de divulgation des preuves », *RPDP*, n° 4, pp. 747-765.

TRACOL Xavier (2007). « Le rôle du procureur au Tribunal pénal international pour l'ex-Yougoslavie », *RSC*, n° 2, pp. 401-417.

TRACOL Xavier (2011). « Justice pour le Timor oriental », *RSC*, n° *2*, pp. 291-306.

VANDERMEERSCH Damien (2002). « Quelques réflexions à propos de la responsabilité pénale des dirigeants en exercice en matière de crimes de droit international : La situation en Belgique », *In : Terrorisme et responsabilité pénale internationale, actes de colloques*, Paris, pp. 327-344.

VERHOEVEN Joe (2008). « Considération sur ce qui est commun, Cours général de droit international public », *RCADI*, vol *324*, pp. 9-434.

VUMILIA NAKABANDA Nathalie (2012). « La problématique de la répression des violences sexuelles à l'Est de la République démocratique du Congo », vol. 9, *Librairie africaine d'études juridiques*, pp. 1-30 ;

WECKEL P. (1993). « L'institution d'un Tribunal international pour la répression des crimes de droit humanitaire en Yougoslavie », *AFDI*, pp. 232-262.

WECKEL Philippe (2005). « TPIY : Acte d'accusation contre Stjepan Seselj, Domagoj Margetic, Ivica Marijaci et Markica Rebic », *RGDIP*, n° *3*, pp. 725-726 (chronique de jurisprudence internationale).

ZAKR Nasser (2001). « Analyse spécifique du crime de génocide dans le Tribunal pénal international pour le Rwanda », in *Revue de science criminelle et de droit pénal comparé*, Paris, Dalloz, n° 2, pp. 263-275.

ZAKR Nasser (2002). « La responsabilité du supérieur hiérarchique devant les Tribunaux pénaux internationaux », *Revue internationale de droit pénal*, vol. *73*, pp. 59-80.

ZAKR Nasser (2002). « La responsabilité pénale individuelle devant le Tribunal pénal international pour le Rwanda, *Revue de droit pénal et de criminologie, 82*, pp. 55-74.

ZAKR Nasser (2002). « Les aspects institutionnels de la Cour pénale internationale », *JDI*, n° 2, pp. 449-474.

➢ **Thèses**

DANIEL Julie, *Les principes généraux du droit en droit pénal interne et international*, thèse soutenue le 20 novembre 2006 à l'université Jean Moulin – Lyon 3, Faculté de droit

FOUCHARD Isabelle (2008). *Crime international. Entre internationalisation du droit pénal et pénalisation du droit international*, Thèse de doctorat, Paris I – Panthéon-Sorbonne-Genève.

LEMASSON Aurélien-Thibault (2010). *La victime devant la justice pénale internationale,* Thèse de doctorat en droit, Université de Limoges.

MUTABARUKA Aristide (2005). *La problématique de la répression des crimes de droit international par les juridictions pénales internationales,* Université Libre de Kigali, Rwanda, Afrique Centrale, Mémoire de Licence en Droit.

NDIAYE Sidi Alpha (2011). *Le Conseil de Sécurité et les juridictions pénales internationales,* Thèse de doctorat, Université d'Orléans.

PAKU DIASOLWA Samuel Dimuene (2008). *L'exercice de la compétence universelle en droit pénal international comme alternative aux limites inhérentes dans le système de la Cour pénale internationale*, Maîtrise en droit international, université Québec.

PONSOLLE Marie-Astrid (2012). *La représentation légale des victimes devant la Cour pénale internationale*, Panthéon-Assas, Université Paris II.

SIKULIBO Jean de Dieu (2007). *De la contribution de la jurisprudence du TPIR à l'incrimination du crime de génocide,* Mémoire de Licence.

TALL Saïdou Nourou (2001). *Théories et réalités du droit international humanitaire : contribution à l'étude de l'application du droit des conflits armés en Afrique noire contemporaine*, Thèse, Université Cheikh Anta Diop de Dakar.

Yaya Bodian (2012). THÈSE pour le Doctorat d'État, « la situation de l'État dans les procédures civiles d'exécution, page 252, 483 pages, présentée et soutenue publiquement.

➢ **Jurisprudence**

Jurisprudences nationales

Cour d'appel de Dakar, 25 novembre 2005, Avis sur la demande d'extradition de Hissène Habré, extraits disponible sur le site http : //www.hrw.org/legacy/french/docs/2005/11/26/chad12091.htm, consulté le 12 mars 2010.

Jurisprudence de la CIJ

CIJ, 11 juillet 1996, Affaire relative à l'application de la Convention pour la prévention et la répression du crime de génocide (Bosnie-Herzégovine c/Serbie-et-Monténégro) : Arrêt sur les exceptions préliminaires ; La Haye ; [en ligne] ; (rôle général, n° 91).

CIJ, ANNÉE 2007, 26 février 2007 ; Affaire relative à l'application de la Convention pour la prévention et la répression du crime de génocide (Bosnie-Herzégovine c/Serbie-et Monténégro) : Arrêt ; La Haye ; 351 p ; [en ligne] : (rôle général, n° 91).

CIJ, PRÉSIDENCE, 26 février 2007 ; Affaire relative à l'application de la Convention pour la prévention et la répression du crime de génocide (Bosnie-Herzégovine c/Serbie-et Monténégro) : Déclaration à la presse de S. Exc. Mme Rosalyn Higgins ; La Haye ; 4 p ; disponible dans en ligne.

Jurisprudence des TPI

TPIY, CHAMBRE DE PREMIÈRE INSTANCE, 28 avril 1997 ; Le Procureur c/ZejnilDelalić, Zdravko Mucić alias « Pavo », Hazim Delić et Esad Landžo alias « Zenga » (affaire « Čelibići ») : Décision relative aux requêtes déposées par l'accusation aux fins d'obtention de mesures de protection pour les témoins à charge "B" à "M" ; La Haye ; 26 p. ; disponible dans [en ligne] ; (n° IT-96-21).

TPIY, CHAMBRE DE PREMIÈRE INSTANCE, 27 mai 1997 ; Le Procureur c/DuškoTadić alias "Dule" : Ordonnance aux fins de retour d'un témoin détenu [Dragan Opacić] ; La Haye ; 3 p. ; disponible [en ligne] ; (n° IT-94-1-T).

TPIY, CHAMBRE D'APPEL, 3 juin 1997 ; Le Procureur c/DuškoTadić alias "Dule": Order of a Bench of the Appeals Chamber in the Case of Dragan Opacić Decision on Application for leave to appeal; La Haye ; 3 p ; [enligne] : ; (n° IT-94-1-T).

TPIR, CHAMBRE DE PREMIÈRE INSTANCE I, 2 octobre 1998 ; Le Procureur c/Jean-Paul Akayesu : Sentence ; Arusha, Tanzanie ; 12 p ; disponible dans [en ligne] ; (cause n : ICTR-96-4-T).

TPIY, CHAMBRE DE PREMIÈRE INSTANCE II, 10 décembre 1998 ; Le Procureur c/Anto Furundžija : Jugement ; La Haye ; 119 p. ; (n° IT -95 — 17/1-T).

TPIY, CHAMBRE D'APPEL, 21 juillet 2000 ; Le Procureur c/Anto Furundžija : Arrêt ; La Haye ; 105 p. ; disponible dans [en ligne] ; (n° IT-95- 17/1-A).

TPIY, CHAMBRE DE PREMIÈRE INSTANCE, 13 mai 2005 ; Le Procureur c/Slobodan Milosević, Poursuites engagées contre Kosta Bulatović pour outrage : Décision relative à une affaire d'outrage au Tribunal, accompagnée d'une opinion séparée ; La Haye ; 17 p ; disponible dans [en ligne] ; (n° IT-02-54-R77.4).

TPIY, CHAMBRE D'APPEL, 29 août 2005 ; Le Procureur c/Slobodan Milosević : Arrêt interlocutoire concernant les poursuites engagées contre Kosta Bulatović pour outrage ; La Haye ; 19 p ; disponible dans [en ligne] ; (n° IT-02- 54-A-R77.4).

TMIN, JUGEMENT DU TRIBUNAL INTERNATIONAL, 30 septembre et 1er octobre 1946 ; in : Procès des grands criminels de guerre devant le Tribunal militaire international de Nuremberg, 14 novembre 1945 – 1er octobre 1946 : Documents ; 20 volumes ; Nuremberg, Allemagne, 1947.

TMIN, JUGEMENT DU TRIBUNAL INTERNATIONAL, 30 septembre et 1er octobre 1946 ; in : Procès des grands criminels de guerre devant le Tribunal militaire international de Nuremberg, 14 novembre 1945 – 1er octobre 1946 : Débats ; 22 volumes ; Nuremberg, Allemagne, 1947 ; également disponible dans en ligne.

Jurisprudence de la CPI

CPI, PRÉSIDENCE, 5 juillet 2004 ; Situation en République démocratique du Congo : Décision relative à l'assignation de la situation en République démocratique du Congo à la Chambre préliminaire I ; La Haye ; 3 p. ; [en ligne] ; (n° ICC-O1/O4-1).

CPI, CHAMBRE PRÉLIMINAIRE I, 21 juillet 2005 ; Situation en République démocratique du Congo : Décision relative à la nomination d'un conseil ad hoc afin qu'il représente et protège les intérêts de la Défense relativement aux demandes de participation et de protection des demandeurs 01/04-1/dp à 01/04-6/dp ; La Haye ; 6 p. ; disponible dans [en ligne] ; (n° ICC-O1/O4-73).

CPI, CHAMBRE PRÉLIMINAIRE I, 17 janvier 2006 ; Situation en République démocratique du Congo : Décision sur les demandes de participation à la procédure de VPRS 1 à 6 ; La Haye ; 43 p. ; disponible dans [en ligne] ; (n° ICCO1/O4-101).

CPI, CHAMBRE PRÉLIMINAIRE I, 24 février 2006 ; Situation en République démocratique du Congo, affaire le Procureur c/Thomas Lubanga Dyilo : Décision relative à la décision de la Chambre préliminaire I du 10 février 2006 et à l'inclusion de documents dans le dossier de l'affaire concernant M. Thomas Lubanga Dyilo ; La Haye ; 7 p. ; ibidem ; (n° ICC-O1/O4-01/06-08).

CPI, CHAMBRE PRÉLIMINAIRE I, 31 mars 2006 ; Situation en République démocratique du Congo : Décision relative à la Requête du Procureur sollicitant l'autorisation d'interjeter appel de la Décision de la Chambre du 17 janvier 2006 sur les demandes de participation à la procédure de VPRS 1 à 6 ; La Haye ; 24 p. ; (n° ICC-O1/O4)

CPI, CHAMBRE PRÉLIMINAIRE I, 29 juin 2006 ; Situation en République démocratique du Congo, affaire le Procureur c/Thomas Lubanga Dyilo : Décision sur les demandes de participation à la procédure présentées par les Demandeurs VPRS 1 à VPRS 6 dans l'affaire Le Procureur c/Thomas Lubanga Dyilo ; La Haye ; 10 p. ; ibidem ; (n° ICC-O1/O4- 01/06) CPI.

CPI, CHAMBRE PRÉLIMINAIRE I, 19 septembre 2006 ; Situation en République démocratique du Congo, affaire le Procureur c/Thomas Lubanga Dyilo : Décision relative à un cadre général concernant les mesures de protection en faveur des témoins à charge et à décharge ; La Haye ; 7 p ; disponible dans [en ligne] : (n° ICC-O1/O4-01/06-447).

CPI, CHAMBRE DE PREMIÈRE INSTANCE I, 30 novembre 2007 ; Situation en République démocratique du Congo, affaire le Procureur c/Thomas Lubanga Dyilo : Décision relative aux pratiques employées pour préparer et familiariser les témoins avant qu'ils ne déposent au procès ; 25 p. ; disponible dans [en ligne] : (n° ICC-O1/O4-01/06-1049).

CPI, CHAMBRE DE PREMIÈRE INSTANCE I, 18 janvier 2008 ; Situation en République démocratique du Congo, affaire le Procureur c/Thomas Lubanga Dyilo : Decision on victims » participation ; 61 p ; disponible dans [en ligne] : (n° ICC-O1/O4-01/06-1119).

CPI, CHAMBRE DE PREMIÈRE INSTANCE I, 18 janvier 2008 ; Situation en République démocratique du Congo, affaire le Procureur c/Thomas Lubanga Dyilo : Décision sur la participation des victimes ; 68 p. ; disponible dans [en ligne] ; (n° ICC-O1/O4-01/06).

CPI, CHAMBRE DE PREMIÈRE INSTANCE I, 20 février 2008 ; Situation en République démocratique du Congo, affaire le Procureur c/Thomas Lubanga Dyilo : Decision on agreements between the parties; 7 p ; disponible dans [en ligne] ; (n° ICC-O1/O4-01/06).

CPI, CHAMBRE DE PREMIÈRE INSTANCE I, 8 avril 2009 ; Situation en République démocratique du Congo, affaire le Procureur c/Thomas Lubanga Dyilo : Redacted version of « Decision on "indirect victims" » ; 22 p. ; disponible dans [en ligne] ; (n° ICC-O1/O4-01/06).

CPI, CHAMBRE DE PREMIÈRE INSTANCE I, 16 septembre 2009 ; Situation en République démocratique du Congo, affaire le

Procureur c/Thomas Lubanga Dyilo : Décision relative au mode d'interrogation des témoins par les représentants légaux des victimes ; 19 p. ; disponible [en ligne] ; (n° ICC-O1/O4-01/06).

➢ **Rapports, Résolutions et autres documents**

Décision sur le rapport de la réunion des États africains parties au Statut de Rome de la Cour pénale internationale (CPI), Doc. Assembly/AU/13 (XIII) adoptée par la treizième session ordinaire de la Conférence à Syrte (Grande Jamahiriya arabe libyenne populaire et socialiste), le 3 juillet 2009.

Déclaration de Kenyatta lors du sommet de l'UA en octobre 2013, consulté le 7 juillet 2014 http://www.rfi.fr/afrique/20131010-sommet-ua-addis-abeba-cpi-kenya-ouganda-rwanda/.

Extrait des *Annales de Droit*, *XXXIII*, 1973-1, consulté le 15 novembre 2014, https://www.uclouvain.be/cps/ucl/doc/sshcdie/documents/Charles_DeVisscher.pdf.

Extraits de la contribution de 45 pages, à paraître *in* A. CASSESE et M. DELMAS-MARTY (dir.), *Crimes internationaux et juridictions nationales*, Paris, PUF, mai 2002, disponible sur www.sos-attentats.org/publications/delmas.

Rapport Amnesty International, *RWANDA :* « Gacaca : une question de Justice », *AFR* 47/007/02, 17 décembre 2002.

Rapp*ort* CICR, « Mise en œuvre nationale du droit international humanitaire des services consultatifs en droit international humanitaire », Genève, *CICR*, 1999, 110 p.

Rapport d'experts : « Mesures à la disposition de la Cour pénale internationale pour réduire la longueur des procédures », 2003. http://www.icc-cpi.int/library/organs/otp/longeur_procedures.pdf), p. 7, paragr. 30.

Rapport de la commission du droit international sur les travaux de sa deuxième session 5 juin – 29 juillet 1950. (A/1316).

Rapport de la Commission du Droit international sur les travaux de sa quarante-sixième session 2 mai-22 juillet 1999 A/49/10.

Rapport de la première conférence de révision du Statut de Rome, 31 mai — 11 juin 2010, Kampala, Ouganda.

Rapport FIDH « La route ne s'arrête pas à Rome, analyse du Statut de la CPI *? », La Nouvelle Lettre de la FIDH, n° 266.* 1998.

Rapport FIDH, « Fin des travaux préparatoires de la Commission préparatoire », Rapport de position numéro 7, *FIDH*, 2002.

Rapport FIDH, « Le temps est l'allié des bourreaux », *La Nouvelle Lettre de la FIDH,* n° 283 novembre 1999, pp 4-25.

Rapport FIDH, « Non à l'exception américaine sous le couvert de lutte contre le terrorisme, l'offensive américaine contre la Cour pénale internationale », *Rapport de position n° 8*, Cour pénale internationale, 2002.

ANNEXES

ANNEXE I. ACCORD PORTANT CRÉATION DES CAE

Accord entre le gouvernement de la République du Sénégal et l'union africaine sur la création de chambres africaines extraordinaires au sein des juridictions sénégalaises

Loi n° 2012-25 du 28 décembre 2012 autorisant le Président de la République à ratifier l'Accord entre le Gouvernement de la République du Sénégal et l'Union africaine sur la création de Chambres africaines extraordinaires au sein des juridictions sénégalaises

EXPOSÉ DES MOTIFS

Soucieux d'assumer pleinement la constance dont il a fait montre depuis son accession à l'indépendance en ce qui concerne le respect de ses engagements internationaux, le Sénégal a entrepris d'organiser le procès relatif aux crimes et violations graves du droit international commis sur le territoire tchadien dans la période du 7 juin 1982 au 1er décembre 1990.

L'obligation pour notre pays de poursuivre et de juger le ou les responsables des atteintes au droit international ci-dessus évoquées, découle de l'article 7 de la Convention des Nations unies du 10 décembre 1984 contre la torture et autres peines ou traitements cruels inhumains et dégradants, ratifiée par le Sénégal, le 21 août 1986. Elle a été rappelée par les Résolutions Doc Assembly/AU/3VID et Doc Assembly/AU/Déc.40 (XVIII), adoptées par la Conférence des Chefs d'État et de Gouvernement de l'Union africaine, respectivement le 2 juillet 2006 à Banjul et le 31 janvier 2012 à Addis-Abéba.

Pour réunir les conditions idoines relatives à l'organisation du procès, et tenant compte de la décision de la Cour de Justice de la CEDEAO du 18 novembre 2010 à ce sujet, le Gouvernement de la République du Sénégal et l'Union africaine ont signé à Dakar, le 22 août 2012, un Accord portant sur la création de chambres africaines extraordinaires au sein des juridictions sénégalaises.

Cet instrument juridique devrait permettre à notre pays d'honorer concrètement ses engagements internationaux en facilitant la poursuite des auteurs présumés des violations précitées dans le cadre d'un procès juste et équitable prenant dûment en compte les préoccupations des victimes dans le respect strict des droits de la défense, en conformité avec les prescriptions internationales pertinentes. Ainsi le Gouvernement s'engage, dans le cadre de cet Accord, à adopter les mesures législatives, réglementaires et administratives nécessaires en vue de mettre en place les institutions juridictionnelles précitées.

L'Accord prévoit, en outre, des dispositions relatives à la protection des juges, des conseils, des témoins et des experts tout au long du déroulement du procès. Le texte entre provisoirement en application à la date de sa signature et, définitivement en vigueur après sa ratification par le Gouvernement du Sénégal. Il prend fin de plein droit une fois que les décisions auront été définitivement rendues par les chambres africaines extraordinaires.

S'agissant des dispositions liées à l'organisation, au fonctionnement, à la compétence et aux règles de procédure, entres autres questions pratiques, elles sont prévues dans l'annexe à l'accord intitulé « Statut des chambres africaines extraordinaires au sein des juridictions sénégalaises pour la poursuite des crimes internationaux commis au Tchad durant la période du 7 juin 1982 au 1er décembre 1990 ».

La réussite de cet exercice constituera assurément une contribution appréciable du Sénégal à la lutte contre l'impunité dans le monde.

Aussi, la ratification de l'Accord, entre le Gouvernement de la République du Sénégal et l'Union africaine sur la création de Chambres Africaines extraordinaires au sein des juridictions sénégalaises, revêt-elle une importance capitale et doit être entreprise en toute diligence. Telle est l'économie de la présente loi.

L'Assemblée nationale a adopté, en sa séance du mercredi 19 décembre 2012 ; Le Président de la République promulgue la loi dont la teneur suit :

Article unique. – Le Président de la République est autorisé à ratifier l'Accord entre le Gouvernement de la République du Sénégal et l'Union africaine sur la création de Chambres africaines extraor-dinaires au sein des juridictions sénégalaises. La présente loi sera exécutée comme loi de l'État.

Fait à Dakar, le 28 décembre 2012

Macky SALL

Par le Président de la République :

Le Premier ministre, Abdoul MBAYE

Préambule

Rappelant la Décision Assembly/AU/Dec.401 (XVIII) adoptée le 31 janvier 2012, par la Conférence des Chefs d'État et de gouver-nement de l'Union africaine demandant à la Commission de l'Union africaine et au Gouvernement du Sénégal d'examiner les modalités pratiques ainsi que les implications juridiques et financières, pour la poursuite des crimes internationaux commis sur le territoire Tchadien au cours de la période du 7 juin 1982 au 1er décembre 1990 ;

Rappelant la Convention des Nations unies contre la torture et autres peines ou traitements cruels, inhumains ou dégradants, adoptée à New York le 10 décembre 1984 et ratifiée par le Sénégal le 21 août 1986 ; Rappelant l'Arrêt ECW/CCJ/JUD/6/10 du 18 novembre 2010 de la Cour de Justice de la Communauté économique des États de l'Afrique de l'Ouest (CEDEAO) ; Rappelant l'Arrêt du 20 juillet 2012 de la Cour internationale de justice sur les questions concernant l'obligation de poursuivre ou d'extrader (Belgique c. Sénégal) ;

Attendu que l'Union africaine représentée par la Commission de l'Union africaine (ci-après dénommée la « Commission ») et le Gouvernement de la République du Sénégal (ci-après dénommé le « Gouvernement ») ont mené des négociations en vue de la création de Chambres africaines extraordinaires au sein des juridictions sénégalaises pour la poursuite des crimes internationaux commis au Tchad du 7 juin 1982 au 1er décembre 1990 (ci-après dénommées « les Chambres africaines extraordinaires »). Le Gouvernement de la République du Sénégal et l'Union africaine sont convenus de ce qui suit :

Article premier. – Création

1. Le Gouvernement et la Commission conviennent de créer au sein des juridictions sénégalaises les Chambres africaines extraordinaires chargées de poursuivre le ou les principaux responsables des crimes et violations graves du droit international, de la coutume internationale, et des conventions internationales ratifiées par le Tchad et le Sénégal, commis sur le territoire tchadien du 7 juin 1982 au 1er décembre 1990.

2. Dans le cadre de la mise en œuvre de l'alinéa 1 du présent article, le Gouvernement s'engage, à adopter, s'il y a lieu, dans les meilleurs délais, les mesures législatives, réglementaires et administratives en vue de créer les Chambres africaines extraordinaires au sein du système judiciaire sénégalais.

3. Le Gouvernement et la Commission s'engage à adopter une feuille de route avec un calendrier précis pour la mise en place des Chambres extraordinaires et le démarrage des poursuites.

4. De caractère international, les Chambres africaines extraordinaires appliquent leur Statut, le droit pénal international, le Code pénal et le Code de procédure pénale sénégalais et les autres lois sénégalaises pertinentes.

5. Le Statut des Chambres africaines extraordinaires figure en annexe au présent Accord dont il fait partie intégrante.

Article 2. – Organisation.

La composition et les règles de fonctionnement des Chambres africaines extraordinaires sont déterminées par le Statut des Chambres africaines extraordinaires et les lois sénégalaises.

Article 3. – Budget.

1. La mise en place et le fonctionnement des Chambres africaines extraordinaires sont financés par le budget approuvé par la Table ronde du 24 novembre 2010.

2. Des ressources financières supplémentaires peuvent être mobilisées en cas de besoin.

Article 4. – Cadre et modalités de gestion des fonds mobilisés

Le cadre et les modalités de gestion des fonds mobilisés sont arrêtés par l'Union africaine, le Gouvernement et les donateurs concernés.

Article 5. – Immunité des Fonds, avoirs et autres biens

Les fonds, avoirs et autres biens destinés au fonctionnement des Chambres africaines, où qu'ils se trouvent et quel qu'en soit le détenteur, jouissent de l'immunité de juridiction et d'exécution.

Article 6. – Privilèges et immunités

1. Les juges des Chambres africaines extraordinaires de nationalité étrangère, ainsi que les membres de leur famille qui font partie de leur ménage, jouissent des privilèges et immunités, exemptions et facilités, y compris fiscales, accordés aux agents diplomatiques conformément à la Convention de Vienne de 1961 sur les relations diplomatiques. Ils sont également exonérés d'impôts sur leurs traitements, émoluments et indemnités au Sénégal.

2. Les juges, les Procureurs, les Greffiers, l'Administrateur et les autres membres du personnel des Chambres africaines extraordinaires

de nationalité sénégalaise jouissent des privilèges et immunités suivants, conformément à la Convention générale de l'Organisation de l'Unité africaine (OUA) sur les Privilèges et Immunités de 1965 :

a) de l'immunité de juridiction pénale et civile pour tous les actes y compris leurs paroles et écrits, qu'ils accomplissent dans l'exercice de leur fonction. Cette Immunité est maintenue après qu'ils ont quitté le service des Chambres africaines extraordinaires ;

b) de l'exonération de tout impôt et toute taxe sur les traitements, indemnités et émoluments qui leur sont versés dans le cadre de leur participation aux Chambres africaines extraordinaires.

Article 7. Le Conseil

1. Le Gouvernement veille à ce que le conseil d'un suspect, d'un accusé reconnu comme tel par les Chambres africaines extraordinaires ou d'une partie civile ne soit soumis à aucune mesure susceptible d'affecter sa liberté ou son indépendance dans l'exercice de ces fonctions.

2. Le conseil jouit, en particulier, de :

a) l'immunité d'arrestation, de détention pour les actes accomplis dans l'exercice de ses fonctions et de saisie de ses effets personnels ;

b) l'inviolabilité de tous les documents ayant trait à l'exercice de ses fonctions de conseil d'un suspect, d'un accusé ou d'une partie civile ;

c) l'immunité de juridiction pénale ou civile pour les actes accomplis par lui en sa qualité de conseil, y compris ses paroles et écrits. Cette Immunité est maintenue après qu'il aura cessé ses fonctions de conseil d'un suspect, d'un accusé ou d'une partie civile ;

d) l'immunité de toutes restrictions en matière d'immigration pendant son séjour et pendant son voyage aller pour rejoindre le Sénégal et son voyage retour.

Article 8. – Témoins et experts

1. Le Gouvernement s'engage à faciliter l'entrée, le séjour et la sortie du territoire sénégalais des experts et témoins résidant en dehors du territoire sénégalais. 2. Ces experts et témoins ne font l'objet d'aucune mesure susceptible de les empêcher d'exercer leurs missions en toute liberté et indépendance. Les dispositions des alinéas a) et d) du paragraphe 2 de l'article 7 leur sont applicables.

Article 9. – Sécurité et Protection des personnes visées dans le présent Accord

Le Gouvernement assure, sur son territoire la sécurité et la protection du personnel des Chambres africaines extraordinaires, des suspects, des accusés, des victimes, des témoins, des experts et des parties civiles participant au procès au Sénégal conformément aux lois sénégalaises.

Article 10. – Entraide judiciaire

La Commission facilite la signature de tout instrument de coopération judiciaire entre le Sénégal, le Tchad ou tout autre État concerné dans le cadre de la mise en œuvre du présent Accord.

Article 11. – Règlement des différends

Tout différend entre les Parties concernant l'interprétation ou l'application du présent Accord est réglé par la négociation ou par tout autre moyen convenu entre les Parties.

Article 12. Amendement

Le présent Accord peut être amendé par convention écrite entre les Parties. Les amendements entrent en vigueur conformément aux dispositions de l'article 13.

Article 13. – Entrée en vigueur

Le présent Accord est mis en application provisoirement à la date de sa signature par les deux Parties. Il entre définitivement en vigueur après sa ratification par le Gouvernement conformément à ses procédures constitutionnelles et le dépôt de l'instrument de ratification auprès du Président de la Commission de l'Union africaine.

Article 14. – Fin de l'Accord

1. Le présent Accord prend fin de plein droit une fois que les décisions auront été définitivement rendues par les Chambres africaines extraordinaires.

2. Chacune des parties peut dénoncer cet Accord après un préavis écrit de six mois. La dénonciation prend effet à compter de la date d'expiration de la période de préavis. En foi de quoi, les soussignés, représentants dûment autorisés du Gouvernement de la République du Sénégal et de l'Union africaine, ont signé cet Accord.

Fait à Dakar, le 22 août 2012, en double exemplaires en langue française

Pour le Gouvernement de la République du Sénégal :

Madame Aminata Touré

Ministre de la Justice, Garde des Sceaux

Pour l'Union africaine

Maître Robert Dossou

Représentant spécial du Président de la Commission de l'Union africaine

Annexe Statut des Chambres africaines extraordinaires au sein des juridictions sénégalaises pour la poursuite des crimes internationaux commis au Tchad durant la période du 7 juin 1982 au 1er décembre 1990.

ANNEXE II. STATUT ANNEXÉ À L'ACCORD PORTANT CRÉATION DES CAE

Article premier. – Objet

L'objet du présent Statut est de mettre en œuvre la décision de l'Union africaine relative à la poursuite par la République du Sénégal des crimes internationaux commis au Tchad entre le 7 juin 1982 et le 1er décembre 1990, et conformément aux engagements internationaux du Sénégal.

Article 2. – Création des Chambres africaines extraordinaires

Il est créé au sein des juridictions de la République du Sénégal des Chambres africaines extraordinaires comme suit : a) une Chambre africaine extraordinaire d'instruction au sein du Tribunal Régional Hors Classe de Dakar ; b) une Chambre africaine extraordinaire d'accusation à la Cour d'appel de Dakar ; c) une Chambre africaine extraordinaire d'Assises à la Cour d'appel de Dakar ; et d) une Chambre africaine extraordinaire d'Assises d'Appel près la Cour d'appel de Dakar ;

Article 3. – Compétence

1. Les Chambres africaines extraordinaires sont habilitées à poursuivre et juger le ou les principaux responsables des crimes et violations graves du droit international, de la coutume internationale et des conventions internationales ratifiées par le Tchad, commis sur le territoire tchadien durant la période allant du 7 juin 1982 au 1er décembre 1990.

2. Les Chambres africaines extraordinaires peuvent choisir de poursuivre les crimes les plus graves relevant de leur compétence.

Article 4. – Crimes relevant de la compétence des Chambres africaines extraordinaires En vertu du présent Statut, les Chambres africaines extraordinaires ont compétence à l'égard des crimes suivants : a) le crime de génocide ; b) les crimes contre l'humanité ; c) les crimes de guerre ; d) la torture.

Article 5. – Crime de génocide

Aux fins du présent Statut, on entend par crime de génocide l'un quelconque des actes ci-après, commis dans l'intention de détruire, en tout ou en partie, un groupe national, ethnique, racial ou religieux, comme tel : a) l'homicide volontaire de membres du groupe ; b) l'atteinte grave à l'intégrité physique ou mentale de membres du groupe ; c) la soumission intentionnelle du groupe à des conditions d'existence devant entraîner sa destruction physique totale ou partielle ; d) les mesures visant à entraver les naissances au sein du groupe ; e) le transfert forcé d'enfants du groupe à un autre groupe.

Article 6. – Crimes contre l'humanité

Aux fins du présent Statut, on entend par crime contre l'humanité, l'un des actes ci-après commis à l'occasion d'une attaque généralisée ou systématique lancée contre toute population civile : a) le viol, l'esclavage sexuel, la prostitution forcée, la stérilisation forcée ou toute autre forme de violence sexuelle de gravité comparable ; b) l'homicide volontaire ; c) l'extermination ; d) la déportation ; e) le crime d'apartheid f) la réduction en esclavage ou la pratique massive et systématique d'exécutions sommaires, d'enlèvement de personnes suivi de leur disparition ; g) la torture ou les actes inhumains causant intentionnellement de grandes souffrances ou des atteintes graves à l'intégrité physique ou à la santé physique et psychique inspirées par des motifs d'ordre politique, racial, national, ethnique, culturel, religieux ou sexiste.

Article 7. – Crimes de guerre

1. Aux fins du présent Statut, constitue un crime de guerre l'un des actes ci-après lorsqu'il concerne des membres des forces armées, des prisonniers de guerre ou des civils ou des biens protégés par des dispositions des conventions de Genève du 12 août 1949 : a) l'homicide volontaire ; b) la torture ou les traitements inhumains, y compris, les expériences biologiques ou causant intentionnellement de grandes souffrances à l'intégrité physique et psychique ; c) la destruction et l'appropriation des biens, non justifiées par des nécessités militaires et exécutées sur une grande échelle de façon illicite et arbitraire ; d) le fait de contraindre un prisonnier de guerre ou toute autre personne protégée à servir dans les forces armées ; e) le fait de priver un prisonnier de guerre ou toute autre personne protégée de son droit d'être jugé régulièrement et impartialement ; f) la déportation ou le transfert illégal ou la détention illégale ; g) la prise d'otages.

2. Les Chambres africaines extraordinaires sont compétentes pour juger les personnes ayant commis des violations graves de l'article 3, commun aux Conventions de Genève du 12 août 1949 pour la protection des victimes en temps de guerre et du Protocole additionnel II auxdites Conventions du 8 juin 1977. Ces violations comprennent : a) les atteintes portées à la vie, à la santé et au bien-être physique ou mental

des personnes, en particulier le meurtre, de même que les traitements cruels tels que la torture, les mutilations ou toutes formes de peines corporelles ; b) les châtiments collectifs ; c) la prise d'otages ; d) les actes de terrorisme ; e) les atteintes à la dignité de la personne, notamment les traitements humiliants et dégradants, le viol, la prostitution forcée et tout attentat à la pudeur ; f) le pillage ; g) les condamnations et les exécutions sans jugement rendu au préalable par un tribunal régulièrement constitué et assorti des garanties judiciaires reconnues comme indispensables par les peuples civilisés ; h) la menace de commettre les actes précités.

Article 8. – Torture

Aux fins du présent Statut, le terme « torture » désigne tout acte par lequel une douleur ou des souffrances aiguës, physiques ou mentales, sont intentionnellement infligées à une personne aux fins notamment d'obtenir d'elle ou d'une tierce personne des renseignements ou des aveux, de la punir d'un acte qu'elle ou une tierce personne a commis ou est soupçonnée d'avoir commis, de l'intimider ou de faire pression sur elle ou d'intimider ou de faire pression sur une tierce personne, ou pour tout autre motif fondé sur une forme de discrimination quelle qu'elle soit, lorsqu'une telle douleur ou de telles souffrances sont infligées par un agent de la fonction publique ou toute autre personne agissant à titre officiel ou à son instigation ou avec son consentement exprès ou tacite. Ce terme ne s'étend pas à la douleur ou aux souffrances résultant uniquement de sanctions légitimes, inhérentes à ces sanctions ou occasionnées par elles. Aucune circonstance exceptionnelle, quelle qu'elle soit, qu'il s'agisse de l'état de guerre ou de menace de guerre, d'instabilité politique intérieure ou de tout autre état d'exception, ne peut être invoquée pour justifier la torture.

Article 9. – Imprescriptibilité

Les crimes relevant de la compétence des Chambres africaines extraordinaires sont imprescriptibles.

Article 10. – Responsabilité pénale individuelle et défaut de pertinence de la qualité officielle

1. Les Chambres africaines extraordinaires sont compétentes à l'égard des personnes physiques en vertu du présent Statut.

2. Quiconque a commis, ordonné, planifié ou incité à commettre, ou de toute autre manière aidé et encouragé à planifier, préparer ou

exécuter un crime visé aux articles 5 à 8 du présent Statut est individuellement responsable dudit crime en tant qu'auteur ou complice.

3. La qualité officielle d'un accusé, soit comme

Chef d'État ou de Gouvernement, soit comme haut fonctionnaire, ne l'exonère en aucun cas de sa responsabilité pénale au regard du présent Statut, plus qu'elle ne constitue en tant que telle un motif d'atténuation de la peine encourue.

4. Le fait que l'un quelconque des actes visés aux articles 5 à 8 du présent Statut ait été commis par un subordonné n'exonère pas son supérieur de sa responsabilité pénale s'il savait ou avait des raisons de savoir que le subordonné s'apprêtait à commettre cet acte ou l'avait fait et que le supérieur n'a pas pris les mesures nécessaires pour empêcher que ledit acte ne soit commis ou en punir les auteurs.

5. Le fait qu'un accusé ait agi en exécution d'un ordre d'un gouvernement ou d'un supérieur ne l'exonère pas de sa responsabilité pénale mais peut être considéré comme un motif d'atténuation de la peine.

Article 11. – Composition des Chambres africaines extraordinaires et nomination des Juges

1. La Chambre africaine extraordinaire d'instruction du Tribunal Régional Hors Classe de Dakar sera composée de quatre juges d'instruction titulaires de nationalité sénégalaise et deux juges, suppléants de nationalité sénégalaise, nommés par le Président dc la Commission de l'Union africaine sur proposition du ministre de la Justice du Sénégal.

2. La Chambre africaine extraordinaire d'Accusation de la Cour d'appel de Dakar est composée de trois Juges titulaires de nationalité sénégalaise et d'un Juge suppléant de nationalité sénégalaise nommés par le Président de la Commission de l'Union africaine sur proposition du ministre de la Justice du Sénégal.

3. La Chambre africaine extraordinaire d'Assises de la Cour d'appel de Dakar est composée d'un Président, de deux juges titulaires de nationalité sénégalaise et de deux juges suppléants de nationalité sénégalaise nommés par le Président de la Commission de l'Union africaine sur proposition du ministre de la Justice du Sénégal. Le Président de la Chambre est ressortissant d'un autre État membre de l'Union africaine.

4. La Chambre africaine extraordinaire d'assises d'Appel est composée d'un Président de deux juges titulaires de nationalité sénégalaise et de deux juges suppléants sénégalais nommés par le Président de la

Commission de l'Union africaine sur proposition du ministre de la Justice du Sénégal. Le Président de la Chambre est ressortissant d'un autre État membre de l'Union africaine.

5. Les juges sont choisis parmi des personnes jouissant d'une haute considération morale, connus pour leur impartialité et leur intégrité et ayant exercé les fonctions de juges pendant au moins dix ans. Les Présidents des Chambres africaines extraordinaires d'assises et d'appel doivent réunir en plus les conditions requises dans leurs États respectifs pour l'exercice des plus hautes fonctions judiciaires.

Article 12. – Ministère public

1. Le Procureur général représente en personne ou par ses adjoints le Ministère public auprès des Chambres africaines extraordinaires. Le Procureur général et ses trois adjoints de nationalité sénégalaise sont nommés par le Président de la Commission de l'Union africaine sur proposition du ministre de la Justice du Sénégal.

2. Les Procureurs doivent jouir d'une haute considération morale, être connus pour leur impartialité et leur intégrité, et avoir une expérience professionnelle d'au moins dix ans, et une grande expérience des enquêtes et des poursuites pénales. Les Procureurs exercent leurs fonctions en toute indépendance.

3. Le Ministère public exerce l'action publique devant les Chambres africaines extraordinaires et sauf disposition contraire du présent Statut. Il dispose, à cet effet, des pouvoirs qui lui sont conférés par le Code de Procédure pénale sénégalais.

Article 13. – Greffe

1. Les Chambres africaines extraordinaires sont assistées d'un ou de plusieurs greffiers dont les attributions sont déterminées conformément au Code de procédure pénale sénégalais.

2. Les Greffiers des Chambres africaines extraordinaires sont nommés par le ministre de la Justice du Sénégal.

Article 14. – Principes généraux relatifs à la participation des victimes en qualité de partie civile

1. La constitution de partie civile peut avoir lieu à tout moment au cours de l'instruction et se fait par demande écrite de la victime ou son ayant droit au greffier. Le greffier communique la demande à la Chambre compétente, ainsi qu'au Ministère public et à la défense.

2. Les victimes peuvent former des groupes et décider d'être représentées par un représentant choisi en commun. Lorsque l'intérêt de la justice le commande, les Chambres africaines extraordinaires peuvent exiger des victimes ou d'un groupe particulier de victimes le choix, au besoin avec l'assistance de l'Administrateur, d'un ou de plusieurs représentants communs. Le mandat ainsi donné peut être révoqué à tout moment.

3. Si les victimes ne sont pas en mesure de choisir un ou plusieurs représentants communs dans le délai imparti par la Chambre compétente, celle-ci peut demander à l'Administrateur de désigner un ou plusieurs représentants.

4. Si un groupe de victimes n'a pas les moyens de rémunérer un représentant commun, il peut demander l'assistance de l'Administrateur qui statue sur la demande.

5. Sous réserve des dispositions du présent Statut, les modalités de la participation des victimes sont régies par le Code de Procédure pénale sénégalais

Article 15. – Administration des Chambres africaines extraordinaires

1. Le ministre de la Justice de la République du Sénégal nomme un Administrateur des Chambres africaines extraordinaires. L'Administrateur est en charge des aspects non-judiciaires de l'administration et du service des Chambres africaines extraordinaires. Il gère également les ressources en personnel des Chambres africaines extraordinaires en collaboration avec les différents Présidents de chambres et le Ministère public. L'Administrateur est assisté, dans l'exercice de ses fonctions, par le personnel nécessaire au fonctionnement des Chambres africaines extraordinaires.

2. L'Administrateur représente les Chambres africaines extraordinaires dans leurs relations avec la Communauté internationale, y compris avec le Comité de Gestion établi par le Document final de la Table ronde des donateurs du 24 novembre 2010.

3. L'Administrateur des Chambres africaines extraordinaires peut conclure les accords appropriés pour la mise en œuvre d'actions de sensibilisation et pour informer l'opinion publique africaine et internationale au sujet du travail des Chambres africaines extraordinaires.

4. L'Administrateur est chargé d'orienter et d'aider de toute manière appropriée les témoins et les victimes qui comparaissent devant les Chambres africaines extraordinaires ainsi que les autres personnes

auxquelles les dépositions de ces témoins peuvent faire courir un risque, ainsi que de prévoir les mesures et les dispositions à prendre pour assurer leur protection et leur sécurité. À cet effet, l'Administrateur coordonne son action avec les gouvernements du Tchad, du Sénégal et d'autres États concernés.

5. L'Administrateur contribue à l'établissement d'un mécanisme de coopération judiciaire entre le Sénégal et d'autres États.

Article 16. – Droit applicable

1. Les Chambres africaines extraordinaires appliquent le présent Statut.

2. Pour les cas non prévus au présent Statut, elles appliquent la loi sénégalaise.

Article 17. – Procédure et Déclenchement de l'Action publique

1. Les Chambres africaines extraordinaires appliquent en premier lieu le présent Statut et pour les cas non prévus le Code de Procédure pénale sénégalais.

2. Les crimes énoncés aux articles 5 à 8 du présent Statut ne peuvent faire l'objet d'une procédure de médiation.

3. L'action publique ne peut être mise en mouvement que par le Ministère public près les Chambres africaines extraordinaires.

4. Le Procureur peut ouvrir une information d'office ou sur la foi des renseignements obtenus de toutes sources, notamment des gouvernements, organisations internationales et non-gouvernementales ou sur plaintes des victimes sans préjudice de leur lieu de domiciliation.

Article 18. – Enquêtes et procédures judiciaires antérieures

1. Les Chambres africaines extraordinaires prennent toutes les mesures nécessaires pour la coopération judiciaire, la réception et l'utilisation, en cas de besoin, des résultats des enquêtes menées par les autorités judiciaires d'autres États pour les crimes visés par le présent Statut.

2. Elles peuvent solliciter tous transferts de poursuite pénale et dans ce cadre valider les procès-verbaux et tout élément de preuve établi par les autorités compétentes des pays requis.

Article 19. – Non bis idem

1. Sauf disposition contraire du présent Statut, nul ne peut être jugé par les Chambres africaines extraordinaires pour des actes constitutifs de crimes pour lesquels il a déjà été condamné ou acquitté par elles.

2. Nul ne peut être jugé par une autre juridiction pour les crimes visés des articles 5 à 8 pour lesquels il a déjà été condamné ou acquitté par les Chambres africaines extraordinaires.

3. Quiconque a été jugé par une autre juridiction pour un comportement tombant aussi sous le coup des articles 5, 6, 7 ou 8 ne peut être jugé par les Chambres africaines extraordinaires que si la procédure devant l'autre juridiction :

a) avait pour but de soustraire la personne concernée à sa respon-sabilité pénale pour des crimes relevant de la compétence des Chambres africaines extraordinaires ; ou

b) n'a pas été au demeurant menée de manière indépendante ou impartiale, dans le respect des garanties d'un procès équitable prévues par le droit international, mais d'une manière qui, dans les circonstances, était incompatible avec l'intention de traduire l'intéressé en justice.

Article 20. – Amnistie

L'amnistie accordée à une personne relevant de la compétence des Chambres africaines extraordinaires pour les crimes visés aux articles 5 à 8 du Présent Statut ne fait pas obstacle à l'exercice de poursuites.

Article 21. – Droits de l'accusé

1. Tous les accusés sont égaux devant les Chambres africaines extraordinaires.

2. Tout accusé a droit à ce que sa cause soit entendue équitablement et publiquement, sous réserve des mesures ordonnées par les Chambres africaines extraordinaires pour assurer la protection des victimes et des témoins.

3. Tout accusé est présumé innocent jusqu'à ce que sa culpabilité ait été établie, conformément aux dispositions du présent Statut.

4. Lors de l'examen des charges portées contre lui conformément au présent Statut, tout accusé a droit au moins aux garanties suivantes :

a) être informé, dans le plus court délai, dans une langue qu'il comprend et de façon détaillée, de la nature et des motifs de l'accusation portée contre lui ;

b) disposer du temps et des facilités nécessaires à la préparation de sa défense et communiquer librement avec le conseil de son choix ;

c) être jugé sans retard excessif ;

d) être présent à son procès et se défendre lui-même ou être assisté d'un conseil de son choix ; s'il n'a pas de conseil, être informé de son droit d'en avoir un, et, chaque fois que l'intérêt de la justice le commande, se voir commettre d'office un conseil, sans frais, s'il n'a pas les moyens de le rémunérer ;

e) interroger ou faire interroger les témoins à charge et obtenir la comparution et l'interrogatoire des témoins à décharge dans les mêmes conditions que les témoins à charge ;

f) se faire assister gratuitement d'un interprète s'il ne comprend pas ou ne parle pas la langue employée ;

g) ne pas être forcé de témoigner contre lui-même ou de s'avouer coupable.

Article 22. – Audiences

Les audiences sont publiques et les questions relatives à la conduite des audiences sont régies par le Code de procédure pénale sénégalais.

Article 23. – Sentence

1. La Chambre africaine extraordinaire d'assises prononce des sentences et impose des peines et sanctions à l'encontre des personnes convaincues de violations graves des droits de l'Homme, du droit international et de la coutume internationale.

2. La sentence est rendue en audience publique à la majorité des juges de la Chambre africaine extraordinaire d'assises. Elle est établie par écrit et motivée.

Article 24. – Peines applicables

1. Les Chambres africaines extraordinaires peuvent prononcer contre une personne déclarée coupable d'un crime visé aux articles 5 à 8 du présent Statut l'une des peines suivantes :

a) une peine d'emprisonnement à temps de trente ans au plus ; ou b) une peine d'emprisonnement à perpétuité, si l'extrême gravité du crime et la situation personnelle du condamné le justifient.

2. À la peine d'emprisonnement, les Chambres africaines extraordinaires peuvent ajouter :

a) une amende fixée selon les critères prévus par la loi sénégalaise ;
b) la confiscation des profits, biens et avoirs tirés directement ou indirectement du crime, sans préjudice des droits des tiers de bonne foi.

Article 25. – Procédures d'appel

1. La Chambre africaine extraordinaire d'assises d'appel est compétente pour examiner en dernier ressort les appels interjetés par le Procureur ou les personnes condamnées ou les parties civiles quant à ses intérêts civils seulement par la Chambre africaine extraordinaire d'Assises pour les motifs suivants :

a) une erreur de procédure ;

b) une erreur sur une question de droit matériel qui invalide la décision y compris une erreur sur la compétence ;

c) une erreur de fait qui a entraîné un déni de justice.

2. La Chambre africaine extraordinaire d'assises d'appel peut, selon le cas, confirmer, annuler ou réformer les décisions prises par la chambre africaine extraordinaire d'assises.

3. Les juges de la Chambre africaine extraordinaire d'appel d'assises peuvent s'inspirer de la jurisprudence des cours ou tribunaux pénaux internationaux.

4. Les arrêts rendus par la Chambre africaine extraordinaire d'assises d'appel sont définitifs. Ils ne sont susceptibles d'aucune voie de recours même extraordinaire.

Article 26. – Mesures de détention provisoire et exécution des peines

1. Toute mesure de détention provisoire et de détention ordonnée par les Chambres africaines extraordinaires préalablement au jugement final est exécutée au Sénégal au sein des établissements pénitentiaires existants et conformément à la pratique et au droit sénégalais.

2. Les peines d'emprisonnement sont exécutées conformément aux standards internationaux. Si les circonstances l'exigent, le condamné peut purger sa peine d'emprisonnement dans l'un des États membres de l'Union africaine qui a conclu un accord d'exécution des peines avec le Sénégal.

3. Les conditions de détention, que ce soit au Sénégal ou dans un autre État membre de l'Union africaine, sont régies par la loi de l'État d'exécution et conformes aux standards internationaux. L'État d'exécution est lié par la durée de la peine.

4. Les juridictions nationales seront en charge de toutes procédures, relatives notamment à la détention, qui pourraient survenir postérieurement à la dissolution des Chambres africaines extraordinaires.

5. Les autorités nationales compétentes font exécuter les peines d'amende et les mesures de confiscation ordonnées par les Chambres africaines extraordinaires en vertu de l'article 22, conformément à la législation du lieu de localisation des biens et avoirs.

Article 27. – Réparations

1. Les réparations accordées par les Chambres africaines extraordinaires sont la restitution, l'indemnisation et la réhabilitation.

2. Les Chambres africaines extraordinaires peuvent décider que l'indemnité accordée à titre de réparation soit versée par l'intermédiaire du fonds visé à l'article 28 du présent Statut.

3. Avant de rendre une décision en vertu du présent article, les Chambres africaines extraordinaires peuvent solliciter les observations de la personne condamnée, des victimes et des autres personnes ou États intéressés.

4. Les dispositions du présent article s'entendent sans préjudice des droits que le droit interne ou le droit international reconnaissent aux victimes.

Article 28. – Le fonds au profit des victimes

1. Un fonds est créé, au profit des victimes de crimes relevant de la compétence des Chambres africaines extraordinaires et de leurs ayants droit. Ce fonds est alimenté par des contributions volontaires de gouvernements étrangers, d'institutions internationales, d'organisations non gouvernementales et d'autres sources désireuses d'apporter un soutien aux victimes.

2. Les réparations peuvent être attribuées aux victimes individuellement ou collectivement, qu'elles aient ou non participé aux procédures devant les Chambres africaines extraordinaires.

Article 29. Privilèges et immunités

1. Les juges de nationalité étrangère, ainsi que les membres de leur famille qui font partie de leur ménage, jouissent des privilèges et immunités, exemptions et facilités, y compris fiscales, accordés aux agents diplomatiques conformément à la Convention de Vienne de 1961 sur les relations diplomatiques. Ils sont exonérés d'impôts sur leurs traitements, émoluments et indemnités au Sénégal.

2. Les Juges, les Procureurs, les Greffiers, l'Administrateur et les autres membres du personnel des Chambres africaines extraordinaires de nationalité sénégalaise jouissent conformément à la Convention générale de l'Organisation de l'Unité africaine (OUA) sur les privilèges et immunités suivants :

a) de l'immunité de juridiction pénale et civile pour tous les actes (y compris leurs paroles et écrits) qu'ils accomplissent dans l'exercice de leurs fonctions. Cette immunité est maintenue après qu'ils ont quitté le service des Chambres africaines extraordinaires ;

b) de l'exonération de tout impôt sur les traitements, indemnités et émoluments qui leur sont versés dans le cadre de leur participation aux Chambres africaines extraordinaires.

Article 30. – Langue de travail

La langue de travail des Chambres africaines extraordinaires est la langue française.

Article 31. – Dispositions pratiques

1. La mise en place des Chambres africaines extraordinaires se fait selon l'ordre chronologique suivant :

a) les Procureurs et les Procureurs adjoints, les juges d'instruction de la Chambre africaine extraordinaire d'accusation de la Cour d'appel de Dakar et les Greffiers sont nommés lors de la première étape de création des Chambres africaines extraordinaires.

b) Lors de la phase d'instruction, les juges de la Chambre africaine extraordinaire d'Accusation sont saisis et statuent sur tout recours qui leur sera déféré en vertu du Code de Procédure pénale du Sénégal. La décision de la Chambre africaine extraordinaire d'accusation est définitive et sans recours.

c) Les juges de la Chambre africaine extraordinaire d'Assises seront appelés à siéger de manière permanente à la fin de l'instruction. Les juges de la Chambre africaine extraordinaire d'Assises d'Appel siégeront au moment où un appel est interjeté à l'encontre de la décision rendue en premier ressort par la Chambre africaine extraordinaire d'Assises.

2. Le mandat des juges se termine à l'issue de leurs phases d'intervention respectives.

Article 32. – Budget

1. La mise en place et le fonctionnement des Chambres africaines extraordinaires sont financés par le budget approuvé par la Table ronde du 24 novembre 2010.

2. Des ressources financières supplémentaires peuvent être mobilisées en cas de besoin au moment opportun.

Article 33. – Accès au procès

Toutes les mesures raisonnables seront prises afin de garantir l'accès au procès de toutes les parties concernées ainsi que des représentants de la presse, des observateurs de la Communauté internationale et de l'Union africaine et des représentants de la Société civile.

Article 34. – Protection des parties et témoins au procès

Le gouvernement du Sénégal assure, sur son territoire, la protection des parties et témoins au procès pendant toute la durée des procédures et jusqu'à leur terme.

Article 35. – Protection des témoins et experts

La protection des témoins et experts pour les actes accomplis au cours de la procédure devant les Chambres africaines extraordinaires est régie par l'Accord relatif à la création des Chambres africaines extraordinaires conclu entre l'Union africaine et le Gouvernement de la République du Sénégal.

Article 36. – Enregistrement des audiences

Les audiences devant les Chambres africaines extraordinaires, sous l'autorité du Procureur général, sont filmées et enregistrées afin d'être diffusées sauf si cela contrevient aux mesures nécessaires à la protection des témoins et autres participants.

Article 37. – Durée d'existence des Chambres africaines extraordinaires

1. Les Chambres africaines extraordinaires sont dissoutes de plein droit une fois que les décisions auront été définitivement rendues.

2. Les dossiers sont archivés au Greffe de la Cour d'appel de Dakar une fois que les Chambres africaines extraordinaires auront été dissoutes.

3. Les juridictions nationales sont en charge de toutes les questions qui pourraient survenir postérieurement à la dissolution des Chambres africaines extraordinaires.

ANNEXE III

Original

D42

Chambres Africaines Extraordinaires
www.chambresafricaines.org

CHAMBRE D'INSTRUCTION

Dossier Parquet N°01/13
Dossier Instruction N°01/13

PROCES-VERBAL DE DEPOSITION DE PARTIE CIVILE

L'an deux mille treize et le dix-sept juillet
A neuf heures trente minutes ;

Nous, **JEAN KANDE, SOULEYMANE TELIKO, ABSATOU LY et ABDOUL AZIZ DIALLO**, juges d'instruction des Chambres Africaines Extraordinaires/
Assistés de **Maitre Boucounta MENDY**, Greffier ;

- Vu les résolutions Doc Assembly /AU/3 VII) et Doc Assembly /AU/ Déc.40 (XVIII) adoptées par la Conférence des Chefs d'Etat et de Gouvernements de l'Union Africaine, respectivement le 02 juillet 2006 à Banjul et le 31 janvier 2012 à Addis Abéba.
- Vu l'accord entre le Gouvernement de la République du SENEGAL et l'union Africaine sur la création des chambres africaines extraordinaires au sein des juridictions sénégalaises en date du 22 Août 2012
- Vu l'annexe dudit Accord portant statut des Chambres Africaines Extraordinaires notamment son article 14
- Vu la loi 2012-25 du 28 décembre 2012 autorisant le Président de la République du Sénégal à ratifier l'accord entre le Gouvernement du Sénégal et l'Union Africaine sur la création des Chambres Africaines Extraordinaires au sein des juridictions sénégalaises
- Vu la loi 2012-29 modifiant l'article premier de la loi n°84-19 du 02 février 1984 fixant l'organisation judiciaire et créant les Chambres Africaines Extraordinaires
- Vu l'Accord de coopération judiciaire signé le 3 mai 2013 entre la République du Sénégal et la République du Tchad pour la poursuite des crimes internationaux commis au Tchad durant la période du 7 juin 1982 au 1er décembre 1990

- Vu le réquisitoire introductif de Monsieur le Procureur Général près les Chambres Africaines Extraordinaires au sein des juridictions sénégalaises en date du 02 juillet 2013
- Vu le du code de procédure pénale
- Vu l'information suivie contre HISSEIN HABRE inculpé de Crime contre l'Humanité, Crimes de guerre, Tortures ;

A comparu, séparément et hors la présence des inculpés, le plaignant ci-après nommé, lequel nous a remis l'avertissement qui le convoque en présence de ses conseils **Me Jacqueline MOUDEINA ; Delphine DJIRAIBE ; Me Lambi SOULGAN et Assane Dioma NDIAYE**

Nous l'avons requis de déclarer ses nom, prénoms, profession et demeure ;

Il déclare :

Je me nomme **Clément ABAIFOUTA**
Né le 15 avril 1958 à DJOUMANE au TCHAD
Profession : **Administrateur**
Adresse : **AVCRHH BP4207 Avenue Omar Bongo Ndjamena**

S.I.R : je venais d'avoir mon BAC en 1984 et d'obtenir mon inscription en lettres modernes. Puisque les cours venaient de reprendre au Tchad, j'ai reçu une bourse privée d'un oncle paternel. Cette bourse devait me conduire en Allemagne. Et puisque sous Hissein Habré c'était la terreur, à la veille de mon départ en date du 12 juillet 1985 autour de 19h, sous une fine pluie, des hommes habillés en civil se sont introduits dans la chambre et m'ont posé la question de savoir si j'étais Clément . J'ai répondu par l'affirmative et plu tard j'ai compris qu'ils étaient passés à mon absence et avaient pris une de mes photos. Ils m'ont par la suite dit qu'ils ont quelques petites questions à me poser et qu'après j'allais revenir. Nous avons marché dans le noir sur une distance de 200 mètres. Au bout des 200 mètres, j'ai remarqué qu'il y avait des militaires garés. Ils étaient au nombre de trois en tenue et armés. Nous avons roulé un peu pour arriver auprès d'une concession que je connais et ils ont pris ABED NEGO KAKA. Ils m'ont empêché de sortir, ils sont entrés pour ressortir avec ABED NEGO KAKA.
Je me suis rendu compte après qu'il y avait des parents qui couraient pour me rejoindre. Le pickup nous a conduits au local de la présidence où se trouvaient les locaux de la DDS.
Ils m'ont introduit dans un bureau. L'un m'a posé la question de savoir pourquoi je voulais regagner la rébellion. Tout surpris j'ai répondu que j'avais une bourse pour aller étudier à l'étranger. Il a voulu insister et j'ai persisté sur ma position

Finalement il a demandé aux autres de me mettre dedans. Ils m'ont introduit dans une minuscule salle de 2 mètres sur trois où il y avait une vingtaine de personnes. Tout le monde était à même le sol puis nous avons passé la nuit dans ces conditions.
Le matin j'ai été extrait de cette cellule et ils m'ont présenté une autre personne et je devais savoir plus tard qu'il s'appelle HISSEIN CHAHAD. Il m'a posé la question de savoir pourquoi je veux aller en rébellion. J'ai répondu que je disposais d'une bourse pour aller étudier et revenir servir mon pays. Il m'a ensuite demandé pourquoi je n'ai pas sollicité une bourse auprès du Gouvernement. J'ai répondu que j'avais fait une demande de bourse restée sans suite. Puisque je persistais, il m'a menacé verbalement et m'a dit : « ici nous ne nous amusons pas ». Il m'a demandé de lui dire la vérité pour qu'il puisse me libérer.
Au bout de 2 heures il a continué les menaces pour me pousser à affirmer que je devais aller en rébellion. Après il m'a tendu une feuille afin que je puisse écrire tout ce que j'ai dit devant lui. Tout tremblant, j'ai rempli la page parce que sous Habré si la DDS vous arrête c'est fini. Après avoir écrit, il m'a demandé de signer et j'ai refusé.
Il a par la suite ordonné au soldat de me ramener au niveau de la minuscule salle ou j'ai été enfermé.
Au lendemain je suis extrait une seconde fois et cette fois ci c'est une autre personne qui se présente à moi un nommé DOULGUE. Il a alors repris les mêmes questions en essayant de me convaincre d'accepter et il m'a raccompagné jusqu'à la petite salle qui servait de cellule.
Le lendemain j'ai aussi été extrait et cette fois il s'agissait d'une causerie et chaque jour des personnes étaient entendues.
Je précise qu'avant mon arrestation SABADET TOTODET avait été interpellé et il faisait également partie de ceux qui avaient bénéficié d'une bourse. Lorsqu'on m'introduisait dans cette minuscule salle on l'a extrait pour l'amener ailleurs. Au bout de deux semaines nous étions environs une cinquantaine de personne dans cette petite pièce. Il fallait s'entendre sur la manière de dormir compte tenu de l'exiguïté. C'est ainsi qu'avec JACKSON NGOSSI un de mes compagnons de cellule nous nous étions entendu pour dormir à tour de rôle de façon à nous aménager une petite espace pour ce faire. Il avait dans cette pièce un petit pot de peinture qui faisait office de toilette. Toute la journée nous étions enfermés et ce n'était qu'à 17h qu'on pouvait nous abreuver dans un robinet de la cour sous la surveillance de 3 soldats armés.
Les restes des repas de militaires ou du blé cuit nous étaient servis une fois dans la journée pour notre alimentation. Dans ces repas servis, il y avait du sable.
Dans un premier temps je n'ai pas voulu de ces repas mais à la longue j'ai fini par les consommer. Après deux semaines, l'arrivée de personnes interpellées s'accentuait et les places se faisaient rares. C'est ainsi que ABBA MOUSSA, un de nos

geôliers est arrivé avec une liste. Il a fait sortir tout le monde et a procédé au rappel des noms. Quinze personnes y compris JACKSON et moi-même ont été séparées du reste du groupe. Les autres ont réintégré les lieux tandis que nous autres avons été bien escortés avec un demi-fut contenant le reste des repas. C'est ainsi que nous avons été conduits vers le lieu de détention c'est-à-dire la prison. Dans la cour, on notait la présence de femmes et de militaires armés. Nous avons été introduits dans la cellule B insalubre et spacieuse et avons dormi à même le sol.

Je précise que ce même jour, deux personnes ont été introduites dans la cellule et ont été violemment tabassées devant nous. De même un demi-fut a été mis à notre disposition pour nos besoins naturels et chaque jour aux environs de 17h, nous étions chargés d'aller les vider sur les rives du fleuve Chari qui jouxtait les locaux. Dès le lendemain de notre arrivée SABADET TOTODET nous a rejoints en provenance du camp de martyrs. Durant quatre années j'ai séjourné dans cette prison.

Je précise que j'ai été arrêté le 12 juillet 1985 et hormis les deux semaines passées à la DDS, j'ai séjourné tout le reste de ma détention dans les locaux jusqu'au 7 mars 1989 ; soit quatre années.

S'agissant des conditions de détention, elles étaient inhumaines. Nous ne mangions presque pas à notre faim et quand on tombait malade, comme ce fut mon cas, nous ne bénéficions d'aucune prise en charge. Les soldats se plaisaient à nous battre au moindre prétexte .Par exemple le simple fait de parler avec d'autres détenus qu'ils assimilaient en une concertation en vue d'une évasion.

De plus contre mon gré, j'étais tenu de faire la lessive des habits des militaires ainsi que ceux de leur famille. En outre je devais faire la cuisine pour eux et aussi j'ai été choisi en compagnie de Sabadet TOTODET et Ahmet pour assurer la mise en terre de nos codétenus morts en prison

A tout moment, les corps arrivaient des différents lieux de détention (la gendarmerie, les camps des martyrs, la BSIR).Munis de pelles et de pioches, Sabadet TOTODET, Ahmet et moi prenions place à bord d'un pickup et précisément à l'arrière en compagnie des corps des personnes mortes. A l'avant, il y avait le chauffeur et ABBA Moussa. Ainsi nous prenions la direction de la sortie nord de Ndjamena au lieu dénommé Hamral goz situé auprès de l'actuelle poudrière militaire. Une fois sur les lieux, c'est Abba Moussa qui désignait là où il fallait enterrer les corps.

Ma première sortie en qualité de fossoyeur m'a amené à enterrer un individu sous un arbre qui existe encore de nos jours. Le rythme de sortie était de deux ou trois fois par jour toujours aux mêmes fins. Si mes souvenirs sont exacts, en 1987, vers midi notre équipe de fossoyeur a été amenée à Hamral goz où on nous a demandés de creuser deux grandes fosses et nous sommes rentrés sans savoir pourquoi. Contrairement à ce qui se faisait d'habitude ce jour-là on nous a laissés dehors ; nous ne sommes pas entrés dans la cellule. Vers 19 heures,un camion Berlier est entré dans la cour avec à son bord des agents de la BSIR. Nous y avons pris place et nous nous sommes rendus à la gendarmerie nationale ou nous avons été accueilli par une odeur nauséabonde .On nous a demandés d'extraire des cellules à mains nues des corps en décomposition. Il y en avait 37. De là nous nous sommes rendus à Hamral goz où on nous a demandés de balancer ces corps dans les mêmes fosses que nous avions creusé le matin. En fait il y en avait parmi ces corps que nous avions transporté celui d'un homme qui n'était pas mort et cet individu a crié en arabe pour dire qu'il n'était pas mort et nous l'avons ramené à la gendarmerie. Je tiens à préciser qu'à Hamral goz après avoir fait le travail qui nous était demandé, les agents de la BSIR et Abba Moussa se sont concertés à l'écart. Par la suite l'un de ces agents nous a révélé que ce jour-là ils voulaient nous éliminer parce que nous étions témoins de faits gênants.

Entre autres précisions, l'individu qui a été ramené à la gendarmerie est mort au cours de cette même nuit et le lendemain nous l'avons enterré à Hamral goz auprès de l'arbre évoqué tantôt.

Je veux par ailleurs souligner qu'en 1986 ou 1987, pendant la guerre d'oumchaloba kalaid, entre le Tchad et la Lybie, un nombre impressionnant de soldats du CDR (conseil démocratique révolutionnaire, une fraction dirigée par Ahmat ACYL) est arrivé dans les locaux. Après les avoir dépouillé de leurs vêtements avec juste ce qu'il fallait pour cacher leur dignité, ils ont été entassé dans la cellule C dont les occupants précédent avait tous péris .Ce qui m'a marqué c'est que on n'a fait usage d'un véhicule pour pouvoir refermer la porte de la cellule.

Deux ou trois mois après l'arrivée de ceux-ci, ils étaient tous morts. Pour nous qui connaissions la cellule C nous savons que lorsqu'on y met quelqu'un c'est pour ne pas qu'il en ressorte vivant. Il y règne une forte chaleur et l'aération est assurée par deux petits trous. Et enfin on n'a pas droit à l'eau et à la nourriture pendant des jours. Dès le lendemain de leur arrivée, on a dénombré quinze morts parmi eux.

Dans la même période un groupe de prisonniers détenus dans la cellule B et D a tenté une évasion avorté pour avoir été trahi. Abba Moussa, Abbakar TOLOBA et Abbakar TORBO sont venus à bord d'un véhicule avec à son bord des soldats armés de la BSIR. Ceux qui avaient tenté de s'évader avaient été extraits par groupe. Certains ont été abattus sur place dans la cour de la prison et parmi eux un qui était invulnérable aux balles qui a voulu désarmer les geôliers a été abattu à coups de machette.

Du fait de cette tentative d'évasion menée par les prisonniers de guerre, tous les détenus hormis les femmes ont été maintenus en cellule systématiquement pendant une année.

S'agissant des femmes, une cellule leur était réservée exclusivement. Cependant celles qui se montraient récalcitrantes par rapport à la discipline étaient enfermées dans les cellules où il y avait des hommes.
Les femmes détenues entretenaient des relations sexuelles avec les militaires contre leur gré ou en échange de certaines faveurs facilitant leur détention comme des savons et crèmes de beauté.
Pour revenir à l'interdiction de sortie consécutive à cette tentative d'évasion, cet enfermement systématiquement en cellule a été à l'origine d'un nombre élevé de décès. L'arrivée de Demba GUEYE en provenance du camp des martyr coïncide avec cette période qui se situe vers l'année 1987.Demba GUEYE est arrivé malade, il avait une dysenterie et fini par succomber. C'est moi même qui l'ait enterré.
Au sujet des femmes détenues je voudrais préciser qu'à un moment donné, la DDS estimant qu'elles bénéficiaient de privilèges, elles ont été transférées au nord dans les camps militaires ; un groupe à Wadidoum et un autre à Oumchaloba Kalahit.
En 1988, nous avons reçu la visite d'un médecin venu de la présidence. Il s'en est suivi de l'installation au sein de la prison d'une infirmerie dirigée par SARIA lequel était assisté de FOBA et ALIFA. Malgré tout, ceci n'a eu aucune conséquence sur le nombre de décès

S.I.R : Pendant ma période de détention, il y a eu une vague d'arrestation de Hadjeraïs. Parmi ceux-ci j'ai noté les noms de BADA Abbas, un ancien combattant et Moulinéné sans autre précision. Régulièrement, vers 16h -17h, par groupe de 15 composés de jeunes et personnes âgées, des Hadjeraïs étaient embarqués à bord du pickup et on leur demandait d'amener avec eux tous leurs bagages parce qu'ils allaient être libérés. En tout cas on ne les revoyait plus. Tout ceci était l'œuvre de Abba Moussa,Abakar Toloba Abakar Torbo, Issa Araway et Mahamat Sakar dit Bidon. Je précise que les deux derniers cités ne sont plus de ce monde. Pour Abba Moussa certains disent qu'il est mort contrairement à d'autres qui prétendent qu'il est vivant mais en cachette. Quant à Abakar Torbo, il vit en exil au Cameroun.
Pendant cette période d'enlèvement des Hajeras Rose Lokissim une femme de l'armée régulière a été enlevée et exécutée. J'ai dit qu'elle a été exécutée parce que le lendemain nous sommes allés enterrer une personne à Hamral goz et à cette occasion, j'ai vu émerger d'une tombe fraiche le bout de sa natte et un tube de crème qu'elle avait reçu la veille. Elle a été éliminée parce qu'elle dressait la liste des personnes mortes en prison. De plus je tiens à préciser qu'un jeune soldat du nom de Assane OUA sans autre précision qui nous accompagnait d'habitude à Hamral goz nous a dit que Rose a failli les avoir parce qu'elle est parvenue à récupérer une arme. Je voudrais aussi préciser qu'on nous demandait de creuser des tombes et le lendemain si nous

revenons sur les lieux pour des mises en terre, ces tombes préalablement creusées étaient remplies ce qui laisse supposer que des militaires exécutaient des gens avant de les enterrer la nuit eux même.
Contrairement au Hadjeraïs, les Zaghawas arrivaient déjà malades pour avoir été sérieusement torturé ceux qui ne l'étaient pas, subissaient ce sort dès le lendemain par Abakar Torbo, Abakar Toloba, Abba Moussa, Issa Araway et Abdelkérim « Rangers », en détention au Tchad depuis le 13 mai 2013.

S.I.R : GUINI KOREI, Directeur de la DDS prenait part aux actes de tortures tout comme Abderahmane Moussa qui à l'époque allait traquer des gens hors du territoire pour les ramener dans le coffre de sa voiture. De plus, je voudrais préciser que personnellement j'ai pu avoir entre mes mains, des documents de la DDS portant mention de correspondance provenant de cette structure et qui étaient destiné à Hissène Habré.

S.I.R : DOULGUE est bien distinct de DOUDET YALDE qui est mort.

S.I.R : je n'étais pas un homme politique et je n'appartenais à aucun parti politique .En revanche j'habitais chez mon oncle qui était un homme politique.

S.I.R : Parmi la liste de personnes soupçonnées de vouloir rejoindre la rébellion, il y avait Sabadet TOTODET, Abet Nego KAKA, Noel Bahtar et Aleyna Ngossi Jackson. En dehors de Jackson NGOSSI et de moi-même tous les autres sont décédés et à mon avis cela est dû aux séquelles de la prison.

Je voudrais préciser que sous le règne de Habré si quelqu'un est arrêté c'est toute la famille au sens large qui était inquiétée. Il en a été ainsi pour mon père André et mon jeune frère Roger qui ont été arrêté puis libéré ; ma mère a été brutalisée, mon oncle Assane GUILOU, le chef de village de Kologo arrêté est mort en prison devant moi.

S.I.R : Mon séjour en milieu carcéral a laissé des séquelles. Ma vie est brisée ; j'ai des difficultés de concentration qui m'ont empêché de poursuivre mes études ; ma santé est fragile ; ma maladie dans ce milieu a entrainé une déformation de ma gencive et la perte d'une dent. J'ai souvent des cauchemars et suis constamment fatigué. Depuis l'année dernière je parviens à me souvenir de quelques choses pendant longtemps. Enfin au fur et à mesure je constate une baisse de ma virilité. Je n'ai pas reçu de soins appropriés en dehors des calmants que j'ai reçu de l'Association des victimes de répression en exil dirigé par Helene JAFFE.

S.I.R : Je ne dispose pas de certificat médical.

SIR j'ai été libéré le 7 mars 1989 à la suite de l'accord de Bagdad signé d'une part entre le Gouvernement de Habré et d'autre part Acheikh Ibn Omar et mon oncle FACHO

BALAAM des opposants respectivement leader du CDR à la suite d'ACYL Ahmat et de l'UND (Union Nationale démocratique).

S.I.R : Mon oncle est Professeur d'université ; il est parti en exil depuis 2008.Il est basé à Paris mais de temps en temps il se rend à Yaoundé au Cameroun pour dispenser des cours.

S.I.R : Mon oncle est joignable à l'adresse suivant balam_tacho@yahoo.fr.

S.I.R : A mon avis ma remise en liberté est liée à l'accord que mon oncle avait passé avec le gouvernement du Tchad de l'époque. En effet dans sa manière de faire à chaque fois qu'un opposant ralliait son gouvernement, Hissein Habré procédait à la libération de ses proches.

S.I.R : C'est sur la base d'une liste dressée par la DDS que j'ai été libéré

S.I.R : Avant de nous libérer on nous fait jurer soit sur le coran soit sur la bible de ne rien dire de notre séjour carcéral.

S.I.R : Pendant toute la durée de ma détention je n'ai été présenté à aucune autorité judiciaire.

S.I.R : C'est moi qui ai indiqué à la commission nationale d'enquête les lieux d'enterrement des cadavres à Hamral goz mais je n'étais pas présent au moment des exhumations pour n'y avoir pas été associés. A l'heure actuelle, le site est menacé de disparition car on a commencé à y construire des maisons. La dernière fois que j'y étais j'ai perdu mes repères. Il ya que l'arbre qui me sert de repère

S.I.R : Aujourd'hui lorsque nous effectuons des descentes deux fois l'an suivant la tradition établie en compagnie de nos avocats nous faisons l'objet de menaces de la part des colonels et généraux proche du pouvoir actuel qui y construisent des maisons. Maintenant, le camp des martyrs et celui de la gendarmerie et la maison d'arrêt ont été rasés.

S.IR : Parmi les formes de tortures j'avais oublié d'en citer deux autres comme l'ingurgitation forcée et supplice du pot d'échappement. Pour ma part j'ai fait l'objet de bastonnade et de torture morale.

S.I.R : je suis prêt à vous conduire sur le site d'Hamral goz .De plus je tiens à souligner que mon séjour carcéral outre les tchadiens, je l'ai partagé avec des étrangers : sénégalais, maliens, centre africains, soudanais, camerounais, béninois nigériens, nigérians, libanais, Irakiens, français, libyens…

S.I.R : Le général GALYAM est mort au camp des martyrs. On a amené son corps aux « locaux » où notre équipe de fossoyeurs a procédé à sa prière mortuaire. J'ai seulement constaté que sa tête était enflée démesurément que je ne l'avais pas reconnu du coup. Il n'y a eu que lui qui a eu à bénéficier d'un cercueil .Enfin je tiens à ajouter qu'il nous était interdit de pleurer nos morts .Pour cela, nous étions surveillés au risque de se voir sanctionné.

<u>S.I.R :</u> Je conforme ma constitution de partie civile.

A **quinze heures** et **trente minutes**, avons demandé au greffier de lire à haute et intelligible voix le procès verbal de l'audition de la partie civile d'après ce qui a été noté.

Après avoir lu haut et fort, la personne auditionnée n'a pas fait d'objection et accepte de signer.

La partie civile **les Juges d'instruction**

Le Greffier

ANNEXE IV : REQUÊTE AUX FINS DE DELIVRANCE DE LA PROCEDURE:REQUISITOIRE DU MINISTERE PUBLIC

Original

Chambres Africaines Extraordinaires

CHAMBRE D'INSTRUCTION

Dossier Parquet N°01/ 13
Dossier Instruction N°01/13

ORDONNANCE DE DELIVRANCE D'UNE COPIE DE LA PROCEDURE

Nous, **Jean Kandé, Souleymane Teliko, Absatou Ly Diallo, Abdoul Aziz Diallo,** juges d'instruction des Chambres Africaines extraordinaires au sein des juridictions sénégalaises ;

Vu l'information suivie contre :

1. **Hissein Habré**
2. **Guihini Korei**
3. **Saleh Younouss**
4. **Mahamat Djibrine El Djonto**
5. **Zakaria Berdei,**

des chefs de crimes contre l'humanité, torture et crimes de guerre ;

Faits prévus et réprimés par les articles 3, 4, 6, 7, 8, 23 et 24 du Statut des Chambres Africaines Extraordinaires au sein des juridictions sénégalaises ;

-Vu la demande de délivrance d'une copie de la procédure formulée le 02 juillet 2013 par Me Ibrahima Diawara pour le compte du collectif des conseils de l'inculpé Hissein Habré ;

-Vu l'ordonnance de communication en date du 03 juillet 2013 ;

-Vu le réquisitoire de Monsieur le Procureur Général en date du 23 juillet 2013, enregistré au greffe d'instruction le 25 juillet 2013, par lequel il déclare s'opposer à la mesure sollicitée par les conseils de l'inculpé Hissein Habré ;

Attendu que par réquisitoire susvisé, le Ministère Public a déclaré s'opposer à la délivrance d'une copie du dossier aux conseils de l'inculpé Hissein Habré ; qu'il a fait valoir que l'article 105 du CPP exige seulement du juge d'instruction la mise à disposition de la procédure aux conseils de l'inculpé 24 heures au plus tard avant chaque interrogatoire ou confrontation ;

Attendu qu'il convient , tout d'abord , de préciser que l'article 105

www.chambresafricaines.org

Que l'article 17-1 précise que « *Les Chambres africaines extraordinaires appliquent en premier lieu le présent Statut et pour les cas non prévus le Code de Procédure pénale sénégalais* » ;

Attendu que l'article 105 du Code de Procédure pénale exige seulement du Juge d'instruction « *la mise à la disposition de la procédure au conseil de l'inculpé 24 heures au plus tard avant chaque interrogatoire ou confrontation* » ;

Par conséquent, requérons qu'il plaise à la Chambre africaine extraordinaire d'instruction, rejeter comme mal fondée, la demande de délivrance d'une copie du dossier.

Fait au Parquet général, le 23 Juillet 2013
Le Procureur général
Mbacké FALL

ANNEXE V : REQUÊTE AUX FINS DE DELIVRANCE DE LA PROCEDURE : ORDONNANCE DE LA CHAMBRE D'INSTRUCTION

Copie

D50

Union Africaine
Une Afrique Unie et Forte
****

République du Sénégal
Un Peuple – Un But- Une Foi
****

Chambres Africaines Extraordinaires

Au sein des Juridictions Sénégalaises

PARQUET GENERAL

RP N°01/2013/PG/CAE

RI N°01/2013

Mbacké FALL, Procureur Général
Youssoupha DIALLO, Procureur Général Adjoint
Anta Ndiaye DIOP, Procureur Général Adjoint
Moustapha KA, Procureur Général Adjoint

REQUISITOIRE AUX FINS DE REFUS DE DELIVRANCE D'UNE COPIE DU DOSSIER

Nous, Mbacké FALL, Procureur général près les Chambres africaines extraordinaires au sein des juridictions sénégalaises ;

Vu la procédure suivie contre Hissein Habré et autres des chefs de crimes contre l'humanité, crime de torture et crime de guerre;

Vu l'ordonnance en date du 3 Juillet 2013 de la Chambre africaine extraordinaire d'instruction portant communication de la demande de Maître Ibrahima Diawara agissant au nom du collectif des Avocats de Hissein Habré aux fins d'obtenir copie du dossier de la procédure ;

Vu les articles 16, 17-1 du Statut et 105 du Code de Procédure pénale ;

Attendu qu'aux termes de l'article 16 du Statut, « *1.Les Chambres africaines extraordinaires appliquent, le présent Statut.*
2. Pour les cas non prévus au présent Statut, elles appliquent la loi sénégalaise » ;

précité qui organise les modalités de mise à disposition du dossier avant tout interrogatoire n'interdit pas expressément la remise d'une copie de la procédure aux avocats des parties ;

Attendu en outre, qu'aux termes des dispositions de l'article 21, al 4 du statut des chambres Africaines extraordinaires, l'accusé doit « **disposer du temps et des facilités nécessaires à la préparation de sa défense** » ;

Qu'il y'a lieu de relever que cette disposition qui n'a pas son équivalent dans le droit positif sénégalais, doit être appréciée à la lumière du droit à un procès équitable que consacre l'article 21 al 2 et des statuts des juridictions internationales dont elle s'inspire ;

Qu'à cet égard, le principe de l'égalité des armes implique , dans le cadre des « facilités nécessaires à la préparation de la défense » , la possibilité pour le conseil de l'inculpé, d'avoir accès à l'intégralité du dossier et de pouvoir le consulter en permanence sans aucune entrave , dans les mêmes conditions que l'accusation;

Attendu que s'agissant comme c'est le cas en l'espèce, d'un dossier particulièrement volumineux et eu égard à la complexité de l'affaire liée à la nature des infractions visées, la délivrance d'une copie de la procédure participe des mesures visant à faciliter la préparation de la défense ;

Qu'ainsi, loin de constituer une violation du statut des chambres Africaines extraordinaires, la mesure sollicitée contribue au contraire, au regard des dispositions susvisées, à en traduire l'esprit;
Qu'il échet dès lors d'y faire droit en ordonnant la délivrance d'une copie de la procédure aux conseils de Hissein Habré ;

PAR CES MOTIFS

Vu le statut des chambres Africaines extraordinaires, notamment en son article 21, alinéas 2 et 4,

- **Ordonnons la délivrance d'une copie de la procédure aux conseils de Hissein Habré**

CHAMBRES AFRICAINES EXTRAORDINAIRES
Chambre d'Instruction

Fait en notre cabinet le 30 juillet 2013

Jean Kandé S. Teliko Absatou L. Diallo A.A.Diallo

ANNEXE VI : CONTEXTE DES FAITS : ORDONNANCE AUX FINS DE DESIGNATION D'EXPERT

Chambres Africaines Extraordinaires

CHAMBRE D'INSTRUCTION

Dossier Parquet N°
Dossier Instruction N°

Original

DS21

ORDONNANCE DE DESIGNATION D'EXPERT

Nous, **Jean Kandé, Souleymane Teliko, Absatou Ly Diallo, Abdoul Aziz Diallo,** Juges de la chambre africaine extraordinaire d'instruction au sein des juridictions sénégalaises ;

- Vu l'information suivie contre :

1- **/Hissein Habré**
2- **Guihini Korei**
3- **Saleh Younouss**
4- **Abakar Torbo Rahama**
5- **Mahamat Djibrine dit « El Djonto**
6- **Zakaria Berdei**

Des chefs de de crimes de guerre contre le premier, crimes contre l'humanité et crime de torture contre tous

Faits prévus et réprimés par les articles 3, 4, 6, 7, 8, 23 et 24 du Statut des Chambres Africaines Extraordinaires au sein des juridictions sénégalaises

Vu l'Accord entre le Gouvernement de la République du Sénégal et l'Union Africaine sur la création des Chambres Africaines Extraordinaires au sein des juridictions sénégalaises en date du 22 Août 2012 ;

Vu le Statut des Chambres annexé audit Accord ;

Vu la loi 2012-25 du 28 décembre 2012 autorisant le Président de la République du Sénégal à ratifier l'Accord entre le Gouvernement du Sénégal et l'Union Africaine sur la création des Chambres Africaines Extraordinaires au sein des juridictions sénégalaises ;

Vu la loi 2012-29 modifiant l'article premier de la loi n°84-19 du 02 février 1984 fixant l'organisation judiciaire et créant les Chambres Africaines Extraordinaires ;

Vu l'Accord de coopération judiciaire signé le 3 mai 2013 entre la République du Sénégal et la République du Tchad pour la poursuite des crimes internationaux commis au Tchad durant la période du 7 juin 1982 au 1er décembre 1990 ;
Vu le réquisitoire introductif en date du 02 juillet 2013 de Monsieur le Procureur Général près les Chambres Africaines Extraordinaires;

Vu notre ordonnance de communication sur l'opportunité d'ordonner une expertise aux fins d'être édifié sur le contexte politique et militaire du Tchad dans la période allant du 07 Juin 1982 au 1er Décembre 1990 ;

Vu le réquisitoire en date du 23 juillet 2013 par lequel Monsieur le Procureur General près les Chambres africaines extraordinaires a déclaré ne pas s'opposer à la mesure envisagée ;

Vu les articles 149 à 163 du code de procédure pénale ;

Attendu que les faits, objet de poursuite, sont supposés avoir été commis durant la période allant du 7 juin 1982 au 1er Décembre 1990 ;

Qu'en raison de leur ancienneté et de leur complexité, il s'avère nécessaire d'ordonner une expertise pour situer le contexte historique dans lequel ils ont été commis et de designer Mr **DINGAMMADJI Arnaud**, historien, pour ce faire ;

MISSION :

1. Déterminer les différentes phases des conflits armés survenus au Tchad entre le 7 Juin 1982 et le 1er Décembre 1990, en précisant notamment :
   - les forces belligérantes en présence,
   - les effectifs militaires engagés ;

2. Dire quelle a été la politique menée par les autorités étatiques du Tchad à l'égard des groupes ethniques que sont les Zaghawa, les Arabes et les Hadjerai;

3. Définir les types de rapports que les autorités étatiques du Tchad ont entretenus avec l'opposition politique durant la période considérée ;

4. Dire s'il y a eu une rébellion menée par les populations du Sud du Tchad à l'égard du pouvoir central.
   Dans l'affirmative, préciser l'organisation, la stratégie et la durée de cette rébellion ;

PAR CES MOTIFS

Commettons en qualité d'expert Mr **DINGAMMADJI Arnaud**, à l'effet d'y procéder, serment préalablement prêté ;

Disons que du tout, l'Expert dressera un rapport documenté dont il affirmera le contenu sincère et véritable, en évitant de procéder à une qualification des faits ;

Disons que l'expert devra déposer son rapport dans un délai de 3 mois à compter de la notification de la présente ordonnance ;

Disons que les frais d'expertise seront à la charge de l'Administration des Chambres Africaines Extraordinaires au sein des juridictions sénégalaises;

Disons qu'il nous en sera référé en cas de difficultés.

Fait en notre cabinet le 02 aout 2013

Jean kandé **S. Téliko** **Absatou L. Diallo** **Abdoul A. Diallo**

ANNEXE VII : ORDONNANCE PORTANT IRRECEVABILITÉ DE LA CONSTITUTION DE PARTIE CIVILE DE L'ÉTAT DU TCHAD

Original

D 2716

Chambres Africaines Extraordinaires

CHAMBRE D'INSTRUCTION

Dossier Parquet N°01/13
Dossier Instruction N°01/13

ORDONNANCE PORTANT IRRECEVABIITE DE LA CONSTITUTION DE PARTIE CIVILE DE L'ETAT DU TCHAD

Nous, **Jean Kandé, Souleymane Teliko, Absatou Ly Diallo, Abdoul Aziz Diallo**, juges à la Chambre Africaine Extraordinaire d'Instruction au sein des juridictions sénégalaises ;

Vu l'information suivie contre :

1/Hissein Habré

2/Guihini Korei

3/Saleh Younouss

4/ Abakar Torbo Rahama

5/ Mahamat Djibrine dit « El Djonto »

6/Zakaria Berdei

Des chefs de crime de guerre contre le premier, crime contre l'humanité et crime de torture contre tous ;

Faits prévus et réprimés par les articles 3, 4, 6, 7, 8, 23 et 24 du Statut des Chambres Africaines Extraordinaires au sein des juridictions sénégalaises ;

Vu l'Accord entre le Gouvernement de la République du Sénégal et l'Union Africaine sur la création des Chambres Africaines Extraordinaires au sein des juridictions sénégalaises en date du 22 Août 2012 ;

Vu le Statut des Chambres annexé audit Accord ;

Vu la loi 2012-25 du 28 Décembre 2012 autorisant le Président de la République du Sénégal à ratifier l'Accord entre le Gouvernement du Sénégal et l'Union Africaine sur la création des Chambres Africaines Extraordinaires au sein des juridictions sénégalaises ;

Vu la loi 2012-29 du 28 Décembre 2012 modifiant l'article premier de la loi n°84-19 du 02 Février 1984 fixant l'organisation judiciaire et créant les Chambres Africaines Extraordinaires ;

Vu l'Accord de coopération judiciaire signé le 3 Mai 2013 entre la République du Sénégal et la République du Tchad pour la poursuite des crimes internationaux commis au Tchad durant la période du 7 Juin 1982 au 1er Décembre 1990 ;

Vu le réquisitoire introductif en date du 02 Juillet 2013 de Monsieur le Procureur Général près les Chambres Africaines Extraordinaires;

Vu la lettre de constitution de partie civile de l'Etat du Tchad en date du 25/02/2014 ;

Vu la lettre de communication de la demande de constitution de partie civile aux conseils de la défense en date du 25 février 2014 ;

Vu la lettre du greffier d'instruction en date du 25 février 2014 portant communication de ladite déclaration au Ministère Public ;

Vu le réquisitoire aux fins de déclarer irrecevable la constitution de partie civile de l'Etat du Tchad en date du 16 mai 2014;

Attendu que par lettre en date du 25 /02/2014, déposée par ses conseils au greffe de la chambre de céans, l'Etat du Tchad a déclaré se constituer partie civile ;

Que par requête déposée le 04 avril 2014, les conseils du collectif des parties civiles formé par SOULEYMANE Guengueng et autres, ont saisi la Chambre d'une demande aux fins de déclarer irrecevable la constitution de partie civile de l'Etat du Tchad ;

Que par courrier daté du 02 Mai 2014, les conseils de l'Etat du Tchad ont formulé des observations tendant au rejet de la requête pour des motifs tirés de l'incompétence de la chambre et du défaut d'intérêt à agir des requérants ;

EN LA FORME

Sur la compétence

Attendu que les conseils de l'Etat du Tchad affirment que ni le statut des CAE ni la loi sénégalaise ne prévoient la possibilité pour la chambre d'instruction de se prononcer sur la recevabilité d'une constitution de partie civile par voie d'intervention ;

Attendu que le Ministère Public a conclu au rejet de ce moyen au motif que la juridiction d'instruction peut valablement statuer sur toutes les requêtes dont elle est saisie ;

Attendu que c'est dans les attributions de toute juridiction d'apprécier la recevabilité des demandes qui lui sont soumises ; qu'en l'absence d'une disposition contraire prévue par le statut des CAE ou la loi sénégalaise, la compétence de la chambre pour apprécier la recevabilité des constitutions de parties civiles ne peut être valablement contestée, d'autant plus que le Ministère Public et les conseils des parties ont saisi la chambre pour statuer sur ce point ; qu'il échet donc de rejeter ce moyen comme mal fondé ;

Sur le défaut d'intérêt à agir des requérants

Attendu que dans leurs observations précitées, les conseils de l'Etat du Tchad estiment que les requérants ne justifient pas leur intérêt à agir ; que leur requête doit en conséquence être déclarée irrecevable ;
Mais attendu que l'article 14 du statut des CAE prévoit la communication au Ministère Public de toute demande de constitution de partie civile ; que c'est précisément en vertu de cette disposition que le Ministère Public a fait ses réquisitions ;
Qu'au regard de ce qui précède, les observations relatives au défaut d'intérêt à agir des requérants deviennent sans objet ;

AU FOND

Attendu que dans ses réquisitions, le Ministère Public a conclu à l'irrecevabilité de la constitution de partie civile de l'Etat du Tchad ; qu'il a fait valoir que l'article 14 du statut des CAE ne prévoit pas la possibilité pour un Etat de se constituer partie civile et qu'en outre, les faits de pillage visés par l'Etat du Tchad sont sans rapport avec les infractions sous-jacentes au crime de guerre ;

Attendu que dans leurs observations formulées le 02 Mai 2014, les conseils de l'Etat du Tchad déclarent fonder leur action sur les dispositions de l'article 14 du statut aux termes desquelles la constitution de partie civile peut avoir lieu à tout moment au cours de l'instruction ; qu'ils estiment par ailleurs que l'Etat du Tchad entend solliciter réparation des préjudices subis du fait des actes de pillage et de destruction des deniers et biens de l'Etat commis par Monsieur Habré ;

Attendu qu'aux termes de l'article 16 du statut des CAE, le droit applicable est celui prévu par le statut ou, en cas de silence de celui-ci, la loi sénégalaise ;

Qu'en l'absence de dispositions du statut relatives à la recevabilité de la constitution de partie civile devant la juridiction d'instruction, il convient de s'en remettre au droit sénégalais, notamment aux dispositions des articles 2 et suivants du Code de procédure pénale (CPP) ;

Attendu qu'aux termes de l'article 2 du CPP, « *L'action civile en réparation du dommage causé par toute infraction appartient à tous ceux qui ont personnellement souffert du dommage directement causé par l'infraction* » ;

Qu'en vertu de ces dispositions, la constitution de partie civile formée devant le juge d'instruction n'est recevable que si l'existence du préjudice allégué et la relation directe de celui-ci avec les infractions visées sont envisageables ;
Qu'ainsi, l'examen de la recevabilité de la constitution de partie civile de l'Etat du Tchad revient à se demander si le préjudice économique, financier et moral invoqué par celui-ci est susceptible de découler des infractions visées par le statut des CAE ;

Attendu qu'aux termes de l'article 4 du statut des CAE, la compétence de ces dernières se limite aux infractions de génocide, crimes contre l'humanité, torture et crimes de guerre ;

Attendu qu'aux termes des articles 5, 6 et 8 dudit statut, les victimes des infractions de génocide, crimes contre l'humanité et torture sont respectivement :
-le groupe national, ethnique, racial ou religieux,
-la population civile,
-la personne physique ;
Que l'Etat du Tchad, qui ne correspond à aucune de ces catégories de victimes, ne saurait se prévaloir d'un préjudice découlant de l'une quelconque de ces infractions ;

Attendu que s'agissant des crimes de guerre, l'article 7 du statut des CAE énumère les actes constitutifs de cette infraction ; qu'à l'exception du pillage et de l'appropriation de biens, tous les autres actes visés à l'article 7 sont des atteintes à l'intégrité ou aux droits des personnes physiques ;

Attendu que dans leur déclaration complémentaire de constitution de partie civile, les conseils de l'Etat du Tchad ont certes visé les actes de pillage et d'appropriation de biens en soutenant que *« Monsieur Habré, alors Président de la République du Tchad, a pillé et emporté les deniers et biens de l'Etat du Tchad »*.

Mais attendu qu'il convient de rappeler que la répression des crimes de guerre est destinée à réglementer le droit des conflits armés ; qu'à cet égard, pour être constitutif de crime de guerre, le pillage, tout comme l'appropriation de biens, doit avoir été commis par une puissance ennemie en territoire occupé ; que c'est dans ce sens que la CPI a jugé que *« Comme le crime de guerre consistant en la destruction de biens visé à l'article 8626xiii, le pillage constitutif de crime de guerre inscrit à l'article 8-2-b xvi requiert que les biens détruits appartiennent à un ennemi dans le cadre du conflit. Les biens pillés, qu'ils soient meubles ou immeubles, privés ou publics, doivent donc être la propriété d'individus ou d'entités qui sont alliées ou font allégeance à une partie au conflit qui est l'ennemie de l'auteur des crimes en cause ou lui est hostile»;*[1]

Attendu qu'en l'espèce, l'auteur supposé des faits de pillage et d'appropriation de biens se trouve être, non pas une puissance ennemie de la victime, à savoir l'Etat du Tchad, mais le propre dirigeant de celui-ci ;

Qu'au regard des considérations qui précèdent, il appert que le préjudice allégué ne peut résulter d'aucune des infractions visées par le statut ; que force est d'admettre, en conséquence, que l'existence du préjudice économique, financier ou moral dont se prévaut l'Etat du Tchad n'est, au regard du statut des CAE et des faits dont la chambre est saisie, ni possible, ni envisageable ;

Qu'il échet donc de déclarer la constitution de partie civile irrecevable.

PAR CES MOTIFS

Nous déclarons compétent
Déclarons la constitution de partie civile de l'Etat du Tchad irrecevable

Fait en notre cabinet le 21 Mai 2014

Jean Kandé S. Téliko Absatou L. Diallo Abdoul A. Diallo

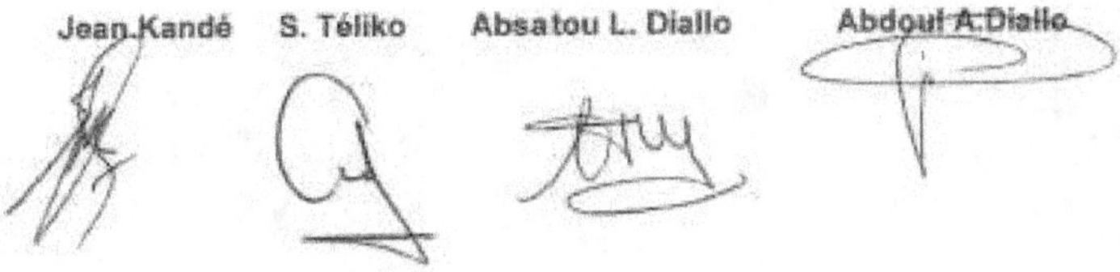

[1] CPI Chambre préliminaire 1 Affaire le Procureur / Germain Katanga :30 septembre 2008 page 114 parag. 329

INDEX

POSTFACE

Il faut tout mettre en œuvre pour éviter l'impunité des auteurs des violations graves de l'ordre international et, dans ce combat, tous les États ont l'obligation de prendre, au plan interne, les mesures appropriées pour apporter leur contribution. Chaque État est donc tenu d'engager les procédures permettant le jugement des personnes pénalement responsables de tels actes se trouvant sur son territoire, même si des éléments d'extranéité tenant à la nationalité de celles-ci et au lieu de commission des actes conduisent à donner compétence aux juridictions d'autres États.

Face à ce mot d'ordre de la communauté internationale, l'État du Sénégal n'avait pas le choix ; il devait mettre en place les mécanismes permettant de poursuivre les responsables des crimes et violations du droit international commis au Tchad entre le 7 juin 1982 et le 1er décembre 1990, dont certains se trouvaient sur son territoire. Il y avait une première tentative de poursuite, mais elle s'était soldée par un échec avec la retentissante décision par laquelle la Cour de cassation, alors plus haute juridiction dans l'ordre judiciaire sénégalais, avait estimé que les juges sénégalais étaient incompétents pour juger les auteurs d'infractions commises à l'étranger par des étrangers. Après cette tentative infructueuse, l'État du Sénégal a décidé, en relation avec l'Union africaine et au moyen d'un subtil « jeu d'interaction entre droit interne et droit international »[768], de mettre en place une juridiction ad hoc dénommée « Chambres africaines extraordinaires ».

C'est à cette question que s'est intéressé M. Souleymane TÉLIKO dans cet ouvrage où il présente les résultats de ses recherches sur la pertinence et l'efficacité du modèle des Chambres africaines extraordinaires en tant que moyen de répression des crimes internationaux en Afrique.

Monsieur TÉLIKO s'est attaqué à un sujet à la fois novateur et complexe. C'est, à notre connaissance, la première fois qu'une étude scientifique de cette ampleur a été menée sur cette forme de traitement des crimes internationaux. L'exercice n'était pas aisé, compte tenu de la situation de l'auteur qui, faut-il le rappeler, était un acteur du processus

---

[768] Formule empruntée à Mme le Professeur Delmas-Marty ; V. « Violence et massacres : entre droit pénal de l'ennemi et droit pénal de l'inhumain », RSC 2009, p. 59.

en raison de sa qualité de juge au sein des Chambres extraordinaires et qui, pour cette raison, peut être suspecté de parti pris. Mais il a su faire preuve de neutralité scientifique afin d'analyser objectivement les thèmes abordés.

Il a mis en exergue, dans le cadre de cette étude, les spécificités et les mérites du modèle des Chambres africaines extraordinaires considérées comme un instrument de mise en œuvre de la justice pénale internationale. Il a aussi démontré, avec beaucoup de pertinence, qu'avec la persistance des cas de commission de crimes internationaux en Afrique, la rareté pour ne pas dire l'absence de poursuites devant les juridictions nationales et le climat de défiance vis-à-vis de la Cour pénale internationale, la création d'une juridiction ad hoc, sur le modèle des Chambres extraordinaires africaines, pourrait constituer un moyen approprié pour faire face à la commission de crimes internationaux.

Il est arrivé, à la fin de sa démonstration, à la conclusion qu'en dépit des limites et insuffisances de ce modèle, cette expérience d'une juridiction hybride gagnerait à être reconduite en Afrique, au besoin sous un format amélioré. Cette conclusion est tout à fait justifiée et il suffit pour s'en convaincre de songer à la création, en 2015[769]*, de la Cour spéciale centrafricaine chargée d'enquêter, d'instruire et de juger les* « violations graves des droits humains et du droit international humanitaire commis sur le territoire de la République Centrafricaine depuis le 1er janvier 2003 ».

M. TÉLIKO a saisi l'occasion que lui offre cette étude pour formuler des propositions sur des questions portant sur :

— la coopération judiciaire en Afrique ;

— la complémentarité positive avec la Cour pénale internationale ;

— les principes garantissant la tenue d'un procès juste et équitable ;

— le renforcement de l'indépendance de la justice en Afrique ;

— le renforcement des droits de la défense.

Ces recommandations pourraient contribuer à enrichir la réflexion, voire à susciter des réformes salutaires dans le cadre de la lutte contre l'impunité.

L'étude a enfin permis à M. TÉLIKO de montrer que certaines dispositions du droit positif sénégalais pourraient faire l'objet d'une

[769] Loi n° 15.003 du 3 juin 2015

interprétation plus conforme aux exigences d'un procès juste et équitable. Il en est ainsi :

— de la délivrance de la copie du dossier de la procédure aux conseils des parties au stade de l'instruction ; une telle mesure, fondée sur le souci de se conformer au principe de l'égalité des armes, relève, selon lui, des principes garantissant la tenue d'un procès juste et équitable ;

— de la consécration du droit pour les conseils de l'inculpé de prendre la parole lors de l'inculpation, une mesure pouvant, à ses yeux, aisément se justifier au regard des dispositions du règlement n° 05 de l'UEMOA ;

— du recours au magistrat de liaison et à la copie avancée dans l'exécution des commissions rogatoires internationales.

Cette œuvre très riche, conçue à la suite d'intenses activités de recherche et élaborée dans le strict respect des normes de présentation des travaux académiques et scientifiques doit, en raison de la mine d'informations qu'elle renferme, être diffusée auprès des chercheurs, des étudiants, des praticiens du droit et plus généralement du grand public. C'est la raison pour laquelle les membres du jury que j'ai eu l'honneur de présider ont vivement souhaité, lors de la soutenance, sa publication.

Ndiaw DIOUF
Agrégé de droit privé,
Professeur titulaire des universités

TABLE DES MATIÈRES

Structures éditoriales du groupe L'Harmattan

L'Harmattan Italie
Via degli Artisti, 15
10124 Torino
harmattan.italia@gmail.com

L'Harmattan Hongrie
Kossuth l. u. 14-16.
1053 Budapest
harmattan@harmattan.hu

L'Harmattan Sénégal
10 VDN en face Mermoz
BP 45034 Dakar-Fann
senharmattan@gmail.com

L'Harmattan Cameroun
TSINGA/FECAFOOT
BP 11486 Yaoundé
inkoukam@gmail.com

L'Harmattan Burkina Faso
Achille Somé – tengnule@hotmail.fr

L'Harmattan Guinée
Almamya, rue KA 028 OKB Agency
BP 3470 Conakry
harmattanguinee@yahoo.fr

L'Harmattan RDC
185, avenue Nyangwe
Commune de Lingwala – Kinshasa
matangilamusadila@yahoo.fr

L'Harmattan Congo
67, boulevard Denis-Sassou-N'Guesso
BP 2874 Brazzaville
harmattan.congo@yahoo.fr

L'Harmattan Mali
Sirakoro-Meguetana V31
Bamako
syllaka@yahoo.fr

L'Harmattan Togo
Djidjole – Lomé
Maison Amela
face EPP BATOME
ddamela@aol.com

L'Harmattan Côte d'Ivoire
Résidence Karl – Cité des Arts
Abidjan-Cocody
03 BP 1588 Abidjan
espace_harmattan.ci@hotmail.fr

L'Harmattan Algérie
22, rue Moulay-Mohamed
31000 Oran
info2@harmattan-algerie.com

L'Harmattan Maroc
5, rue Ferrane-Kouicha, Talaâ-Elkbira
Chrableyine, Fès-Médine
30000 Fès
harmattan.maroc@gmail.com

Nos librairies en France

Librairie internationale
16, rue des Écoles – 75005 Paris
librairie.internationale@harmattan.fr
01 40 46 79 11
www.librairieharmattan.com

Lib. sciences humaines & histoire
21, rue des Écoles – 75005 Paris
librairie.sh@harmattan.fr
01 46 34 13 71
www.librairieharmattansh.com

Librairie l'Espace Harmattan
21 bis, rue des Écoles – 75005 Paris
librairie.espace@harmattan.fr
01 43 29 49 42

Lib. Méditerranée & Moyen-Orient
7, rue des Carmes – 75005 Paris
librairie.mediterranee@harmattan.fr
01 43 29 71 15

Librairie Le Lucernaire
53, rue Notre-Dame-des-Champs – 75006 Paris
librairie@lucernaire.fr
01 42 22 67 13

www.ingramcontent.com/pod-product-compliance
Lightning Source LLC
LaVergne TN
LVHW021136061026
849535LV00002B/261
* 9 7 8 2 3 4 3 2 0 1 6 2 7 *